Lenore Terr hat einen Lehrstuhl für klinische Psychiatrie an der University of California, San Francisco. Sie ist eine der führenden Autoritäten auf dem Forschungsgebiet »Trauma und Gedächtnis«. Für ihre Veröffentlichungen zum Thema Kindheitstrauma wurde sie mehrfach ausgezeichnet.

Lenore Terr

Schreckliches Vergessen, heilsames Erinnern

Traumatische Erfahrungen drängen ans Licht

Aus dem Amerikanischen von
Ulrike Wasel und Klaus Timmermann

>Keine Macht auf Erden
kann Erinnerungen löschen.«

Franklin Delano Roosevelt

Meiner Familie aus Kindheitstagen

Esther Cagen Raiken (*1908),
Samuel Cagen (1909 – 1982),
Barbara Cagen (1941 – 1972) und
Robert Cagen (*1945)

Inhalt

Vorwort

Manchmal wecken Patienten bei ihren Ärzten Interesse an neuen Gebieten. Mich haben zwei meiner Patientinnen dazu gebracht. Das war zum einen meine erste Psychiatriepatientin überhaupt – eine junge Frau, die mich, kaum daß wir einander begrüßt hatten, mit den Worten konfrontierte: »Wenn Sie mich nicht daran hindern, werde ich mein Kind töten.« Wir befanden uns in der psychiatrischen Abteilung des *University of Michigan Medical Center*. Das war im September 1962, und ich hatte selbst ein Kind zur Welt gebracht. Für eine unerfahrene Psychiaterin und frischgebackene Mutter klangen ihre Worte besonders bedrohlich – eine Herausforderung, der ich vielleicht gewachsen sein würde, vielleicht aber auch nicht. Mir war klar, daß die Frau es ernst meinte. Aber was mich fast ebenso beunruhigte wie ihre Worte war die Tatsache, daß niemand sie bis dahin wirklich ernst genommen hatte. Sie war bei einer ganzen Reihe gut ausgebildeter Experten gewesen. Einmal wollte sie ihre Tochter – damals noch ein Kleinkind – in der Badewanne ertränken. Erst im letzten Augenblick kam sie wieder zur Besinnung und brachte das hustende und nach Atem ringende Kind in die Notaufnahme des örtlichen Krankenhauses. »Ach, das ist nicht weiter schlimm«, beruhigte sie der Arzt, nachdem sie versucht hatte, sich ihm anzuvertrauen. »Kinder fallen ständig in irgendwelche Wannen.« Ein Jahr später fügte sie ihrer Tochter mit einem heißen Teekessel Brandwunden zu. Als sie das Kind ins Krankenhaus brachte – diesmal in ein anderes –, bemerkte das Personal in der Notaufnahme nur lapidar: »Unfälle passieren nun mal.«

Ich fragte meine Patientin, ob ich ihre mittlerweile dreijährige Tochter kennenlernen könne, und sie war einverstanden. Ich mußte die Geschichte aus der Sicht des Kindes hören. Das hatte sich während meiner bisherigen beruflichen Laufbahn immer wieder als aufschlußreich erwiesen. Ich stellte fest, daß das kleine Mädchen auffällig böse war. Ihr Verhalten zu Hause grenzte an Vandalismus. Heute weiß ich, daß ich es hier mit einem psychologischen Trauma zu tun hatte, doch damals konnte ich nicht mit Sicherheit sagen, ob das Verhalten des Kindes die Mutter zu ihrem Tötungswunsch getrieben hatte oder ob die Handlungsweisen der Mutter das Kind gezwungen hatten, zurückzuschlagen. Nachdem ich die Mutter in der Therapie kennengelernt hatte, wurde mir klar, daß das eigentliche Problem bei ihr lag. Doch ich sollte noch weitere hilfreiche Anregungen bekommen. Ein Forschungsteam der *University of Colorado* unter der Leitung des Kinderarztes C. Henry Kempe hatte im *Journal of the American Medical Association* einen Artikel über ein neu entdecktes Krankheitsbild veröffentlicht, das dort als »Battered Child Syndrom« (Syndrom des mißhandelten Kindes) bezeichnet wurde. Das geschilderte Krankheitsbild entsprach fast genau dem Fall, mit dem ich mich gerade befaßte. In dem Artikel wurde allerdings festgestellt, daß mißhandelnde Eltern nur selten bereit sind zuzugeben, woher die Verletzungen ihrer Kinder stammen, aber bei meiner Patientin war gerade das Gegenteil der Fall. Da Kindesmißhandlung für Ärzte etwas völlig Neues war, konnte ich davon ausgehen, daß ich mit allem, was sie mir erzählte, und mit jeder Behandlungsform, für die ich mich bei ihr entschied, Neuland betreten würde. Und wenn ich noch ihre kleine Tochter beobachten konnte – was ich dann auch ein paar Jahre lang tat –, würde gleichfalls alles, was das Kind mir demonstrierte, neu sein.

Ich sprach mit meinen Kollegen am *Medical Center* darüber und bat jeden, der einen Fall von Kindesmißhandlung behandelte, sich mit mir in Verbindung zu setzen. Innerhalb von vier Jahren hatte ich es mit zehn Fällen zu tun – nicht gerade viel, wenn man die Zahl der mißhandelten Kinder bedenkt, die heutzutage in die Krankenhäuser eingeliefert werden. Seitdem beschäftige ich mich intensiv mit Kindheitstraumata. Meiner Patientin ging es allmählich besser – zumindest während der Jahre, in denen ich sie begleitete –, und ihr Kind überstand selbst eine besonders sensible Entwicklungsphase. Es sollten jedoch noch etliche Jahre vergehen, bevor ich das Gefühl hatte, wirklich zu begreifen, was es heißt, ein traumatisiertes Kind zu sein.

Die zweite Frau, die mich zu einem neuen Interessengebiet innerhalb der Psychiatrie führte, betrat im Sommer 1990 meine Praxis in San Francisco. Sie brachte mich dazu, über die Erinnerungen an traumatische, frühkindliche Erfahrungen nachzudenken, die Erwachsene zurückbehalten oder wiedererlangen. Ihr Name war Eileen Franklin Lipsker, und sie hatte die Erinnerung an einen Mord verloren, den ihr Vater, George Franklin, begangen hatte – einen Mord, den sie als achtjähriges Mädchen mit angesehen hatte. Zwanzig Jahre nach der Tat waren ihr die Erinnerungen daran wieder gekommen, und so landete sie als Fall der Gerichtsmedizin bei mir. Ich sollte als Sachverständige der Anklagevertretung gegen ihren Vater auftreten, doch Eileen Franklin Lipsker warf für mich wesentlich mehr Fragen als Antworten auf. Was geschieht mit den Erinnerungen an ein Trauma, wenn das Kind heranwächst? Warum werden einige dieser Erinnerungen verschüttet? Und wenn sie verborgen sind, auf welche Weise können sie dann ein Leben beeinflussen? Ich ging meine Forschungsunterlagen über traumatische Kindheitserinnerungen durch und begann eine neue Untersuchung zur Funktionsweise des Gedächtnisses. Die Langzeitentwicklung von Kindheitserinnerungen erwies sich als ausgesprochen faszinierendes Forschungsgebiet, insbesondere in jenen Fällen, in denen die Erinnerungen traumatischer Natur waren. Eine Geschichte des Traumas konnte der Forschung außerdem nur dienlich sein und das Dunkel der Erinnerung vielleicht ein wenig erhellen.

Ein Zufall kam mir bei dieser Aufgabe außerordentlich zu Hilfe. Im Sommer 1990 erhielt ich, als Reaktion auf mein erstes Buch *Too Scared to Cry*, eine wahre Flut von Briefen. Das Buch handelte von den Auswirkungen, die Traumata auf Kinder haben können, und durch die Briefe erhielt ich Lebensgeschichten von mir völlig fremden Menschen, eindrucksvolle Erzählungen von verlorenen und wiedergefundenen privaten Kindheitsgeschichten, die für mich in vielerlei Hinsicht sehr aufschlußreich waren. Sie zeigten mir, welche unterschiedlichen Schutzwälle Erwachsene errichten, um sich nicht an entsetzliche Kindheitserlebnisse erinnern zu müssen. Und sie zeigten mir auch, wie ungeheuer vielfältig die Wege sind, auf denen die Erinnerungen daran zurückkehren können. Ich erfuhr aus den Briefen, daß ein ganzes Leben durch ein lange zurückliegendes Trauma geprägt werden kann, bewußt oder unbewußt. Eine Frau schrieb, daß sie acht Jahre lang wie eine Einsiedlerin gelebt hatte – ihr unbewußter Weg, die Erinnerung daran zu verdrängen, daß sie als Kind sexuell mißbraucht worden war. Ein Mann schrieb, daß man ihn fälschlicherweise als schizophren diagnostiziert hatte; seine verlorenen Erinnerungen hatten bei ihm zu einem Verhalten geführt, das seinen Therapeuten völlig unverständlich war, da sie nichts von den Kindheitserlebnissen wußten, die dieses Verhalten verursacht hatten. Ein anderer Mann schrieb, daß er während eines Marathonlaufs sein Leben Revue passieren ließ und ihm dabei eine Reihe von Erinnerungen kamen, die nicht nur gewisse Ängste, unter denen er schon sein Leben lang litt, sondern auch seine Berufswahl erklärten. Einige Briefe beschrieben, auf welche Weise alte Kindheitserinnerungen wieder wach wurden, etwa durch das Beobachten von Träumen, durch das Schreiben von Gedichten, durch Malen oder durch das Führen eines Tagebuchs. Einige der Briefschreiber waren regelrechte Amateurdetektive geworden, hatten alten Freunden oder Familienmitgliedern Fragen gestellt, Zeitungen aus ihrer Kindheit und Landkarten durchforstet. Und manche von ihnen waren in ihre Heimat zurückgekehrt, um die Orte wiederzusehen, an die sie sich erinnerten.

Mir wurde klar, daß ich aufgrund von drei bereits abgeschlossenen Studien über traumatisierte Kinder schon einiges über Erinnerungen an Kindheitstraumata wußte. In diesen Studien waren gewisse Möglichkeiten zur Bewältigung von Kindheitstraumata deutlich geworden, die auch in den Briefen meiner erwachsenen Leser zutage traten. Ich wußte außerdem, daß die wissenschaftliche Literatur über Psychologie und Gehirnforschung umfangreiche Informationen über die Funktionsweise des Gedächtnisses enthielt, die in unsere Erkenntnisse über Erwachsene mit traumatischen Kindheitserfahrungen einbezogen werden konnten. Tatsächlich war das vorhandene Informationsmaterial umfangreicher, als ich gedacht hatte.

Und so nahm dieses Buch Gestalt an, angeregt durch einen Mordfall, einige freundliche Anstöße von Briefschreibern und durch das Studium der Fachliteratur zur Psychologie und Gehirnforschung. Im Februar veranstaltete das *American College of Psychiatrists* seinen viertägigen Jahreskongreß. Ich war 1991/92 für die Programmgestaltung zuständig, und so oblag es mir, gemeinsam mit einem Komitee das Thema zu bestimmen. Wir entschieden uns für »Erinnerung« und luden führende Biologen, Psychologen, Entwicklungsforscher und Therapeuten ein, Vorträge zu halten. Außerdem baten wir einige Schriftsteller, über jene Kindheitserinnerungen zu reden, die sich in ihren Werken niedergeschlagen hatten: der Dichter Robert Hass und die Biographin Diane Middlebrook folgten unserer Einladung ebenso wie die Romanautoren Linda Sexton, Frank Conroy und Tobias Wolfe. Auch Elaine Tipton, die Anklägerin im Fall Franklin, und Eileen Franklin Lipsker, die Hauptzeugin, sprachen auf dem Kongreß. Paul Appelbaum, ein renommierter Gerichtspsychologe, erläuterte das Dilemma, vor dem unsere Gerichte stehen, wenn sie es mit wiederkehrenden Erinnerungen an ein Verbrechen zu tun haben. Zum Zeitpunkt des Kongresses war das vorliegende Buch bereits in Arbeit, doch durch diese Vorträge erhielt ich viele neue Anregungen.

Ich beschloß, im Stil von Kurzgeschichten zu schreiben, weil diese Form angenehm zu lesen und relativ unkompliziert ist. Ich hatte schon immer ein Faible für wahre »Kurzgeschichten« über Psychologie und Medizin, etwa für Robert M. Lindners *The Fifty Minute Hour* und Berton Rouechés *Eleven Blue Men*. So habe ich das vorliegende Buch als eine Sammlung von Geschichten über Menschen verfaßt, die sich an traumatische Episoden aus ihrer Kindheit erinnern. Es ist ein Buch der Erinnerungen – der Bruchstücke, die Menschen aus ihren Kindheitstagen im Gedächtnis behalten, und der einschneidenden – oft vergessenen – Erlebnisse, für die diese Bruchstücke stehen.

Die Geschichten verdeutlichen, wie wir Kindheitstraumata vergessen, und sie schildern, wie und warum solche Erinnerungen wiederkehren. Überdies zeigen sie genau, wie das Gedächtnis versagen kann und welche Teile einer Erinnerung mitunter verfälscht werden. Eine Geschichte in diesem Buch handelt von einer vollkommen falschen Erinnerung. Eine andere – die letzte Erzählung »Die Suche nach Corky« – demonstriert, daß eine gezielte und gewissenhafte Suche nach alten Erinnerungen erfolgreich sein kann. Es ist die Geschichte von einem jener vielen fremden Menschen, die mir als Reaktion auf mein erstes Buch geschrieben hatten.

Die Geschichten können in beliebiger Reihenfolge gelesen werden;

jede ist in sich abgeschlossen. Es ist jedoch empfehlenswert, sie in der vorgegebenen Reihenfolge zu lesen, da die wissenschaftlichen Erkenntnisse zum Erinnerungsvermögen im Verlauf des Buches nach und nach vermittelt werden. Die umfangreichen Anmerkungen am Ende enthalten zusätzliche Informationen für den interessierten Laien und Angaben zu Primärquellen für den interessierten Fachmann.

Keine der Personen, deren Geschichte in diesem Buch erzählt wird, war je bei mir in Therapie. Ich habe nie ein Gespräch mit dem »Kinderstar« Lua Greene (deren Name und andere Merkmale von mir verändert wurden) geführt; statt dessen standen mir Video- und Tonbandaufnahmen von Gesprächen zur Verfügung, die andere mit ihr geführt haben. Die Informationen über Marilyn Van Derbur Atler basieren auf ihren Fernsehauftritten, ihren Reden, den Beobachtungen ihrer Schwester sowie der ausführlichen Berichterstattung in der Presse. Ich hatte das Glück, all diejenigen, deren Erinnerungsgeschichten ich hier vorstelle, persönlich kennenzulernen und sie zu befragen. Sie haben sich mit mir getroffen, weil sie in Gerichtsverfahren verwickelt waren, in denen ich als Sachverständige aufgetreten bin, oder weil sie einfach zu einem Gespräch mit mir bereit waren. In diesen Fällen war ich gleichermaßen Journalistin *und* Psychologin. Über Eileen Franklin Lipsker, Gwen Mitchell und James Ellroy schreibe ich, ohne ihre Namen, ihre persönlichen Lebensumstände oder die Namen der Menschen in ihrem Leben zu verändern. Bei drei anderen – Patricia Bartlett, Gary Baker und Ross Harriman – habe ich die Namen und selbstverständlich auch bestimmte typische Erkennungsmerkmale wie Aussehen, Beruf und Wohnort verändert. Das gleiche gilt für die anderen Personen, die in ihren Geschichten vorkommen – zum Beispiel die Anwälte, die an ihren Fällen gearbeitet haben. Im Gegensatz dazu werden sämtliche Wissenschaftler und Psychologen, die in diesen Geschichten eine Rolle spielen oder erwähnt werden, mit ihren richtigen Namen und Lebensumständen vorgestellt. Ausnahmen davon sind Eliana Jacob aus »Die silbrige Wasseroberfläche« sowie Sarah Alliston und Edward Riley aus »Ein Kinderstar erzählt«, deren Namen aus offenkundigen Gründen geändert wurden.

Ich möchte einer Reihe von Verhaltensforschern danken, die mir bei der Arbeit an diesem Projekt mit Rat und Tat zur Seite standen. Das

Team am *American Board of Psychiatry and Neurology Part II Examinations* – eine Gruppe von rund dreißig hervorragenden Psychiatern, die viermal im Jahr verschiedene Ausbildungsstätten in den Vereinigten Staaten bereisen, um Psychiatern mündliche Prüfungen abzunehmen – hat mir viele Hinweise auf die entsprechende wissenschaftliche Literatur gegeben und mich auf einige Menschen aufmerksam gemacht, die dieses Buch bereichert haben. Der Programmausschuß für den Kongreß des *American College of Psychiatrists* – Robert Hales, Stuart Keill, Linda Logsdon, Elizabeth Small, David Spiegel, Stefan Stein, John Talbott und Raymond Waggoner jr. – hat das gleiche geleistet. Einige Psychologen, die sich mit dem Erinnerungsvermögen beschäftigen, haben Teile des Buches gelesen und mich unterstützt: Robert Bjork, Stephen Ceci, Gail Goodman und Larry Squire. Ihnen allen schulde ich Dank. Die Neurologen Tim Tully, Eric Kandel und Mortimer Mishkin haben sich dankenswerterweise ebenfalls dazu bereit erklärt, mein Buch in Auszügen zu lesen. Zwei Anwälte haben meine juristischen Informationen in den ersten beiden und im sechsten Kapitel überprüft: Elaine Tipton, stellvertretende Staatsanwältin in San Mateo County, und ein Anwalt aus Oklahoma, den ich »Tom Blackburn« nenne. Drei Psychiater – Robert Michels, Charles Nemeroff und George Vaillant – haben das gesamte Manuskript gelesen und mir weitere Anregungen gegeben. Ihnen möchte ich an dieser Stelle besonders herzlich danken. Zwei meiner Freundinnen – Rosemary Patton, die kreatives Schreiben unterrichtet und Bücher darüber veröffentlicht hat, und Evelyn Keitel, die in Chemnitz Amerikanische Literatur lehrt – haben die erste Fassung gelesen.

Das Buch wurde von meiner langjährigen Freundin und Lektorin Jo Ann Miller hervorragend redigiert. Die letzte Bearbeitung nahm Sara Lipincott vor, die seit Jahren als Redakteurin für *The New Yorker* arbeitet. Meine Agentin Joy Harris war mir eine große Hilfe. Allen dreien möchte ich an dieser Stelle herzlichst danken.

Die Untersuchung über die Entführung der Kinder aus Chowchilla wurde durch die *Rosenberg Foundation* gefördert, und für die Studie über die Reaktionen von Kindern auf die Explosion der *Challenger*-Raumfähre stellte die *William T. Grant Foundation* finanzielle Mittel zur Verfügung. Die *Rockefeller Foundation* unterstützte mich tatkräftig bei der Auswertung dieser Untersuchungen. Meine Assistentin Marsha Bessey hat dieses Buch von der ersten bis zur letzten Zeile getippt und mit redigiert, und das neben allen anderen Arbeiten, die in einer hektischen Praxis anfallen. Ihr bin ich ganz besonders dankbar. Mein Mann Abba, Allergologe und Immunologe, hat das gesamte Manuskript gelesen, bevor es seine endgültige Form erhielt. Dafür danke ich ihm; er ist und bleibt mein bester Ratgeber und Freund.

Mord verjährt nicht 1

Auch wenn Werbeplakate das Gegenteil kundtun: kleine Mädchen in Kalifornien spielen nicht ständig im Freien. Sie sind zwar das ganze Jahr über leicht gebräunt, aber diese Bräune bekommen sie auf dem Schulweg, am Swimmingpool bei Spielkameraden in der Nachbarschaft, bei einem Wochenendausflug nach Disneyland oder an den Strand. Die meiste Zeit nach der Schule verbringen die kleinen Mädchen von der Westküste wie Jessica Lipsker am liebsten im Haus, wo sie sich vor der Sonne am wolkenlosen Himmel schützen können, Kekse knabbern, fernsehen, mit Freundinnen Mutter und Kind spielen und Häuser mit Rüschenvorhängen und großen roten Türen malen.

An einem ungewöhnlich klaren Januarnachmittag kamen Jessica und zwei andere kleine Mädchen nach dem Kindergarten ins Wohnzimmer der Lipskers in Canoga Park gestürmt. Eines der Mädchen war blond, das andere brünett, und Jessica, die Dritte im Bunde, lag mit ihrem rötlichen Haar irgendwo dazwischen. Nase und Wangen des kleinen Rotschopfs waren mit Sommersprossen übersät. Eileen Franklin Lipsker, Jessicas Mutter, saß auf der Couch. Die drei Mädchen hockten sich ihr zu Füßen. Ob sie ihnen etwas vorlesen würde? Nein, sie hatte keine Hand frei, da sie ihrem einjährigen Sohn Aaron gerade das Fläschchen gab. Vom Plattenspieler ertönten bekannte Kinderlieder aus verschiedenen Ländern, schließlich eine Kinderversion von »Yellow Submarine«. »Wissen Sie«, erzählte Eileen mir Monate später bei unserem ersten Gespräch, »ich wollte unbedingt eine perfekte Mutter sein. Und perfekte Mütter spielen ihren Kindern nachmittags Kinderlieder vor.«

Die 28 Jahre alte Eileen Lipsker war in der Tat eine ganz besonders fürsorgliche Mutter. Das zu sein war schon immer ihr größter Wunsch gewesen. Ihre eigene Mutter, so fand Eileen, hatte nicht gut für sie

gesorgt. Jessica, die sich mit ihren fünfeinhalb Jahren wie eine Sieben-
jährige verhielt und auch so aussah, machte Eileen viel Freude. Trotz
ihrer problematischen Ehe mit einem älteren Mann konnte Eileen stolz
darauf sein, wie gut sich ihre Kinder entwickelten.

Ob die Mädchen malen durften? »Ja, natürlich. Malt ruhig.« Solange
Aaron ruhig blieb, konnte Eileen einfach abschalten und die späte
Januarsonne genießen, die durch die schräggestellten Jalousien ins
Zimmer fiel.

Die kleine Jessica, von allen Sica genannt, hatte es sich offenbar in den
Kopf gesetzt, eine höfliche Gastgeberin zu sein, und nun teilte sie sich
mit ihren Freundinnen ohne das geringste Jammern, Streiten oder
Zanken ein Sortiment erstklassiger Malstifte. Die Kinder saßen auf
dem Boden vor Eileen und malten kleine Mädchen in hübschen Klei-
dern – vielleicht Prinzessinnen. Eileen ließ ihre Gedanken schweifen.
Hin und wieder blickte Sica zur Couch hoch, und in ihren klaren blauen
Augen schimmerte das Nachmittagslicht. Eileen begann zu träumen.

»Ich war – ich meine, ich war praktisch wie weggetreten«, erzählte sie
mir später. »Ich habe an nichts gedacht. Es war wie immer: Ein
Nachmittag, die Kinder sind zu Hause, und gleich muß ich anfangen,
das Abendessen vorzubereiten. Eine langweilige, ganz alltägliche Situation. Und das Licht dringt durch die Ritzen der Jalousie, und es ist
warm. Ob es an der Wärme lag oder vielleicht am Licht? Irgendwas ist
jedenfalls passiert, einfach so.«

Vielleicht dachte Eileen für den Bruchteil einer Sekunde: »Sica sieht
heute reifer aus, erwachsener.« Aber daran kann sie sich nicht mehr
erinnern. Vielleicht wurden ihre Gedanken unbewußt durch Sicas
Sommersprossen angeregt oder durch ihr rötliches Haar, das nicht
ganz so feurig wie ihr eigenes war. Vielleicht überkam sie irgendein
seltsames Gefühl, eine unbestimmte Ahnung. Was war das bloß?

Rotblonde Strähnen feinen Mädchenhaares leuchteten in der Sonne
auf. Jessica wandte den Kopf, um ihre Mutter anzusehen. Um sie etwas
zu fragen? Ihr Kinn reckte sich forschend in die Höhe. Sie blickte auf
und über die Schulter nach hinten. Wie seltsam! Der Körper des jungen
Mädchens verharrte, während sie den Kopf hob und sich umsah. Jetzt.
Jetzt. Die Blicke von Mutter und Tochter trafen sich. Die Augen des
Mädchens waren so klar, so blau.

Und genau in diesem Moment erinnerte sich Eileen Lipsker an etwas. Sie sah es als Bild vor sich. Sie konnte ihre rothaarige Freundin Susan Nason sehen, wie sie aufschaute, den Kopf wandte und ihren Blick suchte.

Eileen, acht Jahre alt, stand irgendwo im Freien, etwas oberhalb von der Stelle, wo ihre beste Freundin saß. Es war vor 20 Jahren, 1969. Die Sonne schien Susan direkt in die Augen. Und Eileen erkannte, daß ihre Freundin Angst hatte. Panische Angst.

Das Blau in Susan Nasons Augen war das tiefste, klarste Blau, das Eileen je gesehen hatte. Plötzlich spürte Eileen eine Bewegung neben sich. Sie wandte den Blick von diesen faszinierenden Augen und sah die Silhouette ihres Vaters. George Franklin hatte beide Hände hoch über den Kopf gehoben. Er hielt einen großen Stein umklammert. Er suchte festen Tritt, um mit dem Stein zuzuschlagen. Sein Ziel war Susan.

»Nein!« Eileen spürte, wie ein Schrei in ihrer Kehle aufstieg. Aber kein Laut störte die Wohnzimmeridylle an diesem Januartag im Jahre 1989. Der Schrei blieb in ihrem Innern gefangen. »Ein Schauer durchlief mich«, erzählte sie mir Monate später. »Es war so – so intensiv. Und ich habe zu mir selbst sehr deutlich, sehr laut ›nein‹ gesagt, als ob ich die Macht gehabt hätte, die Erinnerung aufzuhalten.«[1]

Aber nachdem Eileen Franklin Lipskers verschüttete Erinnerung einmal angefangen hatte, an die Oberfläche zu dringen, war sie nicht mehr aufzuhalten. Eileen erinnerte sich an das Gefühl eines Schreis, das ihr die Kehle zuschnürte. Sie erinnerte sich, wie Susan, die vier Tage später neun Jahre alt geworden wäre, George Franklins Angriff erahnte und den rechten Arm hob, um ihn abzuwehren. *Wumm!* Eileen konnte das Geräusch hören, ein Geräusch, als ob ein Baseballschläger auf ein Ei klatscht – das entsetzlichste Geräusch ihres Lebens. »Nein!« schrie sie innerlich. »Ich *muß* diese Erinnerung aufhalten.« Wieder *Wumm*. Und dann Stille. Blut. Blut überall auf Susans Kopf. »Etwas Weißliches«, mit dem Blut verschmiert. Und »Haarfetzen, die nicht mehr mit dem Körper zusammenhingen«[2]. Blut bedeckte Susans Gesicht. Ihre linke Hand war zerschmettert.

So verlor eine ganz normale Hausfrau an einem ruhigen Winternachmittag durch die unsägliche Last der Erinnerung fast ihren Verstand.

Das Herz pochte gnadenlos in ihrer Brust, und in diesem Augenblick kam Eileen Lipsker zu dem Schluß, daß sie verrückt sein mußte.

Sie stellte jedoch nicht ihre Erinnerung in Frage, sondern die Tatsache, daß sie sie so lange vergessen hatte. Sie konnte nicht begreifen, warum eine reale Erinnerung so viele Jahre verborgen geblieben war. Später sagte sie zu mir: »Ich habe gedacht: ›Wenn ich diese Erinnerung zulasse, wenn jemand dahinterkommt, wenn jemand etwas merkt, wenn ich jemandem davon erzähle – dann, na ja, das wär's dann. Auf Wiedersehen, Kinder.‹ Verstehen Sie, daß ich dann die Kinder verliere.«

An jenem Winternachmittag blieb Eileen eine ganze Weile ruhig sitzen und sah zu, wie die Sonnenstrahlen, die durch die Jalousien fielen, allmählich durchs Zimmer wanderten. Sie wußte nichts über den psychischen Schutzmechanismus der Verdrängung. Sie konnte nicht begreifen, was gerade geschehen war. Schließlich gingen Jessicas kleine Gäste nach Hause, und Eileen erhob sich von der Couch, setzte Aaron in seinen Laufstall und fing an, das Abendessen vorzubereiten.

Eileen wußte nicht, daß Erlebnisse und damit verbundene Gefühle aus dem Bewußtsein verbannt werden und zu einem späteren Zeitpunkt wieder ins Gedächtnis dringen können. Sie wußte nur, daß eine 20 Jahre alte Erinnerung ihre Gedanken überwältigt hatte, und zwar in dem Moment, als sie auf das erhobene Kinn ihrer Tochter, den zurückgelegten Kopf und die blauen Augen hinuntergeblickt hatte. Sie wußte, daß sie vor langer Zeit mit angesehen hatte, wie ihre beste Freundin ermordet wurde. Und unter der Wucht dieser Erkenntnis brach sie beinahe zusammen.

Monatelang erzählte Eileen niemandem von ihren wiedererlangten Erinnerungen. Sie versuchte, die Erinnerungen wieder »zurück in ihre eigene kleine Schublade« zu drängen und sie dort »zu verschließen«; sie machten ihr zuviel angst. Sie verursachten ihr Magenschmerzen und Herzrhythmusstörungen. Aber so sehr sie sich auch bemühte, Eileen bekam die »Schublade« nicht mehr zu. Sie konnte nicht mehr vergessen, was sie über 20 Jahre hinweg so erfolgreich vergessen hatte.[3]

Eileen und Susan waren Freundinnen und Klassenkameradinnen in Foster City gewesen, einer kleinen Stadt rund 20 Meilen südlich von

San Francisco. Eileen wußte, daß Susan ermordet worden war – das hatte sie immer gewußt. Aber sie hatte nicht gewußt, daß sie dabei gewesen war, als es passierte. Sie hatte ganz einfach angenommen – so wie alle anderen, nachdem Susans Leiche einige Meilen außerhalb der Stadt abseits von einem Highway gefunden worden war –, daß es eines dieser Verbrechen war, die wahrscheinlich nie aufgeklärt werden.

Aber eine Erinnerung führte nun zur nächsten. Während der folgenden Monate kehrten viele kleine Erinnerungssplitter in Eileens Gedächtnis zurück – Bilder, Geräusche oder auch nur Gedanken. Eileen Lipsker stellte fest, daß sie von einer langsamen, aber unaufhaltsamen Welle der Erinnerung erfaßt wurde.[4]

Mitunter tauchte ein neues Detail des Mordes an Susan Nason auf, wenn Eileen Lipsker sich scharf konzentrierte – der Anblick eines herumliegenden Kinderschuhs zum Beispiel. Häufiger jedoch flogen ihr die Erinnerungen regelrecht zu, wenn sie ihre Hausarbeit erledigte oder an den Vorgärten ihrer Nachbarn entlangjoggte. Sie erinnerte sich an das improvisierte Grab, in das ihr Vater Susan gelegt hatte. Sie sah einen zusammengedrückten silbernen Kinderring ohne Stein vor sich. Susan Nason und Eileen Franklin waren als Kinder beide wegen ihrer Sommersprossen und roten Haare aufgezogen worden. Eileen wußte noch, wie sehr sie es genossen hatten, daß sie einander so ähnlich sahen. Ihre Freundschaft war immer enger geworden. An einem Nachmittag im September, als sie acht Jahre alt war, unternahm Eileen mit ihrem Vater eine Spritztour, um einmal von dem normalen Trott nach der Schule »blauzumachen«. Eileen wußte gar nicht, was »blaumachen« bedeutete, bis ihr Dad es an jenem Tag vorschlug. Als die Erinnerungen zurückkamen, konnte sie förmlich hören, wie er das Wort aussprach. Sie und ihr Vater entdeckten Susan, die auf einem offenen Feld in der Nähe ihres Hauses spielte. Eileen bat Susan mitzukommen. Sie weiß nicht mehr, ob ihre ältere Schwester Janice zu diesem Zeitpunkt dabei war. Aber sie erinnerte sich wieder, daß sie irgendwann zu dritt im Wagen waren – nur Susan, Eileen und ihr Dad. George Franklin besaß einen »alten Hippie-Bus«, mit allem, was dazugehörte, Matratzen im hinteren Teil und Vorhänge an den Fenstern. Er arbeitete als Feuerwehrmann und konnte sich häufiger mal einen

Nachmittag freinehmen. Mit zugezogenen Vorhängen fuhr er mit den beiden Mädchen hinaus aufs Land zu einem Bergsee nicht weit von der Küste. Diese Gegend war für Eileen immer das hübscheste Fleckchen Erde gewesen. Aber etwas Hübsches kann nahtlos in etwas Häßliches übergehen. George parkte den Bus. Susan und Eileen spielten ausgelassen; sie hüpften auf den Matratzen hinten im Wagen herum und taten so, als würden sie Trampolin springen. George stieg aus, um zu rauchen und ein Bier zu trinken. Dann kam auch er nach hinten in den Wagen, um mitzuspielen.

Plötzlich befahl George Eileen, nach vorn zu klettern. Ihr kam das seltsam vor, und sie drehte sich um und riskierte einen Blick. Sie konnte weiße Socken und weiße Kinderunterwäsche sehen. Sie konnte schwache Schreie hören. Und trotz ihrer acht Jahre wußte sie damals, daß das eine Vergewaltigung war. Mit 28 Jahren wußte sie nicht mehr, wieso sie das wissen konnte. Aber sie erinnerte sich, daß sie sich auf dem Vordersitz vor lauter Angst zusammenkrümmte, als sie sah, wie ihr Vater seinen Körper gegen Susans preßte.

Nach einer Weile führte George Franklin die kleine Susan aus dem Wagen. Eileen erinnerte sich wieder, daß sie auch ausgestiegen war. Sie stand auf einem Hügel etwas oberhalb von den beiden und beobachtete sie. Im letzten Augenblick ihres Lebens wandte Susan den Kopf und sah zu Eileen auf. Ihre Blicke trafen sich. »Hilf mir«, müssen Susans Augen signalisiert haben. Aber Eileen konnte nichts tun. Heute glaubt sie, daß ihr Vater Susan Nason getötet hat, damit sie nichts verraten konnte. Aber sie kann sich nicht erinnern, daß George Franklin sich ihr gegenüber in irgendeiner Weise dazu geäußert hat.

Mit der Flut von Erinnerungen, die über Eileen hereinbrach, entsann sie sich auch an die Augenblicke unmittelbar nach dem Mord. Als sie den zusammengesunkenen Körper ihrer Freundin und die entsetzlichen Verletzungen an Susans Kopf und Hand sah, rannte sie schreiend weg, in Richtung Bus. Aber ihr Vater packte sie von hinten und warf sie zu Boden. »Es ist alles vorbei«, sagte er. George Franklin befahl Eileen, »das alles zu vergessen«. Er sagte: »Das glaubt dir sowieso niemand.« Man würde Eileen »einsperren«, wenn sie redete, weil es *ihre* Idee gewesen war, Susan mitzunehmen. Schließlich erinnerte sich Eileen auch daran, daß ihr Vater sie angezischt hatte, als sie immer weiterschluchzte: »Wenn du nicht damit aufhörst, werde ich dich auch töten müssen.«

George befahl seiner achtjährigen Tochter, ihm dabei zu helfen, eine Matratze aus dem Bus zu ziehen. Als Eileen das nicht konnte oder wollte, wurde er noch wütender auf sie. Er nahm eine kleine Schaufel aus dem Wagen und ging damit weg, so daß Eileen ihn nicht mehr sehen konnte. Schließlich erinnerte sich Eileen, daß sie hörte, wie die Schaufel »da unten«, wo sie Susan zuletzt gesehen hatte, in die Erde stieß. Als sie wegfuhren, fühlte Eileen sich »schrecklich ... völlig verlassen«. Später zu Hause bekam sie heftigen Schüttelfrost. Sie war entsetzt über das, was sie erlebt hatte, und hatte fürchterliche Angst davor, was ihr Vater wohl als nächstes tun würde. In dieser Nacht ließ Janice Franklin ihre jüngere Schwester bei sich im Bett schlafen. Eileen zitterte die ganze Nacht.[5]

Als Erwachsene konnte Eileen sich nicht mehr daran erinnern, wie sie angefangen hatte, den Mord zu »vergessen«. Tatsächlich kehrte dieser Teil ihrer Erinnerung – der Prozeß des Erinnerungsverlustes – nie zurück. Aber Eileen weiß genau, daß die Verdrängung in der Nacht nach Susan Nasons Ermordung begann. Als der Lehrer die Klasse über das Verschwinden ihrer Klassenkameradin informierte, konnte Eileen sich schon nicht mehr bewußt an das erinnern, was passiert war. Sie trauerte um Susan, und ihre ganze Kindheit hindurch hatte sie nie wieder eine beste Freundin.[6]

Obgleich das Phänomen der verdrängten Erinnerung experimentell nicht völlig nachgewiesen ist, hängen die meisten Therapeuten der Verdrängungstheorie an, die Sigmund Freud nach 1890 entwickelte. Immer wieder können Menschen bei ihren Freunden oder bei sich selbst Anzeichen von Verdrängung feststellen. Schon vor Freud schrieben die Philosophen Arthur Schopenhauer und Johann Friedrich Herbart über unsere Weigerung, Situationen oder Gedanken wahrzunehmen, die unsere Interessen verletzen. Freud ging noch einen Schritt weiter. Auf der Grundlage seiner Studie zur Hysterie, die er gemeinsam mit dem Arzt Josef Breuer entwickelte, kam er zu dem Schluß, daß Menschen aktiv und gezielt Erinnerungen verdrängen, die für sie wichtig und schmerzlich sind. Im Fall von Eileen Franklin lag die

Bedeutung im Verlust und der drohenden Vernichtung. Freud behauptete, daß verdrängte Erinnerungen in jedem Fall Verhalten, Denken und Gefühle beeinflussen und zu psychischen Symptomen führen. Außerdem wurde ihm klar, daß Verdrängung als Abwehrstrategie nicht nur mit psychischen Krankheiten in Verbindung steht, sondern ein ganz normaler psychischer Vorgang ist.[7]

Verdrängen gehört zu unserem Alltag. Nehmen wir folgendes Beispiel: Zu Semesterbeginn versäumt ein neuer Student den Einführungskurs, der für die Benutzung der Bibliothek vorgeschrieben ist. »Ich hab's einfach vergessen«, sagt er. Aber wenig später klingt seine Geschichte wesentlich komplexer. Ihm fällt ein, daß er in der Grundschule einmal ungerechterweise aus der Schulbibliothek geworfen wurde, weil drei seiner Klassenkameraden mit Papierkügelchen geschossen hatten. Er hat den Termin für die Einführung verdrängt, nicht vergessen. Die emotionale Bedeutung der früheren Demütigung hat ihn gehindert, sich den Termin zu merken. Obwohl die Erfahrung dieses jungen Mannes nicht so schrecklich war wie das Erlebnis, das Eileen Franklin verdrängen mußte, ist der Mechanismus derselbe. Erinnerungslücken und das Wiederentdecken von Erinnerungen hängen oft mit Menschen oder Geschehnissen zusammen, die für uns große Bedeutung hatten. Schlichtes Vergessen ist etwas anderes als Verdrängen. Wir können uns unmöglich an jede Einzelheit erinnern, die uns widerfährt. Einen Großteil der Informationen, die wir aufnehmen, müssen wir wieder aussortieren. Ein gewisser Prozentsatz der Informationen wird nicht voll erfaßt und demzufolge auch nicht gespeichert. Andere wiederum bleiben nicht lange erhalten, nachdem sie gespeichert wurden. So kann ich mich beispielsweise heute nicht mehr erinnern, wer letzte Woche die Frühnachrichten im Fernsehen verlesen hat, und ich weiß auch nicht mehr, auf welchem Kanal ich diese Nachrichten gesehen habe. Ich erinnere mich nicht mehr an meine Zimmernummer in dem Hotel, in dem ich vor einigen Wochen abgestiegen bin. Die meisten von uns entledigen sich Tag für Tag einer Unzahl überflüssiger Informationen. Selbst diejenigen, die ganz versessen darauf sind, sich Banalitäten zu merken, sortieren das aus, was sie für überflüssig halten.

Im Alter von acht Jahren speicherte Eileen Franklin eine schreckliche Erinnerung, die schlimmste ihres Lebens, tief in ihrem Unterbewußtsein ab. Dann drangen aufgrund einer zufälligen Folge von Wahrnehmungen – ihre rothaarige Tochter wandte den Kopf, ein besorgter Blick, Sonne auf dem Haar, Sommersprossen und blaue Augen, in denen sich das Sonnenlicht spiegelte – Eileens alte Erinnerungen wieder an die Oberfläche. Als sie acht Jahre alt war, hatte sie mit angesehen, wie ihre beste Freundin ermordet wurde. Mit 28 Jahren trat sie an die Öffentlichkeit, um als Zeugin gegen ihren Vater auszusagen.

An diesem Punkt sollte auch ich an die Öffentlichkeit treten. Ich bin Kinderpsychiaterin, und seit dem ersten Tag meiner psychiatrischen Ausbildung beschäftige ich mich damit, was mit Kindern passiert, die Entsetzliches erlebt haben. Kindheitstraumata sind mein Spezialgebiet. Am Anfang meiner Tätigkeit interessierte mich die Frage, wie Kinder mit wiederholten körperlichen Mißhandlungen in der Familie fertig werden, dann, wie Kinder auf ein einmaliges schreckliches Ereignis reagieren. Bei meinen Forschungen kam ich unter anderem recht früh zu der Erkenntnis, daß ein normales Kind, das nur ein einziges furchtbares Erlebnis gehabt hat, sich in der Regel deutlich daran erinnert. Das Erlebnis hat sich unauslöschlich in das Gedächtnis eingebrannt.

Ich führte Interviews mit einer Gruppe von Kindern, zuerst sieben, dann 13 Monate nachdem sie im kalifornischen Chowchilla aus ihrem Schulbus entführt worden waren. Vier bis fünf Jahre nach der Entführung befragte ich sie erneut. Ihre Entführer hatten sie in verdunkelte Transporter verfrachtet und schließlich in einem LKW-Anhänger, der in einem Steinbruch in die Erde eingelassen wurde, lebendig begraben.[8] Und ich unterhielt mich mit einer anderen Gruppe von insgesamt 153 Kindern über die Explosion der *Challenger*-Raumfähre. Die Gespräche fanden fünf Wochen sowie 14 Monate nach der Katastrophe statt. In beiden Gruppen konnte sich jedes Kind daran erinnern, was passiert war. Solche einschneidenden Ereignisse lassen sich nur schwer verdrängen.[9]

Doch im Laufe der Jahre, in denen ich Untersuchungen bei Kindern anstellte und genaue Aufzeichnungen über 400 Kindheitstraumata machen konnte, die mir in meiner psychiatrischen Praxis erzählt wurden, stellte ich immer deutlicher fest, daß manche Kinder traumatische

Erlebnisse tatsächlich »vergessen«. Zur Zeit ist in der Fachwelt eine kontroverse Diskussion im Gange, ob Kindheitserinnerungen im Erwachsenenleben wirklich ohne gravierende Verzerrungen reaktiviert werden können oder nicht – besonders dann, wenn die Erinnerungen über mehrere Jahre hinweg verdrängt worden sind. Die Frage lautet: Wie zuverlässig kann eine Erinnerung sein, wenn sie über viele Jahre hinweg verschüttet war?

Durch ihr Verhalten tat Eileen Lipsker ein übriges, um das Phänomen der wiedererlangten Erinnerungen in Zweifel zu ziehen. Eileen hatte keinerlei Vorstellung davon, was Verdrängung bedeutet. Die Folge war, daß sie monatelang nichts unternahm, nachdem ihre Erinnerungen zurückgekehrt waren. An manchen Tagen wünschte sie sogar, sie würden wieder verschwinden. Sie wußte nur, daß das, was an jenem Nachmittag ihre psychische Blockade durchbrochen hatte, ein extrem gefährliches und beängstigendes Gefühl bei ihr ausgelöst hatte. »Ich kannte niemanden, der irgend etwas verdrängt hatte«, erzählte sie mir. »Und ich habe mir gedacht, daß mein Vater Susan bestimmt nicht ermordet hat, weil ich mich sonst immer daran erinnert hätte.«

Im Gegensatz zu schlichtem Vergessen ist die Verdrängung ein so aktiver Prozeß, daß man ein und dieselbe Sache mehr als einmal verdrängen kann. Dazu ein Beispiel: Ein fünfunddreißigjähriger Anwalt, den ich Jeremiah Converse nenne, hatte eine Therapie begonnen, weil er unter Depressionen litt. Innerhalb weniger Wochen erinnerte er sich plötzlich, daß er im Alter von sechs Jahren mehrmals sexuell mißbraucht worden war. Jeremiah sagte, daß ein Erwachsener ihn wiederholt zum Analverkehr gezwungen hätte. Aber ihm war nicht klar, ob dieser Mann ein Familienmitglied, ein Lehrer oder jemand anders war. Dann sah Jeremiah eines Nachts das Gesicht seines Mißhandlers im Traum, und er erwachte um drei Uhr morgens mit einem Aha-Gefühl. Dann schlief er wieder ein. Am nächsten Morgen hatte Jeremiah das Gesicht, das er gesehen hatte, völlig »vergessen«. Er konnte sich an seinen Traum erinnern, aber nicht an das Gesicht des Mannes.

Zehn Monate lang behielt Eileen Lipsker ihre wiedergewonnenen Erinnerungen für sich, ohne sich an die zuständigen Behörden zu wenden. Während dieser Zeit kamen die Erinnerungen nach und nach zurück. Ihr fiel plötzlich die Biermarke ein, die George Franklin an jenem Tag getrunken hatte, als er Susan Nason ermordete, und die Zigarettenmarke, die er vor dem Wagen geraucht hatte. Sie erinnerte sich an den Mülleimer, in den er seine Bierdose geworfen hatte. Sie erinnerte sich an Größe und Form des Steines, mit dem er Susan erschlug. Und immer wieder stellte Eileen den Wahrheitsgehalt ihrer Erinnerungen in Frage. Aber sie kamen ihr »unbestreitbar und unauslöschlich« vor. Sie quälte sich mit der Frage, was sie tun sollte, war hin und her gerissen zwischen dem Gefühl, handeln zu müssen, und der Furcht vor den Konsequenzen ihres Handelns.

In seinen vor 1897 verfaßten psychiatrischen Schriften stellte Freud die These auf, daß wir deshalb verdrängen, weil unsere Erinnerungen schmerzhafte Konflikte in uns auslösen, und am Anfang seiner Laufbahn war er der Auffassung, daß hinter der Verdrängung sexueller Mißbrauch in der Kindheit stehe. Doch nach 1897 wandte sich Freud abrupt von den realen Geschehnissen im Leben seiner Patienten ab und behauptete statt dessen, daß kindliche Verführungsphantasien und die inneren Konflikte, die damit einhergehen, der Grund dafür seien, daß Menschen verdrängen. In gewisser Weise wandte sich Freud mit diesem neuen Standpunkt von den Eileen Franklins dieser Welt ab.

Es läßt sich nicht genau sagen, warum Freud diesen Positionswechsel vornahm – der Psychoanalytiker Jeffrey Moussaieff Masson hat Freud den Vorwurf gemacht, er habe es aus bloßer Furcht vor der ablehnenden Kritik durch andere Ärzte und Psychologen getan –, und Freud selbst hat sich dazu nicht klar geäußert. Er hat jedoch mit beiden Positionen recht gehabt. Verdrängung kann sowohl durch einen inneren als auch durch einen äußeren Konflikt ausgelöst werden. Doch dann entwickelte Freud seine neuen Ideen weiter und gelangte zur Vorstellung vom Ödipuskomplex und der Übertragung, von der Traumdeutung und den Abwehrmechanismen. Und seine Schüler schlossen sich ihm kritiklos an.[10] Von 1897 bis in die Mitte des 20. Jahrhunderts hinein setzten sich lediglich der französische Psychiater Pierre Janet und Freuds psychoanalytische Schülerin Phyllis Greenacre in New York ausführlicher mit wiedererlangten Erinnerungen an Kindheitstraumata auseinander. Janet vertrat die Auffassung, daß die Darstellungen traumatischer Ereignisse psychisch »dissoziiert« seien, d.h. losgelöst vom normalen Denkprozeß.[11] Greenacre legte dar, daß diese Erfahrungen »verdrängt« seien – verschüttet unter einer dünnen Bewußtseinsschicht.[12] Doch nahezu alle anderen Vertreter der Psychiatrie nach Freud ließen in der ersten Hälfte des 20. Jahrhunderts die realen Kindheitstraumata außer acht.

Gegen Ende der vierziger Jahre deutete sich ein Wandel an. Der New Yorker Psychiater David Levy ließ das Interesse an Kindheitstraumata wieder aufleben, indem er sie mit den traumatischen Kriegserfahrungen von Soldaten im Zweiten Weltkrieg verglich.[13] Anfang der siebziger Jahre legten der walisische Psychiater Gaynor Lacey und die an der Universität von Cincinnati tätige Kinderpsychiaterin C. Janet Newman Berichte über die psychologischen Veränderungen vor, die zwei große Naturkatastrophen – die Zerstörung einer Schule in Wales durch eine Schlackelawine und die Zerstörung mehrerer Städte in West Virginia durch das Hochwasser des Buffalo Creek – bei einer Reihe von Kindern ausgelöst hatten. Das Neuartige an den Untersuchungen von Lacey und Newman war, daß sie sich direkt nach den Katastrophen selbst mit den Kindern beschäftigten.[14]

Anfang der siebziger Jahre hatte ich die Idee, eine relativ große Gruppe normaler Kinder zu untersuchen, die eine nahezu identische traumatische Erfahrung gemacht hatten. Wenn man sie über einen größeren Zeitraum hinweg beobachtete, konnte man vielleicht besser verstehen, was ein schreckliches Ereignis in den Köpfen von Kindern bewirkt. Als dann am 15. Juli 1976 26 Kinder aus Chowchilla aus ihrem Schulbus entführt wurden und 77 Stunden später körperlich unversehrt wieder freikamen, wußte ich, daß ich meinen Testfall hatte. Ich hoffte, daß das Verhalten der Kinder ebenso wie ihre Symptome – also das, worüber sie klagten – das Syndrom des Kindheitstraumas deutlich machen würden. 1977 führte ich mit 23 dieser Kinder Interviews durch, und in den Jahren 1980 und 1981 befragte ich 25 von ihnen noch einmal, um sie dann mit einer normalen Kontrollgruppe in McFarland und Porterville zu vergleichen, zwei Städten, die einige hundert Meilen entfernt lagen.

Ich stellte fest, daß jedes der entführten Kinder detaillierte und präzise Erinnerungen an das Geschehen hatte, und zwar auch in meiner späteren Untersuchung. Die meisten Einzelheiten, an die sich jedes der entführten Kinder erinnerte, stimmten miteinander überein. Die Chowchilla-Erinnerungen erschienen überdeutlich scharf, als ob die gesamte Szene von einem grellen Scheinwerfer beleuchtet gewesen wäre. Keines der Kinder verdrängte, und keines vergaß. Im großen und ganzen entsprachen die Erinnerungen der Chowchilla-Kinder auch recht genau den Erkenntnissen der Polizei und des FBI. Diese Kinder waren das, was ich später als Trauma-Opfer Typ I bezeichnete – Kinder, die ein einziges traumatisches Erlebnis gehabt hatten.[15]

Was die Vollständigkeit der Erinnerungen anbelangte, so waren die Unterschiede zwischen den Entführungsopfern und Eileen Franklin Lipsker beträchtlich. Die Chowchilla-Gruppe erinnerte sich durchgängig an alles. Eileen hingegen begann noch am Abend des Tages, an dem sie den Mord an ihrer besten Freundin mit angesehen hatte, zu verdrängen. Im Januar 1988, ein Jahr bevor Eileen im Geiste die Erinnerung an den Mord »sah«, veröffentlichte ich eine klinische Untersuchung über 20 besonders junge Trauma-Opfer, die mit Polizei- oder Augenzeugenberichten ihrer leidvollen Erlebnisse zu mir geschickt worden waren. Diese Kinder waren auf unterschiedlichste Art und Weise noch vor ihrem fünften Lebensjahr traumatisiert worden. Ich stellte fest, daß diejenigen Kinder, die wiederholt traumatisiert worden waren, sich nicht so vollständig erinnern konnten wie diejenigen, die nur einmal eine traumatische Erfahrung gemacht hatten. War Eileen mehr als einmal traumatisiert worden?[16]

Als Anfang 1990 das Fernsehen erstmals über Eileen Franklin Lipskers Geschichte berichtete, war mein Interesse sofort geweckt, und zwar nicht nur, weil ihre Schilderung außergewöhnlich dramatisch klang, sondern auch weil ein Mordprozeß nach so langer Zeit eine Seltenheit ist. Nachdem ich Eileen kennengelernt hatte, wurde mir klar, daß sie in die Kategorie fiel, die ich als Trauma-Opfer Typ II bezeichne – ein wiederholt traumatisiertes Kind. So hatte sie sich zum Beispiel immer daran erinnert, daß ihr Vater ein unberechenbarer, gewalttätiger Alkoholiker war – das hatte sie *nicht* vergessen. Er hatte sie und seine vier anderen Kinder gegen die Wand geworfen. Er hatte sie mit Faustschlägen traktiert. Eileen prügelte er immer wieder, bis sie ungefähr acht Jahre alt war. Dann hörte er damit auf, obwohl er ihre Mutter, den Bruder und die Schwestern weiterhin mißhandelte. Es hatte Zeiten gegeben, in denen Eileen das sichere Gefühl hatte, daß ihre Mutter eines Tages vor ihren Augen umgebracht werden würde.[17] Überdies wurde Mrs. Franklin mehrfach ins Krankenhaus eingewiesen, weil sie psychisch krank war. Die Erinnerungen daran waren vermutlich ebenfalls ziemlich beängstigend.[18] All das hatte aus Eileen ein Kind werden lassen, das an Entsetzen gewöhnt war – ein Kind, das dazu neigen mußte, bei einem besonders schrecklichen Erlebnis die Erinnerung daran zu verlieren.

Tatsächlich waren diese Erfahrungen wahrscheinlich so häufig und so schlimm gewesen, daß Eileen ganz automatisch anfing zu verdrängen. Als sie acht Jahre alt war, hatte sie das »Vergessen« zweifellos so oft geübt, daß sie tatsächlich einfach verdrängen konnte, wenn sie es wirklich brauchte. Auf diese Weise schützen sich Kinder, die fortlaufend terrorisiert werden. Sie sind in der Lage, massive Schutzmechanismen gegen das Erinnern aufzubauen, weil darin für sie die einzige Möglichkeit besteht, ihre schreckliche Kindheit zu überstehen.

Als ich zum erstenmal von dem Fall hörte, hatte ich natürlich keine Ahnung, durch welche anderen entsetzlichen Erlebnisse Eileen gelernt hatte, so wirksam zu verdrängen. Zu diesem Zeitpunkt gab es auch noch keinerlei Hinweis darauf, daß sie sexuell mißbraucht worden war. Aber ein Grund für Eileens plötzliche Erinnerung war meines Erachtens offensichtlich: In ihrem dritten Lebensjahrzehnt war sie endlich zur Ruhe gekommen.

Wenn eine verdrängte Erinnerung zurückkehrt, gibt es meist eine Basis dafür – das heißt, einen allgemeinen emotionalen Zustand – und einen Auslöser. Ein angenehm ruhiges Leben nach dem Verlassen des Elternhauses beispielsweise ist eine solche Basis für die Wiederkehr von Erinnerungen. Die meisten von uns verlassen das Elternhaus, wenn sie um die Zwanzig sind. Anschließend gründen wir eigene Familien. Durch die Geburt und das Heranwachsen der Kinder denken wir auch immer an unsere eigene Kindheit zurück.

Im Alter von 28 Jahren ging es Eileen Lipsker endlich einmal gut. Sie hatte, wie sie sehr viel später einem Kreis von Psychologen erzählte, damals nahezu alles erreicht, was sie wollte – »zwei intelligente und hübsche Kinder, ein schönes Haus, schicke Kleidung und einen Mercedes in der Garage«. Interessanterweise kam »der Ehemann« in

Eileens Aufzählung nicht vor. Aber wenigstens hatte sie gelernt, sich zu entspannen und ein wenig lockerer zu werden. Und damit verloren auch die starken Widerstände, die ihre Erinnerungen blockiert hatten, an Wirkung. Die Erinnerung an den Mord konnte auftauchen. Die Basis für die Rückkehr der Erinnerungen war gegeben. Eileens Gehirn muß über Jahre hinweg eine Flut von »Stop!«-Signalen abgegeben haben, und all die Zeit über lag ihre schreckliche Erinnerung auf Halde. Dann schaltete sich die warnende Signalfunktion vorübergehend ab.

Eine verdrängte Erinnerung kommt jedoch nicht bloß deshalb zurück, weil eine angenehme Basis geschaffen wurde. Das Wiedererlangen des Erinnerungsvermögens bedarf meist auch eines starken Stimulus in der sinnlichen Wahrnehmung – eines Auslösers. Manchmal ist der Auslöser ein Zustand, der jenem ähnelt, in dem die Erinnerung ursprünglich entstand. Häufiger jedoch ist es eine rasche, intensive Wahrnehmung. Gelegentlich ist ein Traum der Auslöser.

Oft wird eine Erinnerung in Zuständen oder Stimmungen freigesetzt, die ursprünglich mit dem Input der Erinnerung in Verbindung stehen. In diesen Fällen spricht man von einer zustands- oder stimmungsgebundenen Erinnerung. Wenn zum Beispiel ein Taucher unter Wasser Vokabeln lernt, dann kann er diese Vokabeln in derselben Umgebung besser erinnern, also wenn er seine Ausrüstung trägt und sich wieder unter Wasser befindet. Wenn ein Mensch bestimmte Dinge unter dem Einfluß von Marihuana lernt, kann er diese Informationen unter demselben Einfluß besser reaktivieren. Die medizinische Fachzeitschrift *The Lancet*, die in Großbritannien erscheint, hat dieses Phänomen in ihrer Ausgabe vom 23. November 1991 in einem Leitartikel behandelt: »Für unsere Vorfahren, die Jäger und Sammler, wäre es nicht zweckmäßig gewesen, wenn sie sich beim Sammeln im Geiste mit Erinnerungen an die Jagd oder bei der Jagd mit Erinnerungen an das Sammeln beschäftigt hätten.«

Doch die intensivste Anregung für die Rückkehr einer traumatischen Erinnerung ist nicht eine Stimmung oder ein Zustand, sondern eine ganz einfache Wahrnehmung, ein Auslöser. Ein sommersprossiges Kindergesicht. Ein nach hinten gewandter Kopf. Ein Blick nach unten. Es hat den Anschein, als ob der Gesichtssinn den stärksten unmittelbaren Impuls auf lang verdrängte Erinnerungen ausübt, was jedoch nicht heißt, daß die anderen Sinne nicht genauso als Erinnerungsauslöser fungieren können. Bei dem französischen Schriftsteller Marcel Proust war es der Geschmack eines bestimmten Gebäcks, bei dem Mörder in Patrick Süskinds Roman *Das Parfum* war es der Geruch der Unschuld. In Walker Percys *Der Idiot des Südens* findet der Protagonist, ein junger Mann, der seit dem Selbstmord des Vaters an Amnesie leidet, sein Gedächtnis wieder, als er eine bestimmte Musik hört – dasselbe Kammermusikstück von Brahms, das erklang, als sein Vater starb.

Bei Eileen Franklin Lipsker lieferte der Gesichtssinn den visuellen Auslöser für die Erinnerung an den Mord an Susan Nason. Jessica Lipsker sah Susan so ähnlich, daß man sie für ein und dasselbe Kind hätte halten können. Wenn man vergrößerte Porträtfotos von Jessica mit fünfeinhalb und von Susan mit fast neun Jahren nebeneinanderhält, verschlägt es einem die Sprache. Die Tatsache, daß Eileen nicht schon früher auf die Ähnlichkeit zwischen den beiden kleinen Mädchen reagierte, läßt darauf schließen, wie stark ihre Verdrängung gewesen sein muß. Ihre Tochter mußte erst den Kopf wenden und direkt in die kalifornische Sonne blicken.[19]

Im Juni 1989, sechs Monate nach der Rückkehr ihrer ersten Erinnerung, hatte Eileen Lipsker das dringende Bedürfnis, jemandem ihre Geschichte zu erzählen. Bei Kirk Barrett, einem Psychotherapeuten, den sie wegen ihrer Eheprobleme aufgesucht hatte, stellte sie Spekulationen darüber an, ob es möglich sei, daß »ein Mensch eine ... wirklich furchtbare Erinnerung an etwas« haben könne, woran er sich »nie zuvor erinnert« hatte. Barrett versicherte ihr, daß so etwas durchaus möglich sei, und dann erzählte Eileen ihm von dem Mord an Susan und der Rolle ihres Vaters dabei. Barrett blieb neutral; er sagte Eileen, daß er nicht mit Sicherheit entscheiden könne, ob ihre Erinnerung der Wahrheit entsprach.[20]

Dann erzählte sie ihrem Bruder George Franklin junior von ihrer Erinnerung. George reagierte so ungläubig, daß Eileen plötzlich das Gefühl hatte, sich zusätzliche Glaubwürdigkeit verschaffen zu müssen. »Ich habe mich unter Hypnose daran erinnert«, erzählte sie ihrem Bruder. Eileen kam diese Lüge irgendwie überzeugender vor als der

Verweis auf die tatsächliche, spontane Rückkehr der Erinnerung. Aber George blieb weiterhin skeptisch, und so wandte sich Eileen an ihre Mutter.

Leah Franklin, die sich von Eileens Vater hatte scheiden lassen, als Eileen 14 Jahre alt war, reagierte nicht sonderlich schockiert auf die Vorstellung, daß George Franklin ein Mörder sein könnte. Während ihre Kinder heranwuchsen, hatte Leah Monate in psychiatrischen Kliniken verbracht, doch nach der Trennung von George wurde sie bald wieder ganz gesund. Schließlich heiratete sie wieder, studierte Jura und eröffnete eine erfolgreiche Kanzlei. George sei durchaus zu einem Mord fähig, sagte Leah ihrer Tochter, nachdem sie deren Erzählung gehört hatte. Es sei ein Wunder, daß sie im Verlauf ihrer unglücklichen Ehe nicht selbst getötet worden sei, meinte Leah. Aber warum in aller Welt war Eileens Erinnerung erst so spät zurückgekehrt? »Hypnose«, entgegnete Eileen und hoffte damit erneut, glaubwürdiger zu klingen. Die Gespräche mit ihrer Familie jedoch, so wurde Eileen klar, brachten sie nicht weiter.[21]

Später sagte Leah vor Gericht aus, daß ihr Mann ihr Wochen oder vielleicht auch Monate nach dem Mord an Susan Nason ein blutiges Hemd zu waschen gegeben hatte. Er behauptete, das Blut stamme von einem Unfall. Dann, im Jahre 1978, neun Jahre nach Susans Tod, teilte George Franklin Leah mit, daß er seine Memoiren geschrieben und sie in Plastik eingewickelt, mit Wachs versiegelt und irgendwo im San Mateo County vergraben habe. Als sie das hörte, schoß Leah ein Gedanke durch den Kopf. »Hast du Susan Nason ermordet?« fragte sie George. Und er antwortete: »Wie kannst du mir so was zutrauen?«

Sechs Jahre später kam ein weiteres Mitglied der Familie Franklin zu einer ähnlichen Schlußfolgerung. 1984 ging Janice Franklin zur Polizei von Foster City, um ihren Vater des Mordes an Susan zu beschuldigen. Janice erzählte der Polizei, daß sie keinerlei Beweise habe, nur »so einen Verdacht«. Sie und Eileen sagten später mehrfach unter Eid aus, daß sie nicht über Susans Ermordung miteinander gesprochen hatten; dennoch hatte Janice in der Nacht nach Susan Nasons Verschwinden Verdacht geschöpft. Am Abend des Tages, an dem Susan aus Foster City verschwand, klingelte im Haus der Franklins das Telefon. George Franklin hob ab. Die Person am anderen Ende der Leitung stellte sich als Polizeibeamter vor und wollte Janice sprechen. Bevor Janice den Hörer nehmen konnte, trat George sie so fest ins Kreuz, daß ihr der Rücken wochenlang weh tat. Janice schloß daraus, daß sie besser »den Mund hielt«, und das tat sie auch.[22]

Kirk Barrett, Eileens Therapeut, unternahm keinen Versuch, Eileens Erinnerungen an den Mord zu bestätigen oder zu widerlegen. Sie war nur wenige Monate bei ihm in Therapie. Sie wurde weder von ihm noch von irgend jemand sonst je unter Hypnose gesetzt. Barrett konnte sich den Prozeß, in dessen Verlauf ihre Erinnerungen zurückkehrten, nicht erklären. Er sagte Eileen aber, daß Erinnerungen aufgrund von Konflikten verschüttet werden.[23]

Konflikte sind der Schlüssel zur Verdrängung. Freud war der Auffassung, daß der Konflikt zwischen den instinktiven Trieben des Patienten und seinen Ängsten bestand. Diese Vorstellung ist noch heute gültig, aber andere, gleichermaßen wichtige Konflikte sind hinzugekommen. So kann die völlige Hilflosigkeit, die man angesichts eines schrecklichen Erlebnisses empfindet, und die Vorstellung, die man von sich selbst hat – daß man ein ganz normaler Mensch mit ganz normalen Fähigkeiten sei – einen Konflikt darstellen. Man kann auch hin und her gerissen sein zwischen zwei Bildern, die man von einem Elternteil hat, der einerseits als Ungeheuer, andererseits als liebevoller Erwachsener erscheint. Eileen Franklins Verdrängung erwuchs aus beiden Motiven. Sie sehnte sich verzweifelt danach, ein ganz normaler Mensch mit ganz normalen Handlungsmöglichkeiten zu sein. Und außerdem wollte sie ihren angsteinflößenden Vater lieben.

Häufig entscheiden sich Kinder wie Eileen für Verdrängung, oder zumindest entscheiden sie sich teilweise dafür. Zunächst einmal schieben sie vorübergehend etwas Schmerzliches weit von sich. Von den meisten, die sich seit Freud mit den Abwehrmechanismen der Psyche beschäftigt haben, wird dies mit Freuds eigenem Terminus *Unterdrückung* bezeichnet. Unterdrückung ist ein vorübergehender und bewußter Akt, der darauf abzielt, die schmerzliche Erfahrung eine Zeitlang beiseite zu schieben. Theoretisch kann derjenige, der unterdrückt, zu jedem beliebigen Zeitpunkt zu dem schmerzlichen Erleben zurückkehren. Der Psychiater George Vaillant, eine Autorität auf dem Gebiet der Abwehrmechanismen, ist der Meinung, daß gesunde

34

Männer und Frauen die Unterdrückung häufig als Strategie der Konfliktlösung einsetzen. Und er kam zu dem Schluß, daß die Unterdrückung vor allem bei sehr leistungsfähigen Menschen die verbreitetste Abwehrmaßnahme darstellt. Obgleich die Psychoanalyse lehrt, daß Abwehr immer unbewußt ist, haben Vaillant und andere diese Theorie erweitert und die gewollte, bewußte Abwehr mit einbezogen.[24]

Bei Kindern ist Unterdrückung jedoch häufig nur eine Zwischenstation auf dem Weg zur Verdrängung. Der bewußte Akt, eine Erinnerung beiseite zu schieben, kann leicht dazu führen, daß sie für immer aus dem Bewußtsein verdrängt wird. Bei manchen Kindern und Jugendlichen erfolgt der Übergang leicht und nahezu automatisch, besonders bei denjenigen, die bereits traumatische Erfahrungen gemacht haben. Eileen Franklin schien so ein Kind zu sein. Im Alter von acht Jahren war ihre Unterdrückung keine vorübergehende Strategie mehr. Sie war in Verdrängung übergegangen. Eileen schien in der Lage zu sein, ihre Erinnerungen aus dem Bewußtsein zu verdrängen, ohne darüber nachzudenken oder es zu planen.

»Ich war Dads Liebling«, erzählte Eileen mir. »Ich war die mittlere. Die häßliche. Aber er hielt mich für schön und intelligent.« Ein Grund für Eileens Verdrängung des Mordes an Susan Nason war die Drohung ihres Vaters, sie umzubringen, aber ein noch viel mächtigerer war ihre Liebe zu ihm. Als Eileen mir von George Franklin erzählte, schienen ihre Augen förmlich zu leuchten. Ihr Dad hatte ihr gesagt, daß sie schön sei, bevor irgend ein anderer Mensch das bemerkt hatte.

Mitte November 1989, zehn Monate nachdem Eileen sich an den Mord erinnert hatte, platzte sie ihrem Mann gegenüber mit der Geschichte heraus. Barry Lipsker glaubte ihr sofort. Ihm brauchte sie nicht vorzulügen, daß ihr das alles unter Hypnose wieder eingefallen sei. Hatten sie nicht die Beziehung zu ihrem Vater vor ein paar Jahren deshalb abgebrochen, weil er so seltsam mit Sica umgegangen war? George Franklin hatte sexuell perverse Neigungen zu Kindern, sagte Barry, soviel war klar. Barry fiel ganz spontan noch ein weiterer Grund für die Rückkehr von Eileens verdrängten Erinnerungen ein: Sie hatte vollkommen mit ihrem Vater gebrochen. Zum erstenmal in ihrem Leben war Eileen wirklich frei von ihm.[25]

Als sie Barry ihre Erinnerungen schilderte, nahm Eileen ihm das

Versprechen ab, daß er nichts unternehmen würde. Bevor sie Barry in ihr Geheimnis einweihte, hatte Eileen einen Strafrechtler konsultiert, um herauszufinden, ob sie ein Verbrechen anonym zur Anzeige bringen konnte. Er hatte ihr empfohlen, in seinem Büro in Anwesenheit eines Gerichtsstenographen eine Stellungnahme abzugeben. Diese Stellungnahme sollte dann an die Polizei weitergeleitet werden. Der Anwalt hatte sich bereit erklärt, vorübergehend als Vermittler zwischen der Polizei und Eileen zu fungieren. Eileen hatte vor, ihre Stellungnahme gleich nach den Sommerferien des Jahres 1989 abzugeben.

Aber Barry Lipsker war ein ziemlich bestimmender Mann. Als die beiden heirateten, war er schon wesentlich erfahrener und gefestigter als seine junge Braut, und er traf Entscheidungen über Eileens Leben ebenso selbstverständlich wie Entscheidungen in seiner erfolgreichen Computerfirma. (Trauma-Opfer wiederholen. Eileen hatte unbewußt einen Weg gefunden, die Beziehung zu ihrem übermächtigen Vater fortzusetzen.) Ohne Eileens Wissen oder Einverständnis rief Barry das Büro der Staatsanwaltschaft von San Mateo County an. Er meldete sich nur mit seinem Vornamen und sagte, daß er Informationen zu einem unaufgeklärten Mord habe, der in ihrem Zuständigkeitsbereich passiert sei. Ob er seine Informationen preisgeben könne, ohne sagen zu müssen, woher er sie habe? Inspector Charles Etter, der Barrys Anruf entgegennahm, bestärkte ihn, ohne ihm jedoch irgendwelche Versprechungen zu machen. Etter spürte, daß er es nicht mit einem »Spinner« zu tun hatte und daß das kein »falscher Alarm« war. »Rufen Sie uns wieder an«, sagte er. »Täglich.« Barry Lipsker nahm ihn beim Wort. Er rief noch fünfmal an.[26]

Elaine Tipton ist stellvertretende Staatsanwältin in San Mateo County. Am 17. November 1989 befand sie sich gerade auf Hawaii, wo sie sich von einem arbeitsreichen Jahr erholen wollte. An diesem Tag klingelte im Büro der Staatsanwaltschaft das Telefon, und ein Mann, der sich »Barry« nannte, erzählte etwas von einem unaufgeklärten Mordfall in ihrem Bezirk. Es ging um den Mord an einem Kind, wie der Mann sagte. Elaine Tiptons Aufgabenbereich ist die strafrechtliche Verfolgung von Morden an Kindern, und dieser anonyme Anruf bildete den Auftakt zur größten Herausforderung in ihrer gesamten Karriere.

Elaine Tipton hat sich auf das Unvorstellbare spezialisiert. Sie studiert Polizeifotos von toten oder vergewaltigten Kindern und sorgt dafür, daß deren Kleidung, Körperflüssigkeiten und Verletzungen als Beweismaterial herangezogen werden. Sie selbst ist eine blonde, hübsche Frau, die ein wenig zerbrechlich wirkt. Gleichzeitig aber deuten ein ernster Zug um ihren Mund, feine Linien in ihren Augenwinkeln und vor allem ihre eindringlichen graublauen Augen darauf hin, daß man eine intelligente und souveräne Persönlichkeit vor sich hat, der nur sehr wenig entgeht.

Das fragliche Verbrechen geschah am 22. September 1969, als Foster City gerade erst entstanden war, eine kleine Stadt, auf einer Erdaufschüttung erbaut, die ein Mann namens T. Jack Foster in die Bucht von San Francisco hatte kippen lassen. In Foster City lebten bereits so viele neu zugezogene Kinder, daß die Grundschule zu dem Zeitpunkt, als Eileen Franklin und Susan Nason sie besuchten, aus einer Reihe von Baracken bestand.

An dem warmen sonnigen Septembertag, an dem Susan Nason verschwand, war sie, wie Nachbarn berichteten, nur um die Ecke gegangen, um einer ihrer Klassenkameradinnen ein Paar Tennisschuhe zu bringen. Gleich um die Ecke wohnte Susans beste Freundin Eileen. Nachdem Susan Nason die Tennisschuhe abgegeben hatte, wurde sie nie wieder gesehen.

Die Polizei und die Bürger von Foster City führten eine großangelegte Suchaktion nach Susan durch. Nachbarn durchkämmten ihre Grundstücke und die öffentlichen Parkanlagen. Einige Leute in der Stadt wollten sie in einem blauen Kombi gesehen haben. Doch trotz der fieberhaften Bemühungen aller fand sich keine Spur von Susan. Tage und Wochen verstrichen, in denen Don und Margaret Nason und ihre zehnjährige Tochter Shirley die Hölle durchmachten.

Die Nasons und die Polizei erhielten nach Susans Verschwinden zahlreiche Hinweise. Wohlmeinende Parapsychologen riefen an und behaupteten, sie wüßten, wo das Mädchen sei. Ein Mann, der, wie sich schließlich herausstellte, nichts über Susans Verbleib wußte, drohte, den Nasons die Finger ihrer Tochter einzeln zuzusenden, wenn sie nicht 10 000 Dollar an eine Adresse in San Francisco schickten. Das FBI spürte den Mann auf und brachte ihn sofort hinter Schloß und Riegel.

Am 2. Dezember, zehn lange Wochen nach Susans Verschwinden, fand ein Arbeiter des Wasserwerks rund sieben Meilen von der Stelle entfernt, an der Susan zuletzt gesehen worden war, die Leiche eines Kindes. Die Überreste befanden sich auf einem Pfad unterhalb eines Parkplatzes am Highway 92, einer kurvenreichen Straße, die zu der kleinen Küstenstadt Half Moon Bay führt – versteckt unter ein paar Sträuchern und einem alten Bettrost. In der Gegend wuchs viel Gestrüpp. Die Leiche lag eine Meile von der Talsperre Crystal Springs entfernt, die San Francisco mit Wasser versorgt.

Die Leiche war fast völlig in Verwesung übergegangen. Die Polizei fand kaum mehr als mumifiziertes Gewebe, Knochen und einen Schädel, der vom Körper abgetrennt worden war und hinter dem rechten Ohr schwere Verletzungen aufwies. Die Leiche war noch immer mit dem blauen Kattunkleid bekleidet, das die kleine Susan Nason getragen hatte, als sie verschwand. Neben der Leiche entdeckte man »etwas Haar« und einen »großen Stein mit Haaren daran«. Das tote Mädchen trug an einem Fuß noch eine Socke, die andere hing in einem Busch in der Nähe. Ein Schuh lag dicht neben der Leiche, der andere wurde nie gefunden. Die Zähne des Kindes waren unversehrt, und die Frage nach seiner Identität fand rasch ihre traurige Antwort.

Am Mittelfinger von Susans rechter Hand steckte ein kleiner zusammengedrückter Silberring. Susans linke Hand war intakt und unverletzt, während die rechte fast völlig zerfetzt war. Anscheinend hatten Raubtiere diese Hand angefressen, vielleicht weil sie zum Zeitpunkt des Todes oder kurz danach verletzt worden war.

Die Entdeckung der Kinderleiche führte jedoch nicht zu einer eindeutigen Klärung der Frage, was mit Susan Nason passiert war. Die Umstände ihres Verschwindens und ihres Todes lieferten keine Anhaltspunkte für eine genaue Rekonstruktion des mutmaßlichen Geschehens. Niemand hatte beobachtet, wie sie Foster City verlassen hatte. Und niemand hatte sie in Begleitung von irgend jemandem gesehen. Die Polizei von Foster City und das Büro des Sheriffs von San Mateo County nahmen die Untersuchungen in regelmäßigen Abständen wieder auf – ohne Erfolg. Das, was sämtliche Ermittlungsbeamte nicht herausfinden konnten, blieb das Geheimnis zweier Menschen – des Mörders und, wie sich später herausstellte, seiner Tochter.[27]

Inspector Charles Etter reagierte auf die anonymen Anrufe von Barry Lipsker mit viel Geduld und Intuition. Er war erfahren genug, um zu ahnen, daß hinter der Heimlichtuerei und den Vorsichtsmaßnahmen etwas Ernstzunehmendes steckte. Er redete Barry gut zu, versuchte, ihm einige gewünschte Zusicherungen zu machen, doch die Staatsanwaltschaft von San Mateo County war nicht in der Lage, Barrys Frau völlige Anonymität und Sicherheit zu garantieren. Ob »Mrs. Barry«, wie man sie bei der Staatsanwaltschaft inzwischen nannte, nicht ans Telefon kommen könne, ohne den Namen des Mörders zu nennen? Sie würden dann die Akten durchsehen, um festzustellen, ob es Unterlagen und Beweismaterial zu diesem Fall gebe. Auf der Grundlage dieser Feststellungen würde man »Mr. und Mrs. Barry« dann sagen, ob der Fall überhaupt vor Gericht gebracht werden könne. Dann, und nur dann, wie Inspector Etter sagte, würde »Mrs. Barry« ihre Anonymität aufgeben und den Namen des Mörders nennen müssen.

Als Eileen beschloß, den Mord bei den zuständigen Behörden zur Anzeige zu bringen, hatte sie ihre Angst um die eigene Sicherheit und die ihrer Kinder sowie die Liebe zu ihrem Vater gegen das abgewogen, was sie »das Recht der Nasons, endlich Klarheit zu haben«, nannte.[28] Sie hatte gehofft, ihre Enthüllungen erst nach den Ferien machen zu müssen, doch am 20. November reichte Barry mitten in einem Telefongespräch Eileen den Hörer, ohne ihren Namen zu nennen. Er sagte: »Meine Frau wird jetzt mit Ihnen reden.« Es war die erste Unterhaltung über Susan Nason, die Eileen je mit einer Amtsperson führte; obwohl die beiden Mädchen eng befreundet gewesen waren, hatte kein Polizist nach Susans Verschwinden Eileen irgendwelche Fragen gestellt.

Eileen wußte nicht, daß man das Gespräch auf Band aufnahm, und später wurde sie zu einigen Aussagen, die sie auf dem Band machte, intensiv ins Kreuzverhör genommen. Man kann den Konflikt, der zu Eileens Verdrängung führte, förmlich hören; er ist noch da, während sie spricht.

Eileen:	Hallo.
Inspector:	Hallo.
Eileen:	Haben Sie inzwischen selbst herausgefunden, um was für einen Fall es sich handelt? [An dieser Stelle zieht Eileen ihren Gesprächspartner ein bißchen auf und testet ihn, ein Verhalten, das sie unter Streß öfter an den Tag legt.]
Inspector:	Nein, haben wir nicht.
Eileen:	Okay, es war in Foster City.
Inspector:	Ah ja.
Eileen:	Ihr Name war Susan Nason.
Inspector:	Ah ja. Und wie alt war Susan, als das passiert ist?
Eileen:	So acht oder neun. Genau kann ich das nicht sagen. ...
Inspector:	Gut. Also, fangen Sie doch einfach an und erzählen Sie uns, was passiert ist, und vielleicht stellen wir Ihnen dann hinterher ein paar Fragen. Einverstanden?
Eileen:	Tja, ich weiß nicht. Wieso?
Inspector:	Nun ja –
Eileen:	Können Sie nicht einfach nachsehen, ob Sie was darüber haben?
Inspector:	Tja, ich habe hier keine Einsicht in die Akten von Foster City, verstehen Sie?
Eileen:	Ja, das versteh' ich.
Inspector:	Wenn ich Ihren Mann richtig verstanden habe, wollten Sie uns erzählen, was passiert ist in –?
Eileen:	Tja, ich, ja schon. [Zu ihrem Mann:] Wieso hast du denen gesagt, ich würde ihnen sämtliche Details und so erzählen? Das will ich nicht. [Ein kurzer Wortwechsel zwischen Eileen und Barry, außer Hörweite] Na gut. Ich war in dem Wagen mit der Person, die das Verbrechen begangen hat.
Inspector:	Okay.
Eileen:	Und wir haben Susan mitgenommen. ... Und wir sind raus in den Wald gefahren. Ich weiß, daß das komisch klingt. Es war irgendwo, äh, ich glaube, es ging so Richtung Half Moon Bay. Die Ecke.
Inspector:	Gut.

Eileen:	Wissen Sie, wo es da draußen anfängt, waldiger zu werden? [Hier irrt Eileen. Der Mord geschah nicht im Wald.]
Inspector:	Ah ja.
Eileen:	Und, äh, die Person, die das Verbrechen begangen hat, hat sie vergewaltigt. [Bei dem Wort »vergewaltigt« versagt Eileen die Stimme.] Und ich war dabei, als das passiert ist, und, äh [ihre Stimme zittert weiterhin], und, äh, … danach waren wir alle draußen. Raus aus dem Wagen …
Inspector:	Ah ja.
Eileen:	Und, äh, Susan hat gesessen, und ich hab' neben dem Wagen gestanden. Sie hat gesessen – ich, ich kann nicht genau sagen, wie weit entfernt. Ich denke, es war so rund fünf Meter vom Wagen weg. Und sie hat auf einem ganz kleinen Hügel gesessen oder so. Vielleicht war es auch ein Stein. Sie hat auf etwas gesessen, das leicht erhöht war. [Es mag verwunderlich erscheinen, daß eine alte traumatische Erinnerung Körperhaltungen und Positionen so ausführlich wiedergibt, aber das räumliche Gefühl ist eines der letzten Elemente, das verdrängt wird, und eines der ersten, das bei der Rückkehr der Erinnerung wieder auftaucht.] Und er, er hat sie auf den Kopf geschlagen. [Ihre Stimme versagt erneut.]
Inspector:	Verstehe.
Eileen:	Mit einem Stein. [Sie klingt noch immer zittrig.] Und sie hat die Hand an den Kopf gehoben, und er hat noch mal zugeschlagen, und sie hatte einen – Es war überall Blut. Sie hatte einen Ring an der Hand, und, und der Ring an ihrer Hand wurde durch den Schlag zerquetscht.
Inspector:	Fällt Ihnen im Augenblick noch mehr dazu ein?
Eileen:	Äh. Ich meine, es ist nicht … Wenn das zu dem paßt, was Sie herausfinden, dann erzähle ich noch mehr. Ich meine, es fällt mir wirklich nicht leicht, darüber zu reden …
Inspector:	Und wie war sie gekleidet? Erinnern Sie sich daran?
Eileen:	Lassen Sie mir einen Moment Zeit, ja? Es ist so unklar. Weil ich eigentlich meine, es war ein Kleid. … Ich weiß es nicht. Ich hatte das Gefühl, da war ein Pullover oder eine Jacke,

41

entweder lavendelfarben oder blau. [Sie trug keinen Pullover und keine Jacke.]

Inspector: Ah ja.

Eileen: Aber ich kann mich nicht mehr erinnern, was sie genau anhatte.

Inspector: Was hat er dann gemacht? Nachdem er Susan geschlagen hatte?

Eileen: Äh. Tja, dieser Teil ist ganz verschwommen, daran erinnere ich mich irgendwie nur halb.

Inspector: Ah ja.

Eileen: Daran – daß er mich gezwungen hat, ihm dabei zu helfen, etwas über sie zu legen. Äh, eine Matratze oder so.

Inspector: Hat er die Leiche dort gelassen?

Eileen: Ja.

Inspector: An derselben Stelle, wo er sie geschlagen hat?

Eileen: Ja. [Falsch. Später erinnerte sich Eileen, daß ihr Vater Susans Leiche an eine andere Stelle getragen hatte.]

Inspector: Okay. Was ist dann passiert?

Eileen: Ich habe geschrien [nachdem Susan begraben war], und er hat mich gestoßen –

Inspector: Sie haben geschrien?

Eileen: Und er hat mich auf den Boden gestoßen und festgehalten. Und er hat gesagt, daß er mich töten würde.

Inspector: Ah ja.

Eileen: Und daß mir niemand glauben würde. Und daß, falls mir jemand glauben würde, alle sagen würden, daß ich mitschuldig wäre. Und daß sie mich einsperren würden und mir die Schuld dafür geben würden. Und daß er mich töten würde, wenn ich je darüber sprechen würde.

Inspector: Und wie alt waren Sie damals?

Eileen: Ich war acht ...

Inspector: Können Sie noch mehr sagen?

Eileen: Na ja, da sind, äh, noch mehr Einzelheiten ... Aber, wissen Sie, eben sehr viele kleine Einzelheiten, die vielleicht ganz unbedeutend sind.

Inspector: Wieso waren Sie überhaupt in dem Wagen?

Eileen:	Äh, weil es jemand war, den ich gut kannte.
Inspector:	Ich verstehe. Und es war nicht ungewöhnlich für Sie, in seinem Wagen mitzufahren.
Eileen:	Nein.
Inspector:	Ich verstehe. Okay. Fällt Ihnen im Augenblick noch mehr ein? ...
Eileen:	Ja, eigentlich muß sie ein Kleid getragen haben, weil er ihr nicht die Sachen ausgezogen hat, als er sie vergewaltigt hat. Er hat ihr nur das Kleid hochgeschoben. [Hier wird eine Erinnerung »durchdacht«. Eileen hat ein deutliches mentales Bild von der Vergewaltigung, aber kaum ein mentales Bild von Susans Kleidung. Erst Eileens Durchdenken macht »ein Kleid« daraus, nicht ihre mentale Vorstellung von Susan in einer bestimmten Kleidung.]
Inspector:	Ich verstehe. Und Sie waren Zeugin der eigentlichen Vergewaltigung?
Eileen:	Ja. Ich meine, na ja, ich hab' nicht dabeigestanden und zugeguckt. Ich meine, nach einer Weile habe ich weggeguckt, aber – ich hab's gesehen. Ich meine, das war wirklich entsetzlich für ein Kind, ich hoffe, das ist Ihnen klar.
Inspector:	Oh, natürlich. Als Erwachsene, und Sie reden mit Erwachsenen, haben Sie heute den Eindruck, daß er in die junge Da– das kleine Mädchen tatsächlich eingedrungen ist? [Hier unterläuft Inspector Etter ein unglücklicher Versprecher. Wenn Menschen hören, daß ein kleines Mädchen sexuell mißbraucht wurde, neigen sie häufig dazu, sich in eine Terminologie zu flüchten, in der aus dem Mädchen eine »Frau« oder »Dame« wird.]
Eileen:	Äh, mein Gefühl sagt mir nein, was eigentlich seltsam ist. Ich weiß nicht, warum ich das so empfinde. [Der Grund dafür ist Eileens Konflikt mit der Liebe zu ihrem Vater.]
Inspector:	Ah ja.
Eileen:	Aber er hat ganz sicher auf ihr gelegen, wissen Sie, er hat ganz sicher eine stoßende Bewegung gemacht.
Inspector:	Ah ja.
Eileen:	Sexueller Natur. Aber ich kann nicht sagen, daß eine Pene-

tration stattgefunden hat. [In Susans Vagina wurde Sperma gefunden.]

Inspector: Ah ja ... Fällt Ihnen im Augenblick noch mehr ein?

Eileen: Nein. Die Frage müssen Sie ja schon millionenmal gestellt haben ... Macht ihr auch schon mal Fangschaltungen?

Inspector: Tja, das kommt schon mal vor, aber nicht bei Ihrem Anruf jetzt.

Eileen: Okay.

Inspector: Wenn Sie das beruhigt.

Eileen: Na ja, es ist bloß – weil ich – ich wirklich Angst habe. Wenn der Fall falsch behandelt worden ist, oder wegen der langen Zeit zwischen dem Mord und der Entdeckung der Leiche, daß, Sie wissen schon, daß eventuelle Beweise vom Regen weggespült oder sonstwie vernichtet worden sind. Und dann steht da nur mein Wort, und das ist im Grunde genommen wertlos.[29]

Eileen Franklin irrte mit der Annahme, daß ihr Wort wertlos sei. Im Verlauf der Ermittlungen wurde Eileens Wort sogar ungeheuer wichtig. Elaine Tipton konnte weder am Ort des Verbrechens noch anderswo irgendwelche Indizien finden, die George Franklin mit dem Mord in Verbindung brachten. Den Ermittlungsbeamten von der Staatsanwaltschaft gelang es, den alten VW-Bus der Franklins ausfindig zu machen, aber er war absolut »sauber«. Sogar unter dem Mikroskop. Keine Haare, Fasern, Blutspuren, Finger- oder Reifenabdrücke – nichts Konkretes, das auf George Franklin hindeutete. Die einzige Voraussetzung für George Franklins Verurteilung war die Aussage seiner Tochter, der Augenzeugin. Aber für Eileen war diese Aussage so bedrükkend, daß sie sie zuerst kaum in Worte fassen konnte. An dem Tag nach ihrer anonymen Stellungnahme war sie »wie zugeschnürt und fing an zu weinen«, als Inspector Etter anrief und nach dem Namen des Mörders von Susan Nason fragte. Sie reichte Barry den Hörer und bat ihn, den Namen zu sagen. Er tat es.[30]

Als Elaine Tipton die Bänder abhörte, war ihr zunächst nicht klar, daß Eileen der Polizei dieses entsetzliche Geheimnis nicht wissentlich jahrelang verschwiegen hatte. Barry hatte bei seinem ersten Anruf gesagt: »Wahrscheinlich kann sie nicht mehr damit leben.« Aber seine Formulierung war mißverständlich. Eileen hatte ihre Erinnerung unwissentlich über 20 Jahre hinweg vor sich selbst verborgen.

Es war keine leichte Entscheidung für die Staatsanwaltschaft, Anklage gegen George Franklin zu erheben. Mord verjährt zwar nicht, aber Elaine Tipton war sich darüber im klaren, wie schwer es sein würde, jemanden eines Mordes zu überführen, der 20 Jahre zurücklag. Das Auffinden von Zeugen, die Sichtung des Beweismaterials, die Abstimmung mit dem vor 20 Jahren geltenden Recht (denn dieses Recht war für den Fall relevant) – all das würde gravierende verfahrensrechtliche Schwierigkeiten mit sich bringen. Da die Anklage »zweifelsfreie« Beweise liefern muß, war das größte Problem Eileen Franklins verdrängte Erinnerung.

»Zunächst einmal«, erklärte mir Elaine, nachdem das Verfahren abgeschlossen war, »mußte ich zwölf Geschworene finden, die bereit, fähig und willens waren, den Gedanken zu akzeptieren, daß Erinnerungen verdrängt werden können. In diesem besonderen Fall mußten sie außerdem willens sein, die These zu akzeptieren, daß ein kleines Mädchen Zeugin eines schrecklichen Ereignisses sein konnte, nämlich der Vergewaltigung und Ermordung ihrer besten Freundin, und über 20 Jahre hinweg keine bewußte Erinnerung mehr daran hatte. Sie mußten sogar begreifen können, daß die Erinnerung eines Kindes unvollkommen ist – daß es Fehler geben konnte. Mir war klar, daß ich ein überzeugendes psychiatrisches Gutachten zur Funktionsweise des Gedächtnisses vorlegen mußte, um die Geschworenen aufzuklären. An der Stelle traten Sie auf den Plan. Aber das Beste kam am Schluß. Wenn ich Geschworene hatte, die das Konzept der verdrängten Erinnerung akzeptieren würden, dann würden sie mit großer Wahrscheinlichkeit Eileen Lipskers Aussage glauben – an die Wahrheit dessen, was sie, wie sie sagte, mit angesehen hatte. Ich hatte nämlich festgestellt, daß Eileen ein sehr überzeugender und glaubwürdiger Mensch ist.«

Ende 1989 wurde George Franklin verhaftet. Die Vollzugsbeamten der Staatsanwaltschaft von San Mateo County fanden George in einer kleinen Wohnung in Sacramento, wo er von seiner Rente lebte. Die Wohnung war randvoll mit Dildos in Kindergröße, Kinderpornographie und Büchern über Inzest.[31] Da Georges perverse Neigungen jede Jury in einem Mordprozeß gegen ihn eingenommen hätten, durften sie per richterlichem Beschluß im Verfahren nicht zur Sprache gebracht werden. Als die Beamten Georges Wohnung betraten und ihm erklärten, daß die Ermittlungen im Mordfall Susan Nason wiederaufgenommen worden waren, war seine erste Frage: »Haben Sie mit meiner Tochter gesprochen?« George hat nie präzisiert, welche seiner Töchter er damit meinte.[32]

Von Anfang an war die Verteidigung, unter Führung eines intelligenten und fähigen Anwalts aus San Francisco namens Douglas Horngrad, darum bemüht, Eileen Lipskers »Erinnerung« in Zweifel zu ziehen. Horngrad behauptete, daß Eileen alles, was sie wußte, aus Zeitungsberichten erfahren haben konnte, die zum Zeitpunkt des Mordes erschienen waren. Nur sehr wenige Einzelheiten des Falles waren nicht veröffentlicht worden. Eileen konnte sich ihre »Erinnerungen« aus dem, was sie gelesen hatte, zurechtgesponnen haben, so meinte Horngrad, um dann – getrieben von dem hinterhältigen Wunsch, sich an ihrem Vater zu rächen oder selbst berühmt und reich zu werden – mit selbstgebastelten »Erinnerungen« an die Öffentlichkeit zu treten. Sie hatte schon früher ihre Familie angelogen und behauptet, hypnotisiert worden zu sein, wenngleich sie diese Falschaussage später zurücknahm. Genausogut konnte auch alles andere erlogen sein. Eileens Erinnerungen waren Horngrad zufolge viel zu detailliert und paßten viel zu gut zu der bereits bestehenden Beweislage, als daß man ihnen Glauben schenken konnte.

Douglas Horngrad hatte mit seinem Argument, daß Einzelheiten keinen Beweis für den Wahrheitsgehalt einer Erinnerung darstellen, gar nicht so unrecht. Und Elaine Tipton lag auch nicht falsch, wenn sie meinte, daß Einzelheiten häufig einen sehr überzeugenden Aspekt der Erinnerungen darstellen. Wenn Kinder, die älter als drei Jahre sind, ein einzelnes furchtbares Erlebnis durchmachen, sind sie nahezu immer in der Lage, ihre Erfahrung mit präzisen Details nachzuerzählen. Die Kinder aus Chowchilla, die ich nach ihrer Entführung befragte, konnten das zweifellos. Und fünf bis sieben Wochen nach dem *Challenger*-Unglück am 28. Januar 1986 stellte meine Forschungsgruppe fest, daß von 62 acht- und fünfzehnjährigen Kindern an der Ostküste, die die

Katastrophe morgens »live« im Fernsehen mit angesehen hatten, und von elf Kindern, die sie von den Zuschauerplätzen in Cape Canaveral beobachtet hatten, sich fast jedes einzelne Kind an das gesamte Geschehen in vollständigen und klaren Einzelheiten erinnerte. Selbst bei einer weniger direkt betroffenen Gruppe – Kinder von der Westküste, die von der Explosion schon gehört hatten, bevor sie Aufzeichnungen davon in den Nachrichten sahen – konnten sich vier von fünf außerordentlich lebhaft an Einzelheiten des Geschehens erinnern.

Doch obwohl sie sich Details der Explosion gemerkt hatten, machten diese Kinder auch Fehler. Fünf bis sieben Wochen nach der Katastrophe äußerte ein Drittel der Kinder, die das Unglück mit angesehen hatten, unrealistische Vorstellungen davon, wo der Fehler gelegen hatte, ob Astronauten überlebt haben mochten und was als nächstes passieren würde. Noch ein Jahr nach der Explosion, nachdem die Bilder im Fernsehen endlos oft wiederholt und detaillierte Analysen geliefert worden waren, erzählte mir ein Drittel der jüngeren Kinder wenigstens ein unrealistisches Detail über den Unfall.

Trotzdem bleiben, von gelegentlichen Fehlern abgesehen, die Erinnerungen an eindringliche Ereignisse in den Köpfen von Kindern haften. Es gibt kaum Untersuchungen über einen Zeitraum von 20 Jahren hinweg, jenen Zeitraum also, nachdem Eileens Erinnerungen zurückgekehrt waren, doch 14 Monate nach der Explosion der *Challenger* konnten sich mehr als vier von fünf befragten Kindern noch immer so gut erinnern, daß sie im Zusammenhang mit der Katastrophe eine persönliche Geschichte erzählen konnten – so zum Beispiel, was jemand in diesem Moment gesagt hatte oder womit sie selbst gerade beschäftigt gewesen waren.

Das bedeutet, daß es normalerweise bei Kindheitserinnerungen an ein einzelnes, eindringliches Erlebnis sowohl allgemeine als auch persönlich bedeutsame Details gibt – und daß man von Eileens Erinnerungen an den Mord annehmen durfte, daß sie ebenso detailliert und voller persönlicher Einzelheiten sein würden wie die Erinnerungen der Kinder in der *Challenger*-Untersuchung. Aber die Untersuchung hatte auch gezeigt, daß selbst eine detaillierte und persönlich aufschlußreiche Erinnerung fehlerhaft sein kann. Detailgenauigkeit ist noch kein Beweis dafür, daß die Geschichte eines Kindes stimmt.

Bei einer Anhörung vor Prozeßbeginn trug die Anklagevertretung einen wichtigen Sieg davon, als über die Frage entschieden wurde, ob die Verteidigung alte Zeitungsartikel als mögliche Erklärung für Eileen Lipskers höchst detaillierte Erinnerungen vorlegen dürfe. Douglas Horngrad und sein Anwaltspartner Arthur Wachtel stellten die Behauptung auf, daß Eileen kein Detail liefern konnte, das nicht zuvor in irgendeiner Zeitung erwähnt worden war. Der vorsitzende Richter Thomas McGinn Smith befand, daß 20 Jahre alte Zeitungen und Fernsehberichte beim Prozeß gegen George Thomas Franklin nicht als Beweismittel herangezogen werden dürften, da Eileen schon bei der Anklagevernehmung ausgesagt hatte, daß sie weder als Kind noch als Erwachsene Zeitungsberichte zu dem Fall gelesen habe. Elaine Tipton argumentierte, daß es zu viele Bibliotheken, zu viele Mikrofilme und Videobänder gebe, als daß die Staatsanwaltschaft je würde beweisen können, daß ein Zeuge keinen Zugang zu irgendwelchen Informationen dieser Art gehabt hätte. Für die Beweisführung hätte die Anklage jedes einzelne falsche Detail in den Zeitungen aufspüren müssen, um dann nachzuweisen, daß Eileen diese spezielle Einzelheit *nicht* erinnert hatte. Das, so entschied der Richter, war unmöglich. Die Relevanz der Zeitungsartikel war unbedeutend im Vergleich zu der potentiellen Befangenheit und Verwirrung, die sie bei den Geschworenen auslösen konnten.

Die Frage nach der Detailgenauigkeit war jedoch mit Richter Smiths Entscheidung über die Berichterstattung in den Zeitungen nicht vom Tisch. Elaine Tipton war davon überzeugt, daß die Einzelheiten in Eileens verdrängten Erinnerungen erstaunlich präzise waren. Nachdem sie bei der Zeitungsfrage erfolgreich gewesen war, baute sie ihre Anklage auf der Stärke von Eileens erinnerten Einzelheiten auf.

Douglas Horngrad gab seine »Zu-schön-um-wahr-zu-sein«-Haltung schließlich auf. Statt dessen verlegte er sich auf einen zweigleisigen Angriff gegen Eileens Glaubwürdigkeit, wobei er die, wie er fand, überreiche Detailgenauigkeit ebenso in Frage stellte wie ihre Widersprüche und Fehler. Sie hatte in bezug auf die Hypnose gelogen. Sie konnte auch bei allem anderen gelogen haben. Und selbst wenn sie nicht log, so argumentierte er, dann waren ihre Erinnerungen immer noch falsch. Eileen hatte beispielsweise zu Anfang die Tageszeit des

Mordes falsch angegeben. Auf den Bandaufnahmen ihrer Telefongespräche hatte sie gesagt, daß sie Susan am Morgen oder frühen Nachmittag getroffen habe und daß der Mord am frühen Nachmittag geschehen sei. Damit hatte sie gezeigt, daß ihre Erinnerung nicht unfehlbar war, denn Susan war erst nach der Schule verschwunden. Eileen war sich nicht sicher, ob ihre Schwester Janice mit im Wagen gewesen war oder in der Nähe gespielt hatte, als sie und ihr Vater auf Susan aufmerksam geworden waren und sie eingeladen hatten mitzukommen. Janice konnte sich an dergleichen nicht erinnern. Eileen hatte anfänglich geglaubt, daß ihr Vater eine Matratze aus dem Bus gezogen habe, um die Leiche zu verbergen. Das hatte er aber aller Wahrscheinlichkeit nach nicht getan. Susans Leiche war unter einem alten Bettrost gefunden worden. Eileen hatte zunächst behauptet, daß George Susan an der Stelle vergraben hatte, wo sie ermordet worden war, aber später fiel ihr wieder ein, daß er die Leiche einige Meter weiter getragen hatte. Und es war zweifelhaft, ob er viel gegraben hatte, wenn überhaupt. In späteren Jahren hatte Eileen allein mit ihrem Vater Ferien gemacht und war mit ihm auf Reisen gegangen, auch noch nach ihrer Heirat mit Barry. Ihre Bereitschaft, mit George Franklin allein zu verreisen, war für die Verteidigung äußerst schwer mit dem Verbrechen in Einklang zu bringen, das sie angeblich beobachtet hatte, wie auch mit den Drohungen, die George ihr gegenüber angeblich geäußert hatte.

Eine Vielzahl von Details und vereinzelte Fehler schließen sich jedoch nicht gegenseitig aus. In dieser Hinsicht war Eileens wiedergewonnene Erinnerung nicht atypisch. Wenn Menschen unter extremem Streß stehen, muß ihre Sichtweise nicht immer korrekt sein. Sie können aber sowohl richtige als auch unrichtige Wahrnehmungen mit eindrucksvoller Detailgenauigkeit verbinden. Ihre Erinnerung kann gleichzeitig sowohl »wahr« als auch »falsch« sein. Manche Teile stimmen, andere stimmen nicht.[33]

Seit ich 1977 damit anfing, die Chowchilla-Kinder zu befragen, habe ich solche Widersprüche zwischen der Genauigkeit der erinnerten Einzelheiten und der Richtigkeit der Erinnerung beobachtet, wie sie auch bei Eileen Lipsker zutage traten. Jedes einzelne der Chowchilla-Kinder konnte sich das Erlebte mit präzisen, glasklaren Einzelheiten ins Gedächtnis rufen. Doch acht von ihnen gaben schon bei den frühen

Befragungen falsche Beschreibungen ihrer Entführer ab. Die Polizei hatte drei relativ junge, schlanke Männer verhaftet, weil bei einem von ihnen eine Lösegeldforderung gefunden worden war. Doch fünf der entführten Kinder berichteten mir anfänglich von einem »schwarzen Mann«, einem »kahlköpfigen Mann«, einer »Dame«, einem »alten Mann, der sich auf sein Gewehr stützte, weil ihm ein Bein fehlte«, und einem »dicken, rundlichen Mann«. Drei andere Kinder schilderten visuelle Halluzinationen. Sie hatten einen weiteren Entführer in einem der Lieferwagen gesehen, sie hatten gesehen, wie die Kidnapper neben dem »Loch« zu Mittag aßen, nachdem die Kinder darin vergraben worden waren, und sie hatten an der Stelle einen Wohnwagen gesehen, in dem die Entführer wohnten (es wurde keiner gefunden). Durch die Anspannung bei einem so extremen Erlebnis muß man mit solchen Fehlern rechnen. Sie fügen sich in die übrigen Einzelheiten ein, die alle »erinnert« werden.

Als ich vier bis fünf Jahre nach der Entführung 25 der Kinder interviewte, beschrieb die Hälfte von ihnen etwas, das ursprünglich mit dem Kidnapping zu tun hatte, falsch, oder sie erinnerten sich daran, etwas falsch wahrgenommen zu haben. Drei von den acht Kindern, die anfangs Fehlwahrnehmungen oder Halluzinationen wiedergegeben hatten, hatten ihre Fehler mittlerweile korrigiert. Aber weitere acht Kinder, von denen sieben bei der ersten Befragung richtige Beschreibungen abgegeben hatten, ließen nun fehlerhafte Erinnerungen erkennen. So erzählten sie von einem neuen »Mann mit einer langen Nase«, einem »Mann, der sich ein Kissen in die Hose gestopft hatte«, zwei zusätzlichen »jungen Frauen, die bei den Entführern waren«, einem nie zuvor aufgetauchten »schwarzen Mann« und einem »hellblauen Lieferwagen«.

Es stellt sich folgende Frage: Wie kann eine einzige Erinnerung genau und detailliert sein und gleichzeitig falsch? Diese Widersprüchlichkeit erwächst aus der furchtbaren Belastung und dem Schock einer einzelnen traumatischen Erfahrung. In den ersten Augenblicken eines unerwarteten Schockerlebnisses nimmt ein Kind die Dinge leicht fehlerhaft wahr. Einige dieser falschen Wahrnehmungen haben eine tiefere Bedeutung. So hatte zum Beispiel ein Mädchen aus Chowchilla, das ich Celeste nenne, am Morgen vor der Entführung Streit mit ihrer Mutter gehabt. Als sie und ihre Schwester aus dem Haus gingen, rief die Schwester: »Du bist die gemeinste Mama auf der Welt!« Celeste beschrieb ihren Entführer als eine hübsche Frau und machte Angaben über deren Größe, Gewicht, Haarfarbe und Teint. Ein Steckbrief mit diesen Angaben hätte zur Verhaftung von Celestes Mutter führen können. Celestes Wut an diesem Morgen auf ihre Mutter hatte am Nachmittag ihre Fehlwahrnehmung beeinflußt. Für andere Fehlwahrnehmungen bei den Chowchilla-Kindern war jedoch keine erkennbare Bedeutung festzustellen. Ein Junge, den ich Bill nenne, sah einen »hellblauen Lieferwagen«. Die Polizei und alle, die mit dem Entführungsfall zu tun hatten, wußten, daß die beiden verwendeten Lieferwagen weiß und dunkelgrün waren. Ich konnte hinter Billys »hellblau« keinen Sinn entdecken. Vielleicht war es ein simpler Wahrnehmungsfehler ohne besondere Bedeutung.[34]

Eileen Franklin war zwar ein Trauma-Opfer des Typs II, machte aber die gleichen Wahrnehmungsfehler wie die Chowchilla-Kinder vom Typ I, da der Mord an Susan Nason ihre einzige Morderfahrung war. Eileen konnte verdrängen wie ein Kind des Typs II, aber sie machte bei der Morderinnerung Fehler wie ein Kind des Typs I. So hatte sie zum Beispiel Inspector Etter gegenüber Bäume am Tatort erwähnt, doch da standen keine. Sie erinnerte sich korrekt an Susans weiße Unterwäsche und Socken, aber sie glaubte, daß ihre Freundin eine Jacke oder einen Pullover getragen hatte. Eileens Fehlwahrnehmungen klärten sich schließlich, aber erst, nachdem sie bereits ihre Stellungnahme am Telefon abgegeben und bei einer Anhörung vor Prozeßbeginn ausgesagt hatte. Diese Fehler konnten ihr im Verfahren vorgehalten werden. Für die Anklagevertretung war es von entscheidender Bedeutung, daß Eileen keine Fernsehsendungen über ihre Geschichte sah oder Zeitungsberichte darüber las, damit keine »Gedächtnisverstärkung« erfolgte. Trotz Eileens Bemühungen, sich an diese Vorgabe zu halten, sammelte Barry Lipsker Zeitungsausschnitte und arrangierte für einen Bekannten eine Videoaufnahme von Eileen für die »Today«-Nachrichtensendung. Eileen sagte im Prozeß aus, daß sie nur wenige Sekunden von der Sendung gesehen und keinen von Barrys Zeitungsausschnitten gelesen habe. Zu diesem Punkt wurde sie intensiv ins Kreuzverhör genommen, aber sie konnte sich durchsetzen.[35]

Die Zeit ist ein weiterer Faktor, der bei Erinnerungen an Kindheitstraumata häufig falsch eingeschätzt wird. Das war auch bei Eileen Franklin der Fall. Eileen hatte auf den Bandaufnahmen und in ihrer ersten Aussage behauptet, daß der Mord am frühen Nachmittag geschehen sei. Erst später hatte sie sich berichtigt und dann ausgesagt, daß es früher Abend war.[36]

Das Zeitgefühl ist eine noch relativ junge Errungenschaft der Evolution, wahrscheinlich sogar die jüngste von allen. Auch wenn Tiere bestimmte Paarungs- und Wanderzeiten haben, so beruht ihr Zeitgefühl doch auf Instinkt, der Wahrnehmung von unterschiedlichen Lichtverhältnissen etwa, oder der Länge der Tage. Der Mensch hat jedoch ein hochentwickeltes lineares Empfinden von Vergangenheit und Zukunft – von Abläufen, Kausalzusammenhängen und Zeitspannen, die sich weit über unsere eigene physische Existenz hinaus erstrecken. Aber da diese Fähigkeit so neu ist, ist sie auch außerordentlich anfällig. Alkohol, Drogen oder traumatische Zustände können sie leicht beeinträchtigen. Die Verwirrung wird sogar noch größer, wenn das Trauma vorüber ist.[37]

»Bob«, der »Held« der entführten Chowchilla-Kinder, der sie gemeinsam mit einem anderen Jungen aus dem vergrabenen LKW-Anhänger befreit hatte, erinnerte sich daran, daß eine Morgen- oder Abenddämmerung herrschte, als die Kinder aus dem »Loch« auftauchten. In Wahrheit gelangte die Gruppe am Nachmittag ans Licht. Dieser Fehler in der Chronologie entsprach beinahe exakt dem, den Eileen machte. Unter beängstigenden Bedingungen können die Tageszeiten nicht richtig eingeschätzt werden. Besonders die Erinnerung von Kindern unterliegt diesem Fehler.

Trotz all dieser Fehlwahrnehmungen bleiben die Geschichten, die traumatisierte Kinder erzählen, sehr nah an den Ereignissen, die sie erlebt haben. Ihre Beschreibungen werden meist von anderen Beweismitteln unterstützt. Daher muß man eine wiederkehrende Kindheitserinnerung als das nehmen, was sie ist – das leicht fehlerhafte Produkt eines aktiven und in der Entwicklung befindlichen Geistes. Man muß sie mit dem vergleichen, was andere Beweismittel nahelegen und sich auf gute Detektivarbeit stützen. So sind zum Beispiel Blut- und Spermaspuren eine Hilfe, ebenso wie die Bestätigung durch andere Augenzeugen. Aber man muß der Einschätzung dessen, was »wahr« und was »falsch« ist, auch ein wenig Spielraum lassen.

Bei wiederholt traumatisierten Kindern ist seltener als bei nur einmal traumatisierten Kindern damit zu rechnen, daß sie Wahrnehmungsfehler im Hinblick auf ihre Mißhandler machen. Wie die in Cambridge, Massachusetts, tätige Psychiaterin Judith Herman in ihrem Buch *Die Narben der Gewalt – Traumatische Erfahrungen verstehen und überwinden*[38] so einprägsam formuliert hat, tritt der mehrfache Mißhandler als eine Art KZ-Wächter oder Gefängniswärter auf. Das kindliche Opfer von sexuellem Mißbrauch wird vom Vergewaltiger »gefangengehalten«. Das Opfer kann nicht entkommen.

Das ist der entscheidende Unterschied zwischen dem, was ich Kindheitstraumata vom Typ I (einmaliges Trauma) nenne und denen des Typs II (mehrfache Traumata). Normalerweise wissen Kinder vom Typ II, wer sie mißbraucht hat – ihr/e Kindergärtner/in, ihr Pfarrer, der Mann ihrer Tagesmutter, der Busfahrer, Onkel Hans oder ihr Vater – die Personen, die die besten Gelegenheiten hatten, sie zu traumatisieren. Wenn der Täter das Verbrechen begangen hat, ohne sich irgendwie zu tarnen, weiß ein wiederholt traumatisiertes Kind, sobald die Erinnerung zurückkehrt, nahezu immer, wer es war. Als Kind des Typs II, das fortdauernde Gewalt in der Familie mit angesehen und erduldet hatte, hätte Eileen Franklin eine ungeheuer komplizierte Wahrnehmungsverzerrung zuwege bringen müssen, um ihren Vater im Falle von Susan Nasons Ermordung mit einem anderen Täter zu verwechseln.

Wenn Kinder wiederholt traumatisiert werden, muß jedoch damit gerechnet werden, daß sie viel von dem Geschehenen »vergessen«. Abwehrmechanismen, wie die häufig auftretende Verdrängung, führen zu Erinnerungslücken. Wenn die Verdrängung aufhört, können die Erinnerungen relativ unversehrt zurückkehren.

Genau dieser Punkt war mein persönlicher Einstieg in die Geschichte von Eileen Franklin. Elaine Tipton brauchte eine Sachverständige, die das Phänomen der Verdrängung und die Rückkehr des Verdrängten erklären konnte. Sie brauchte jemanden, der auch die Sinnestäuschungen erklären konnte, denen Kinder in entsetzlichen Augenblicken ihres Lebens unterliegen. Sie wollte jemanden mit gezielten Erfahrungen in der Kinderpsychiatrie. Und sie wollte jemanden aus dem Forschungsbereich.

Zu der Zeit hatte ich bereits angefangen, mich für verdrängte Erinnerungen zu interessieren. Ich untersuchte gerade die Auswirkungen von Kindheitstraumata im Erwachsenenleben. Die Chowchilla-Kinder wuchsen heran, und ich hielt weiterhin Kontakt zu ihnen. Ich hatte vor, 20 oder 25 Jahre nach dem Erlebnis eine erneute Befragung durchzuführen. Zwar handelte es sich hier um Opfer des Typs I, aber ich fragte mich trotzdem, ob sie nicht doch schließlich Teile ihrer Erinnerungen verdrängen würden.

Es gab allerdings auch gute Gründe, nicht als Sachverständige aufzutreten. Dieser Fall würde mit Sicherheit viel Publicity auf sich ziehen und zu kontroversen Diskussionen führen, zwei Faktoren, die mir und der Psychiatrie schaden konnten. Rückblickend glaube ich, daß ich letztlich durch Elaine Tiptons Engagement dazu gebracht wurde, mich im Fall Franklin zu engagieren. Sie stand hundertprozentig hinter ihrer Augenzeugin. Die offensichtliche Bewunderung, die aus ihr sprach, als sie mir schilderte, welche Risiken Eileen Lipsker mit ihrer Aussage auf sich genommen hatte, überzeugte mich.

Also sagte ich Elaine Tipton zu. Und als ich nach Hause kam, sagte ich zu meinem Mann, daß ich wohl verrückt geworden sein mußte.

Als Sachverständige im Zeugenstand 2

Jeden Montag gönne ich mir den Luxus, die *Stanford Medical Library* aufzusuchen. Denn in Stanford bin ich völlig ungestört, weil mich dort niemand kennt; ich selbst lehre an der Universität in San Francisco. Am Montag, dem 11. November 1990, wurde ich dieser nahezu unerschütterlichen Gewohnheit allerdings untreu: Ich verbrachte den Nachmittag mit Elaine Tipton, der Anklagevertreterin im Fall Franklin. Der Prozeß war schon einige Zeit im Gange, und am nächsten Tag sollte ich in den Zeugenstand treten. Eileen Franklin Lipsker hatte seit Tagen ausgesagt und ihre Erinnerungen an jenen über 20 Jahre zurückliegenden Nachmittag geschildert, an dem sie mit ansehen mußte, wie ihr Vater ihre beste Freundin ermordete. Im Sommer hatte ich Eileen vier Stunden lang befragt; ich hatte Berge von Unterlagen zu dem Fall durchgearbeitet und etliche Male mit Staatsanwältin Tipton darüber geredet, wie Eileen ihre Erinnerung an den Mord verloren und viele Jahre später wiedererlangt hatte. Ich war darauf vorbereitet, am 12. November vereidigt zu werden und dann, bis auf die Mittagspause und ein paar Unterbrechungen, den ganzen Tag über als Zeugin auszusagen. Elaine kam nach Stanford, um mir letzte Hinweise zu geben.

Wir trafen uns in der Cafeteria des *Stanford Hospital*. Es war ein Feiertag, und eigentlich hatte die Anwältin frei. Zu meinem Glück war sie bereit, ihren freien Tag zu opfern. Ich konnte Hilfe gebrauchen.

Während Elaine in ihrem kleinen Salat herumstocherte, erzählte sie mir, daß Richter Thomas McGinn Smith bereits darüber entschieden hatte, was er mir am folgenden Tag erlauben würde und was nicht. Ich sollte die Geschworenen lediglich ganz allgemein über das Erinnerungsvermögen informieren. Ich durfte Beispiele aus Fallgeschichten von Erwachsenen und Kindern heranziehen, um meinen Standpunkt zu verdeutlichen. Aber ich durfte in keinerlei Weise auf Eileen Franklin

Lipsker eingehen. Ich durfte weder die Anzeichen und Symptome erwähnen, die offenbar mit dem Mord in Zusammenhang standen, noch durfte ich eine Meinung zum Wahrheitsgehalt ihrer Erinnerungen äußern. Die abschließende Beurteilung des Falles und die Entscheidung darüber, ob Eileen die Wahrheit sagte, oblag den Geschworenen. Richter Smith hatte zwar eingewilligt, daß ich meine Vorstellungen und Meinungen zu verdrängten Erinnerungen im allgemeinen darlegen durfte, mehr aber auch nicht.

»Wie soll ich denn aussagen, ohne Eileens Symptome und Anzeichen zur Sprache zu bringen?« fragte ich etwas beunruhigt.

»Ich kannte ja schon die wesentlichen Ergebnisse Ihrer psychiatrischen Begutachtung von Eileen im Sommer, und deshalb habe ich Eileen im Gerichtssaal gebeten, selbst ihre Symptome und Anzeichen zu schildern. Und die Geschworenen standen voll auf ihrer Seite.« Elaine Tipton lächelte. Eileen war eine ausgezeichnete Zeugin gewesen.

Die subjektiven Gefühle sind die Symptome, und die objektiven Feststellungen die Anzeichen, die schreckliche Erinnerungen bestätigen. Wenn ein Mensch in seinem Leben entsetzliche Augenblicke erlebt hat, dann bleiben davon Narben zurück. Gibt es keine Narbe, muß man sich fragen, ob je eine Verletzung stattgefunden hat. Während der sommerlichen Sitzungen mit Eileen hatte ich nach Bestätigungen – Mustern von Symptomen und Anzeichen – für Eileens Trauma gesucht. Obwohl die Staatsanwaltschaft mich lediglich beauftragt hatte, Eileens Erinnerung zu untersuchen, wollte ich außerdem feststellen, ob ihre früheren Gefühle und Verhaltensweisen ihren Erinnerungen entsprachen. Einige Symptome und Anzeichen mußten seit dem Zeitpunkt existieren, zu dem die Erinnerung entstand – also von Anfang an. Symptome und Anzeichen sind auch dann wirksam, wenn eine Erinnerung völlig verdrängt wurde.

Der Ort, an dem ich nach Symptomen und Anzeichen suche, ist mein Büro. Abgesehen von Menschen mit Höhenangst bewundert jeder, der es betritt, die Aussicht. Wir sitzen im 25. Stock eines Art-déco-Hochhauses mit Blick auf die Bucht von San Francisco. Wenn man am Fenster steht, kann man die Hotels *Mark Hopkins* und *Fairmont* sehen, Alcatraz, Tiburon und Angel Island. Blickt man ein wenig nach rechts, entdeckt man den Telegraph Hill und die *Transamerica Pyramid*. Aber wenn man sich in meinem Büro hinsetzt, sieht man nur noch den Himmel. Ich mag es – mein blauweißes, vom Himmel selbst dekoriertes Büro.

Wenn ich ein Gespräch mit einem Patienten der Gerichtspsychiatrie führe, also mit jemandem, der in einen Prozeß verwickelt ist, weise ich die Person zunächst darauf hin, daß unser Gespräch nicht vertraulich ist. Ich versuche, das auch Kindern klarzumachen, indem ich selbst den Zwei- und Dreijährigen erkläre, daß wir »kein Geheimnis haben können« und daß ich mit dem Richter über sie reden werde, »einem Menschen, der eine schwarze Robe trägt und Sachen entscheidet«. Nachdem ich diesen Punkt geklärt habe, verläuft das Gespräch fast genauso wie bei jedem anderen Patienten. Der Verlust von Vertraulichkeit scheint Menschen kaum davon abzuhalten, ihre Symptome und Anzeichen zu offenbaren.

Ich stellte fest, daß Eileen ungewöhnlich schön war – schlank, mit klaren, hellbraunen Augen, Sommersprossen und langen, glatten, auffallend roten Haaren. Sie kleidete sich schlicht, helle, lange Baumwollkleider mit dezentem Dekolleté. Den Sinn einer Frage erfaßte sie sofort, und sie schien stets eine geistreiche Bemerkung oder ein wirkungsvolles Kontra parat zu haben. Während dieser Sommertage in meinem Büro weinte sie jedoch etliche Male. Hin und wieder legte sie ihre Hand auf den Bauch und sagte: »Mein Magengeschwür meldet sich wieder.« Obwohl ihre Erinnerungen fast zwei Jahrzehnte alt waren, zitterte Eileens Stimme, wenn sie darüber redete, und ihr Kinn bebte. Ich konnte auch ihre Erleichterung heraushören, während sie weitersprach. Es schien ihr gutzutun, daß sie auf Verständnis stieß.

Eileen ist das mittlere von fünf Kindern, vier Mädchen und einem Jungen. Ihre Eltern waren bei der Geburt der Kinder noch recht jung. Ihr Vater wuchs in Franklin County in Virginia als Sohn der alteingesessenen Familie Franklin auf. Die Mutter stammte aus einer angesehenen Familie italienischer Herkunft aus der Gegend von San Francisco. Eileens Eltern paßten nicht zueinander, und als die Kinder alt genug waren, um es bewußt mitzubekommen, waren die Eltern bereits zerstritten und tranken. George Franklin wurde von Zeit zu Zeit erschreckend gewalttätig, Leah zog sich allmählich immer mehr zurück.

Mehrmals war Leah für die Kinder über Monate hinweg unerreichbar, mit der Folge, daß der völlig unberechenbare, aber durchaus charismatische George Franklin sich in dieser Zeit um die Kinder kümmerte. Eileen war der Liebling ihres Vaters, und er war der Mensch, den sie am meisten bewunderte. Anderen Kindern gegenüber prahlte Eileen damit, daß ihr Vater Feuerwehrmann war. Sie genoß es, wenn er frei hatte. George nannte Eileen »Puh« nach Puh, dem Bären. »Er sah sehr gut aus, war sehr stark, sehr lustig und sehr schlau«, erzählte sie mir. »Er war jemand, den ich vergöttern konnte. Er war aber auch ein schrecklicher Vater.«

Georges besondere Zuneigung zu Eileen schützte sie jedoch nicht vor seinen körperlichen Angriffen. Sie schützte sie auch nicht vor noch Schlimmerem. Einige Monate nachdem Eileens Erinnerungen an den Mord zurückgekehrt waren, erinnerte sie sich erstmals auch an Inzesterlebnisse. Eileen zufolge hatte George sich ihr das erste Mal genähert, als die Familie gerade nach Foster City gezogen war. Sie war drei Jahre alt. Sie trug ein rosafarbenes Nachthemd, das sie zu Weihnachten bekommen hatte. Eileen begriff damals überhaupt nicht, was ihr Vater mit ihr machte. Sie erinnerte sich nicht an die eigentliche Handlung, sondern an deren Begleitumstände. Das Nachthemd und das neue Haus lieferten ihr Anhaltspunkte für den Charakter des Geschehens, aber nicht für den genauen Handlungsablauf.[1]

Erinnerungen an Orte und Kleidung, wie hier im Falle Eileens, sind bei Kindern häufig mit den psychischen Bildern von Katastrophen verbunden. Fast neun von zehn Kindern von der Ostküste, die ich nach der *Challenger*-Explosion befragte, konnten sich zumindest während der 14 Monate, in denen wir das Projekt durchführten, daran erinnern, wo sie sich zum Zeitpunkt des Unglücks aufgehalten hatten. An der Westküste, wo die Kinder das Unglück nicht aus erster Hand miterlebt hatten, konnten fast zwei Drittel der Befragten beschreiben, wo sie sich in dem Moment aufgehalten hatten, als sie davon erfuhren. In beiden Fällen erinnerten sich die Kinder so genau an ihren Standort, daß sie bereit waren, mit mir in ihr Klassenzimmer vom vorherigen Schuljahr zu gehen und ihren damaligen Platz zu markieren.[2] Eileens Erinnerungen an ihr erstes Inzesterlebnis entsprachen diesen Erkenntnissen. Sie konnte sich gut daran erinnern, daß sie in einem neuen Haus waren, obwohl sie sich an das sexuelle Verhalten des Vaters nicht mehr näher erinnern konnte.

Mehr als eines von fünf Kindern an der Ostküste konnte beschreiben, was es am Tag des *Challenger*-Unglücks getragen hatte. Auch bei Eileen war die Kleidung ein deutlicher Bestandteil der bruchstückhaften und sehr frühen Erinnerung an die erste sexuelle Annäherung ihres Vaters.

Kurze Zeit nachdem diese erste Erinnerung zurückgekehrt war, erinnerte sich Eileen an einen weiteren sexuellen Mißbrauch durch George Franklin. Einmal, als sie ungefähr sieben Jahre alt war und im Wohnzimmer ihres Elternhauses in Foster City stand, steckte George Franklin ihr einen Finger in die Vagina. Sie zuckte vor Schmerz zusammen. Sie war sich bewußt, daß sich alle übrigen Familienmitglieder im Zimmer aufhielten. Aber niemand schien etwas zu bemerken.

Die *Challenger*-Studie lieferte auch eine Analogie zu Eileens Erinnerung daran, wer zum Zeitpunkt der traumatischen Erfahrung »noch alles da war«. Über ein Jahr nach der Katastrophe erinnerten sich die meisten Kinder an mindestens zwei Menschen, die in ihrer Nähe gewesen waren. Das Bewußtsein von der Anwesenheit anderer ist ein bedeutender Bestandteil der traumatischen Erinnerung.

Eileen erzählte mir, daß sie nach dem Verschwinden von Susan Nason in der Schule ein sehr zurückgezogenes Verhalten an den Tag legte. Sie fing an, sich an einer Seite des Kopfes die Haare auszureißen, so daß in der Nähe des Scheitels eine große, blutige, kahle Stelle entstand. Höchstwahrscheinlich versuchte die kleine Eileen unbewußt, die furchtbare Wunde nachzubilden, die sie an Susan Nasons Kopf gesehen hatte. Diese verhaltensmäßige Neuinszenierung lieferte mir die innere Bestätigung für den Wahrheitsgehalt von Eileens Erinnerung. Obwohl Eileen das traumatische Ereignis, das sie in ihrem Verhalten wiederholte, damals bereits völlig verdrängt hatte, ließ diese Neuinszenierung erkennen, daß die Erinnerungen an den Mord weiterlebten und wirksam waren.

Als Erwachsene hatte Eileen Lipsker eine andere Angewohnheit, die ich mit ihrer Morderfahrung in Zusammenhang brachte. Immer wenn sie in ihrer Nachbarschaft ein Kind allein spielen sah, brachte sie dieses Kind nach Hause. Kinder ohne Begleitung erinnerten sie unbewußt an

Susan Nason, die allein gewesen war, als Eileen und George Franklin sie mitgenommen hatten.

Den überwiegenden Teil ihrer Kindheit hindurch versuchte Eileen auf spielerische Art, ihrer beängstigenden Familie zu entkommen. Mit fünf versteckte sie sich einen ganzen Nachmittag lang an einem »Schlummerplätzchen« in ihrem Kindergarten. Sie schloß sich gern in Schränken ein und dachte dann an Kinder wie Pippi Langstrumpf oder die Helden aus dem Kinderbuch *The Mummy Market* von Nancy Brelis, die wunderbar ohne ihre Eltern zurechtkommen.[3] Ihr Verhalten damals erhärtete ihre späteren Erinnerungen an die Inzesterfahrungen, die ihre Kindheit zerstört hatten.

Als Eileen 14 Jahre alt wurde, ließen sich ihre Eltern scheiden, was Eileens Leben schlagartig veränderte. Sie liebte ihren Vater noch immer und wohnte sogar eine Zeitlang bei ihm. Gleichzeitig aber schloß sie neue Freundschaften und hörte auf, sich die Haare auszureißen. Zwischen ihrer größeren Ausgeglichenheit und der Scheidung ihrer Eltern hatte sie selbst »nie einen Zusammenhang gesehen«. »Aber soweit ich weiß, hörte der sexuelle Mißbrauch genau zu der Zeit auf, als mein Vater die Familie verließ.«

In der Pubertät forderten die frühen sexuellen Erlebnisse und die Gewalt, die Eileen erlebt hatte, ihren Tribut. Sie nahm Drogen und verließ schließlich die Schule. Bei Opfern von traumatischen Erfahrungen ist Drogenmißbrauch in der Adoleszenz weit verbreitet. Manche Heranwachsende haben das Gefühl, durch die Einnahme von bewußtseinsverändernden Drogen in kleinen, vermeintlich ungefährlichen Dosen die eigene persönliche Kontrolle über das Unkontrollierbare zurückzugewinnen. Damit ist nicht jede Form von Drogenmißbrauch erklärt, aber traumatische Kindheitserfahrungen spielen sicherlich eine wichtige Rolle. »Ich war wahrscheinlich schon richtig kokainsüchtig«, sagte Eileen. »Aber eines Tages hörte ich ohne jede Hilfe damit auf, deshalb bin ich nicht sicher, ob ich wirklich süchtig war oder nicht.«

Nachdem sie die Schule ohne Abschluß verlassen hatte, versuchte es Eileen, die bereits sexuell aktiv war und promiskuitive Neigungen entwickelt hatte, mit Prostitution. »Zum Glück wurde ich nach sechs Wochen verhaftet«, sagte sie. »Das hat mir so viel Angst gemacht, daß ich damit aufgehört habe.« In bestimmten Fällen kann Prostitution ebenso wie Drogenmißbrauch die Neuinszenierung alter traumatischer Erfahrungen sein. Eileen war als kleines Kind zur Sexualität gezwungen worden. Die Prostitution muß ihr die verspätete Möglichkeit geboten haben, Sex zu kontrollieren, zu wählen und sogar dafür bezahlt zu werden.

Eileens Verhaftung wegen Prostitution stellte die Anklagevertretung im Falle Franklin vor ein Problem. Als Anklägerin war Elaine Tipton durch die Verfassung des Staates Kalifornien dazu verpflichtet, die Verteidigung darüber in Kenntnis zu setzen, wenn ein Zeuge der Anklage in der Vergangenheit straffällig geworden war. Diese Regelung garantiert, daß der Angeklagte mit einem Maximum an Informationen versorgt wird, um seinen Fall von allen Seiten zu beleuchten. Aber Elaine war nicht verpflichtet, die Verteidigung über jedes Vergehen zu informieren. Es gibt sowohl Gesetze als auch Präzedenzfälle, die verhindern, daß frühere Vergehen dazu benutzt werden, die Glaubwürdigkeit eines Zeugen in Zweifel zu ziehen, sofern diese Vergehen nicht unmittelbar mit der Frage nach dem Wahrheitsgehalt der Aussage in Zusammenhang stehen. Elaine legte Richter Smith in einer nichtöffentlichen Sitzung die Unterlagen zu Eileens Vorstrafe wegen Prostitution vor. Er befand, daß »das zugrundeliegende [mit Prostitution einhergehende] Verhalten die Glaubwürdigkeit der Zeugin nicht beeinträchtigt«.[4]

Als Eileen verhaftet wurde, setzte Tante Sue, die jüngere Schwester von Eileens Mutter, sich tatkräftig für sie ein. Sie half Eileen, eine »ordentliche Arbeit« zu finden und nahm sich viel Zeit, um mit ihr über alles zu reden. »Meine Tante hat mir vieles erklärt«, sagte Eileen, und in Gedanken an Tante Sue nahm ihr Gesicht einen weichen Ausdruck an. »Es waren Dinge, die ich unbedingt erklärt haben mußte. Sie hat mir gesagt, wie ich mein Leben gestalten kann und wie man in unserer Gesellschaft besteht und welche Verhaltensregeln es gibt. Das hatte mir noch nie jemand gesagt.«

Eileen lernte Barry Lipsker kennen, als sie 21 Jahre alt wurde. Vielleicht hat der Altersunterschied von 16 Jahren, fast eine ganze Generation, Eileen unbewußt an die Verletzungen der Generationengrenze erinnert, die ihre eigene Kindheit überschattet hatten. Aber zunächst war die Ehe »die Erfüllung eines Traums«. Eileen und Barry reisten zusammen »um die Welt«. Sie konnten sich ein Leben in Luxus leisten. Nach einiger Zeit fühlte Eileen sich von etwas gequält. »Ich hatte das Gefühl, nicht in der Lage zu sein, eine Ehe zu führen«, erzählte sie mir. »Ich war nicht zufrieden. Ich wollte eine perfekte Mutter sein, und wahrscheinlich ist mir das auch gelungen. Aber Barry und ich hatten Schwierigkeiten miteinander. Heute ist mir klar, daß vieles mit dem zu tun hatte, was tief in meinem Innern steckte.« Für Eileen war es immer ein Problem, sich auf Beziehungen zu verlassen. Susan Nason war ihre letzte »beste Freundin« gewesen.

Am Ende der letzten Sitzung erzählte mir Eileen, wieviel Angst sie noch immer vor George Franklin hatte. Sie fürchtete sich davor, »was er anrichten kann, wenn er zurückkehrt und in die Nähe von Sica und Aaron kommt, oder« – und das trotz der Tatsache, daß er im Gefängnis saß – »was er vielleicht noch immer anderen Kindern antut.«

Ich teilte Elaine Tipton meine Beobachtungen und Einschätzungen mündlich mit. Ich sagte ihr, daß Eileen unter deutlichen Anzeichen und Symptomen einer traumatischen Kindheitserfahrung litt. Einige ihrer Probleme standen in Zusammenhang mit dem frühen sexuellen Mißbrauch, an den sie sich allmählich wieder erinnerte. Aber andere – besonders das blutige Haareausreißen im Verlauf ihrer gesamten mittleren Kindheit, die derzeitige Furcht vor dem Vater und ihr Bedürfnis, jedes Kind, das sie ohne Begleitung in der Nachbarschaft sah, nach Hause zu bringen – schienen unmittelbarer mit ihren Erinnerungen an den Mord zusammenzuhängen. Eileens Verdrängung war völlig gefühlsabhängig. Sie hatte immer wieder leidvolle traumatische Erfahrungen gemacht. Sie war wiederholt sexuell mißbraucht worden, und wahrscheinlich war sie als Kind Zeugin eines Mordes gewesen. Schon vor dem Mord hatte sie gelernt zu unterdrücken und automatisch zu verdrängen. Als sie sechs oder sieben Jahre alt war, mußte Eileen zur psychischen Abwehr vermutlich nicht mehr erst unterdrücken; wahrscheinlich verdrängte sie bereits automatisch.

In der Cafeteria des *Stanford Hospital* versicherte mir Elaine Tipton, daß Eileen im Zeugenstand ihr Haareausreißen beredt geschildert hatte. Sie hatte den Geschworenen ebenfalls erzählt, wie sie als Kind erfolglos versucht hatte, der Welt ihrer angsteinflößenden Eltern für

Stunden zu entfliehen. Die meisten von Eileens post-traumatischen Symptomen durften protokolliert und den Geschworenen zu Gehör gebracht werden. Mein psychiatrischer Bericht hatte Elaine geholfen, bei ihrer eigenen Befragung von Eileen gezielter vorzugehen. Sie hatte vor allem jene Symptome und Anzeichen zur Sprache gebracht, die nach unserem Dafürhalten mit dem Mord am engsten in Zusammenhang standen.

Elaine war durch die Anordnung von Richter Smith, daß ich mich nur allgemein über das Erinnerungsvermögen äußern durfte, nicht sonderlich beunruhigt. Als Anwältin, die die Interessen des Staates vertritt, war es Elaine gewohnt, daß zu Anfang eines Prozesses viele Entscheidungen fallen, die der Verteidigung zugute kommen. »Machen Sie sich keine Gedanken«, sagte sie, als wir unseren Eistee tranken. »Wenn der Nachmittag um ist, haben wir uns auf hypothetische Fragen eingestellt – und überhaupt, bis jetzt ist der Fall gut gelaufen. ›Ohne den geringsten Zweifel‹ bedeutet, daß die Verteidigung die meisten Vorteile hat. Wir müssen zum Beispiel unsere Sachverständigen zu einem sehr frühen Zeitpunkt benennen, und dann hat die Verteidigung monatelang Zeit, sich zu überlegen, wie sie sie auseinandernehmen will. Wir erfahren erst zehn oder 15 Minuten bevor ihre Sachverständigen in den Zeugenstand treten, wen sie nehmen.« Sie stand behende auf und räumte im Handumdrehen unseren Tisch ab. »Also dann, an die Arbeit.«

Den Rest des Nachmittages – mindestens vier, vielleicht auch fünf Stunden – verbrachten wir damit, bei zahllosen Gläsern Eistee einen Schlachtplan zu entwerfen. Elaine informierte mich über den Fortgang des Prozesses. Leah würde bald aussagen, daß ihr Mann seinen freien Tag hatte, als Susan Nason ermordet wurde. Eileens Aussage über ihre Erinnerung an Susans Wunden stimmte vollkommen mit der Aussage überein, die der Pathologe über die Verletzungen im Schädelbereich der Leiche gemacht hatte. (»Das war toll«, bemerkte Elaine, ohne makaber sein zu wollen.) Eileens Aussage über den Stein, den sie in den Händen ihres Vaters gesehen hatte, deckte sich mit der Aussage des von der Anklagevertretung berufenen Sachverständigen über die Verletzungen an Susans Kopf und mit den Feststellungen der Spurensicherung über den Stein, der in der Nähe von Susans Leiche gefunden worden war. Der Richter hatte Elaine die Erlaubnis erteilt, den Geschworenen Aufnahmen von der Leiche zu zeigen – Aufnahmen, die den inneren Bildern entsprachen, die Eileen zuvor beschrieben hatte. Und Eileen hatte von ihrem einzigen Besuch bei ihrem Vater im Gefängnis erzählt, in dessen Verlauf sie ihn gefragt hatte, ob er Susan getötet habe. Als Antwort hatte George Franklin geschwiegen und auf ein Schild an der Wand gedeutet, das die Gefangenen und ihre Besucher darüber informierte, daß die Gespräche überwacht werden konnten.

Als Eileen ins Kreuzverhör genommen wurde, hatte es einen wunderbaren Augenblick für die Anklagevertretung gegeben. Douglas Horngrad hatte ihr die beinahe rhetorische Frage gestellt: »Aber außer Ihnen hat niemand den Mord gesehen?« »*Er* hat ihn gesehen«, erwiderte Eileen blitzschnell mit schneidender Stimme. Sie wandte sich um und blickte ihren Vater an, der in einem gepflegten, konservativ grauen Anzug mit seinen Anwälten am Tisch der Verteidigung saß. »*Er* war nämlich auch da.«

An dem Tag, an dem ich mich mit Elaine Tipton traf, sollte der Tiefpunkt für die Anklagevertretung erst noch kommen. Sie hatte den Geschworenen mittlerweile eine Liste von Autokennzeichen vorgelegt, auf der auch das von George Franklins VW-Bus stand. Angeblich war der Wagen genau ein Jahr nach dem Mord am Grab von Susan Nason von der Polizei gesehen und registriert worden. Es kommt nicht selten vor, daß ein Mörder am Jahrestag seiner schrecklichen Tat einen Friedhof aufsucht. Vielleicht treibt ihn die Neugier dorthin, vielleicht auch Gewissensbisse oder sogar heimliche Freude. Doch zu Elaines großer Verlegenheit stellte sich heraus, daß die Liste der Autokennzeichen von einem Beamten in San Mateo County falsch beschriftet worden war. In Wahrheit handelte es sich um die Liste jener Wagen, die bei der Beerdigung von Susan Nason registriert worden waren. Douglas Horngrad brachte diesen Punkt den Geschworenen eindrucksvoll zur Kenntnis, als das Verfahren schon weit fortgeschritten war. Natürlich, so argumentierte er, war George Franklin als guter Nachbar zu Susans Beerdigung erschienen. Seine Anwesenheit dort sei in keiner Weise als belastendes Indiz zu deuten.

Während wir unseren laugewordenen Eistee tranken, schlug Elaine vor, daß ich in meiner Aussage auf die Verbindung zwischen inzestu-öser Sexualität und »Vergessen« eingehen sollte. Ich sollte deutlich machen, wie wiederholte traumatische Erfahrungen auf Kinder wirken und wie sie sie verdrängen können. Die Erwartungshaltung, mit der ein mehrfach traumatisiertes Kind lebt, fördert den Abwehrmechanismus gegen Erinnerungen. So kann zum Beispiel ein kleines Mädchen regelrecht planen, wie es die nächste Tortur aus seinem Kopf verdrängen wird. Nach einer Weile ist kein bewußter Entschluß mehr notwendig. Alles geschieht automatisch.

In den letzten Monaten vor dem Prozeß waren Eileens Inzesterinnerungen sintflutartig zurückgekehrt. Es ist nicht verwunderlich, daß sie gezwungen war, sie zu verdrängen. So wurde sie zum Beispiel einmal von ihrem Vater in der häuslichen Badewanne anal vergewaltigt. Eileen war zwischen drei und fünf Jahren alt. George hielt sie in der Wanne auf seinem Schoß, als Eileens Erinnerung zufolge Leah ins Badezimmer kam und wissen wollte, was er da mache. Irgendwie konnte George sich herausreden, das Leben ging weiter, und Eileen verlor die Erinnerung an diese Schreckenserfahrung ebenso wie an viele andere in ihrer frühen Kindheit.

Elaine Tipton erzählte mir, daß die Verteidigung von George Franklin den Inzest praktisch zugestanden hatte. Tatsächlich waren die Fälle von sexuellem Mißbrauch bereits im Verfahren behandelt worden. Die Verteidigung hatte die entsprechenden Zeugenaussagen zugelassen, um für Eileen daraus ein Rachemotiv zu konstruieren. Sie mußte ihren Vater so sehr hassen, daß sie ihn fälschlich des Mordes beschuldigte. Doch die Anklagevertretung konnte den wiederholten sexuellen Mißbrauch dazu nutzen, Eileens Verdrängung glaubhaft zu machen.

Es sei erforderlich, daß ich die Geschworenen über die Funktionsweisen des Gedächtnisses aufklärte, erläuterte mir Elaine. Eine solche Aufklärung würde ihnen helfen, sich im Hinblick auf den Wahrheitsgehalt von Eileens Erinnerungen selbst eine Meinung zu bilden. Die Aussagen von Augenzeugen sind das stärkste Belastungsmaterial, das man bei Gericht vorbringen kann, aber in diesem Fall standen 20 Jahre und das Phänomen der Verdrängung im Wege. Die Erinnerung wird im Laufe der Zeit schwächer. Die Geschworenen würden wissen wollen, ob Verdrängung das Erinnerungsvermögen nicht noch stärker beeinträchtigt. »Tut es das?« fragte Elaine.

»Nein«, sagte ich. Eine Erinnerung wird nicht schwächer oder ungenau, nur weil sie verdrängt wurde. Und besonders bei traumatischen Erinnerungen ist keine große Minderung festzustellen. Das gleiche gilt für Erinnerungen, die am anderen Ende der Skala liegen – extreme Glücksmomente in der Kindheit. Beide Arten von Erinnerung bleiben lebendiger als andere.

Ich erläuterte Elaine, daß unmittelbare traumatische Erinnerungen, wie bei Eileen, offenbar im Laufe der Zeit wenig Abschwächung erfahren und daß die allgemeinen äußeren Umstände des Erlebnisses nicht unscharf werden. Über einen Zeitraum von vier bis fünf Jahren konnten sich die entführten Kinder aus Chowchilla sogar noch an die Einzelheiten dessen erinnern, was ihnen zugestoßen war. Und ihre Erzählungen deckten sich. Diese Kinder konnten auch später noch jene Ereignisse benennen, die während der Entführung für sie von besonderer Bedeutung waren.[5] Außerdem war mir aus meinen eigenen klinischen Studien zu traumatisierten Erwachsenen bekannt, daß die Erinnerung an ein schreckliches Erlebnis meist intakt bleibt, wenn sie verdrängt und nicht mit anderen erörtert worden ist. Eine Reihe von erwachsenen Patienten, deren verdrängte Erinnerungen zurückgekehrt waren, konnten die entsprechenden Geschehnisse in den Archiven ihrer Lokalzeitungen verifizieren. Abgesehen von einigen fehlgedeuteten Wahrnehmungsdetails entsprachen die Erinnerungen den Zeitungsberichten außerordentlich genau.

So suchte mich zum Beispiel ein Mann auf, weil er sich nach und nach eine Reihe verdrängter Erinnerungen ins Gedächtnis zurückgerufen hatte, die darauf hindeuteten, daß er als Kind ganz allein ein Erdbeben und eine Überschwemmung erlebt hatte und evakuiert werden mußte. Der Mann hatte das Gefühl, daß er in diesem wiedererlangten Erinnerungsfragment etwa zwei Jahre alt gewesen sein mußte. Er durchforstete die Archive seiner alten Heimatstadt, ohne jedoch irgendeinen Hinweis auf ein Erdbeben mit nachfolgender Überschwemmung zu finden. Er erkundigte sich daraufhin bei seinen Verwandten und Freunden nach deren Erinnerungen, und schließlich fiel jemandem ein, daß der Mann im Alter von ungefähr zwei Jahren an Hirnhautentzündung erkrankt und ins Krankenhaus gekommen war. »Wo war ich?« fragte er – in seiner Heimatstadt hatte es kein Krankenhaus gegeben. »Drüben in Millville«, erfuhr er. Der Mann sah im Zeitungsarchiv von Millville nach. Es hatte tatsächlich ein Erdbeben gegeben, als er noch keine drei Jahre alt war, und der Millville River war über die Ufer getreten. Das Krankenhaus war evakuiert worden. Die Erinnerung des Mannes, die verloren gewesen und nur in kleinen Fragmenten zurückgekehrt war, entsprach der Wahrheit.

Wenige Monate nachdem sich Eileen an die Ermordung von Susan Nason erinnert hatte, sah sie sich selbst im Alter von sieben oder acht Jahren, wie sie von einem Schwarzen vergewaltigt wurde, der eine Afro-Frisur mit grün gefärbten Haarspitzen trug. Ihr Vater hatte sie zu dem Vergewaltiger gebracht, und er assistierte bei der Vergewaltigung, indem er ihre linke Schulter nach unten drückte und ihr seine Hand auf den Mund preßte, um ihre Schreie zu ersticken. Sie erinnerte sich, daß ihre Beine fixiert waren, vielleicht gefesselt. Sie erinnerte sich, daß die Schmerzen im Genitalbereich so grausam waren, daß sie schreiend davonlaufen wollte. Sie erinnerte sich auch an ihren vergeblichen Kampf und ihre vergeblichen Tränen. Ihr ganzer Körper tat weh, und als sie sich bückte, um die Schuhe anzuziehen, hatte sie das Gefühl, daß ihr Unterleib und ihr Gesäß zerreißen würden. Schließlich hörte Eileen im Geist, was der Mann gleich zu Beginn der Vergewaltigung zu ihrem Vater gesagt hatte – »Das wird ihr gefallen, was, George?« Sie erinnerte sich auch, daß George seinem Freund mit einem gehässigen Lachen geantwortet hatte.[6]

Doch in Eileens Gedächtnis nahm der Mann, der sie vergewaltigt hatte, noch einige Monate lang keine vollständige Gestalt an. Anfänglich erschien er ihr wie von hinten mit grünen Disco-Spotlights beleuchtet. Seine Haarfarbe leuchtete neonartig, und sein Afro-Look war sehr auffällig. Später, nachdem sie den Ermittlungsbeamten der Staatsanwaltschaft die Geschichte erzählt hatte, wurde Eileen klar, daß sie ihr psychisches Bild des Vergewaltigers von einem Jimi-Hendrix-Poster übernommen hatte, das an der Wand des Zimmers hing, in dem sie vergewaltigt wurde. Da George ihren Kopf in diese Richtung gedreht hatte, starrte sie den Rockstar während der ganzen Tortur an. Als Eileen erst einmal begriffen hatte, wie sie sich mit dem Bild von Jimi

Hendrix selbst getäuscht hatte, erinnerte sie sich wieder an den Mann, der sie tatsächlich vergewaltigt hatte. Es war ihr Patenonkel. Sein weißes Gesicht überlagerte allmählich ihre Erinnerung. Dieser Mann – ein Freund ihres Vaters und jemand, den Eileen nicht sonderlich gut kannte – hatte sie nach vorheriger Absprache mit George vergewaltigt. Es war das widerliche Geschenk eines Vaters an einen Freund. Die Vergewaltigung hatte zweifellos vor dem Mord an Susan Nason stattgefunden, denn Eileen war sich sofort darüber im klaren gewesen, was hinten im VW-Bus ihres Vaters mit ihrer Freundin geschah.[7]

Elaine Tipton und ich konnten uns Eileens psychischen Wechsel von dem schwarzen Vergewaltiger, der aussah wie Jimi Hendrix, zu ihrem weißen Patenonkel erklären. Es war ein begreiflicher Irrtum, der in die Kategorie von Wahrnehmungsfehlern fiel, die mitunter erfolgen, wenn jemand zum erstenmal etwas völlig Unerwartetes erlebt. Falsche Einzelheiten bedeuten nicht unbedingt, daß die Erinnerung völlig »falsch« ist. Elaine war zuversichtlich, daß sie Eileens Irrtum erklären konnte, ohne die generelle Glaubwürdigkeit ihrer Zeugin in den Augen der Geschworenen zu diskreditieren.

Elaine dachte laut darüber nach, ob die Geschworenen wohl wissen wollten, wo eine verschüttete Erinnerung tatsächlich aufbewahrt wurde. Ich erläuterte ihr, daß der wesentliche Teil des menschlichen Gehirns, die hochentwickelte Großhirnrinde, in acht Lappen unterteilt ist, vier auf jeder Seite. Hinter der menschlichen Stirn befinden sich die Stirnlappen. Motorik, Kontrolle von Impulsen, Sprache, Phantasie, Weitsicht, soziales Bewußtsein, symbolisches und mathematisches Denken sind hier angesiedelt. Die Stirnlappen beherbergen nicht nur einen erheblichen Teil des Langzeitgedächtnisses; an ihren vorderen Enden sitzt auch das »Arbeitsgedächtnis« – das unmittelbare Gedächtnis, das uns nach dem Vornamen auf den Nachnamen einer Person kommen läßt oder auf den Beruf eines Menschen, den wir zufällig wiedersehen.

Oberhalb der Ohren, nach hinten versetzt, befinden sich die Scheitellappen. Diese Bereiche der Großhirnrinde verarbeiten räumliche Beziehungen, sinnliche Empfindungen, körperliche Wahrnehmungen und unsere Erinnerung an solche Dinge – kurz, unsere Beziehungen zur und unser Bewußtsein von der Außenwelt. Ferner steuern die

Scheitellappen unser Sprachverständnis sowie die Fähigkeit zur Wortbildung, und sie sind gemeinsam mit anderen Teilen der Großhirnrinde für unser Zeitgefühl und für die Fähigkeit zu semantischer Begriffsbildung zuständig – um das »richtige« Wort im »richtigen« Zusammenhang einzusetzen.

Hinter der Schläfe und dem Schläfenbein, unterhalb der Stirn- und Scheitellappen, ist der Bereich der Schläfenlappen. Hier werden akustische Wahrnehmungen, Wortsinn und einige Aspekte der Wortbildung verarbeitet, ebenso wie die Haltungs- und Gleichgewichtsempfindungen aus dem Innenohr und anderen Teilen des Körpers. Der Hippokampus an der Innenseite jedes Schläfenlappens empfängt Millionen von Reizen aus den verschiedenen sensorischen Bereichen der Großhirnrinde. Er und der mittlere Thalamus, das paarige Kerngebiet unterhalb der Hirnrinde, leiten Erinnerungen an den Langzeitspeicher weiter. Sie sind beide Teil des limbischen Systems, das für unsere Emotionen und die unmittelbare Funktion des Gedächtnisses von großer Bedeutung ist. Das limbische System, so erklärte ich Elaine, sorgt dafür, daß unsere Emotionen und Erinnerungen nahezu untrennbar sind. Die Neuronen des Hippokampus senden Erinnerungssignale an verschiedene Zentren des Langzeitgedächtnisses und an assoziative Zentren, die in der gesamten Hirnrinde verteilt sind. Querverbindungen von einer Hirnhälfte zur anderen erfolgen blitzschnell über den Balken (*corpus callosum*), eine Nervenfaserplatte, die wie eine Telefonleitung funktioniert.

Im rückwärtigen Zentrum des Kopfes, über und hinter zwei knochigen Schädelvorsprüngen, liegen die Okzipitallappen oder Hinterhauptslappen der Großhirnrinde. Mehrere visuelle Zentren in diesen Lappen nehmen Millionen einzelner Signale aus der Augennetzhaut auf und leiten sie an den Geruchsbereich und die hippokampischen Strukturen der Stirnlappen weiter, damit Bilder entstehen können und Erinnerung verarbeitet wird. Auch die Hinterhauptslappen sind für eine Art von Sprache zuständig – die Sprache der Farben und Metaphern.[8]

Da sämtliche Lappen der Hirnrinde zur Erinnerung beitragen, besteht eine Erinnerung nicht bloß aus den einst wahrgenommenen Bildern oder Klängen. So umfaßt sie beispielsweise auch Eileens Körperhaltung in dem Moment, als sie Zeugin des Mordes an Susan Nason wurde, ihre Erinnerung an den Ort, wo ihr Vater anhielt, an ihre Position oberhalb von Susan, an die Anwesenheit ihres Vaters, den Zustand ihrer inneren Organe (vielleicht ein zusammengekrampfter Magen), die Worte, die sie dachte – kurz, an beinahe alles. Als Eileens Erinnerung zurückkehrte, wurden viele sensorische und gedankliche Bahnen, die mit ihrer Wahrnehmung bei dem Mord verbunden waren, reaktiviert, so daß sie das *Gefühl* einer Erinnerung hatte. Marcel Proust war nicht der einzige, der seine Erfahrungen aus der »verlorenen Zeit« fühlte, roch, schmeckte, hörte, sah und erneut durchlebte. Wir alle tun das. Und Eileen tat es.

Elaine dachte immer noch darüber nach, ob es ratsam war, den Geschworenen ebensoviel über die Funktionsweise des Gehirns wie über die Funktionsweise des Gedächtnisses zu erzählen. Schweigend klopfte sie mit einem Stift auf ihren gelben Block. Meine eigenen Gedanken glitten ab. Es war spät geworden, und der Eistee wurde immer wäßriger.

Seit einigen Jahren teilen experimentelle kognitive Psychologen und Neurobiologen, die sich mit Erinnerung beschäftigen, das Gedächtnis übereinstimmend in zwei Hauptkategorien ein: die explizite Erinnerung, auch deklarative genannt, und die implizite, nicht deklarative Erinnerung. Diese Einteilung beschreibt eher, *wie* wir erinnern als *was* wir erinnern.

Die deklarative, explizite Erinnerung beginnt mit einer bewußten Registrierung – das heißt mit Denken. Man liest ein Buch, denkt darüber nach und erinnert sich. Nicht deklarative, implizite Erinnerung erfolgt automatisch – mehr oder weniger unbewußt. Wenn man zum Beispiel Buchstaben unterschiedlicher Schrifttypen übt, indem man sie immer wieder abschreibt, kann man schließlich, ohne groß nachzudenken, Einladungen in einer eleganten Schrift aufsetzen. Oder man sieht ein paar Sekunden lang eine Reihe von Wörtern auf einem Bildschirm aufleuchten. Eine halbe Stunde später kann man diese Wörter wesentlich schneller buchstabieren als Wörter, die man nicht auf dem Bildschirm gesehen hat.[9]

Menschen, die etwas implizit gelernt haben, sind sich nicht bewußt, wie sie es gelernt haben. Es ist kein bewußtes Nachdenken erforderlich. Menschen, die auf diese Weise lernen, sind am Ende fähig, eine spezielle Aufgabe zu erfüllen, aber sie können möglicherweise nicht erklären, was sie da eigentlich tun. Wenn Menschen jedoch explizit lernen – indem man ihnen beispielsweise einen Zaubertrick langsam vorführt – lernen und behalten sie meist sofort, und sie können das, was sie gelernt haben, in Worte fassen.

Der Neurologe Dr. Mortimer Mishkin untersucht in seinem Labor am *National Institute of Mental Health* mit Hilfe von Experimenten an Menschenaffen das Phänomen der nicht deklarativen Erinnerung beim Menschen. Die von seinem Team durchgeführten »objektunterscheidenden Lernaufgaben« für Affen führten schließlich zu gewohnheitsmäßigen Verhaltensmustern bei diesen Tieren. In dem Primatenlabor werden Affen mit Paaren von Gegenständen konfrontiert, von denen einer einen Behälter verbirgt, in dem etwas zu essen ist. Das Tier darf sich nur einmal zwischen den beiden Gegenständen entscheiden. Wenige Sekunden später sieht es ein anderes Paar von Gegenständen, von denen einer wieder etwas zu essen enthält und der andere nicht. Erneut heißt es für den Affen: Alles oder nichts. Dieser Ablauf wird in rascher Folge mehrfach wiederholt. Wenn der Affe sämtliche Gegenstandspaare gesehen hat, kann er sich 24 Stunden ausruhen. Am nächsten Tag wird er demselben Verfahren unterzogen, und am übernächsten wieder. Und so fort. Anders ausgedrückt, das Tier übt und lernt jeden Tag ein kleines bißchen mehr. Es »denkt« nicht darüber nach. Aber das Lernen nimmt zu.

Wenn bei einem Affen das limbische System entfernt wird, schneidet er bei diesen Tests ebenso gut ab wie normale Tiere. Die implizite, nicht deklarative Erinnerung wird offenbar in Teilen des Gehirns verarbeitet, die vom limbischen System, wo die kurzzeitige, explizite Erinnerung verarbeitet wird, völlig losgelöst sind. Wie sich herausgestellt hat, wird die antrainierte Erinnerung von Affen teilweise innerhalb der sogenannten Basalganglien verarbeitet. Wenn die Basalganglien des Affen beschädigt werden, brauchen die Tiere doppelt so lange, um ihre Gewohnheitsmuster zu entwickeln.[10]

Anscheinend ist die Hirnrinde bei Affen kein Speicherplatz für Gewohnheiten. Anders ausgedrückt: Ein Affe muß nicht denken, um sich eine Gewohnheit einzuprägen. Implizite, nicht deklarative Erinnerungen entstehen auch beim Menschen ohne bewußtes Denken. Wer bei-

71

spielsweise ein Instrument erlernt, der spielt es nach einer Weile ohne nachzudenken.

Die Frage, die sich im Hinblick auf traumatisierte Menschen aus dieser Zweiteilung der Erinnerung ergibt, lautet: Wie kann etwas, das explizit ins Gedächtnis aufgenommen wurde, sich ganz ähnlich verhalten wie Erinnerungen, die völlig implizit sind? Diese verlorenen, nicht mehr benennbaren Erinnerungen bestimmen das Verhalten genauso wie eine antrainierte Gewohnheit. Wenn Eileen Lipsker 1988 von jemandem gefragt worden wäre, ob sie je einen Mord mit angesehen habe, hätte sie wahrscheinlich die gleiche Antwort gegeben wie H. M., berühmter Präzedenzfall aus den fünfziger Jahren. H. M. mußten wegen immer wiederkehrender Anfälle die hippokampischen Bereiche beider Schläfenlappen operativ entfernt werden. Nach dem Eingriff war er immer noch in der Lage, explizit und schnell zu lernen. Er war noch immer intelligent. Aber er konnte das explizit Gelernte nicht an sein Langzeitgedächtnis weitergeben. Er konnte nur das behalten, was er implizit gelernt hatte. Wenn man H. M. nach der Operation einen Videofilm gezeigt hätte, in dem jemand ermordet wurde, hätte er, wenig später darauf angesprochen, geantwortet: »Wovon reden Sie eigentlich?« Wenn man Eileen vor der spontanen Rückkehr ihrer Erinnerungen gefragt hätte, ob sie einen Mord mit angesehen habe, hätte auch sie geantwortet: »Wovon reden Sie eigentlich?« Da H. M. keine Hippokampi mehr hatte, war er nicht in der Lage, deklarative Erinnerungen zu bewahren. Eileen Franklin war noch immer in der Lage, eine deklarative Erinnerung zu bewahren, aber sie hatte ganz und gar die Fähigkeit verloren, sie sich bewußt zu machen.[11]

Der Unterschied zwischen Eileen und H. M. besteht in der Unversehrtheit ihres Langzeitgedächtnisses. Obwohl Eileens Erinnerung an den Mord 20 Jahre lang nicht aktiviert werden konnte, tauchte sie plötzlich mit allen Details wieder auf. Die Einzelheiten entsprachen dem Beweismaterial, das am Tatort gefunden wurde. Die Erinnerung war noch immer verbalisierbar. Sie umfaßte noch immer Wahrnehmungen von Körperhaltung und Position. Sie enthielt noch immer das entsetzliche Geräusch, wie ein Baseballschläger ein Ei zertrümmert. Sie löste das Gefühl aus, schreien zu müssen. Und sie enthielt zahllose Bilder.

Elaine Tipton riß mich plötzlich aus meinen Gedanken. Nein, sagte sie, wir würden den Geschworenen nicht die Funktionsweise des Gehirns erklären. Wir würden uns ganz auf das Gedächtnis konzentrieren. Ich sollte am nächsten Tag sämtliche großangelegten klinischen Untersuchungen vorstellen, die mit Verdrängung zu tun hatten.

Elaine hatte mir die Arbeit von John Briere herausgesucht, einem Psychologen an der *University of Southern California*. Er hatte in den späten achtziger Jahren eine Untersuchung bei 440 Frauen und 30 Männern durchgeführt, die alle behaupteten, als Kinder sexuell mißbraucht worden zu sein. Fast zwei Drittel dieser Erwachsenen gaben an, daß sie sich eine Zeitlang nicht an den erlittenen Mißbrauch hatten erinnern können. Dr. Briere kam zu dem Schluß, daß Verdrängung eng mit Mißbrauchserlebnissen in der Kindheit verknüpft ist.[12]

Ich erzählte Elaine von einer großangelegten Untersuchung aus dem Jahr 1990, die für Eileen Franklins Verdrängung aufschlußreich sein konnte. Diese Studie war von einer Freundin von mir, der Amsterdamer Psychologin Nel Draijer, durchgeführt worden. Sie hatte über 1000 nach dem Zufallsprinzip ausgewählte holländische Frauen interviewt. Ungefähr jede sechste Frau gab an, irgendwann in ihrer Kindheit gegen ihren Willen Sex mit einem Mitglied ihrer Familie gehabt zu haben. Ein Viertel von Nel Draijers 164 Inzestopfern hatte bis zum Zeitpunkt des Interviews noch nie über den Mißbrauch geredet. Viele dieser Frauen hatten, wie die Frauen in John Brieres Untersuchung, die Erinnerung an den Mißbrauch irgendwann verloren. Ganz ähnlich wie bei Eileen Lipsker waren diese Erinnerungen spontan zurückgekehrt, als sie erwachsen waren. Während der Kindheit hatten die Frauen nicht darüber geredet. Einige Zeit später konnten sie sich ganz einfach nicht mehr daran erinnern.[13]

»Nicht reden« führt offenbar zur Unterdrückung der Gedanken und schließlich zur Verdrängung. 1986 veröffentlichte die Soziologin Diana Russell eine Umfrage unter 930 ebenfalls nach dem Zufallsprinzip ausgesuchten Frauen aus San Francisco, die ergeben hatte, daß jede sechste vor ihrem achtzehnten Geburtstag Inzest erlebt hatte (ungefähr der gleiche Prozentsatz wie bei den von Draijer befragten holländischen Frauen). Vor dem Erreichen des Erwachsenenalters wurde fast ein Drittel der Frauen von einer Person, mit der sie nicht verwandt waren, zu sexuellen Handlungen gezwungen. Ein Viertel der sexuell mißbrauchten Frauen gab an, obgleich nicht danach gefragt wurde, daß sie vor der Umfrage nie jemandem von dem Mißbrauch erzählt hatten. Obwohl »nicht reden« nicht in jedem Mißbrauchsfall direkt zu »nicht erinnern« führt, scheint ein Zusammenhang zu bestehen.[14]

Wenn in einem Experiment deklarative Erinnerungen über die fünf Sinne ins Gehirn gelangen, durchlaufen sie einen Prozeß, der »Kurzzeitspeicherung« genannt wird, und werden bei einer konzentrierten Versuchsperson im »Sprachcode« als Erinnerungen abgelegt. Mit mentalem Training oder wiederholtem Durchspielen können diese experimentell vermittelten Erinnerungen unendlich lange behalten werden. Wird jedoch das wiederholte Durchspielen während des Experiments verhindert, gehen die meisten Erinnerungen innerhalb von 30 Sekunden verloren. Das bedeutet, daß der Übergang von Wahrnehmungen ins Langzeitgedächtnis blockiert werden kann, indem man jeden Versuch der jeweiligen Person blockiert, das entsprechende Material sofort zu überdenken. Man kann sich vorstellen, daß das erneute Durchspielen eines traumatischen Ereignisses verhindert wird, wenn ein Kind das Ereignis im Zustand völliger Verwirrung erlebt. Doch viele traumatische Erinnerungen, wie auch die von Eileen, bilden in dieser Hinsicht eine Ausnahme. Ein aufgewecktes traumatisiertes Kind muß das Trauma nicht erneut durchspielen, um sich zu erinnern.

Ich bin schon häufig als Sachverständige in Prozessen aufgetreten, aber der Fall Franklin war der erste, in dem ich meine Aussage auf reine Hypothesen beschränken mußte. Diese Aussicht beunruhigte mich, und ich wollte meinen Auftritt selbst vorher einmal durchspielen. Elaine Tipton bestand darauf, daß ich das in meinen eigenen Worten tat – sie wollte mir nichts vorgeben. »Reden Sie über Erinnerung«, ermahnte sie mich, als wir unsere Sachen zusammenpackten. »Aber auf keinen Fall über Eileen. Im Ernst. Tun Sie's nicht.«[15]

»Und was passiert, wenn mir der Name ›Eileen Franklin‹ herausrutscht? Schließlich denke ich seit Wochen an nichts anderes«, witzelte ich.

»Dann bricht der Richter das Verfahren wegen fehlerhafter Prozeßführung ab«, antwortete Elaine mit ernster Miene. »Sie dürfen vor den Geschworenen keine Aussage zu Rechtsfragen machen. Sie können keine Stellungnahme dazu abgeben, ob eine Zeugin die Wahrheit sagt oder nicht. Erwähnen Sie bloß nicht Eileens Namen, und ziehen Sie auch keine zu engen Analogien. Das würde unserer Sache schaden.« Sie nahm ihren Block, der jetzt fast völlig mit Fragen vollgeschrieben war, die sie mir am nächsten Tag stellen wollte, und schob ihn in ihre Aktentasche. Als wir uns verabschiedeten, wurde an der Selbstbedienungstheke der Cafeteria bereits das Abendessen ausgegeben.

Wenn man als Sachverständiger vor Gericht auftritt, muß man sich jedesmal als solcher legitimieren. Das heißt nichts anderes, als daß man in dem Augenblick, in dem man den Zeugenstand betritt, seine Qualifikationen in nahezu schamloser Weise ausbreiten muß. Man muß dem Richter und den Geschworenen beweisen, daß man auf dem Gebiet, über das man sein Gutachten vorträgt, wirklich hochqualifiziert und erfahren ist. Im Unterschied zu anderen Zeugen hat ein Sachverständiger das besondere Privileg, Meinungen abzugeben, für die er selbst die Grundlagen bestimmt. Daher muß der Sachverständige den Erfordernissen des Gerichts entsprechen, bevor er seine Aussage macht.

Während er also seine Kompetenz unter Beweis stellt, muß der Sachverständige gleichzeitig die Geschworenen für sich gewinnen. Der erste Eindruck ist häufig entscheidend, aber wenn man als Experte seine zahllosen akademischen Titel, Zulassungen, Auszeichnungen und Jahre der Berufserfahrung herunterbeten muß, werden potentielle Sympathien mitunter schon im Keim erstickt, und es ist beinahe unmöglich, bei zwölf Erwachsenen sofort gut anzukommen.

Elaine und ich absolvierten die unangenehme Pflichtübung so schnell wie möglich, und dann wandten wir uns dem wichtigsten Punkt auf der Tagesordnung zu, dem Gedächtnis. Es gibt mindestens sechs Grundtypen, erklärte ich den Geschworenen. Ich würde nur einen davon ausführlicher behandeln, aber zunächst wollte ich ihnen einen Überblick über die verschiedenen klinischen Gedächtnistypen liefern, so wie ich sie sehe. Der erste ist das sogenannte unmittelbare Gedächtnis. Das Wort »unmittelbar« schrieb ich mit einem dicken Stift auf ein überdimensionales Blatt, das Elaine Tipton an einer Staffelei befestigt hatte. Können Sie einen angefangenen Satz beenden? Wissen Sie noch, warum Sie ins Nebenzimmer gegangen sind? Das Arbeitsgedächtnis ist ein untergeordneter Typus des unmittelbaren Gedächtnisses, das schnell verfügbare Assoziationen an das Erinnerte umfaßt. Können Sie sich, wenn Sie einen Kollegen treffen, daran erinnern, in welchem Verhältnis Sie zu ihm stehen? Wenn auf einer Speisekarte Eier angeboten werden, können Sie sich dann erinnern, ob Sie dazu Schinken bestellen wollten?

Der zweite Gedächtnistyp ist »kurzzeitig«. Auch dieses Wort schrieb ich auf das Blatt. Was haben Sie gestern morgen gefrühstückt? Wo waren Sie letztes Wochenende? Wer hat gestern angerufen? Dieser Gedächtnistyp wird im frühen Stadium der Alzheimer Krankheit stark beeinträchtigt. Neurobiologen und experimentelle Psychologen neigen dazu, das, was Therapeuten als Kurzzeitgedächtnis bezeichnen, mit dem Langzeitgedächtnis in einen Topf zu werfen. Sie bezeichnen alles, was länger als ein paar Sekunden her ist, als »langzeitig« und das unmittelbare Gedächtnis als »kurzzeitig«. Wenn man jedoch mit Patienten arbeitet, ist die Unterscheidung zwischen Kurzzeit- und Langzeitgedächtnis von erheblicher Bedeutung. Ältere Menschen können lang zurückliegende, fest verwurzelte Erinnerungen leichter reaktivieren als neue. Das ist normal. Jugendliche, die Drogen oder Alkohol nehmen, und Menschen jeden Alters, die an degenerierenden Erkrankungen des Gehirns leiden, können sich ebenfalls nicht gut an jüngere Ereignisse erinnern. Das ist nicht normal. Da Schwierigkeiten mit dem Kurzzeitgedächtnis häufig erste Anzeichen einer organischen Erkrankung sind, wird der Begriff im therapeutischen Bereich beibehalten.

Die nächsten vier Arten des Gedächtnisses sind alle langzeitig. Ich schrieb die Worte »Kenntnisse und Fähigkeiten« auf das Blatt. Wer beispielsweise Schreibmaschine schreiben gelernt hat, so sagt man, wird das nie wieder vergessen. Das gleiche gilt für Tätigkeiten wie Radfahren, die Uhrzeit ablesen, schreiben, Geige spielen. Während ein Großteil unseres Gedächtnisses für motorische Fähigkeiten keine oder nur wenige verbale Instruktionen enthält, ist unser Wissensspeicher nahezu rein semantischer Natur. Man muß zum Beispiel nicht jedesmal, wenn man liest, das Alphabet neu lernen. Und wer das Einmaleins ordentlich auswendig gelernt hat, wird es auch im Alter nicht vergessen. Und wer sich in Geschichte auskennt, wird Kunst, Politik und Wirtschaft in der Regel in einem historischen Kontext betrachten.

»Viertens«, markierte ich auf dem Blatt, »die sogenannte ›Vorbereitung‹. Wer schon einmal Rollschuhe an den Füßen gehabt hat, kann sich auch vorstellen, auf einem Skateboard zu stehen. Auch eine Fahrt in ein fremdes Land hilft bei der nächsten Reise in ein anderes Land.« Vorbereitende Erinnerung ist häufig implizit oder nicht deklarativ.

»Als nächstes –«, ich sah die Geschworenen an und blickte wieder auf mein großes Blatt Papier. Und dann war mein Kopf plötzlich völlig leer. Es war nicht zu fassen! Ich hatte meinen fünften Gedächtnistyp vergessen.

»Gibt es noch weitere Gedächtnistypen?« fragte Elaine leise, und ein kleines Lächeln spielte um ihre Mundwinkel.

»Der nächste Typ fällt mir im Moment nicht ein«, sagte ich. »Ich muß eine Sekunde überlegen.« Elaine, sonst vor Gericht immer todernst, mußte ein Kichern unterdrücken. Die Geschworenen fingen an zu lachen.

»Ich darf Ihnen wohl folgende Frage stellen«, kam Elaine mir zu Hilfe. »Ist Ihnen der Begriff des assoziativen Gedächtnisses vertraut?«

»Ach ja!« sagte ich. »Verzeihung. Das assoziative Gedächtnis ist die Art von Gedächtnis, an die man gar nicht erst zu denken braucht [der Gerichtsschreiber notierte an dieser Stelle ›Lautes Lachen‹], weil es größtenteils antrainiert ist. Wenn Sie dazu erzogen worden sind, etwas zu tun wie zum Beispiel gute Manieren zu zeigen, Frauen die Wagentür aufzuhalten, vor der Queen einen Knicks zu machen – ganz gleich was, müssen Sie darüber nicht mehr nachdenken. Sie tun es einfach.« Das assoziative Gedächtnis kann ebenso wie das vorbereitende völlig implizit angeeignet werden. Daher ist es für Tierversuche von Nutzen. Die Bedingungen, unter denen das assoziative Gedächtnis entsteht, können angenehm sein (Belohnungen) oder unangenehm (Strafen). Nach einer Weile brauchen die Personen keine Strafe oder Belohnung mehr. Sie tun ganz einfach das, was sie erlernt haben.

»Gibt es noch einen Gedächtnistyp?« Wieder lieferte Elaine Tipton mir das Stichwort, obwohl mein eigenes Gedächtnis inzwischen wieder funktionierte.

»Ja«, sagte ich und schrieb noch ein Wort in Druckbuchstaben auf das große Blatt. »Die Art von Gedächtnis, um die es in diesem Prozeß geht, ist der ›episodische‹ Typ. Dabei handelt es sich um das Erinnern von Dingen, die in Ihrem Leben passiert sind: die schönen Episoden, die traurigen, die kummervollen, die beängstigenden, die wunderbaren, die wichtigen – oder schlicht die normalen. Kurz, das episodische Gedächtnis, das sind Ihre Memoiren.«

Obwohl die Ereignisse und Menschen, die in unserem Leben eine Rolle spielen, nur einen Teil unseres Gedächtnisses ausmachen, ist das episodische Gedächtnis jener Typ, mit dem sich die Psychotherapie am meisten beschäftigt. Und es ist der Teil des Gedächtnisses, der an jenem sonnigen Januarnachmittag aktiv wurde und Eileen Franklin Lipsker quälte. Die anderen Gedächtnistypen sind für die Diagnostik und Therapieplanung bei Patienten von Bedeutung. Doch das episodische Gedächtnis spielt in der Psychotherapie eine wichtigere Rolle als alle anderen Gedächtnistypen. Und es ist auch der Gedächtnistyp, mit dem Geschworene oder Richter in einem Prozeß am häufigsten konfrontiert werden.[16]

Elaine Tipton hatte mich davon überzeugt, daß ich den Geschworenen den Erinnerungsvorgang besonders deutlich machen mußte, um sie von solchen irrigen Vorstellungen wie »wichtige Dinge vergißt man nicht« oder »ein Kind kann kein verläßlicher Mordzeuge sein« zu befreien. Nachdem wir die sechs Gedächtnistypen umrissen hatten, bat sie mich, den dreigeteilten Ablauf des Erinnerungsprozesses zu beschreiben, also die Wahrnehmung, Speicherung und Reaktivierung der Erinnerung. Sie hoffte, daß die Geschworenen den Ablauf dieser drei Stufen selbst nachvollziehen konnten: Eileen nahm den Mord an Susan Nason über Augen und Ohren wahr, durch ihre räumlichen Sinne und ihr Zeitgefühl. Dann wurde diese Erinnerung im unmittelbaren Gedächtnis registriert, und es wurden einige damals zugängliche Assoziationen hinzugefügt. (»Ich wußte, daß es eine Vergewaltigung war«, beispielsweise.) Die unmittelbare Erinnerung wurde innerhalb weniger Sekunden in ihrem Kurzzeitgedächtnis verankert und dann in ihren Langzeitspeicher übertragen. Verschiedene Assoziationsbahnen wurden aktiviert. So konnte zum Beispiel Eileens Vorstellung vom Tod, die Vorstellung einer Achtjährigen, mit dem in Zusammenhang gebracht werden, was sie gesehen hatte. Ihr zusammengekrampfter

Magen konnte im Kontext dessen verstanden werden, was sie gerade miterlebt hatte. Als Eileens Erinnerungen an den Mord gespeichert wurden, trat der unbewußte, psychische Abwehrmechanismus der Verdrängung in Kraft, um die Rückkehr dieser Erinnerung zu blockieren.

Eileens Erinnerungen an den Mord besaßen »hohe Speicherenergie« – sie hatten 20 Jahre überdauert –, aber »niedrige Reaktivierungsenergie«: Nichts hatte Eileen an den Mord erinnert, bis sie zu Sica hinuntergeblickt hatte.

Die Reaktivierung ist in vielerlei Hinsicht wesentlich eigenartiger und unberechenbarer als die Wahrnehmung oder die Speicherung. Aufgeweckte Menschen können einen Großteil dessen, was sie wahrnehmen, in das Kurzzeitgedächtnis aufnehmen. Anschließend werden umfangreiche Informationen aus dem Kurzzeitgedächtnis in den Langzeitspeicher übertragen. Unsere Speicherkapazität für Erinnerungen ist nahezu unbegrenzt. Doch die Reaktivierung kann unbewußt durch eine Reihe von psychischen Strategien verhindert werden. Wichtige Erinnerungen gehen dem Bewußtsein häufig verloren; das gilt besonders für schlimme Erinnerungen, die sich wiederholt eingeprägt haben. Wenn die Erinnerungen bereits latent vorhanden sind, kann die Reaktivierung leichtfallen. Das erklärt, warum Eileens Erinnerungen nach der ersten Reaktivierung des Mordes an Susan Nason förmlich über sie hereinbrachen. Wenn die Erinnerungen jedoch, wie bei Eileen, 20 Jahre lang heftig abgewehrt werden, kann es sein, daß sie sich kaum bemerkbar machen.[17]

Elaine Tipton legte Wert darauf, daß ich genau erläuterte, warum klinische Studien von Menschen, die traumatische Erlebnisse hatten, die derzeit beste Möglichkeit darstellen, herauszufinden, wie diese Erlebnisse wahrgenommen, gespeichert und erinnert werden. Die Geschworenen sollten begreifen, daß zwischen den Erinnerungsfehlern, die bei tatsächlich traumatisierten Kindern auftreten können, und den Fehlern, die beispielsweise Studenten in Psychotests unterlaufen, gewaltige Unterschiede bestehen. Elaine forderte mich auf, über Experimente mit Studenten zu berichten, um so die Stellungnahme der Psychologin Elizabeth Loftus vorwegzunehmen, die als Sachverständige für die Verteidigung aussagen sollte.

Dr. Loftus, die sich an der *University of Washington* auf die Gedächtniserforschung spezialisiert hat, untersucht die »falschen Dinge«, die Menschen wahrnehmen und später erinnern können. Wenn man die Reaktionen der an Loftus' Experimenten beteiligten Studenten – die sich nach einem Film über einen simulierten Autounfall an nicht vorhandene Beulen in den Wagen erinnerten oder Straßenschilder an Kreuzungen falsch benannten – mit der Aussage von Eileen Lipsker gleichsetzte, hätte man zwangsläufig zu dem Schluß kommen müssen, daß Eileen den Mord »falsch« in Erinnerung hatte. Bei ihren Experimenten gelingt es Elizabeth Loftus, in alle drei Stufen des Erinnerungsvorgangs – Wahrnehmung, Speicherung und Reaktivierung – »falsche Dinge« einzuschleusen.[18]

Trotz interessanter Aspekte in der Forschungsarbeit von Loftus sind psychologische Experimente mit Universitätsstudenten in keiner Weise mit den Beobachtungen von Therapeuten vergleichbar. Durch Experimente gewonnene Erkenntnisse lassen sich nicht ohne weiteres auf die Wahrnehmungs-, Speicherungs- und Reaktivierungsmechanismen bei Mord, Vergewaltigung oder Entführung in der Kindheit übertragen. Traumatische Erfahrungen definieren neue Gesetze für die Erinnerung. Man kann eine traumatische Erfahrung nicht im Experiment nachstellen. Man kann keinen Mord simulieren, ohne dabei die Versuchsperson in Angst und Schrecken zu versetzen. Experimente mit Studenten simulieren keine traumatischen Augenblicke. Und sie haben nichts mit deren Kindheit zu tun.

Immer wenn eine Versuchsperson bei der Untersuchung von Loftus eine wahrgenommene Einzelheit falsch wiedergibt, wird davon ausgegangen, daß diese Person sich »falsch« erinnert, auch wenn sie richtigerweise angibt, daß in dem Film ein Autounfall passiert ist. Das Hauptereignis der Erinnerung spielt bei derlei Untersuchungen keine Rolle. Die Betonung liegt auf dem einzelnen Fehler. Zweifellos hatte Eileen so viele Fehler gemacht, daß ihre Erinnerung von einem Gedächtnisforscher der *University of Washington* als »falsch« eingestuft worden wäre. Doch hier ging es um die Frage, ob die Geschworenen dem eigentlichen Thema von Eileens Erinnerungen glauben würden oder nicht. Waren sie trotz Eileens Fehler der Ansicht, daß sie tatsächlich mit angesehen hatte, wie ihr Vater Susan Nason tötete?

Die Jury im Fall Franklin setzte sich aus gebildeten Leuten zusammen. Der Obmann war Kinderarzt, der aus unerfindlichen Gründen das Auswahlverfahren für die Geschworenen überstanden hatte. Neben einer staatlich geprüften Krankenschwester saßen noch mehrere andere auf der Geschworenenbank, die von Berufs wegen mit psychologischen Fragen vertraut waren. Sie verfolgten die Darlegungen zum Unterschied zwischen »Vergessen« und »Verdrängung« mit großem Interesse. Manche von ihnen machten sich sogar Notizen.

Ich erklärte ihnen, daß jede Verdrängung eine unbewußte und wirksame Abwehr von Erinnerungen darstellt. Freud stellte die These auf, daß Verdrängung sehr viel unbewußte, emotionale Energie beansprucht – Energie, die somit bei der Bewältigung anderer psychischer Aufgaben fehlt. Jüngere Theorien vertreten dagegen die Auffassung, daß Verdrängung im Grunde Energie freisetzt, die ansonsten blockiert wäre. Therapeuten haben festgestellt, daß Patienten, deren Verdrängung nachläßt, wesentlich mehr Symptome zeigen. Sie werden nervös, deprimiert, sind manchmal suizidgefährdet, und sie empfinden erheblich mehr Angst vor allem, was sie an ihre traumatische Erfahrung erinnert. Zweifellos ging es Eileen wesentlich schlechter, nachdem ihre Erinnerungen an den Mord zurückgekehrt waren. Kopfschmerzen und Magenbeschwerden wurden zu ihren alltäglichen Begleitern.

Unabhängig davon, wieviel Energie durch Verdrängung freigesetzt oder blockiert wird, Tatsache ist, daß diese Form der Abwehr die Erinnerung völlig aus dem Bewußtsein verlagert. Die Wissenschaftlerin Linda Meyer Williams hat bei ihren Forschungen zu sexuellem Mißbrauch eine Gruppe von 100 Frauen befragt, die als Mädchen vor ihrem zwölften Geburtstag in der Notaufnahme von Krankenhäusern einer Großstadt untersucht worden waren, weil sie oder ihre Familien den Behörden einen sexuellen Mißbrauch gemeldet hatten. Sie stellte fest, daß sich 38 von diesen Frauen nicht mehr an einen solchen Vorfall erinnern konnten. Obwohl sie nicht den Eindruck machten, sich dagegen zu sträuben, etwas so Persönliches und vielleicht Beschämendes zu erörtern, konnten sich diese Frauen offenbar nicht einmal mehr an die Untersuchung in der Notaufnahme erinnern, die doch durch Unterlagen belegt war. Hier war eindeutig Verdrängung oder ein anderer Abwehrmechanismus des »Vergessens« im Spiel. Wahrscheinlich ging es diesen 38 Frauen besser damit, sich nicht bewußt an das zu erinnern, was zu ihrer Notaufnahme im Krankenhaus geführt hatte. Aber um diesen angenehmeren Zustand zu erreichen, mußten sie wichtige Erinnerungen auslöschen.[19]

Elaine wollte sichergehen, daß die Geschworenen in der Lage sein würden, zwischen Verdrängen und Vergessen zu unterscheiden, und so hatte ich mir bei unserem Vorbereitungsgespräch in Stanford die Geschichte von »Großmutters Brosche« ausgedacht, die zwar zahlreiche Anspielungen auf Eileens Geschichte enthielt, aber dennoch hypothetisch genug erschien. »Angenommen, Sie haben die Brosche Ihrer Großmutter geerbt«, sagte ich am Ende von Elaines direkter Befragung. »Und Sie und Ihre Großmutter haben sich gut verstanden. Und die Brosche ist sehr schön. Sie haben Sie ganz unten in eine Schublade gelegt, und 20 Jahre später ziehen Sie eine bestimmte Bluse an. Sie denken sich: ›Ach, da fällt mir ein, ich habe ja noch die Brosche unten in der Schublade.‹ Und Sie suchen sie und finden sie auch. Das ist ›Vergessen‹. Eine Erinnerung, an die Sie nicht wirklich gebunden sind. Verstehen Sie, die meiste Zeit ist sie Ihnen nicht präsent. Sie gehen arbeiten, machen Ihren Kram, und wenn Sie 20 Jahre später nach der Brosche suchen, wissen Sie genau, wo sie sein muß. Aber angenommen«, fuhr ich fort und sah dabei kurz den Kinderarzt an, »Ihre Großmutter ist eines entsetzlichen Todes gestorben und trug diese Brosche, als sie starb. Und die Polizei hat Ihnen die blutverschmierte Brosche gebracht. Sie haben die Brosche gesäubert. Sie haben sie in der untersten Schublade verstaut. Dann würde diese Brosche bei Ihnen vielleicht einen sehr aktiven Verdrängungsprozeß auslösen. In diesem Fall wäre sie in Ihrem Bewußtsein mit Schmerz, mit traumatischem Erleben und mit Angst verknüpft. Und vielleicht könnten Sie sich gar nicht mehr an die Brosche erinnern, bis jemand vor Ihren Augen blutet oder jemand einen ähnlichen Unfall hat oder Sie jemanden sehen, der genau wie Ihre Großmutter aussieht.«

Ich wollte den Geschworenen klarmachen, daß Verdrängung aktiver ist als schlichtes Vergessen – daß sie ein Abwehrmechanismus und damit unbewußt konfliktbelastet ist. Aber ich wollte ihnen auch begreiflich machen, wie verdrängte Erinnerungen reaktiviert werden können – durch einen visuellen Auslöser beispielsweise. Ich wollte sie daran erinnern, daß Jessica Lipsker Susan Nason unglaublich ähnlich sah. »Und dann würde plötzlich die Erinnerung an die Brosche zurückkehren«, fuhr ich fort und ließ meinen Blick auf einer sympathisch wirkenden Geschworenen mit Perlenkette ruhen. »Es wäre sehr unangenehm, an die Brosche zu denken. Sie würden wissen, daß die Brosche in der untersten Schublade liegt. Ich weiß nicht, ob Sie Lust hätten, sie anzuschauen.« Das war eine versteckte Anspielung auf die zehn Monate, die Eileen geschwiegen hatte, nachdem sie ihre ersten Erinnerungen an Susan Nasons Ermordung reaktiviert hatte. Es mußte klarwerden, warum jemand in einer solchen Lage nicht zwangsläufig sofort etwas unternahm.

»Und das Vergessen von Großmutters Brosche wäre eine aktiv verdrängte Erinnerung«, sagte ich und sah wieder Elaine an, die still vor mir stand. »Es wäre so, als gäbe es diese Erinnerung nicht. Aber dann, wenn Sie sehen würden, wie jemand blutet, oder wenn Sie jemandem begegnen würden, der Ihrer Großmutter sehr ähnlich sieht, könnte es passieren, daß die Erinnerungen plötzlich über Sie hereinbrechen.«

Elaine Tipton hatte die Frage nach der Ähnlichkeit vor Gericht schon vorzüglich abgehandelt, bevor ich überhaupt in den Zeugenstand getreten war. Sie hatte den Geschworenen vergrößerte Porträtfotos der beiden kleinen Mädchen Sica und Susan gezeigt und sie dabei nebeneinandergehalten. Das Lächeln des einen Kindes schien die Zukunft zu verheißen, während das des anderen die Vergangenheit heraufzubeschwören schien. Wäre ich mystisch veranlagt, hätte ich das eine Mädchen für die Reinkarnation des anderen gehalten. Aber ganz gleich, was man glaubte, Elaine Tiptons Vergrößerungen waren ungeheuer wirkungsvoll. Es war für jeden ersichtlich, warum Eileens Erinnerungen hervorgebrochen waren, als sie ihr eigenes Kind betrachtete.

Beim Kreuzverhör hakte Douglas Horngrad Punkt für Punkt ab, ohne mich in die Enge zu treiben. (Elaine erhob kaum einmal Einspruch gegen eine von Horngrads Fragen. Später sagte sie mir, daß sie nicht den Eindruck gehabt habe, daß ich Hilfe brauchte.) Er fragte zum Beispiel nach Träumen. Er hatte bereits darauf hingewiesen, daß Eileen während der letzten 20 Jahre nicht von dem Mord an Susan Nason geträumt hatte. Ich gestand ein, daß Träume ein wichtiger

Indikator für traumatische Erlebnisse sind, fügte aber hinzu, daß sie nicht immer mit traumatischen Erfahrungen einhergehen. Kinder träumen nicht zwangsläufig von ihren Traumata. Ebensowenig müssen Menschen, die in der Kindheit traumatische Erfahrungen gemacht haben, als Erwachsene unweigerlich von ihren Erlebnissen träumen. Manche Menschen, die etwas verdrängt haben, träumen tatsächlich, besonders dann, wenn ihre Erinnerungen zurück an die Oberfläche dringen. Aber viele eben nicht.[20]

Horngrad wollte auch wissen, ob es möglich sei, die Symptome, die ein Mensch zeigt, zu untersuchen, ohne dabei etwas über das vergangene Trauma zu wissen, und dann anhand dieser Anhaltspunkte Rückschlüsse auf das Trauma zu ziehen. Damit spielte er darauf an, daß übereifrige Therapeuten ihren Klienten oder Patienten Erinnerungen einreden können, nachdem sie ein paar Symptome festgestellt haben. Vielleicht wollte er damit andeuten, daß Eileens Therapeut, Kirk Barrett, zunächst Eileens Symptome beobachtet hatte, dann seine eigenen Mutmaßungen über das, was geschehen war, angestellt und Eileen die Erinnerungen an den Mord eingeredet haben könnte.

Man kann nicht immer aus einer Reihe von Symptomen die Art eines Traumas ableiten, aber manchmal ist das durchaus möglich. Ich beantwortete seine Frage mit einer Anekdote. Vor mehreren Jahren waren mein Mann und ich in dem Film *Stand by me – Das Geheimnis eines Sommers*, und als wir die Szene sahen, in der plötzlich ein Zug hinter vier Jungs auf einem Eisenbahngleis auftaucht, flüsterte ich ihm zu: »Wer auch immer den Film gemacht hat, er spielt seine post-traumatischen Spielchen mit mir!« Nach dem Ende des Films blieben wir sitzen und sahen uns noch den Abspann an. Das Drehbuch basierte auf einer Erzählung mit dem Titel »The Body« von Stephen King. In *Danse Macabre*, Kings 1981 veröffentlichtem Buch über das Horror-Genre, entdeckte ich eine autobiographische Passage, durch die mir die Szene verständlich wurde. Im Alter von vier Jahren spielte Stephen King mit einem anderen Jungen auf Eisenbahngleisen, und sein kleiner Freund wurde von einem Güterzug erfaßt und getötet. Die abgetrennten Körperteile des toten Jungen brachte man in einem Weidenkorb nach Hause. In seinem Buch schreibt King, daß er sich an den eigentlichen Unfall nicht erinnern kann, sondern nur an das, was seine Mutter ihm darüber erzählt hat. Trotzdem sind seine Romane stark davon beeinflußt. Man kann sein Trauma unmittelbar aus seiner Arbeit ablesen.[21]

Einen Augenblick später machte Douglas Horngrad einen großen Fehler. Er hatte im Kreuzverhör herausbringen wollen, daß die Erinnerungen, die von Therapeuten suggeriert wurden, ein Eigenleben entwickeln können. Können traumatische Geschichten suggeriert werden? fragte er mich in wesentlich komplizierteren Worten. Ja, sagte ich, eine Geschichte kann suggeriert werden. Aber normalerweise würde eine solche Geschichte nicht Bündel von Symptomen und Anzeichen auslösen. Nach dem Unfall auf dem Eisenbahngleis irrte Stephen King allein nach Haus. Er hatte sich in die Hose gemacht, und den Rest des Tages sagte er kein Wort. Das sind beides Anzeichen. Kings Mutter hätte ihm diese Verhaltensweisen nicht suggerieren können, ebensowenig wie jemand, der uns sagt, wir hätten Tuberkulose, unser Röntgenbild oder unsere Hauttests beeinflussen kann. Ich benutzte Stephen King als Metapher für Menschen wie Eileen. Aber nun fesselte die Metapher selbst die Aufmerksamkeit des Gerichtssaals.

»King ist traumatisiert worden?« fragte Mr. Horngrad scheinbar ungläubig.

»Ja«, sagte ich. »King kann nicht damit aufhören, das zu tun, was er tut.« Tatsächlich hatte ich drei Wochen zuvor in Los Angeles ein seltsames Erlebnis gehabt, und jetzt erzählte ich es den Anwälten, dem Richter und den Geschworenen. Ich saß allein in einem Café und bekam zufällig ein Gespräch am Nebentisch mit, an dem sich drei Männer unterhielten. Zwei von ihnen sagten dem dritten, der mit dem Rücken zu mir saß, er solle »nicht so blutrünstig sein«. Diesen seltsamen Ausdruck wiederholten sie ein paarmal. Offensichtlich wollten sie, daß der Mann aufhörte, Leute umzubringen. Ich kam zu dem Schluß, daß dieser Mann entweder ein professioneller Killer sein mußte oder Drehbuchautor.

Wir befanden uns in Los Angeles, und mir wurde rasch klar, daß sie wohl über ein Drehbuch sprachen. Die beiden Männer, die die Unterhaltung überwiegend bestritten, mußten mit der Produktion zu tun haben, und sie wiesen den Herrn, der mit dem Rücken zu mir saß, darauf hin, daß es bei ihm einfach zu viele Tote gab. »Versuch's mal mit einem Pferd oder Hund – Tierquälerei ist in«, sagten sie. »Laß den Jungen von seinem Fahrrad fallen.« Schließlich meinten sie noch: »Wenn wir diesen Film machen, darf in dem ganzen Ding nur einer sterben.«

»Ein kaputtes Fahrrad ist nicht so eindrucksvoll wie ein Toter«, entgegnete der Autor, der seine Position verteidigte. »Wieso soll ich nicht mehr Menschen sterben lassen?« sagte er, und dann: »Ich muß es tun ... Das bin ich.«

»Und dann habe ich mir diesen Menschen genauer angesehen«, erzählte ich dem Gericht. »Es war Stephen King. Er saß in dem Café praktisch direkt neben mir ... Ein Mensch, der zutiefst traumatisiert ist ... ist sich vielleicht nicht bewußt, daß sein Verhalten mit dem Trauma in Verbindung steht. Aber es ist da, und es muß wiederholt werden.«[22]

Dank einer eher scherzhaft gemeinten Frage des Verteidigers zu traumatischen Symptomen konnte ich den Geschworenen im Fall Franklin zwei Bilder liefern. Zum einen das eines kleinen Mädchens, das sich die Haare am Kopf ausreißt, zum anderen das eines erwachsenen Erfolgsautors, der darauf besteht, daß in seinen Büchern viele Todesfälle vorkommen müssen. Die zwölf Menschen, die über das Schicksal von George Franklin zu entscheiden hatten, mußten wissen, daß Verhalten, besonders traumaspezifisches Verhalten, den Kern einer Erinnerung bestätigt. Symptome und Anzeichen sowie die ihnen zugrunde liegenden Erinnerungen werden zu lebenslang wirksamen Motiven – und manchmal zu lebenslang wirksamen Inspirationen.

Hätte Douglas Horngrad seine Fragen präziser formuliert, hätte ich meine Antworten enger fassen müssen. So hätte er beispielsweise fragen können: »Kann es vorkommen, daß ein Therapeut aus den Symptomen eines Patienten falsche Vermutungen über ein bestimmtes traumatisches Ereignis ableitet?« Und dann vielleicht: »Kann eine falsche Vermutung einem Menschen eine falsche Erinnerung suggerieren?« Und schließlich: »Kommt es bei Menschen, die unter falschen Erinnerungen leiden, mitunter vor, daß sie das eine oder andere Symptom zeigen?« Bei einer so eng gefaßten Fragestellung wäre mir Stephen King bestimmt nicht in den Sinn gekommen. Ich hätte darauf jeweils mit »Ja« antworten müssen. Und in diesem Verfahren wäre es für mich sehr schwierig geworden, deutlich zu machen, warum Eileen

Lipsker für mich eine Ausnahme darstellte, da ich sie ja keinesfalls auch nur erwähnen durfte.

Nach meiner Aussage rief die Verteidigung ihren eigenen Sachverständigen, den Psychiater David Spiegel, in den Zeugenstand. Spiegel befaßt sich in Stanford mit Hypnose und dem Abwehrmechanismus der Dissoziation. Kindheitsdissoziation beginnt mit der Selbsthypnose, so sagte er vor Gericht aus. Seiner Ansicht nach hätte ein kleines Kind, das so entsetzliche Dinge wie eine mit Unterstützung des eigenen Vaters erfolgte Vergewaltigung erlebt und einen Mord mit angesehen hätte, sich selbst hypnotisieren und das, was in ihm vorging, in eine separate Form des Bewußtseins drängen müssen, um mit den traumatischen Erlebnissen fertig zu werden. Spiegel glaubte, daß die Ereignisse, die Eileen angeblich erlebt hatte, so entsetzlich waren, daß Verdrängung allein keine ausreichende Abwehr gewesen wäre. Nach erfolgter Dissoziation wäre sie allerdings später nicht mehr in der Lage gewesen, eine besonders genaue Erinnerung an ihr Trauma zu reaktivieren. Überdies wäre sie als Erwachsene ausgesprochen beeinflußbar, da das bei Menschen, die sich selbst hypnotisieren können, nahezu immer der Fall ist. Eileens Geschichte, so meinte er, hielt einer genauen Überprüfung nicht stand.

Elaine Tipton unterzog David Spiegel keinem besonders harten Kreuzverhör. Sie brachte ihn zwar zu dem Zugeständnis, daß Verdrängung eine wesentlich verbreitetere Abwehrstrategie ist als Dissoziation, aber Dr. Spiegel, der sich als Therapeut in Stanford schwerpunktmäßig mit Fällen von extremer Dissoziation beschäftigt, war im Grunde genommen nicht überzeugt davon. Elaine erzählte mir später, daß sie ihn bewußt nicht weiter befragt hatte.[23]

Wie Elaine vorhergesehen hatte, trat schließlich auch Elizabeth Loftus als Sachverständige für die Verteidigung auf. Sie sagte aus, daß ihre Experimente zu Fehlinformationen als Beweis dafür dienten, daß eine verdrängte Erinnerung im Verlauf von Aufnahme, Speicherung oder Reaktivierung verfälscht werden kann. Aber Elaine war gut vorbereitet, und beim Kreuzverhör stellte sich bald heraus, daß Dr. Loftus keine Therapeutin war und bei ihrer Forschungsarbeit normalerweise keine Experimente mit Kindern durchführte. In jedem Fall hatte Elaine die Geschworenen gewissenhaft darauf eingestimmt, ihre Entscheidung letztlich davon abhängig zu machen, ob sie an den Wahrheitsgehalt von Eileens verdrängter Erinnerung an ein entsetzliches Erlebnis in ihrer Kindheit glaubten oder nicht. Loftus' Stellungnahme bezog sich auf Erinnerung, aber nicht auf Kindheit oder traumatische Erfahrungen.

Die Geschworenen kamen innerhalb der relativ kurzen Zeit von acht Stunden zu ihrem Urteil. Am 30. November 1990 befanden sie George Franklin des vorsätzlichen Mordes für schuldig. Ich war erstaunt. Obwohl die Staatsanwaltschaft die Anklage überzeugend vertreten hatte, war es kaum vorstellbar, daß die Geschworenen nicht den »geringsten Zweifel« zurückbehalten hatten. Nach dem Prozeß fragte Elaine einige der Geschworenen in einem privaten Gespräch, was sie zu ihrer Entscheidung gebracht hatte. Sie erzählte mir, daß einige von ihnen durch meine Aussage überzeugt worden waren. Diese Erfahrung machte mir klar, daß Hypothesen manchmal ebenso überzeugend sein können wie Tatsachen. Für mich war das eine umwerfende Erkenntnis. Wenige Stunden nachdem die Geschworenen ihr Urteil verkündet hatten, telefonierte ich mit Eileen Lipsker. Sie klang enttäuscht und froh zugleich. Sowohl sie als auch ich wußten, daß ihr unlösbarer emotionaler Konflikt – der Konflikt, der sie dazu gebracht hatte, 20 Jahre lang zu verdrängen – mit dem Abschluß des Verfahrens nicht gelöst sein würde. Eileen liebte ihren Vater. Doch er war ein böser Mensch.

Am 2. April 1993 befand das Berufungsgericht über den Fall Franklin. In einem unveröffentlichten Kommentar bestätigte das Gericht die Verurteilung von George Franklin. Richter Smith, so hieß es in dem Kommentar, hatte korrekt entschieden, als er Zeitungsartikel als Beweismittel ausschloß. Die grundsätzlichen Voraussetzungen und Einschränkungen für die Zulässigkeit von Beweismaterial gelten für die Verteidigung ebenso wie für die Anklage. Der vorsitzende Richter hatte seine Ermessensfreiheit nicht mißbraucht, indem er die Vorlage dieser Beweismittel durch die Verteidigung ausschloß, die damit Eileens Glaubwürdigkeit hatte testen wollen. Das Berufungsgericht kam zu dem Schluß, daß Zeitungsartikel aus dem Jahre 1969 »lediglich eine geringe oder unwesentliche Beweiskraft« hätten. Die Anklagevertretung wäre gezwungen gewesen, einen riesigen und verwirrenden Berg von falschen Zeitungsinformationen vorzulegen, um zu demonstrieren, was Eileen Franklin alles *nicht* in ihre Erinnerungen aufgenommen hatte. Eileen hatte unter Eid ausgesagt, daß sie keine Zeitungen gelesen hatte. Das mußte genügen.

Das Berufungsgericht anerkannte auch die Entscheidung von Richter Smith, daß Eileens Tätigkeit als Prostituierte nicht auf eine charakterlich bedingte Unehrlichkeit der Zeugin schließen lasse, die ihre Glaubwürdigkeit beeinträchtigt hätte.

Es wurde ebenfalls festgestellt, daß Elaine Tipton die Anklage ordnungsgemäß vertreten hatte. Mit einer ihrer hypothetischen Fragen war sie zwar tatsächlich allzusehr in die Nähe des speziellen Falles geraten: »Doktor Terr, können Sie sich dazu äußern, ob eine besonders bösartige, brutale Handlung bei einem Kind, das schon in sehr jungen Jahren wiederholt körperlich und sexuell mißbraucht worden ist, und zwar von verschiedenen Personen, darunter ein Elternteil, bei einem Kind das Todesangst hat und dem mit Rache gedroht wird – können Sie sich dazu äußern, ob ein solches Erlebnis verdrängt werden könnte?« Aber dieser Fehler wurde als »unerheblich« angesehen. Das Berufungsgericht befand auch, daß die von Elaine vorgelegte Aussage über George Franklins Verhalten im Gefängnis, während Eileen ihn besucht hatte, falsch eingesetzt worden war – als eine Art Selbstbezichtigung. Aber, so hieß es ergänzend, die anderen Beweise, die im Laufe des Verfahrens zusammengetragen worden waren, sprachen eine so überdeutliche Sprache, daß auch in diesem Falle die Folgen unerheblich gewesen waren.

Das Berufungsgericht entschied, daß die Anklagevertretung meine Stellungnahme mit einer ordnungsgemäß dargelegten Absicht eingeholt hatte: »Um die Geschworenen von der eindeutig falschen Auffassung abzubringen, daß ein Kind, das Zeuge eines Mordes wird, dieses Ereignis unmöglich vergessen und sich dann 20 Jahre später detailliert daran erinnern kann.« Des weiteren wurde festgestellt, daß die Verteidigung bei ihrem Versuch, Eileen Franklin Lipskers Glaubwürdigkeit zu erschüttern, zu rigoros vorgegangen war. Die Anklagevertretung hatte ordnungsgemäß ein Gutachten eingeholt, um das Phänomen der Verdrängung und der Reaktivierung von Erinnerungen deutlich zu machen. Am 15. Juli 1993 lehnte das oberste Gericht des Staates Kalifornien George Franklins Antrag auf Berufung ab. Keiner der sieben Richter am obersten Gericht sprach sich gegen diese Entscheidung aus. Während ich dies schreibe, planen Franklins Anwälte, beim Bundesgericht Berufung einzulegen.[24]

Ein Jahr nach dem Prozeß kam Eileen Lipsker mich besuchen. Ihren Kindern ging es blendend, aber ihr Mann Barry litt chronisch unter schweren gesundheitlichen Problemen. Die Blutversorgung seines Herzens und seines Gehirns war beeinträchtigt. Er konnte nicht mehr arbeiten und schlief häufig fast den ganzen Tag. Tatsächlich hatte sich Barry, da es Samstag morgen und mein Büro geschlossen war, auf der Couch im Wartezimmer schlafen gelegt, während Eileen und ich uns in meinem Behandlungszimmer unterhielten.

Im Spätsommer des Jahres 1992 starb Barry im Schlaf. Er war 47 Jahre alt. Als Todesursache wurden Herzrhythmusstörungen festgestellt. Eileen hatte fast eine Stunde lang versucht, Barry wiederzubeleben, nachdem sie aufgewacht war. Sie machte sich erbitterte Vorwürfe, die Herzmassage völlig falsch durchgeführt zu haben. Auch so etwas zieht schlimme Erinnerungen nach sich. Aber die Autopsie, die an Barry vorgenommen wurde, konnte Eileen in dieser Hinsicht beruhigen: Als sie aufwachte, war er schon mindestens zwei Stunden tot gewesen.

Eileen kann sich nicht mehr in massive Verdrängung flüchten. Sie lebt mit ihren Erinnerungen. Mit Sica und Aaron redet sie offen über Barry, trotz der schmerzlichen Erinnerungen an ihre problematische Ehe, seine Krankheit und an seinen Tod im Bett neben ihr. Und sie erinnert sich lebhaft an Barry – sowohl an seine guten als auch an seine schlechten Seiten. Eileen ist heute in psychotherapeutischer Behandlung. Nach dem Prozeß hatte sich ihre Ehe wesentlich verbessert, und das tröstet sie ein wenig.

Die meisten ihrer Geschwister wollen nichts mehr mit Eileen zu tun haben. Sie haben ihren Erinnerungen an den Vater von Anfang an widersprochen. Und sie widersprechen ihr immer noch. Sie glauben ihr nicht. Und sie sind der Meinung, daß Eileen absichtlich ihren Ruf, ihr Privatleben und die letzten Lebensjahre ihres Vaters zerstört hat. Aber die Familie Lipsker fängt das teilweise wieder auf. Sie akzeptiert und liebt Eileen vorbehaltlos.[25]

An einem Tag im Februar 1992 habe ich Eileen völlig glücklich erlebt.

Sie war zusammen mit Elaine Tipton in den Ballsaal des Fairmont Hotels in San Francisco gekommen, um vor dem *American College of Psychiatrists* über die Rückkehr ihrer Erinnerungen und ihre Aussage vor Gericht zu reden. Im Anschluß daran drängten sich die Psychiater förmlich um Eileen – darunter auch einige der größten Koryphäen des Landes. Sie glaubten ihr, wie sie versicherten. Sie bewunderten sie. Sie empfanden tiefes Mitgefühl für ihr schweres Schicksal. Zunächst blickten Eileens große, hellbraune Augen skeptisch drein. Aber es kamen immer mehr Psychiater, um ihr Anerkennung zu zollen. Und bei jedem hellte sich Eileens Blick ein bißchen mehr auf. Bis sie schließlich über das ganze Gesicht strahlte.

Die Betrunkene
am Straßenrand

3

Winter in Kalifornien, das bedeutet Regen. Deshalb werden die Berge im Dezember so grün, und deshalb blühen die Lupinen und Mohnblumen im März so herrlich. Winter, das bedeutet mindestens einen Monat lang Tag für Tag strömenden Regen – wobei man nie weiß, in welchem Monat das sein wird, bis er schon halb um ist. Selbst während der großen winterlichen Dürren in den achtziger Jahren konnte es einem Touristen passieren, daß er auf einen sonnigen Februarurlaub in San Francisco gehofft hatte und sich statt dessen vorkam wie in einer Waschanlage. An einem solchen fürchterlichen Unwettertag geschah es, daß eine junge, dunkelblonde Frau überraschend im Gefängnis landete.

Jack Lewisell und Marty Neal von der *California Highway Patrol* wurden auf die Frau aufmerksam, die in einem knallroten Toyota nicht weit vom Highway 101 saß. Diese Schnellstraße führt von San Rafael in südlicher Richtung durch Marin County und über die Golden Gate Bridge nach San Francisco. Der Wagen parkte im Dunkeln an der nördlichen Ausfahrt East Blithedale nach Mill Valley. Es sah so aus, als hätte der Wagen kein Benzin mehr oder sonst eine Panne. Er stand völlig unbeleuchtet da. Es war ungefähr halb neun Uhr abends.

Die beiden Polizisten stiefelten so leise durch die Pfützen am Straßenrand, wie es zwei stämmigen Männern eben möglich ist, die nicht bemerkt werden wollen. Ein vermeintlich verlassener Wagen konnte bedeuten, daß da ein heimlicher Drogendeal stattfand. Sie schalteten beide gleichzeitig ihre Taschenlampen ein und leuchteten ins Wageninnere. Die Frau saß hinter dem Lenkrad. Sie war wach und allein. Das überraschende Auftauchen der beiden Polizisten erschreckte sie nicht im geringsten. Sie schien überhaupt nur wenig mitzubekommen. Sie sah aus, als wäre sie meilenweit weg, obwohl sie nur einen knappen Meter von ihnen entfernt war.

»Hallo, Ma'am,« sagte Jack Lewisell, »wissen Sie denn nicht, daß es gefährlich ist, ohne Warnblinkanlage an einem Highway zu parken?«

Schweigen.

»Miss«, versuchte Lewisell es erneut – diesmal etwas leiser, denn die junge Frau sah glatt durch ihn hindurch – »wie heißen Sie?«

Keine Antwort.

»Ihren Führerschein bitte.«

Aber die Frau rührte sich nicht. Sie sagte kein Wort. Sie saß einfach da, wie ein unbeweglicher Zombie. Marty Neal ging zurück zum Streifenwagen, um Signallampen zu holen.

Streifenpolizist Lewisell versuchte, die Wagentür zu öffnen. Sie war unverschlossen. Er griff ins Innere und zog den Zündschlüssel aus dem Schloß. Neal hatte die Signallampen aufgestellt und kam zum Toyota zurück. Lewisell leuchtete der Frau mit seiner Taschenlampe ins Gesicht. »Also bitte, Ma'am, zeigen Sie uns Ihren Führerschein.« Aber die junge Frau bewegte weder Hände noch Augen. »Die ist ja total abgefüllt«, dachte Lewisell, als er zusah, wie ein kleines Regenrinnsal an ihrem Rock herunterlief. Nichts schien sie in diesem Zustand zu erreichen. Sie zuckte nicht einmal mit der Wimper.

Die Frau war um die Dreißig, höchstens. Mit etwas Lippenstift und ordentlich gekämmten Haaren hätte sie ausgesehen wie eine von diesen flotten Bürodamen, die man in der Stadt um die Mittagszeit oft mit einem Joghurtbecher in der einen und einem Plastiklöffel in der anderen Hand sieht. Schicker Blazer, passend fürs Büro. Schicke Pumps, die auf Gaspedal und Bremse ruhten. Kein Ehering. Lewisell verlor allmählich die Geduld und hob die Handtasche auf, die am Boden neben ihren Füßen lag. »Dann werde ich mir Ihre Papiere eben nehmen müssen.«

»Laß mich in Ruhe«, drohten ihre erstaunlich grünen Augen, die plötzlich ganz gebannt waren. Aber die Lippen der Frau bewegten sich nicht. »Himmel, eine stumme, sture Besoffene«, sagte Lewisell leise zu Neal. »Die denkt sich bestimmt, wenn sie den Mund aufmacht, riechen wir jede Bar zwischen Larkspur und Mill Valley.«

Lewisell räusperte sich. »Steigen Sie aus, und legen Sie die Hände aufs Dach.«

Plötzlich packte die Frau den Türgriff und versuchte, die Tür zuzuziehen. Die abrupte Bewegung ließ Lewisell einen Schritt zurückweichen. Er faßte sich jedoch schnell wieder und erwischte die Tür gerade noch. Die Frau *mußte* betrunken sein. Sonst würde sie sich nicht so benehmen. Er holte einen Alkoholtest hervor. »Miss«, sagte er und versuchte, so höflich wie möglich zu bleiben, »blasen Sie bitte hier in das Röhrchen.«

»Nein«, signalisierten ihre smaragdgrünen Augen.

Marty Neal hatte das Nummernschild überprüft. »Sie heißt Bartlett. Sie wohnt auf dem Redwood Drive in Lucas Valley. Ich glaube, das ist eine von diesen Wohnanlagen gleich unten an der Ausfahrt Lucas Valley. Ich geh' zum Streifenwagen und lass' das mal durch den Computer laufen.«

Lewisell stand also allein im Regen mit einer Taschenlampe und einem Alkoholtest in der Hand. Er hielt ihr das Röhrchen dicht vor den Mund. Sie beachtete ihn gar nicht. Abgesehen von dem kurzen Augenblick, als sie versucht hatte, die Tür zu schließen, schien sie irgendwo anders zu sein, auf einem anderen Planeten, in einem anderen Universum.

»Da sind Sie aber ein ordentliches Stück bis hierher gefahren, Miss Bartlett«, sagte der gereizte Lewisell mit bemüht freundlicher Stimme. »Ganz schöne Fahrerei. Jetzt pusten Sie zum Abschluß Ihrer kleinen Tour einfach hier in die Tüte.« Keine Bewegung, noch nicht mal ein Zucken.

»Hallo! Pusten! Jetzt! Sie haben keine andere Wahl. Los jetzt. Pusten Sie!« Ihre Augen starrten weiter geradeaus. »Na schön, bei diesem Regen können wir Sie wohl schlecht hier draußen rumlaufen lassen, um zu testen, ob Sie gerade gehen können. Dann gibt's nur noch eins. Wir müssen Sie festnehmen und im Gefängnis eine Blutprobe machen.«

Marty Neal kam wieder zum Toyota zurück. »Sie ist sauber, und der Wagen ist sauber. Nicht mal ein Knöllchen wegen Falschparken. Brauchst du Hilfe?«

»Wir müssen sie wohl rüber ins Gefängnis nach San Rafael bringen«, sagte Lewisell. »Ich nehme sie fest wegen Trunkenheit am Steuer. Wir legen ihr jetzt Handschellen an und packen sie in den Streifenwagen. Dann bestellen wir einen Abschleppwagen für ihr Fahrzeug.«

Plötzlich drang aus dem Innern des Toyota ein Knurren. Jack Lewisell bekam einen harten Schlag in den Magen. Die Frau sprang mit gefletschten Zähnen und gekrallten Fingern aus dem Wagen und schlug wild mit Armen und Beinen um sich. Die beiden Streifenpolizisten schrien: »Das ist Widerstand gegen die Staatsgewalt! Sind Sie verrückt? Tätlicher Angriff gegen Polizisten!« Aber sie ließ nicht von ihnen ab. Als Lewisell sie über ihre Rechte aufklärte, biß sie ihm in die Hand. Bei dem Gedanken an eine Tetanusspritze oder gar einen AIDS-Test reichte es ihm. Mit einem Kinnhaken setzte er die Lady außer Gefecht.

Die Polizisten trugen sie zum Streifenwagen, legten ihr Handschellen an und verfrachteten sie auf die Rückbank. Marty Neal bemerkte, daß sie gar nicht so übel roch. Jack Lewisell war anderer Ansicht. Er meinte, ihm sei von Anfang an der starke Alkoholgeruch an ihr aufgefallen. Da hatte sich Miss Bartlett wirklich etwas eingebrockt. Welch böses Erwachen, wenn sie erfuhr, was ihr alles zur Last gelegt wurde – Trunkenheit am Steuer, Widerstand gegen die Staatsgewalt, tätlicher Angriff gegen zwei Polizisten. Wahrscheinlich käme sie ins Kittchen, auch wenn sie zum erstenmal straffällig geworden war. Das Verrückte an der Sache war, daß diese Miss Bartlett während der ganzen Geschichte kein einziges Wort gesagt hatte. Was war bloß mit ihr los? Für wen, zum Teufel, hielt sie sich eigentlich mit ihrem starren Blick? Für Frankensteins Tochter? Draculas Freundin? Wer zum Teufel *war* sie überhaupt?

Sie erwachte um sechs Uhr morgens. Draußen zwitscherten die Vögel. Sie reckte ihre verkrampften Glieder, befühlte ihr Kinn und stellte fest, daß sie eine Laufmasche hatte. Sie atmete den Duft von frisch gekochtem Kaffee ein und zugleich den Geruch von menschlichem Schweiß. Schweiß? fragte sie sich. War es vielleicht ihr eigener? Dann öffnete sie die Augen und blickte auf Wände, die schmutzig und voller Graffiti waren. Knapp unter der Decke befand sich ein mit Maschendraht bespanntes Fenster. Wo war sie? Im Gefängnis? Und wie war sie hierhergekommen? Was in Gottes Namen hatte das alles zu bedeuten? Eine Frau mit platinblond gefärbten Haaren, knallroten hochhackigen

Stiefeln und einem sehr kurzen Lederrock starrte sie von der anderen Seite des Raumes aus an. »Das hier ist eine Zelle, nicht wahr?« fragte sie die andere Frau und dann, ohne eine Antwort abzuwarten: »Welchen Tag haben wir heute? Was für ein Gefängnis ist das hier?«

Die krausköpfige Blondine trat an die Pritsche ihrer neuen Zellengenossin. »Du mußt dir ja gestern abend ganz schön einen reingezogen haben, Süße. Ich hab' gesehen, wie du die Bullen fertiggemacht hast, die dich hergeschleppt haben. Und der Aufseherin hast du's vielleicht gezeigt! Am Ende haben Sie's aufgegeben, dir Blut abnehmen zu wollen.«

»Ich habe mein Gedächtnis verloren«, sagte sie. Sie sprach leise. »Ich kann mich an gar nichts erinnern. Ich habe keinen Tropfen getrunken. Ich weiß nicht einmal meinen Namen.«

Auf dem Gesicht der Blondine mit den knallroten Stiefeln zeichnete sich tiefe Skepsis ab, aber sie war gern bereit, ihrer Zellengenossin die gewünschten Erklärungen zu geben. Gemessen an dem, worum sie sonst gebeten wurde, war es eine angenehme Abwechslung. Es kam ohnehin nur selten vor, daß Trudy Stapleton gebeten wurde, etwas zu sagen. »Wir befinden uns im berühmten Knast von Marin County, stuckverziert in Designer-Rosa, wie es sich der verstorbene große Frank Lloyd Wright ausgedacht hat,« fing sie an. »Du bist gestern abend eingeliefert worden – das war der 15. Februar, Schätzchen –, und heute haben wir genau einen Tag später, falls du noch eins und eins zusammenzählen kannst. Gestern abend gegen neun haben sie dich auf die Pritsche geschmissen, auf der du jetzt liegst. Du hast getreten und gebissen, als ich dich das erste Mal sah. Und du siehst nicht aus wie eine, die sich häufig prügelt. Eher wie Sandra Dee, weniger wie Madonna. Ich heiße Trudy Stapleton, und wie heißt–«

Ein Polizist öffnete die Zellentür. Er hatte eine Spritze und ein Gummiband in der Hand und winkte Trudy beiseite. »Na prima«, sagte er zu der Frau mit den grünen Augen, während er ihr das Gummiband um den Oberarm band und die Innenseite ihres Ellbogens mit einem Wattebausch betupfte. »Unsere kleine Betrunkene von der Mill-Valley-Ausfahrt hat sich also entschieden, heute aufzuwachen und Blut zu spenden. Ich bin Hilfssheriff Logan, und ich mache jetzt die Blutabnahme.« Er stach die Nadel ein und zog den Kolben zurück, so daß sich die Spritze füllte. »Sie sind ja ganz schön raffiniert, junge Frau. Jetzt lassen Sie uns den Test machen, wo doch jeder weiß, daß Ihr Blutalkohol mittlerweile wieder ganz runter ist.«

»Wovon reden Sie überhaupt?« Ihre Stimme klang in ihren eigenen Ohren steif und spröde. »Ich trinke überhaupt nicht.« Das war alles ein schlechter Traum. Vielleicht würde ein Blinzeln ihn verscheuchen. Sie blinzelte.

Die Nadel war raus. »Miss Bartlett, Sie stecken in großen Schwierigkeiten. Wenn nicht jemand eine Kaution für Sie zahlt, kommen Sie hier so bald nicht wieder raus. Und die Kaution wird ziemlich hoch ausfallen.«

»Ich will einen Anwalt.«

»Kennen Sie einen? Haben Sie das nötige Geld?«

»Die Antwort auf beide Fragen ist nein.« Sie war wütend und durchaus in der Stimmung, selbst ein bißchen grob zu werden.

»Sobald ich Zeit dazu habe, rufe ich einen Pflichtverteidiger für Sie an. Wollen Sie einen Kaffee?«

»Danke ja. Schwarz bitte«, antwortete sie. Sie hatte keine Ahnung, woher sie wußte, wie sie ihren Kaffee gern trank. Ansonsten war ihr Kopf völlig leer. Doch nun kannte sie, dank des Polizisten, der sie mit »Miss Bartlett« angesprochen hatte, wenigstens ihren Namen und Familienstand. Sie konnte diese Information sogar ergänzen – »Miss Patricia Louise Bartlett«. Und offenbar kannte sie sich mit Amnesie aus. Sie hatte ja sofort gesagt, daß sie ihr Gedächtnis verloren hatte. Doch das einzige, das sie vom Vortag noch in Erinnerung hatte, waren zwei hünenhafte Männer, die aus dem Regen auf sie zugekommen waren, um ihr angst zu machen. Hatten sie ihr die Handtasche weggenommen?

Sie konnte sich nicht erinnern, wer ihre Freunde waren, wo sie arbeitete oder wie ihre Verwandten hießen, die vielleicht eine Kaution für sie stellen würden. Aber Patricia wußte, ohne nachzudenken, daß sie zum Kaffee gern ein Stück Toast mit etwas Butter aß. Sie wußte auch, daß sie nie Alkohol trank. Niemals. Und irgendwie wußte sie tief in ihrem Innern, daß sie als Sekretärin arbeitete. Genauer gesagt als Chefsekretärin. Bei einer großen Firma in der City. Eine Anwaltskanzlei? Ja. Und in einem versteckten Winkel ihres Kopfes wußte sie auch, daß so etwas schon einmal passiert war. Sie war sich sogar darüber im klaren, daß sie möglichst viele Informationen über sich sammeln mußte, damit sie schnell Gewißheit über ihre Identität gewinnen konnte. »Zeigen Sie mir meine Handtasche«, rief sie Logan hinterher. »Und kann ich bitte auch die Telefonbücher von Marin und San Francisco haben?«

Patricia Bartlett war im Gefängnis von Marin County mit einer altmodischen psychischen Amnesie aufgewacht. »Altmodisch« deshalb, weil dieser Zustand im Europa des ausgehenden 19. Jahrhunderts, Sigmund Freuds Europa, wahrscheinlich allgemein anerkannter war als im Amerika des ausgehenden 20. Jahrhunderts. Tatsächlich hatte Freud aufgrund seiner Untersuchungen über Amnesie die Verdrängung als ein Abwehrverhalten beschrieben, das eine Sperre zwischen dem Bewußtsein und tiefer liegenden Schichten errichtet. Ähnliche Studien veranlaßten Freuds Zeitgenossen Pierre Janet, die Dissoziation als ein seitliches Abgleiten aus dem Bewußtsein zu definieren. Das dissoziierte Ereignis werde durch Abgrenzung aus dem Bewußtsein ausgeschlossen, meinte Janet. Obwohl sich Freud und Janet mit demselben psychischen Phänomen – der Amnesie – beschäftigt hatten, waren sie auf ganz unterschiedliche Abwehrmechanismen gegen die Erinnerung gekommen. Höchstwahrscheinlich hätten die beiden Patricia Bartletts Zustand ganz unterschiedlich eingeschätzt.[1]

Als Patricia erwachte, wußte sie nicht, wer sie war oder warum sie im Gefängnis war. Sie hatte jegliches episodisches Gedächtnis verloren – die Erinnerung an Ereignisse in ihrem Leben, die Menschen, die sie kannte, ihre persönlichen Lebensumstände. Sie hatte keine Ahnung, wer sie war, aber sie wußte noch, wie sie am liebsten ihren Kaffee trank. Sie wußte, daß es eine alte Gewohnheit von ihr war, ihre Strümpfe auf Laufmaschen zu überprüfen. Patricia konnte auch reden und zusammenhängende Gedanken bilden. Sie konnte neue, unmittelbare und kurzzeitige Erinnerungen behalten, so daß sie um neun Uhr noch wußte, daß sie um acht Kaffee getrunken hatte und daß Logan versprochen hatte, ihr einen Pflichtverteidiger zu besorgen. Patricia hätte auch das Einmaleins aufsagen und ihr Können beim Eislaufen oder ihre guten Manieren unter Beweis stellen können, wenn jemand sie darum gebeten hätte; ihr vorbereitendes und ihr assoziatives Gedächtnis waren also völlig in Ordnung. Das einzige, was Patricia nicht wußte, war ihre eigene Vergangenheit und ihre eigene Identität.

Neben der psychischen Amnesie gibt es noch andere Ursachen, die dazu führen können, daß ein Mensch sein episodisches Gedächtnis verliert. Wenn Logan oder die Aufseherin eine derartige Ursache vermutet hätten, wäre sicherlich ein Arzt gerufen worden. Schwere Kopfverletzungen beispielsweise haben meist zur Folge, daß der Betroffene das Bewußtsein verliert oder in ein Koma fällt. Wenn die verletzte Person aus dieser Bewußtlosigkeit erwacht, sind häufig eine Reihe psychischer Funktionen gestört, darunter das Gedächtnis. Woher wollten die Streifenpolizisten oder das Gefängnispersonal wissen, daß Patricia nicht, kurz bevor man sie fand, einen Schlag auf den Kopf bekommen hatte? Hätte sie eine Gehirnerschütterung gehabt, dann wäre vielleicht eine retrograde Amnesie eingetreten – der Verlust einer gewissen Zeitspanne vor der Verletzung aufgrund der unterbrochenen Übertragung vom Kurzzeit- ins Langzeitgedächtnis.

Anterograde Amnesie konnte eine weitere Ursache sein, die aber ebenfalls niemand in Betracht zog. Falls Patricia Bartlett zum Beispiel benzodiazepinhaltige Tranquilizer oder Schlaftabletten genommen hätte, wäre sie möglicherweise für ein bis zwei Tage nach der Einnahme des Medikamentes außerstande gewesen, kurzzeitige, explizite Erinnerungen in den Langzeitspeicher zu übertragen. Durch die Schwierigkeiten beim Erinnerungstransfer kann sich ein Mensch mit anterograder Amnesie unter Umständen nicht mehr daran erinnern, was kurz vor der Einnahme der Drogen oder der Medikamente war. Obwohl die meisten anterograden Amnesien zeitlich begrenzt und relativ leicht sind, kann Alkoholmißbrauch auf Dauer zu einer anhaltenden Beeinträchtigung des Erinnerungstransfers führen. Wäre Patricia chronische Alkoholikerin gewesen, hätte das zwar die gegen sie erhobenen Vorwürfe untermauert, vor allem aber hätte sie am Straßenrand oder spätestens im Gefängnis ärztliche Hilfe benötigt.

Patricia hätte auch einen sogenannten komplexen partiellen Anfall haben können. Dabei unterbrechen elektrische Impulse die Gehirnaktivitäten. Während eines solchen Anfalls, der von wenigen Minuten bis zu etwa einer Stunde dauern kann, ist der Betroffene scheinbar bei

Bewußtsein und wach, aber unfähig, kohärente Erinnerungen zu bilden. Hatte Patricia vielleicht in ihrem Wagen einen derartigen Anfall gehabt? Es kommt vor, daß Betroffene in diesem Zustand irgendwohin fahren, wie Patricia Bartlett es tat, und sich seltsam benehmen. Sie können auch gewalttätig werden. Später haben sie keinerlei Erklärung dafür, wie sie an den Ort gekommen sind, an dem sie sich befinden, und sie wissen nicht, was sie getan haben. Ein nahezu immer auftretendes Anzeichen für einen solchen Anfall ist die Tendenz, bestimmte stereotype Bewegungen zu wiederholen wie beispielsweise die Zunge herausstrecken, blinzeln oder das Gesicht einseitig verziehen. Das war jedoch bei Patricia nicht der Fall. Ein weiterer diagnostischer Hinweis ist ein abnormes Elektroenzephalogramm; doch niemand ließ eines von ihr machen.[2]

Gefängnisse oder Autobahnausfahrten sind wohl kaum die richtigen Orte, an denen man in einem solchen Notfall mit entsprechender medizinischer Hilfe rechnen kann. Von Patricia Bartletts Widersachern an jenem Abend des 15. Februar fragte sich keiner, ob sie vielleicht unter einer organisch bedingten oder auf andere Weise verursachten Amnesie litt. Den Streifenpolizisten Lewisell und Neal kam es nicht in den Sinn, einen Arzt zu holen. Die Aufseherin wollte sie lediglich ins Bett stecken. Alle wollten einen Bluttest. Alle, die Patricia Bartlett am Ende ihrer seltsamen Reise sahen, waren der Ansicht, daß sie simulierte. Amnesie? Sie war bloß eine Betrunkene, die nicht ins Gefängnis wollte.

Jane Thacher gehört zu jenen Pflichtverteidigern, die sich vor Gericht mit großem Engagement für ihre Mandanten einsetzen. Innerlich wurde Jane jedoch allmählich müde. Nach fünf Jahren mit betrunkenen Autofahrern, Dieben, Drogensüchtigen und Kindesmißhandlern hatte sie chronische Kopfschmerzen und fühlte sich abgestumpft. Jane liebte das Strafrecht, aber eher in der abstrakten Auseinandersetzung als im konkreten Einzelfall. Die meisten Strafrechtsfälle, die sie bearbeitete, waren zu widerlich, um interessant zu sein.

Am Morgen des 16. Februar fuhr Jane zum Gericht von Marin County, um an ein paar Anhörungen teilzunehmen. Dann ging sie in ihr Büro, das in demselben weitläufigen Gebäude lag, einer futuristischen Phantasieschöpfung, die von Wright entworfen und nach seinem Tod gebaut worden war. Sie wollte sich zuerst mit einem früheren Mandanten treffen und dann im Gefängnis vorbeischauen, das ebenfalls in dem Gebäude untergebracht war. Die Sekretärin reichte ihr wie jeden Morgen die aktuelle Liste der Einlieferungen. »Schon wieder die gute Trudy Stapleton«, lächelte Jane, als sie die Namen überflog. »Will sie denn nie aufhören? Sie muß doch schon langsam zum alten Eisen gehören.«

»Letzte Nacht ist auch eine Betrunkene eingeliefert worden, die sich mit den Jungs von der Streife und der Aufseherin geprügelt hat«, sagte die Sekretärin. »Eine gewisse Patricia Bartlett.«

»Hmm. Die kennen wir noch nicht, oder?« fragte Jane.

Die Sekretärin schüttelte den Kopf, griff zum Telefon und vermittelte Jane ein Gespräch mit Hilfssheriff Logan.

»Was ist denn nun mit dieser betrunkenen Fahrerin von gestern abend?« fragte Jane. »Und braucht Trudy Stapleton oder sonst jemand unsere Hilfe?«

»Oh, tut mir leid, Jane. Ich hätte Sie früher anrufen sollen. Trudy ist schon wieder raus. Ihr Zuhälter hat ihr selbst einen Anwalt besorgt. Und die betrunkene Lady ist das reinste Gift, würde ich sagen. Außen hui und innen pfui. Eine Simulantin. Macht auf feine Dame. Sie hat nur 20 Dollar in der Tasche und 32 Dollar auf dem Konto. Von wegen feine Dame! Heute morgen war schon der stellvertretende Staatsanwalt, Bill Hewitt, hier, der mit ihrem Fall betraut ist. Und er sagt, er will ihr mindestens drei Sachen anhängen.«

»Ist Ihnen an der Frau sonst noch etwas aufgefallen, außer daß sie blasiert und knapp bei Kasse ist?«

»Sie sieht sehr gut aus«, sagte Logan. »Mal im Ernst, Jane, sie behauptet, sie wüßte nichts über sich. Nicht mal ihren Namen. Alles Quatsch, meinen hier alle. Aber dann will sie auf einmal ihre Handtasche und zwei Telefonbücher haben – als ob sie wirklich rausfinden müßte, wo sie wohnt, wer ihre Freunde sind und so. Vielleicht will sie sich nur eine Verteidigungsstrategie zurechtlegen, bevor sie überhaupt mit einem Anwalt gesprochen hat. Aber ich habe in diesem Gefängnis noch niemanden erlebt, der wirklich sein Gedächtnis verloren hat, und ich bin seit sechs Jahren hier.«

Heute stufen wir psychische Amnesien wie im Falle von Patricia Bartlett unter dissoziativen Störungen ein.[3] Auslöser ist in den meisten Fällen der Abwehrmechanismus, den Pierre Janet definiert hat und bei dem die Fähigkeit, Bewußtsein oder Identität zu bewahren, verlorengeht oder eine Veränderung erfährt. Hilfssheriff Logan vermutete, daß Patricia Bartlett entweder eine psychogene Amnesie vortäuschte oder eine sogenannte Fugue [a. d. Frz.: Flucht]. Dabei handelt es sich um die beiden einzigen psychischen Zustände, bei denen eine Totalamnesie eintreten kann, die länger als einen Tag andauert. Die multiple Persönlichkeitsstörung, eine weitere dissoziative Störung, kann theoretisch zu tagelanger Amnesie führen, doch bei den meisten Betroffenen vollzieht sich der Wechsel in die verschiedenen Persönlichkeiten und wieder zurück zur Grundpersönlichkeit wesentlich schneller.[4]

Jemand, der stark dissoziiert, kann Gedanken, Verhalten und Gefühle nicht miteinander verbinden. Häufig liegt ein veränderter Bewußtseinszustand vor. Solche Menschen können beispielsweise Schmerzen vergessen oder ignorieren. Sie können Teile ihres eigenen Körpers vergessen oder ignorieren. Sie können ihre eigene persönliche Geschichte vergessen oder ignorieren. Ja, sie können sich selbst völlig vergessen oder ignorieren. Als die Polizisten Patricia Bartlett entdeckten, erweckte sie den Anschein eines Zombies. Sie muß ihren eigenen Bewußtseinszustand wie einen Wachtraum oder eine Absence oder sogar als ein »Nichtvorhandensein« empfunden haben. Patricia wußte nichts von ihrem Zusammenstoß mit der kalifornischen Verkehrspolizei. Sie wußte nicht, daß sie sich an der Ausfahrt Mill Valley befand. Und sie wußte nicht, wer sie war. In dem Augenblick, als die Polizisten Lewisell und Neal sie entdeckten, zeigte sie alle Anzeichen einer massiven Dissoziation, ja sie gab förmlich ein Musterbeispiel dafür ab. Sie saß in ihrem Wagen in einer Art Trancezustand, und sie nahm bei weitem weniger wahr, als es bei einem wachen Menschen normalerweise der Fall ist. Kaum etwas von dem, was sie im Kurzzeitgedächtnis registrierte, wurde in den Langzeitspeicher übertragen. Ihr veränderter Bewußtseinszustand brachte eine Blockade bei der Verarbeitung von Erinnerungen mit sich, die sowohl die Wahrnehmung und Übertragung als auch die Reaktivierung betraf. Sie war ganz einfach nicht da.

Die meisten von uns dissoziieren ein wenig, ebenso wie wir ein wenig verdrängen. Wenn man dissoziiert, tritt man sozusagen von Empfindungen, Gedanken oder dem Gefühl der Verbundenheit zurück. Man stellt den psychischen Apparat, der wahrnimmt, registriert und Erinnerungen speichert, teilweise ab. Oder aber man nimmt bestimmte Erinnerungen in einem Bewußtseinszustand wahr und kann sie dann auch nur in eben diesem Bewußtseinszustand reaktivieren. Verdrängen bedeutet lediglich, daß die Reaktivierung von etwas, das bereits vollständig registriert und gespeichert wurde, blockiert ist. Bei der Wahrnehmung der Stimuli, die später verdrängt werden, ist der Mensch im Wachzustand.

Patricia war alles andere als wach, als sie von den beiden Polizisten an der Ausfahrt Mill Valley aufgegriffen wurde. Und auch wir sind mitunter alles andere als wach, wenn wir einer langweiligen Rede zuhören, unter einer schweren Grippe leiden oder stundenlang im Zug sitzen müssen. Vielleicht sehen wir bei diesen Gelegenheiten sogar ein bißchen wie Patricia aus – glasige Augen, starrer Gesichtsausdruck und so weiter. Dissoziation erfordert sozusagen, den Gang rauszunehmen und eine Weile im Leerlauf zu fahren. Das erleben manche Menschen auch in leidenschaftlichen Momenten. Eine Romanheldin des tschechischen Schriftstellers Milan Kundera denkt beispielsweise während des Liebesspiels an Einkaufslisten.[5] Ob sie sich später wohl an die Einzelheiten der sexuellen Begegnung erinnern wird? Bei den meisten von uns ist die Dissoziation jedoch nicht so total, daß wir uns nicht an intensive sexuelle Empfindungen, an Wut oder an Schmerz erinnern könnten. Und in der Regel wissen wir immer noch, wer wir sind und was wir vorher getan haben.

Eine Vorstufe von jenem extremen Abgleiten, wie es Patricia Bartlett erlebte, ist die Selbsthypnose. Bei Kindern, die sich selbst hypnotisieren – zum Beispiel durch das Herunterleiern von Zahlen, durch die Konzentration auf Objekte wie Jalousien oder Flecken an der Decke, durch das Heraufbeschwören eines anderen Ortes oder durch das endlose Wiederholen bestimmter Sätze –, kann das auf den Beginn einer pathologischen Dissoziation hindeuten. Schließlich erfolgt die Dissoziation dann automatisch, ohne die vorhergehende Flucht in die Selbsthypnose. Die Dissoziation hängt jedoch so eng mit der Hypnose zusammen, daß man Hypnose als »Dissoziation unter Anleitung« definieren könnte. Die Tiefenhypnose verhindert ebenso wie die extreme Dissoziation das vollständige Wahrnehmen, Registrieren und Speichern von Erinnerungen.[6]

Zu den Menschen, die in extreme Dissoziation abgleiten, gehörte auch die bekannte amerikanische Lyrikerin Anne Sexton. Sie dissoziierte so intensiv, daß ihre Familie und Freunde häufig über ihre Stille und Passivität beunruhigt waren. Offenbar mußte sie ihren Verstand treiben lassen und sich in einen tranceähnlichen Zustand versetzen, um ihre Metaphern und Rhythmen zu finden. Ihr erster Psychotherapeut, Martin Orne, schreibt in seinem Vorwort zu Diane Middlebrooks 1991 erschienener Biographie der Dichterin, daß er die Sitzungen mit ihr schließlich auf Tonband aufgezeichnet habe, weil sie häufig vergaß, was während der Sitzungen geschehen war. Mitunter mußte sie sich die Bänder zweimal anhören.[7]

Trance und Dissoziation schließen ein umfassendes, detailliertes Erinnerungsvermögen aus. In der kognitiven Psychologie hat man festgestellt, daß die Speicherung expliziter Erinnerungen verhindert werden kann, wenn für eine Zeitspanne von ungefähr 30 Sekunden nach der Wahrnehmung ein wiederholtes Durchspielen blockiert wird. Ein sieben Jahre alter Patient von mir »blockierte das wiederholte Durchspielen«, wenn er von seinem Stiefvater brutal verprügelt wurde. Er stellte sich vor, er wäre »bei einem Picknick, auf Mamis Schoß«. Nach einer Weile mußte er sich gar nichts mehr vorstellen. Er war einfach »weggetreten«. Er empfand keine Schmerzen. Konnte dieser Junge – nennen wir ihn Frederick Waters – sich später daran erinnern, was mit ihm passiert war?

Als ich Frederick kennenlernte, hatte sein Stiefvater ihn schon zwei Jahre lang mißhandelt. Und doch konnte der Junge sich nur an zwei Vorfälle dieser Art erinnern. Doch die Nachbarn hatten schon mehrere Male die Behörden verständigt, als sie hörten, daß jemand geschlagen wurde. Die Eltern von Fredericks Klassenkameraden hatten schließlich Anzeige wegen Kindesmißhandlung erstattet, weil sie seine Blutergüsse gesehen hatten. Und dennoch konnte Frederick selbst sich nur an »zweimal« erinnern. Dissoziation, die Vorstellung, »auf Mamis Schoß« zu sein, hatte einige seiner Erinnerungen blockiert und eine

Speicherung verhindert. Und Dissoziation hatte auch die Reaktivierung blockiert.

In der Kindheit ist der Verstand häufig »im Leerlauf«, aber keineswegs in so extremer Form wie die Trance, in die Frederick Waters oder Patricia Bartlett verfielen. »Verstand im Leerlauf« ist eine sehr milde Form der Dissoziation. Wenn zum Beispiel unsere Lehrerin sah, daß ein Kind für einen Moment weggetreten war, wandte sie manchmal einen Trick an – ein plötzliches »Johnny, was habe ich gerade gesagt?« Seltsamerweise war Johnny normalerweise nicht so weit weggetreten, daß er nicht hätte antworten können. Ein Teil von ihm hatte sie gehört, ihre Botschaft, zumindest vorübergehend, wahrgenommen und darauf reagiert. Zugegeben, ein anderer Teil von Johnny war bereits draußen in der Pause oder ganz woanders – das ist Dissoziation. Doch ein Teil von Johnny war noch immer in der Klasse. Vielleicht war das nur eine ganz leichte Form von Dissoziation. Diese Art des mentalen Abgleitens ist normal, und man kommt fast immer damit durch.

Patricia Bartlett war anders als die »Johnnies«, die wir alle als Kinder erlebt haben. Sie hatte denselben Mechanismus wie Johnny, aber sie ging dabei viel weiter als er. Wenn die Polizeistreife sie nicht aufgegriffen hätte, wäre Patricia vielleicht irgendwann in der Notaufnahme eines Krankenhauses aufgetaucht und hätte angegeben, daß sie durcheinander sei. Vielleicht hätte sie sich verwirrt verhalten, und vielleicht wäre sie sogar gewalttätig geworden. Die Ärzte dort hätten ihren Zustand vermutlich als psychogene Amnesie diagnostiziert. Vielleicht hätte man für sie einen Psychiater gerufen, oder man hätte ihre Verwandten ausfindig gemacht, Patricia nach Hause geschickt und ihr den Rat erteilt, einfach abzuwarten, bis ihre Erinnerungen zurückkehren würden. Man hätte kaum etwas tun können, außer abzuwarten, bis Patricia selbst die Erinnerung an ihre Lebensumstände und ihre Identität wiedererlangt hätte. Ein Barbiturat beispielsweise oder auch Hypnose hätten den Prozeß vielleicht beschleunigen können, und vielleicht hätten die Ärzte eine Reihe von Behandlungen unter Barbituratgaben oder unter Hypnose durchgeführt. Vielleicht hätten sie Patricia aber auch einfach in die Psychiatrie überwiesen.

Es hätte auch noch anders kommen können. Wenn Patricia den Polizisten nicht zum betreffenden Zeitpunkt aufgefallen wäre, wäre sie vielleicht irgendwohin gefahren, hätte einen neuen Namen und eine neue Arbeit angenommen. Dieses zweckmäßigere Verhalten und die weniger offensichtliche Angst hätten ihren Zustand als »Fugue« charakterisiert, die ein komplexeres Erscheinungsbild aufweist als die schlichte Amnesie. Patricia wäre sich bewußt gewesen, daß sie sich nicht an ihre Vergangenheit erinnern konnte. Und einige Wochen lang wäre sie vielleicht unauffindbar geblieben. Das Opfer einer Fugue reist, bewirbt sich um eine Arbeitsstelle, geht neue Beziehungen ein. Es kann sich an alle seine Fähigkeiten erinnern. Das ist der Stoff, aus dem die Filme der vierziger Jahre gemacht sind.

Der Film *Liebesbriefe* aus dem Jahre 1945 mit Jennifer Jones und Joseph Cotten in den Hauptrollen ist ein typisches Beispiel dafür.[8] Die von Jennifer Jones gespielte Heldin hat einen entsetzlichen Streit mit ihrem Mann. Ihre Tante, die gleichzeitig auch ihr gesetzlicher Vormund ist, eilt ihr zu Hilfe und ersticht den Gatten. Dann erleidet die Tante einen Schlaganfall und verliert jede Kommunikationsfähigkeit. Die Heldin reagiert äußerst verwirrt und wird verhaftet. Der Schock über den Tod ihres Gatten hat eine totale Amnesie ausgelöst. Die junge Frau kann sich vor Gericht nicht verteidigen. Sie wird in eine Nervenklinik eingewiesen, wo man ihr sagt, daß ihre Erinnerungen schon wiederkehren würden, wenn sie bereit dazu wäre. Doch da ist niemand, der sie an ihre Vergangenheit erinnern könnte. Schließlich verläßt sie die Klinik, nach wie vor ohne älteres episodisches Gedächtnis, und nimmt einen neuen Namen an. Sie lernt Joseph Cotten kennen, und er überredet sie, ein Landhaus zu besuchen, von dem er weiß, daß sie früher dort gewohnt hat. Dort kommen Jennifer all ihre traumatischen Erinnerungen wieder. Ihr Besuch am »Schauplatz des Verbrechens« hat sie von ihrer Amnesie befreit.

In den vierziger Jahren hielten die Kinogänger solche Filme für Realität. Unklar ist, warum solche Vorstellungen derart populär waren. Allerdings wußte man, daß bei Soldaten während des Zweiten Weltkriegs Fälle von totaler psychischer Amnesie aufgetreten waren und daß ihnen durch eine Behandlung unter Barbituratgaben in der Nähe des Schlachtfeldes geholfen werden konnte. Ziel war es, den Soldaten dazu zu bringen, das entsetzliche Erlebnis, das die Amnesie ausgelöst hatte, »abzureagieren«, d. h. es nachzuerzählen und nachzuerleben.

Die Störung war dramatisch. Die Behandlung war dramatisch. Amerika war ganz verrückt danach.

Die klassischen Filme der vierziger Jahre lehren uns tatsächlich einiges über Amnesien. Sie zeigen, daß es nichts nützt, wenn man Amnesie-Opfern erzählt, was sie verdrängt haben, sondern daß sie sich selbst an ihre Traumata erinnern müssen. Sie geben auch richtig wieder, daß Amnesie und Fugue keinen Einfluß auf die Intelligenz haben. Rein psychische Amnesien behindern nur die Funktionen des episodischen Gedächtnisses, und Menschen, die darunter leiden, können immer noch rechnen, sich selbst anziehen und neue Kenntnisse und Fähigkeiten erwerben. Man erfährt in den Filmen auch, daß die Rückkehr an den Ort, wo die Erinnerungen verlorengingen, eine wichtige Hilfe zu deren Reaktivierung sein kann. Mehr als alles andere bleiben örtliche Gegebenheiten mit dem äußerst gefühlsbetonten episodischen Gedächtnis verknüpft.

Doch vor allem in einer Hinsicht vermitteln die typischen Amnesiefilme der vierziger Jahre einen völlig falschen Eindruck: Amnesie-Opfer seien derart schwach, so verkünden sie, daß sie leicht an ihren Erinnerungen »zerbrechen« könnten. Das aber ist reine Filmtheatralik – und an dieser Stelle blenden wir besser aus.

Jane Thacher fuhr mit dem Aufzug in jene Etage des Wright-Gebäudes, in der das Gefängnis von Marin County untergebracht war. Sie ließ sich von Hilfssheriff Logan den Bericht über Patricia Bartletts Verhaftung geben, den Bericht über ihren Angriff auf die Gefängniswärterin und schließlich auch noch den Bluttest. Soeben war das Ergebnis aus dem Labor gekommen – es gab keinerlei Spuren von Alkohol in Patricias Blut. Es schien äußerst unwahrscheinlich, daß ein Vollrausch schon am nächsten Morgen um sechs Uhr einen Blutalkoholspiegel von Null ergab.

Jane wollte Miss Bartlett sehen, und Patricia betrat das Gesprächszimmer mit bemerkenswert sicherer Haltung. Abgesehen von der Laufmasche in ihrem linken Strumpf sah sie so gepflegt aus, als wollte sie gleich zur Arbeit gehen. Ihre Ausdrucksweise klang etwas geziert. Wahrscheinlich hatte sie eine teure Schule irgendwo im Raum San Francisco besucht. Ganz offensichtlich war die Frau intelligent. Zwar hörte sie sich ziemlich durcheinander an, wußte noch immer nicht, wo sie arbeitete und hatte keine Ahnung, wie sie nach Mill Valley gekommen war, aber das schien sie nicht sonderlich aus der Fassung zu bringen. Sie wirkte kühl und gelassen, sogar distanziert.

Zweifellos gehörte Patricia Bartlett nicht zu der Sorte Betrunkene, mit denen Jane als Pflichtverteidigerin sonst zu tun hatte. In ihrem Toyota hatte man keinen Alkohol gefunden. Außerdem rochen Trinker im Normalfall am nächsten Morgen stark nach Alkohol, häufig zitterten sie, und mitunter hatten sie im Gefängnis Halluzinationen oder Anfälle. Überdies wirkte diese Frau für eine tätliche Auseinandersetzung mit der Polizei viel zu distinguiert. Sie machte auf Jane eigentlich einen ziemlich braven Eindruck – eher der Typ »anständiges Mädchen«. Das alles paßte einfach nicht zusammen.

Jane erinnerte sich an einen Rat, den ihr einer ihrer Professoren in Berkeley einmal gegeben hatte, ein Psychiater namens Bernard Diamond, der sich sein Leben lang mit Straffälligen und mit dem Strafrecht selbst beschäftigt hatte. »Eine Verteidigung auf Amnesie aufzubauen ist praktisch unmöglich«, hatte Professor Diamond gesagt. Solche Fälle waren nur dann erfolgreich, wenn der mutmaßliche Täter dem Gericht überzeugend nachweisen konnte, daß er bereits seit seiner Kindheit oder Adoleszenz unter Anfällen von Amnesie litt. Psychogene Amnesien sind leicht zu simulieren und für die Verteidigung daher schwer zu beweisen. Meist neigen die Geschworenen dazu, die Aussagen solcher Angeklagten mit Skepsis zu betrachten. Das klingt zu sehr nach Gregory Peck in »Ich kämpfe um dich«.

Jane war eine ausgezeichnete Anwältin. Es machte ihr Spaß, die Gesetze auf jede nur erdenkliche Art und Weise auszulegen, und sie war bereits dabei, für Patricia Bartlett eine »unmögliche« Verteidigungsstrategie zu entwerfen. Falls alles gutging, würde sie den Fall vor Gericht bringen. Sie würde eine Reihe von Zeugen ausfindig machen, die bestätigen konnten, daß Patricia ein guter, verläßlicher Mensch war. Ein Psychologe würde als Sachverständiger für Amnesie und Dissoziation auftreten. Jane wollte außerdem alle Hebel in Bewegung setzen, um jemanden zu finden, der über psychische Auffälligkeiten in Patricias Kindheit berichten konnte. Es blieb zu hoffen, daß Patricia Bartlett selbst kein Fehler unterlief, daß sie Kenntnis von etwas offenbaren würde, das sie eigentlich gar nicht wissen durfte. Denn sollte sie sich als Betrügerin erweisen, dann würde Janes Verteidigungsstrategie tatsächlich »unmöglich« aussehen.

Jane rief Professor Diamond zu Hause an. Er hatte sich zur Ruhe gesetzt, das wußte sie, aber vielleicht konnte er doch Patricia Bartletts psychischen Zustand einschätzen und Jane dabei helfen, eine Strategie zu entwickeln. Dr. Diamond lehnte ab. Er litt unter einem Emphysem. Es war Winter, und die Ärzte hatten ihm geraten, das Haus nicht zu verlassen. Aber er empfahl jemand anderen. Eine Freundin. Lenore Terr.

Am Spätnachmittag des 16. Februar gelang es Jane Thacher, jemanden zu finden, der für Patricia Bartlett eine Kaution hinterlegte. In Patricias Adreßbuch hatte sie unter G eine Tante Gert entdeckt. Wie sich herausstellte, war Gertrude Demerest eine unverheiratete Tante mütterlicherseits, die südlich von San Francisco in der schönen Gegend von Woodside lebte. Wie die Tante von Jennifer Jones in *Liebesbriefe* hatte auch sie ihre Nichte bei sich großgezogen. Tante Gert wußte nur sehr wenig über Patricias Leben in den letzten Jahren, aber sie freute sich, wieder Kontakt zu ihr zu bekommen.

Gertrude Demerest erzählte Jane, daß Patricias Vater die Familie verlassen hatte, als sie zwei Jahre alt war. Er wurde nie wieder gesehen. »Er ist bestimmt schon seit Jahren tot, so gern wie der Bourbon getrunken hat«, sagte Miss Demerest. »Leider hat meine jüngere Schwester auch getrunken.« Jane Thacher bekam einen Schreck. Sie wußte, daß die Neigung zum Alkoholismus vererbbar ist. Die Tatsache, daß sowohl Patricias Vater als auch ihre Mutter alkoholkrank gewesen waren, war vor Gericht nicht gerade hilfreich. Aber Gertrude Demerest schien Janes Gedanken gelesen zu haben. »Meine Nichte trinkt nicht«, sagte sie mit Nachdruck. »Keinen Tropfen.«

Patricias Mutter war bei einem Küchenbrand ums Leben gekommen, als Patricia neun Jahre alt war, erfuhr Jane von Tante Gert. Das Kind kam zu Miss Demerest und besuchte danach Privatschulen. Patricia war ein stilles und wohlerzogenes Mädchen. Da sie keine besonders eifrige Schülerin war, ging sie schließlich auf eine gute Sekretärinnenschule in Boston. Seit zwei Jahren lebte Patricia in Marin County mit einem geschiedenen Börsenmakler namens Cameron Simpson zusammen. Sie wohnten in einer Eigentumswohnung, die Simpson während seiner Ehe gekauft hatte. Und so wie Miss Demerest den jungen Mann einschätzte, würde er ihrer Nichte klarmachen, daß sie jedes Urteil verdiente, das das Gericht fällte. »Und ich bin *nicht* einfach nur eifersüchtig«, fügte sie hinzu, obwohl Jane der Gedanke gar nicht gekommen war.

Tante Gert wollte wissen, ob es gut wäre, Patricias Kaution zu bezahlen und sie zu sich nach Woodside zu holen. Ja, das wäre gut. Aber Jane sprach eine Warnung aus. »Bitte machen Sie Patricia gegenüber keinerlei Andeutungen, solange sie bei Ihnen wohnt«, sagte sie. »Es ist wichtig, daß sie sich von allein an alles erinnert.«

Bei dieser Ermahnung fiel Tante Gert noch etwas ein. Etwas Ähnliches war schon einmal passiert. Mit 19 Jahren war Patricia allein nach Boston gegangen, um dort die Schule zu besuchen. Aber das Alleinsein fiel ihr schwer. Bei der Abschlußprüfung in Stenographie und Maschineschreiben hatte sie einen Blackout. Sie konnte sich an nichts mehr erinnern, was sie gelernt hatte. Sie stand auf und ging. Ein Lehrer hielt sie auf und fragte, wo sie denn hinwolle. Sie antwortete, sie sei »Sally Burns vom *Boston Globe*« und wolle jetzt los, um ein Interview zu machen.

Es war nicht leicht, die Schulleitung davon abzubringen, Patricia von der Schule zu verweisen. Aber schließlich ließ die Direktorin sie an den Sommerkursen teilnehmen. Tante Gert kam nach Boston und blieb den Sommer über bei ihr. Ihre Nichte bestand die Prüfung und machte ihren Abschluß.

Jane fragte Miss Demerest, ob sie bereit sei, diese Episode auch vor Gericht auszusagen. »Natürlich«, sagte sie. Jane Thacher hatte die erste Zeugin für ihre »unmögliche Verteidigung«.

Ich trat, wenige Tage nachdem Tante Gert die Kaution bezahlt hatte, in Patricia Bartletts Leben. Jane Thacher rief mich an und fragte, ob ich in einem äußerst ungewöhnlichen Fall beratend tätig werden könnte, in dem es um Trunkenheit am Steuer, tätlichen Angriff auf Polizeibeamte und Widerstand gegen die Staatsgewalt ging. Ihre Mandantin hätte, soweit sie es sagen könnte, eine totale Gedächtnislücke von ungefähr einem Tag.

Ich erläuterte Jane meine Meinung, daß im Falle der psychischen Amnesie die Abwehrmechanismen von Verdrängung und Dissoziation häufig Hand in Hand arbeiten. Diese Sichtweise ist etwas unorthodox; ich behaupte, daß Fugues und andere allgemeine Amnesien mit einem nicht weit zurückliegenden und schmerzlichen Erlebnis anfangen, das vollständig aufgenommen und fast sofort verdrängt wird. Anschließend fällt die betreffende Person in einen Trancezustand und beginnt zu dissoziieren, wobei sie sich auf eine andere Bewußtseinsebene begibt. Der Vorfall, der die Verdrängung ausgelöst hat, wird später möglicherweise wieder erinnert, aber alles, was während des dissoziierten Trancezustands passiert, kann völlig in Vergessenheit geraten. Oder es bleibt, falls die Erinnerung zurückkehrt, nebulös und verschleiert.

Normalerweise steht einem Kind, das zum allerersten Mal eine schreckliche Erfahrung macht, die Dissoziation als Abwehr noch nicht zur Verfügung. Zwar wußten wir noch sehr wenig über Patricias Kindheit, aber ich sagte Jane Thacher, daß in den meisten Fällen wiederholte traumatische Erlebnisse erforderlich sind, um die Dissoziation auszulösen. Die Dissoziation will geübt sein. Häufig beginnt sie in der Kindheit mit kleinen Übungen in Selbsthypnose. »Ich bin gar nicht wirklich hier«, redet das Kind sich ein, wenn es weiß, daß ihm etwas Beängstigendes und Schmerzhaftes bevorsteht. »Den Schmerz spüre ich überhaupt nicht.«[9]

Nicht jedes Kind ist in der Lage, massive Dissoziation einzusetzen. Nicht jeder von uns kann sich selbst hypnotisieren, selbst wenn er es sich sehnlichst wünscht. Nur wenigen Menschen gelingt eine wahre Ablösung des Selbst von Schmerz oder Furcht. »Brad«, ein zwölf Jahre alter Patient von mir, hatte einen besonderen Trick, wie er seine Gedanken ablenken konnte. Er erzählte mir, daß er diesen »Kopf-klar-Trick« seit ungefähr einem Jahr anwandte, um nach gruseligen Filmen keine Angst mehr zu haben. Er konzentrierte seine Gedanken dann auf einen Sommernachmittag in Corning, New York, wo seine Großeltern wohnen. Fünf ältere Jungs hatten an jenem Nachmittag tolle Kunststückchen mit ihren Fahrrädern vorgeführt. »Meistens abends, wenn ich [nach einem dieser Gruselfilme] ins Bett gehe, stelle ich mir vor, was die da mit ihren Fahrrädern gemacht haben«, erzählte mir Brad. »Ich erinnere mich daran, und dann habe ich keine bösen Träume. Ich wußte einfach, daß das funktioniert. Keiner hat mir gesagt, wie ich das machen muß.« Brads Technik der bewußten Visualisierung, ein Schritt in Richtung Dissoziation, wird häufig von Hypnotiseuren und Hypnotherapeuten angewendet. Der Junge setzte ein spezielles mentales Bild ein, um sich von einem speziellen beängstigenden Thema zu lösen – Gruselfilme.

Brads mentale Bilder wären nicht zu einem Problem geworden, wenn sein Leben ansonsten ohne größere Katastrophen verlaufen wäre. Aber in dem Jahr, als er zwölf wurde, fuhr Brad mit einem Zug, der entgleiste. Er verlor bei dem Unglück einen Finger und konnte zahllose Nächte nicht schlafen. »Ich spüre den Schmerz noch immer«, sagte er drei Monate nach dem Unfall, als er das erste Mal zu mir kam. »Aber wenn ich an die Fahrräder und die Kunststücke denke, vergesse ich den Schmerz. Ich will ja selbst gar kein großer Fahrradchamp werden, aber wenn ich an die Typen auf ihren Fahrrädern denke, wird mein Kopf klar. Seit dem Unfall mache ich das mindestens zwanzigmal häufiger als früher.«

Brads dissoziativer »Trick«, der früher nützlich war, nahm nach dem Unfall viel zuviel Raum ein. Man konnte nicht sagen, ob Brad schließlich automatisch in einen seiner »Kopf-klar«-Zustände abgleiten würde, ohne sich vorher die Fahrräder vorstellen zu müssen. Sein Trick half ihm, mit Furcht und Schmerz fertig zu werden. Aber der Trick führte auch zu Problemen bei der Verarbeitung von neuem Stoff – bei der Aufnahme neuer Informationen und deren Transfer in den Langzeitspeicher. Möglicherweise konnte er auch die Reaktivierung von Erinnerungen beeinträchtigen. Wenn Brad dann im Alter von fünfundzwanzig Jahren versuchen würde, sich an das Jahr zu erinnern, als er zwölf war, konnte er sich vielleicht nicht viel ins Gedächtnis rufen, wenn überhaupt etwas. Hätte er seine Erinnerungen einfach verdrängt – wie etwa Eileen Franklin, die als Kind die Ermordung ihrer besten Freundin miterlebt hatte –, dann könnten diese Erinnerungen später klar und vollständig zurückkehren. Doch da Brad angefangen hatte, so stark zu dissoziieren, würde er wahrscheinlich nichts außer undeutlichen Bruchstücken reaktivieren können.[10]

Dissoziation ist ein Mechanismus, der einen Menschen in die Lage versetzt, einen Ort zu verlassen, an dem ihn schlimme Gedanken befallen oder sich schlimme Ereignisse zutragen. Es gibt jedoch eine wichtige Ausnahme. Hypnoseexperten haben festgestellt, daß manche Menschen in tiefer Hypnose »geheime Beobachter« einsetzen. Diese Menschen können sich an Ereignisse, die im dissoziierten Zustand geschahen, besser erinnern als andere, die Dissoziation anwenden. Dr. Ernest Hilgard, ein Psychologe aus Stanford, der sich auf das Studium der Hypnose spezialisiert hat, geht davon aus, daß die Hälfte seiner Versuchspersonen – meist freiwillige Studenten – während der Hypnose einen geheimen Beobachter bereithalten. Wenn Hilgard zum Beispiel die Hand einer tief hypnotisierten Person in Eiswasser taucht und der Person sagt, daß sie keine unangenehme Empfindung haben wird, bleibt die gefühllose Hand dieser Person wesentlich länger im Wasser, als es bei einem nicht hypnotisierten Menschen der Fall wäre. Wenn Hilgard dann zu der betreffenden Person sagt: »Vielleicht ist ein Teil in dir, der eine unangenehme Empfindung hat« und die Versuchsperson bittet, das Ausmaß des Schmerzes durch Fingerbewegungen anzugeben, signalisiert diese häufig erhebliche Schmerzen. Anders formuliert, die Versuchsperson ist sich der körperlichen Empfindungen voll bewußt, aber losgelöst von ihnen.

Der »geheime Beobachter« ist allerdings ein umstrittenes Phänomen. Es könnte schließlich sein, daß die Versuchspersonen unter Hypnose Dr. Hilgard unbedingt gefallen wollen und die Finger bewegen, weil er sie darum bittet. In klinischer Hinsicht jedoch scheint Ernest Hilgard recht zu haben: Manche Patienten haben offenbar tatsächlich einen geheimen Beobachter und halten sich so unter Kontrolle, während sie dissoziieren. Dabei handelt es sich um Patienten, die als Kinder von der Decke des Kinderzimmers aus zugesehen haben, wie sie mißbraucht wurden, oder die sich selbst aus großer Entfernung aus dem Fenster stürzen sahen. Und natürlich gibt es da die »Johnnies« – die Schulkinder, die mit ihren Gedanken woanders sind, aber dem Lehrer sofort sagen können, worüber er gerade geredet hat. Das heißt, daß der geheime Beobachter im Normalfall stets präsent ist, auch wenn sich der »Verstand im Leerlauf« befindet. Aber für jemanden, der, wie Patricia Bartlett, Dissoziation pathologisch und massiv einsetzt, ist der heimliche Beobachter wohl nur schwer zu fassen.

Wenn Kinder mit einer Katastrophe rechnen und erfolgreich dissoziieren, sind sie oft »weggetreten«. Es ist schwer vorherzusagen, wie lange ein heimlicher Beobachter dableiben wird, um abzuwarten, was als nächstes passiert. Meistens ist es für ein Kind zu gefährlich zu »bleiben«. Glücklicherweise kann Kindern, die nicht geblieben sind und daher nicht alles gesehen und aufgenommen haben, was mit ihnen passiert ist, trotzdem in der Therapie geholfen werden. Und sie können auch als Erwachsene erfolgreich behandelt werden, denn für die emotionale Befreiung ist neuerliches Erinnern nicht unbedingt erforderlich.[11]

Hatte Patricia Bartlett als Kind ein Erlebnis gehabt, das für sie zu gefährlich war, um zu »bleiben«? Ich sagte Jane Thacher, daß ich ein vierstündiges Gespräch mit Patricia führen würde – morgens zwei Stunden und nachmittags zwei –, um sie an ihre Kindheitserinnerungen heranzuführen. Da ihre Amnesie erst wenige Tage zurücklag, bestand die Möglichkeit, daß die Ereignisse, die zu der »Autofahrt unter Alkoholeinfluß« geführt hatten, schon bei einem relativ zwanglosen Gespräch zutage traten. Kindheitserlebnisse sind oft schwerer hervorzulocken. Aber ich wollte es versuchen. Auch Patricias rechtliche Situation interessierte mich. Wie Jane Thacher und Bernard Diamond hatte ich noch nie von einem Fall gehört, bei dem die Verteidigung erfolgreich auf Amnesie plädiert hatte.

Und so kam Patricia Bartlett in mein blauweißes Büro über der Bucht von San Francisco. Seit ihrer seltsamen Flucht nach Mill Valley war eine Woche vergangen. Sie war äußerst höflich und wollte sofort wissen, wie mein Name korrekt ausgesprochen würde. Ich lächelte, beantwortete ihre Frage und bot ihr an, mich Lenore zu nennen. Und dann fragte ich sie nach Einzelheiten aus ihrem Leben, bevor sie den Blackout gehabt hatte. Wo sie gewohnt hatte, wo sie gearbeitet hatte und mit wem sie zusammengelebt hatte. Ich wies sie darauf hin, daß alles, was zwischen uns zur Sprache kam, auch vor Gericht erwähnt werden konnte.

Mittlerweile erinnerte sich Patricia nahezu an alles – einschließlich ihres Namens, ihrer Adresse und der Tatsache, daß ihre Mutter tot war und der Vater die Familie verlassen hatte, als sie noch sehr klein war. Aber sie gab an, daß sie eine Erinnerungslücke hatte, die sie und ihren Lebensgefährten Cameron Simpson betraf. »Mein Freund hat alle meine Sachen bei Tante Gert abgeliefert«, sagte sie beinahe flüsternd und wischte sich eine Träne ab. Patricia erzählte, daß sie bis zu dem Tag, als sie ins Gefängnis eingeliefert wurde, mit »Cam« zusammengelebt hatte, doch jetzt wohnte sie vorübergehend bei ihrer Tante in Woodside. »Meine Tante ist eigenwillig und starrsinnig«, sagte sie, »aber sie hat gut für mich gesorgt, als ich noch ein Kind war. Sie ist heute morgen mitgekommen, falls Sie sie kennenlernen möchten.«

Als ich zustimmend nickte, wechselte sie plötzlich das Thema. »Machen Sie auch Eheberatung? Ich wünschte, Sie könnten Cam und mir helfen. Er will einfach nicht mit mir reden. Vielleicht würde er reden, wenn Sie dabei sind.«

Ich rief Patricia in Erinnerung, daß sie ernste rechtliche Probleme hatte und wir uns ganz darauf konzentrieren mußten. Aber es konnte nicht schaden, etwas mehr über Cam zu erfahren. Wußte sie, was falsch gelaufen war?

Patricias Antwort klang unvollständig. Ihre Erinnerung glich einem alten Strumpf – an den wichtigsten Stellen dünn und abgenutzt. »An dem Abend, an dem ich verhaftet wurde, ist was zwischen uns passiert«, sagte sie. »Das weiß ich, tief in mir drin, aber ich kann mich nicht erinnern. Cam sagt, unsere Beziehung ist vorbei. Er sagt, ich muß gewußt haben, daß ich ausziehen mußte, nachdem das an dem Abend, an dem ich ins Gefängnis gekommen bin, zwischen uns passiert war. Aber er wollte nicht sagen, was passiert ist.«

»Haben Sie eigene Erinnerungen an das, was passiert ist?«

»Nein. Kaum welche. Ich meine, Cam sagt, ich wüßte ganz genau, was passiert ist, und ich würde nur versuchen, ihn dazu zu bringen, mir die Geschichte noch einmal zu erzählen, damit er sich schuldig fühlt.«

»Woran erinnern Sie sich denn? Versuchen Sie, mir sämtliche Bruchstücke zu erzählen, die Sie noch wissen, auch wenn nicht alles, was Sie sagen, zusammenpaßt oder einen Sinn ergibt.«

»Ich habe mehrere Leerstellen zwischen ungefähr vier Uhr nachmittags und ungefähr sechs Uhr am nächsten Morgen. An den größten Teil des Morgens im Gefängnis kann ich mich erinnern. Ich erinnere mich auch an den frühen Nachmittag, bevor ich ins Gefängnis kam. Ich weiß noch ein bißchen von der Ausfahrt Mill Valley – die zwei Polizisten, die wie Hünen aussahen. Heute würde ich sie niemals wiedererkennen.«

»Fangen Sie ganz von vorn an«, sagte ich und schrieb mit so schnell ich konnte.

»Also es fängt so an: Am 15. Februar beschloß mein Chef, ein vielbeschäftigter Prozeßanwalt in der Stadt, früher nach Hause zu fahren. Wir hatten gerade einen sehr wichtigen Geschäftsvertrag abgeschlossen, und wir waren beide sehr erleichtert. Mr. Johnson sagte, daß er am frühen Nachmittag nach Hause fahren wollte. Ich sollte dasselbe tun. Daisy würde sich ums Telefon kümmern.

Also schön. Ich bin aus dem Büro. Ich habe daran gedacht, noch etwas einkaufen zu gehen, aber ich war zu müde und hatte kein Geld dabei. Vielleicht war ja zu Hause der Himmel klarer als in der Stadt, und wenn ich mich beeilte, konnte ich schon um drei am Pool unserer Wohnanlage ein Sonnenbad nehmen. Also bin ich schnell nach Hause – die Wohnung gehört eigentlich Cameron. Er hat die Anzahlung übernommen, aber wir haben uns die Hypothekenraten und unsere Ausgaben fifty-fifty geteilt. Übrigens, bitte erwähnen Sie Mr. Johnson gegenüber nichts von dieser Strafsache. Er glaubt, ich wäre krank. Meine Tante Gert hat ihm erzählt, sie würde mich in Woodside gesundpflegen.«

Falls Patricias Verteidigung erfolgreich war, würde Mr. Johnson sicherlich aus dem *Recorder*, der Anwaltszeitschrift von San Francisco, davon erfahren. Auf Dauer konnten wir diese Geschichte nicht geheimhalten, sagte ich ihr.

Patricia seufzte. »Ich wünschte, dieser ganze Schlamassel würde sich in Luft auflösen. Ich wünschte, ich würde mich in Luft auflösen.« Aber Patricia blieb an diesem Tag sowohl physisch als auch psychisch anwesend. Und der Tag blieb ihr im Gedächtnis. Aus welchen Gründen auch immer war dieser Tag keiner von denen, an denen sie dissoziieren mußte.

»Kommen wir auf den Nachmittag, bevor Sie verhaftet wurden, zurück. Sie fuhren also nach Hause. Stellen Sie sich vor, es ist ungefähr drei Uhr und Sie fahren nach Hause. Es ist noch früh. Ziehen Sie sich einen Badeanzug an? Ist es wirklich warm und sonnig?«

Das episodische Gedächtnis funktioniert oft wie ein Film. Manchmal kann man nur ein paar Einzelbilder sehen. Aber sobald man beschlossen hat, sie zu benutzen, kann man gleichsam weitere vom Boden des Schneideraums aufheben.

»Nein. Kein Badeanzug. Kein Pool. Aber es war warm. Richtig schön. Es waren ein paar hohe Wolken am Himmel, aber man hätte nicht gedacht, daß es innerhalb der nächsten paar Stunden ein richtiges Unwetter geben würde. Als ich nach Hause kam, wurde ich sehr wütend. Sehr, sehr wütend. Was war da? Ich kann mich nicht richtig erinnern.«

»Etwas hat Sie sehr wütend gemacht, sagen Sie. Wissen Sie, wo Sie gestanden oder gesessen haben, als Sie wütend wurden? War jemand in der Nähe?« Ich suchte nach Patricias assoziierten Erinnerungen an Positionen und Menschen, weil solche Details nach schrecklichen Ereignissen am ehesten im Gedächtnis haften bleiben.

»Es war Cameron!« rief Patricia. »Er war zu Hause, als ich ankam. Und – oh nein, jetzt wird es deutlicher – er war mit diesem Miststück zusammen, das zwei Türen weiter wohnt, Midge Soundso. Sieht toll aus im Bikini am Pool, aber, na ja, keine Prinzipien, ist nur hinter dem Geld der Männer her – verkommen! Ich habe ihr das immer angesehen. Sie gehört zu den Frauen, die sich nie dazu herablassen, mit anderen Frauen zu reden. Wissen Sie, was ich meine?«

Ja, das wußte ich. Aber wir mußten weiterkommen. »Erzählen Sie mir, was mit Ihnen und Cameron und Midge an diesem Nachmittag passiert ist. Waren die beiden schon da, als Sie nach Hause kamen, oder sind sie erst später gekommen? Versuchen Sie zu rekonstruieren, was Sie getan haben, als Sie in die Wohnung gekommen sind.«

»Mmm. Es war niemand im Wohnzimmer, als ich hereinkam. Es war still. Ich habe mir gedacht, Cam wäre noch bei der Arbeit – wissen Sie, daß Börsenmakler an der Westküste von sechs Uhr morgens bis so um drei arbeiten? Er würde in ungefähr einer Stunde nach Hause kommen. Ich würde ihm einen Zettel hinlegen, daß er mich am Pool finden könnte. Vielleicht würde ich ihn auch sehen, wie er die Einfahrt heraufkam, wenn ich mein Sonnenbad an der richtigen Stelle nahm. So was habe ich gedacht, aber das ist nicht passiert. Ach, ich kann mich nicht richtig erinnern.«

»Sie machen das prima, Patricia. Haben Sie Cam einen Zettel hingelegt?«

»Nein, ich bin in die Küche gegangen. Es war still. Ich habe ein Stück Papier von dem Block abgerissen, der neben dem Telefon liegt. Aber dann bin ich mich erst umziehen gegangen. Schreiben wollte ich später.«

»Aber Sie haben gesagt, daß Sie an dem Tag keinen Badeanzug angezogen haben? Was ist aus Ihrem Entschluß geworden?«

»Mmm. Das ist ein dunkler Punkt. Lassen Sie mich noch mal durchgehen, was ich gemacht habe. Ich habe die Wohnungstür geöffnet. Stille. Bin in der Küche stehengeblieben, habe das Stück Papier abgerissen, aber mir dann überlegt, mich erst umzuziehen. Ah, jetzt weiß ich's! Neben dem Block lag kein Stift, also mußte ich hochgehen und einen holen. Cam kann einem so auf die Nerven gehen! Immer verschlampt er meine Stifte.

Ich bin ins Schlafzimmer gegangen. In der Tür stehengeblieben. Oh, Gott! Ich habe da etwas gesehen. Etwas, das mich richtig wütend macht. Gott!«

»Okay, Patricia. Versuchen Sie sich dem, was Sie da gesehen haben, zu stellen.« Patricia sah wütend aus und keineswegs geistesabwesend.

»Es kann etwas mit dem zu tun haben, was dann später an dem Abend passiert ist. Sie sind an dem Punkt angelangt, wo Sie in der Tür zum Schlafzimmer stehen. Sie sehen in den Raum. Erzählen Sie es mir.«

Patricias Gesicht war blaß geworden, und ihre kalifornische Bräune hatte sich verflüchtigt wie so mancher kalifornische Traum. Aber sie blieb mit ihren Gedanken im Schlafzimmer ihrer Eigentumswohnung. Sie schien etwas wiederzuerleben, was sie verdrängt hatte. Offenbar hatte sie eine ganze Erinnerung in sich aufgenommen. Und das Ganze kam jetzt zurück.

»Cam war mit ihr zusammen«, sagte sie. »Mit Midge. In meinem Bett.«

»Hatten sie Sex?«

»Nein, nicht ganz. Nicht im Sinne des Gesetzes. Keine ›Penetration‹, wie man so sagt. Er muß wohl kurz zuvor nach Hause gekommen sein. Er hatte seine Anzughose noch an, aber der Hosenschlitz war offen. Sie hatte ihre Bluse ausgezogen, aber noch den BH an. Untenrum war sie nackt. Sie küßten sich, deshalb haben sie mich nicht gesehen. Sie hatten wohl gerade erst angefangen, nehme ich an. Aber wie ich so da stand, war mir klar, daß das nicht das erste Mal zwischen ihnen war. Sie wirkten *sooo* vertraut.«

Patricia nahm ein Kleenex-Taschentuch aus ihrer Handtasche und schniefte, aber ihr sorgfältig aufgetragenes Make-up war noch immer makellos. Sie wollte weinen – das war offensichtlich –, aber sie konnte nicht. Ich sagte etwas Mitfühlendes wie: »Das muß furchtbar für Sie gewesen sein« und wartete dann. Es dauerte nicht lang. Das Ereignis, das Patricias seltsamem Abend vorausgegangen war, lag jetzt offen da.

»Auf einmal sieht mich diese Midge an – diese schamlose Midge *Morgan*, so heißt sie! Sie nimmt ihre Hände nicht herunter, um ihre Scham zu bedecken. Die doch nicht. Und sie sagt: ›Gut! Dann weißt du ja endlich Bescheid. Gut, Patricia! Unsere kleine Miss American Pie kann jetzt losziehen, sich die Augen ausheulen und einfach machen, daß sie wegkommt.‹ Und Cam sagt zu ihr: ›Midge, sei still!‹ Er macht sich den Reißverschluß zu und steckt sein Hemd in die Hose. Aber Midge sagt zu mir: ›Ich mag deinen Freund. Und er mag mich. Also hau ab!‹«

»Wie hat Cameron sich in dem Moment verhalten?«

»Er sah zornig aus – ich konnte nicht sagen, ob über sie oder mich. Und er hat zu mir gesagt: ›Hör nicht hin.‹ Ich glaube, er hat versucht, die Situation irgendwie in den Griff zu bekommen. Er hat immer alles unter Kontrolle, aber diesmal sah es so aus, als hätte seine neue Freundin das Sagen. Später haben Cam und ich uns gestritten. Aber ich weiß nicht recht, wie es dazu gekommen ist. Das war später. Und da waren wir allein.«

»Weiter, Patricia. Erzählen Sie mir, an was Sie sich erinnern, auch wenn nicht alles zusammenhängend klingt.«

»Ich glaube, ich bin ganz gut mit der Situation fertig geworden. Manchmal fällt es mir schwer, der Wahrheit ins Gesicht zu sehen – in dieser Hinsicht jedenfalls. Aber so schlimm war das damals noch nicht. Ich dachte, daß Cam nicht wirklich etwas an Midge liegen könnte – sie läßt sich doch mit jedem ein. Wir hatten sogar schon Witze darüber gemacht, daß sie wohl von irgendeinem alten Knacker ausgehalten wird, weil sie anscheinend nicht arbeiten geht. Midge stand also einfach da, halb ausgezogen. ›Ich wette, du läßt ihn nicht oft genug ran. Deshalb steht er so auf mich. Das geht schon seit Monaten so, und du warst zu dämlich, um es zu merken.‹ So was in der Art. Während sie redete, holte Cameron ein großes pfirsichfarbenes Handtuch – das mir letztes Jahr eine Arbeitskollegin zum Geburtstag geschenkt hatte – und wickelte es Midge um die Taille wie einen Sarong. Das war zuviel. *Mein* Handtuch. Ich bin aus dem Zimmer gerannt und habe mich in die Küche gesetzt. Ich hatte einen kleinen Blackout. Ich konnte es nicht mehr ertragen.«

»Wie lange ist Midge geblieben?«

»Ich habe keine Ahnung. Die Zeit spielte keine Rolle mehr. Ich glaube, ich habe mich fünf – vielleicht auch zehn – 15 Minuten überhaupt nicht gerührt. Wer weiß?«

Jetzt nahm Patricias Geschichte einen anderen Tenor an. Was sie nun erzählte, hörte sich wesentlich mehr nach Dissoziation als nach Verdrängung an. Sie schilderte eine Phase, in der sie »weggetreten« war.

»Dann habe ich gehört, wie Cam zu Midge sagte, sie solle nach Hause gehen«, erzählte sie. »Sie würden dann später darüber reden. Von der Küche aus konnte ich sehen, daß sie an der Wohnungstür dicht an ihn rangetreten ist und ihm einen Zungenkuß gegeben hat. Ich bin mir sicher, sie wollte, daß ich das sehe. Und Cameron hat das voll mitgemacht. Ich habe die Augen geschlossen und angefangen, mich treiben zu lassen. Und dann habe ich gehört, wie Midge ›Bye Bye, Miss American Pie‹ gesungen hat und die Tür hinter sich zuzog.«

»Erinnern Sie sich an den Rest?«

»Gott, ich weiß nicht.« Patricias Gesichtsfarbe war zurückgekehrt, aber ihre Augen sahen glasig aus. »Ich glaube, ich habe versucht, mit Cam zu reden. Er hat gesagt, daß Midge ihm absolut nichts bedeutete. Ich war ihm wichtig. Nach – ich weiß nicht wie lange, oder was er gesagt hat – habe ich allmählich angefangen, ihm zu glauben. ›Bleib bei ihm‹, habe ich gedacht. ›Wir schaffen das.‹ Es war wie eine Zauberformel. ›Bleib bei ihm, bleib bei ihm.‹ Ich habe mir das richtig vorgebetet. ›Wir schaffen das. Wir schaffen das. Wir schaffen das.‹«

Patricia holte tief Atem und gab einen langen Seufzer von sich. »Cam wußte, daß er mich dazu bringen konnte, ihm zu glauben. Wahrscheinlich bin ich zu leichtgläubig.«

»Das hört sich so an, als ob er Sie dazu überredet hätte, die Sache zu vergessen – ihm zu verzeihen – Ihr gemeinsames Leben als Paar aufrechtzuerhalten.«

»Das hat er. Und ich auch. Ich wollte es. Vergessen. Und das Versprechen von ihm, sich nie wieder mit Midge einzulassen – mir das nie wieder anzutun. Ich wollte, daß er es mir sagt, wenn er mit mir nicht glücklich war. Ich wollte, daß wir heiraten. Und ich würde versuchen, erotischer zu sein.«

»Und dann?«

»Mmm. Ich glaube, ich weiß, was dann passiert ist, aber ich möchte es nicht aussprechen.«

»Reden Sie weiter, Patricia. Ich weiß, daß es wirklich nicht leicht ist, einer Fremden so etwas zu erzählen.«

»Ja. Vieles ist wieder da. Nicht alles. Während Cam und ich noch miteinander reden, kommt Midge wieder in die Wohnung, und sie benutzt einen Schlüssel. Einen Schlüssel! Den Schlüssel zu meiner Wohnung. ›Komm schon‹, sagt sie zu Cameron. ›Ich bin noch total angemacht von heute nachmittag. Ich muß jetzt ein paar Verspannungen lösen. Bei dir oder bei mir?‹ Schamlos. Absolut schamlos. Cam sagt zu mir: ›Patricia, ich will diese Nacht mit Midge verbringen. Morgen können wir beide über unsere Zukunft reden. Okay?‹ Ich fasse es nicht! All meine Träume drehen sich um diesen einen Mann, und er will tatsächlich mit einer Frau losziehen, die sich schon das Recht herausnimmt, ihren eigenen Schlüssel zu unserer Wohnung zu benutzen. Ich fasse mir ein Herz, wieso, weiß ich nicht, und sage nur drei Wörter – eine Frage: ›Midge oder ich?‹ Cam fährt herum. ›Raus hier, Patricia‹, sagt er mit eiskalter Stimme. ›Pack deine Sachen und raus hier. Ich will meine Freiheit und mich amüsieren. Und ich will mich nicht mehr dauernd von dir provozieren lassen.‹ Das war völlig ungerecht. Ich habe Cam immer seinen Willen gelassen. Und dann ist er mit Midge gegangen.«

»Was ist dann passiert?«

»Jetzt wird alles ganz undeutlich. Ich kann mich kaum noch an etwas erinnern.«

Patricia hielt zehn oder 15 Sekunden inne. »Ich glaube, ich habe auf meinem Stuhl gesessen. Lange, vielleicht. Ich weiß es nicht. Ich glaube, ich habe überlegt, ob ich Cam bei Midge anrufen sollte. Aber ich glaube auch, daß ich mir die Zauberformel vorgesagt habe: ›Bleib bei ihm. Wir schaffen das.‹ Ab da weiß ich nichts mehr richtig. Ich habe daran gedacht zu packen. Ich muß aufgehört haben, überhaupt noch zu denken. Irgendwie bin ich völlig weggetreten.«

Massive Dissoziation hatte eingesetzt. Nachdem Cameron gegangen war, tat Patricia das, was geschlagene Frauen, junge Opfer sexuellen Mißbrauchs und Opfer von Krieg und Folter häufig als hilfreich empfinden. Sie sagte sich monoton immer wieder dasselbe vor – »Bleib bei ihm, bleib bei ihm, bleib bei ihm, wir schaffen das« –, um sich auszuschalten, um sich vom Schmerz zu befreien. Offenbar war die Selbsthypnose für Patricia etwas sehr Vertrautes. Nachdem sie sich ihre Zauberformel lange genug vorgebetet hatte, verbrachte sie die restliche Zeit in der Wohnung in einem völlig weggetretenen Zustand.

Während bei der Verdrängung Erinnerungen verschüttet werden, liegt bei der Dissoziation ein seitliches Abgleiten vor. Nach Patricias eigener Darstellung setzte dieses seitliche Abgleiten ein, als sie in der Küche saß und einen Blackout hatte, während sie sich ihre Litanei vorbetete. Pierre Janet hat beobachtet, daß seine Patienten durch Dissoziation die Fähigkeit verloren, ihr Wissen, ihre Gefühle und Erinnerungen zu integrieren. Dissoziation bewirkt, daß traumatische Erinnerungen beiseite geschoben, aus dem normalen Bewußtsein ausgegrenzt werden. Körperliche Reaktionen, Gefühle, Handlungen und Erinnerungen sind kaum oder gar nicht miteinander verbunden. Bei physischen Verletzungen fehlt der physische Schmerz. Bei extrem aufwühlenden Erlebnissen fehlt die Gemütsbewegung. Und die Erinnerung kann manchmal bis auf wenige Bruchstücke gänzlich fehlen.

Und genau das war mit Patricia passiert. Als die Streifenpolizisten sie in Mill Valley aufgriffen, befand sie sich in einem Zustand massiver Dissoziation. Nichts war integriert. Später konnte Patricia sich dann doch an den ganzen Streit mit Cam erinnern, an das Wer, Wo, Was und Warum. Höchstwahrscheinlich war dieser Teil der Episode verdrängt worden, oder, falls dissoziiert, mit einem heimlichen Beobachter, so daß die Erinnerung intakt und schließlich reaktivierbar war.

»Warum sind Sie mit Ihrem Wagen losgefahren?« fragte ich Patricia.

»Ich habe nichts gepackt«, sagte Patricia. »Zumindest haben sie in meinem Wagen anscheinend kein Gepäck gefunden. Ich bin Richtung

Süden gefahren – vielleicht, weil ich meine Tante um Hilfe bitten wollte. Aber ich habe keine Ahnung, warum ich bei Mill Valley abgefahren bin. Allerdings wohnt dort eine nette Arbeitskollegin von mir, Sarah Schubert. Ich bin schon bei ihr zu Hause gewesen. Es kann sein, daß mir an der Ausfahrt Mill Valley eingefallen ist, daß ich den Weg zu Sarahs Haus nicht mehr wußte. Vielleicht bin ich deshalb rechts rangefahren. Ich weiß es nicht. Vielleicht habe ich wegen des Regens angehalten. Es gibt viele gute Autofahrer, die bei einem solchen Regen anhalten.«

»Und was ist dann passiert?« fragte ich und dachte, daß es für mich ein leichtes wäre, die Lücken in Patricias Geschichte zu füllen. Bislang hatte sie einige Lücken bereits durch logisches Folgern und mit Hilfe der Informationen, die sie von ihrer Anwältin bekommen hatte, selbst ausgefüllt. Aber an die Autofahrt nach Mill Valley konnte sie sich so gut wie überhaupt nicht erinnern.

»Diese beiden Männer – die sahen gar nicht wie Polizisten aus, eher wie Hünen – haben gesagt, ich solle die Scheibe herunterdrehen«, fuhr sie fort. »Ich dachte, sie wollten mich ausrauben oder vergewaltigen. Einer von ihnen, der große, hat meine Handtasche genommen. Dann hatte ich das Gefühl, er wollte mich mit irgendeinem Gummiding ersticken. Ich dachte, er wäre ein Mörder. Ein Perverser. Ich weiß nicht. Ich muß mit ihnen gekämpft haben. Jane sagt, daß ich das getan habe. Heute erscheint es mir idiotisch, aber damals muß ich geglaubt haben, daß ich keine andere Wahl hatte. Ich kann mich nicht richtig daran erinnern, mit den Polizisten gekämpft zu haben. Ich kann mich überhaupt nicht daran erinnern, in einem Polizeiwagen gefahren zu sein. Ich kann mich nicht daran erinnern, wie ich ins Gefängnis gekommen bin. Ich glaube, der Aufseherin habe ich richtig weh getan. Das tut mir leid. Aber Jane hat mir gesagt, daß es ihr wieder gutgeht. Am nächsten Morgen konnte ich mich zuerst an gar nichts erinnern. Ich war ganz verwirrt. Später kamen dann ein paar Erinnerungen wieder, aber das mit Cam und Midge ist mir gerade erst wieder eingefallen.«

Patricia wischte sich eine Träne ab.

»Versuchen Sie nicht, das Problem mit Cameron sofort zu lösen«, legte ich ihr nahe. »Es wird eine Weile dauern und einiges Nachdenken erfordern. Vielleicht können Sie beide in ein paar Tagen miteinander reden. Jetzt würde ich Ihnen empfehlen, mit Ihrer Tante Mittagessen zu gehen. Wir machen eine Stunde Pause, und dann machen wir weiter. Sie waren heute morgen sehr gut. Ich muß noch einiges über Ihre Kindheit erfahren. Versuchen Sie, während der Pause Ihren Kopf freizumachen, aber schalten Sie wenn irgend möglich nicht ab. Am Nachmittag werden wir dann sehr hart arbeiten.«

Ich verbrachte die Mittagspause an meinem Schreibtisch wie eine weibliche Version von Rodins *Denker mit Eiersalatsandwich und Kaffee*. Ich sah meine Post durch und schrieb hastig ein paar Antwortbriefe. Die meiste Zeit dachte ich über Patricias Amnesie nach. Die junge Frau kam mir aufrichtig vor. Sie hatte zweifellos mit Blaßwerden und später mit einem glasig-starren Blick reagiert, als sie versuchte, sich den schmerzlichen Nachmittag und Abend vor ihrer Verhaftung wieder in Erinnerung zu rufen. Ihre Mutter war tot, und der Vater hatte die beiden verlassen – das hatte sie mir erzählt, während ich ihre Anschrift, Telefonnummer und die nächsten Verwandten notierte. Mehr jedoch hatte Patricia Bartlett nicht von ihrer Kindheit erzählt. Ich mußte noch viel, viel mehr erfahren.

Normalerweise erfordert Dissoziation Wiederholung – also die Situation eines multiplen Traumas, die ich als Typ II bezeichnet habe. Ein einziges Ereignis reicht gewöhnlich nicht aus, um bei einem Kind eine ernsthafte Selbsthypnose in Gang zu setzen. Mißbrauch und Gewalt in der Familie sind die häufigsten Situationen, in denen Kinder dissoziieren. Chronische Krankheit. Alkoholsüchtige Familienmitglieder. Beide Elternteile von Patricia waren Alkoholiker. Es war gut möglich, daß sie geübt hatte, sich selbst »woanders« hinzudenken, wenn ihre Eltern sich betranken.

Es kommt gerade bei kreativen Kindern vor, daß sie sich mit Hilfe der Dissoziation in eine Phantasiewelt flüchten. Ihre Dissoziationen funktionieren durch Rhythmus und Tanz, Magie und Zauber und Flucht in extraplanetarische Welten. Im Wortschatz eines Kindes kann beispielsweise »Unsichtbarkeit« ein anderes Wort für einen veränderten Bewußtseinszustand sein. Ich dachte an einen Patienten von mir, einen mißhandelten, neun Jahre alten Jungen, den ich hier Jamie nenne. Er hatte gesehen, wie seine Mutter seinen mißhandelnden Vater erschoß. Jamie dachte, er könnte sich unsichtbar machen. »Ich weiß, daß ich das kann«, erzählte er mir. »Ich mache es hier auf der Erde, und auf meinem Planeten mache ich es dauernd. Das müssen Sie mir glauben. Meine Freunde glauben es.«

Ich fragte Jamie, ob er mir vorführen könnte, wie er sich unsichtbar macht, damit ich auch mal sah, wie es funktioniert.

»Wenn ich vor allen möglichen Leuten unsichtbar werde, nehmen sie mir meine Macht«, entgegnete er.

Es gibt wenige einmalige traumatische Ereignisse, die so extrem und unmenschlich sind, daß die Dissoziation gleich in den ersten Augenblicken einsetzt. Professor Arata Osada besitzt eine große Sammlung von Aufsätzen, die von überlebenden Schulkindern nach der Bombardierung von Hiroshima geschrieben wurden.[12] Die Sammlung zeigt, daß die überwiegende Mehrzahl dieser Kinder die Geschehnisse des 6. August 1945 so klar, präzise und detailliert in Erinnerung hatte, wie es für Opfer erstmaliger Traumatisierung in der Kindheit typisch ist. Auch die Kinder, mit denen ich nach der Schulbusentführung von Chowchilla sprach, verfügten über solche klaren, gestochen scharfen Erinnerungen an ihre Erlebnisse. Doch ein paar von den Kindern aus Hiroshima schrieben von dem Gefühl, den Atombombenabwurf in einer Art Trancezustand erlebt zu haben. Das ist das subjektive Gefühl der Dissoziation. Sie führt zu schwammigen, unklaren Erinnerungen oder zu einer Reihe von Gedächtnislücken. Da das Erlebnis von Hiroshima so unmenschlich und unglaublich entsetzlich war, konnte bei einigen wenigen eine unmittelbare Dissoziation eintreten.

Im Normalfall jedoch hat ein Kind, das schnell und häufig dissoziiert, durch wiederholtes Üben gelernt, wie es sich selbst absentieren kann. Das Kind tut das, wohl wissend, daß es mit furchtbaren Dingen konfrontiert ist. So hat beispielsweise die Schriftstellerin Virginia Woolf in ihrer Kindheit Dissoziation geübt. Sie wurde mit ungefähr fünf Jahren von Gerald Duckworth, dem älteren ihrer beiden Halbbrüder, der damals nicht ganz 20 war, sexuell mißbraucht. Später, als Teenagerin, wurde sie wiederholt von ihrem anderen Halbbruder George mißbraucht. Sowohl ihre geliebte Mutter als auch ihre Halbschwester, die von ihr vergöttert wurde, starben, bevor Virginia erwachsen war. Um all das zu überstehen, übte Virginia das psychische Abgleiten, obwohl sie nie so weit abglitt wie Patricia Bartlett. Statt dessen fühlte sie sich entfernt und abgeschnitten. So schrieb sie in »Eine Skizze der Vergangenheit«: »Jeder Tag enthält viel mehr ›Nicht-Sein‹ als ›Sein‹.« Außenstehende beschrieben Virginia Woolf als kalt, distanziert und unzugänglich. Aber, so überlegte ich, während ich die letzten Bissen meines Sandwichs verzehrte, es ist interessant, wie ihren fiktionalen Charakteren die Dissoziation gelingt. Und natürlich spiegelt sich in der Fiktion das Wissen der Autoren wider.

In Woolfs Kurzgeschichte »Feste Gegenstände« richtet ein junger Mann immer wieder den Blick starr auf ein sternförmiges Stück Porzellan und schafft es schließlich, sich von seiner ganzen Umgebung zu lösen. Er praktiziert Selbsthypnose. Mrs. Dalloway, die Heldin des gleichnamigen Romans, rezitiert lautlos Blankverse aus Shakespeares *Cymbeline* und erreicht schließlich eine Art von geistesabwesendem Automatismus, mit dem sie ihre täglichen Pflichten erledigt. Vielleicht erinnert sie sich später nicht allzugut an ihren Tag. In dem Roman *Die Fahrt zum Leuchtturm* registriert Mrs. Ramsay jedes dritte Aufleuchten des Leuchtturms von St. Ives – derselbe Leuchtturm, den Virginia Woolf in jenem Sommer ihrer Kindheit, als sie erstmals mißbraucht wurde, selbst beobachtet hat. Durch ihre Augenübungen, die mit dem Beobachten eines Pendels vergleichbar sind, kann Mrs. Ramsay inneren Frieden finden. Als Expertin der Dissoziation lullt sie sich selbst ins Vergessen, indem sie ständig wiederholt: »Kinder vergessen nicht, Kinder vergessen nicht.« Welche Ironie, daß dieser Zauberspruch des Vergessens aus Wörtern besteht, die das genaue Gegenteil bedeuten. Denn Kinder vergessen sehr wohl.

Wie ihre seltsam abgehobenen Protagonisten hat Woolf die meiste Zeit ihres Lebens zwar unglaublich viele Details wahrgenommen, sich aber völlig gegen jedwede damit einhergehenden Gefühle abgeschirmt. Sie hat das Gefühl von der Erinnerung gelöst. Ihre Biographin Louise DeSalvo nimmt an, daß Virginia Woolf möglicherweise die Erinnerungen an den frühen Mißbrauch durch Gerald Duckworth verloren hatte und sie erst wenige Jahre vor ihrem Tod wiederfand. Zu dem Zeitpunkt spielt sie nämlich in ihrem Tagebuch auf dieses Erlebnis an, und sie erwähnt es auch in »Eine Skizze der Vergangenheit«. 20 Jahre zuvor hatte sie in einem literarischen Zirkel erzählt, was George ihr als Teenagerin angetan hatte.

Sicherlich lassen sich zwei Frauen wie Patricia Bartlett und Virginia Woolf kaum miteinander vergleichen. Aber im Hinblick auf ihre Abwehrmechanismen gegen bewußte Wahrnehmung und ihre Techniken, sich einer Situation zu entziehen, haben sie doch einiges gemeinsam. Die extreme Furcht, die Virginia zu ihrer langen, langsamen Reise in den Traum trieb, veranlaßte Patricia zu ihrer rasenden, umnebelten Fahrt von Lucas Valley nach Mill Valley. »Kinder vergessen nicht, Kinder vergessen nicht« unterscheidet sich nicht sehr von »Bleib bei ihm, bleib bei ihm, wir schaffen das.«[13]

Als Patricia Bartlett und ihre Tante vom Lunch zurückkamen, wirkten sie gut gelaunt und lebhaft. »So gut haben wir uns schon seit Jahren nicht mehr unterhalten«, sagte Tante Gertrude zu mir, als sie sich mit einer Zeitschrift bewaffnet in einem der Wartezimmersessel niederließ. Patricia nickte, nachdem wir in mein Büro gegangen waren. »So einen Fehler mache ich nicht noch einmal. Man hält zu seiner Familie und läßt sie nicht einfach fallen wie eine heiße Kartoffel.«

»Was hat zu dem distanzierten Verhältnis zu Ihrer Tante geführt?« fragte ich.

»Cam mochte Tante Gert nicht. Er hat mir gesagt, ich solle mich von ihr fernhalten.«

»Wieso haben Sie das so akzeptiert?«

»Ich weiß nicht. Familie – das war für mich immer schwierig. Die Vorstellung, meine ich. Mein Dad ist eines Tages weggegangen, ohne zu sagen warum. Als kleines Kind habe ich oft gedacht, daß ich etwas falsch gemacht hätte. Vielleicht war ich nicht perfekt genug, habe ich mir gedacht. Dann kam der Tod meiner Mutter. Was Schlimmeres hätte mir gar nicht passieren können. Ich hätte mit ihr sterben sollen. Vielleicht bin ich ja innerlich gestorben. Wer weiß?«

»Erzählen Sie mir, woran Sie sich erinnern. Wann setzen Ihre Erinnerungen ein?« fragte ich. Ich suchte nach irgend etwas in Patricia Bartletts frühesten Erinnerungen, das für Jane Thachers »unmögliche« Amnesie-Verteidigung hilfreich sein konnte.

»Ich weiß nicht mehr viel von der Zeit, bevor ich zwölf oder dreizehn war. Damals ging ich auf eine Mädchenschule in Palo Alto. Dort hat es mir gefallen. Irgendwie bin ich während meiner Teenagerzeit ›aufgewacht‹. Ich habe Freundschaften geschlossen. Mich amüsiert. Bin tanzen gegangen. Mit Jungs ausgegangen. Hab' Tante Gert ein bißchen angelogen. Sie wollte ja streng sein, aber ich konnte sie um den Finger wickeln.«

»Was war vorher? Haben Sie irgendwelche Erinnerungen an die Zeit davor?«

»Sie meinen früher. Ich möchte nicht …« Ihre Stimme verlor sich.

»Gehen Sie ein bißchen zurück, wenn Sie können. Erzählen Sie mir ein paar von Ihren früheren Erinnerungen, wenn Sie können.«

»Da kann ich nicht viel erzählen. Mein Dad. Da weiß ich fast nichts mehr, außer daß ich mich an das Kratzen von seinem Bart erinnern kann, meine ich zumindest – sicher bin ich mir nicht. Jedenfalls haben mir Männer morgens schon immer am besten gefallen. Vielleicht liegt das daran. Meine Mom. Von ihr ist mir sehr wenig in Erinnerung geblieben. Sie war nett. Liebevoll. Sie hat viel Zeit im Bett verbracht, da bin ich mir ziemlich sicher. Oft hat sie ein rosa Flanellnachthemd und einen dazu passenden Morgenrock angehabt.«

Patricias Gedanken schienen abzugleiten. Ihr Blick war nach innen gerichtet; sie sah mich nicht mehr an.

»Reden Sie weiter«, sagte ich, und ihre Augen flackerten, als ob ich sie erschreckt hätte. Sie hatte mein Büro einen Augenblick »verlassen«. Zum erstenmal hatte ich kurz miterlebt, wie Patricia dissoziierte.

»Mmm. Meine Mom, nicht? Also gut. Sie war nett, aber ich glaube, sie hatte ein Alkoholproblem. Eine heimliche Trinkerin. Manchmal lag sie im Bett, wenn ich von der Schule nach Hause kam. Sie hatte etwas Geld von meinen Großeltern, glaube ich. Aber sie hat alles ausgegeben – anders als Tante Gert, die ihr Geld angelegt hat. Als Mom starb, habe ich nichts geerbt. Nicht, daß es mir was ausgemacht hätte. Tante Gert hat dafür gesorgt, daß ich immer gut selbst zurechtgekommen bin. Und sie hat wirklich ihr Bestes für mich getan, denke ich.«

Indem Patricia erneut über ihre Tante sprach und das emotional belastete Thema des Todes ihrer Mutter fallenließ, setzte sie einen Abwehrmechanismus ein, den Freud *Verschiebung* genannt hat. Diese Form der Abwehr läßt Teile einer Erinnerung verschwinden, indem sie die Aufmerksamkeit auf etwas weniger intensiv Empfundenes lenkt. Ich forderte Patricia auf, sich wieder in die Zeit zu versetzen, als sie noch nicht zu Tante Gert gezogen war.

»Meine Kindheit? Tja, ich war ein ängstliches Kind, das weiß ich noch«, sagte sie. »Ich hatte immer Angst vor Wasser. Ich konnte noch nicht mal ein Bad nehmen. Kann ich noch heute nicht. Nur duschen. Als Cam und ich eine Europareise gemacht haben, habe ich in jedem Hotel gefragt, ob sie Duschen hätten, sonst konnte ich dort nicht wohnen. Also was noch. Ich habe Angst vor Feuer – daß Häuser abbrennen und so. Ich habe unseren Chef dazu überredet, unsere Büroetage mit zusätzlichen Rauchdetektoren auszurüsten. Wissen Sie, der Film *Flammendes Inferno* ist bei uns im Gebäude gedreht worden. Der Film hat mich völlig in Panik versetzt. Cam hatte das Video mit nach Hause gebracht. Er hat gesagt, er fand es toll, wie ich gezittert habe, als wir uns den Film ansahen.«

»Ihre Mutter ist bei einem Brand umgekommen, nicht wahr?«

»Ja. Ich war gerade beim Baden. Als die Feuerwehr kam, war ich in der Badewanne, und meine Mom lag tot auf dem Küchenboden.«

»Darüber muß ich mehr wissen, Patricia. Erinnern Sie sich noch an irgend etwas?«

»Nein, keinerlei Erinnerungen. Ich glaube, ich hatte einen Blackout. Ich kann mich nicht an die Feuerwehr erinnern. Oder daran, daß sie meine Mutter weggetragen haben. Oder den Geruch. Aber ich muß sagen, es gibt bestimmte Brandgerüche – besonders von gegrilltem Fleisch –, bei denen mir ganz mulmig wird.

Es muß nach der Schule gewesen sein, als meine Mom starb – gegen vier oder fünf Uhr. Ich war in der dritten Klasse. Die Feuerwehr hat mich aus der Badewanne gehoben, aber daran erinnere ich mich nicht. Und dann – warten Sie, da fällt mir wieder was ein – während mich jemand abtrocknete, habe ich gesehen, wie sie schwarze Fetzen, auf denen an ein paar Stellen rosa Flanell zu sehen war, in die Wanne warfen, in der ich gerade noch gebadet hatte. Das muß der Morgenrock meiner Mom gewesen sein. Ja, das habe ich gesehen. Aber bis gerade eben habe ich nie wieder daran gedacht.«

»Sie reagieren auf bestimmte Gerüche beim Kochen, sagen Sie. Kann es sein, daß Ihre Mutter gerade das Abendessen gemacht hat, als der Unfall passiert ist?«

»Hmm. Lassen Sie mich nachdenken. Meine Mom hat meistens nach der Schule auf mich gewartet. Und dann hat sie meistens ein Weilchen mit mir geredet. Und ich habe oft ein bißchen am Küchentisch gelesen oder buchstabiert. Sie war gut zu mir, meine Mom, obwohl sie so ein trauriger Mensch war. Jedenfalls, danach hat sie immer das Abendessen gemacht – meistens etwas Leichtes, wie Kotelett, Fisch oder gegrilltes Hähnchen, Salat oder Gemüse und Reis oder Ofenkartoffeln.«

Diese Erinnerungen sind präzise, weil sie eine Mischung von alltäglichen Routineabläufen beschreiben, bei denen das Kind Patricia wach und präsent war.

Patricia fuhr fort: »Ich wollte meiner Mom helfen. Wenn unser Abendessen fertig war, stand sie meistens schon etwas wacklig auf den Beinen. Aber ich war noch klein, und ich konnte im Grunde nicht viel für uns tun. Also saß ich nur da und sah ihr zu.«

»Sie haben also gewöhnlich in der Küche gesessen und Ihre Hausaufgaben gemacht, gelesen und geplaudert. Was meinen Sie, warum Sie dann an jenem Tag so früh gebadet haben? Es war kurz nach der Schule. Ihre Mom war gerade beim Kochen – sie ist bei einem Küchenbrand umgekommen. Hat sie Sie an dem Tag zur Strafe früher ins Bett geschickt? Hatten Sie sich in der Schule beim Spielen schmutzig gemacht? Helfen Sie mir herauszufinden, warum Sie so früh gebadet haben?«

»Nein, das mit der Strafe kann ich mir nicht vorstellen. Oder daß ich schmutzig war. Ich war auch nie sonderlich sportlich. Zumindest kann ich es mir nicht vorstellen. Jedenfalls hat meine Mom mich nicht oft bestraft. Ich wollte immer ein liebes Mädchen sein. ›Patsy, die Brave‹, so war ich.«

Patricias Geschichte war seltsam und ein wenig widersprüchlich. Meistens hatte sie am Spätnachmittag bei ihrer Mutter in der Küche gesessen und geplaudert, während die Mutter mit Kochen beschäftigt war. Doch an diesem einen Nachmittag, so gegen vier oder fünf Uhr, hatte das kleine Mädchen dieses Ritual durchbrochen – und ein Bad genommen. Eigenartig. Wir würden darauf zurückkommen. Ich beschloß, das Thema zu wechseln.

»Die Geschichten um Ihre Auseinandersetzungen mit Cameron und

Ihrer Prüfung an der Sekretärinnenschule hören sich so an, als ob Sie schon diverse Male psychisch die Flucht ergriffen hätten. Können Sie sich noch an andere Situationen erinnern?«

»Einmal, auf einem Flug von Kalifornien nach Boston – da muß ich ungefähr 18 gewesen sein. Es war ein sehr unruhiger Flug, und ich habe Blitze gesehen. Es war Nacht. Ich hatte Angst, daß wir vom Blitz getroffen werden. Ich dachte, wir würden Feuer fangen. Ich hasse Feuer! Ich hatte irgendwie einen Blackout. Ich kann mich nur schwach daran erinnern, aber ich glaube, daß ich nach vorne zu den Piloten gelaufen bin. Die Zeichen, daß man angeschnallt bleiben sollte, leuchteten, und auch die Stewardessen waren angeschnallt. Ich wollte nach vorn in die Pilotenkanzel, aber die Stewardessen in der ersten Klasse haben mich kommen sehen, weil sie auf ihren Klappsitzen ja in entgegengesetzter Richtung sitzen. Eine von ihnen hat mich festgehalten. Und ich kann mich dumpf erinnern, daß ich ihr erzählt habe, ich sei Pilotin mit zwei- oder dreitausend Flugstunden und daß ich den Piloten helfen wollte, durch das Unwetter zu kommen. Wissen Sie, ich kann ja gar nicht fliegen. Sie hat mich angesehen, als ob ich verrückt wäre, und gesagt, daß ich, wenn ich nicht sofort zurück auf meinen Platz ginge, in Boston verhaftet werden würde. Ich bin sofort zurückgegangen. Und wir sind sicher gelandet. Aber wissen Sie was, ich hatte das Ganze völlig vergessen, bis Cam und ich letztes Jahr nach Paris geflogen sind und wir unterwegs ein paar Turbulenzen hatten. Da habe ich mich gewissermaßen selbst gesehen, wie ich als Achtzehnjährige in diesem Flugzeug nach Boston zur Pilotenkanzel raste – weil ich solche Angst hatte, von einem Blitz getroffen zu werden und zu verbrennen, daß ich mit den Piloten reden mußte.«

»Gab es noch andere Fälle?«

Patricia wurde wieder blaß. Sie antwortete nicht. Sie sagte: »Warten Sie mal. Warten Sie.«

Sie faßte sich an die Kehle. Sie rang nach Atem. Ich saß ganz still. Schon ein Blick hätte sie von ihren Gedanken ablenken können.

»Was ist? Erinnern Sie sich an etwas?« sagte ich schließlich. »Was fühlen Sie? Erzählen Sie es mir.« Ich wartete.

»Meine Mom«, sagte sie kaum hörbar. »Ich glaube, als sie starb, war da so etwas wie in dem Flugzeug, was ich Ihnen gerade erzählt habe.

Ich spüre es. Gott! Es war furchtbar, als sie starb. Das Feuer. Ich glaube, ich habe sie gesehen. Wie sie brannte. Ja. Verbrannte. So war es. Ich war dabei. In der Küche.«

Und da war es. An einem ganz normalen Nachmittag saß ein kleines Mädchen bei ihrer lieben, aber betrunkenen Mutter in der Küche, als der Ärmel des Morgenmantels, den die Mutter trug, am Herd Feuer fing. Innerhalb weniger Sekunden standen der Morgenmantel, das passende Nachthemd und die Mutter in Flammen. Entsetzt sah Patricia von ihrem Platz am Tisch aus zu, wie der Mensch verbrannte, den sie auf der Welt am meisten liebte. Danach irrte das Kind ins Badezimmer. Es ließ Wasser in die Wanne laufen, warf seine Kleidung in den Wäschekorb, legte sich in die Wanne und glitt hinüber in ein fremdes und fernes Niemandsland, in dem es verharrte – wie lange, konnte Patricia nicht sagen –, bis jemand in dem Mietshaus den Rauch roch, Hilfe herbeirief und die Feuerwehr in die Wohnung eindrang.

Patricia hatte sich an die wahre Geschichte vom Tod ihrer Mutter nicht erinnern können, bis zu dem Augenblick, als sie in meinem Büro plötzlich innehielt und flüsterte: »Warten Sie.« Dadurch, daß sie mir von ihren lebenslangen Ängsten vor Badewasser und Feuer erzählt hatte und von den Erinnerungen an Vorfälle, die mit diesen Ängsten zusammenhingen, waren die gräßlichen Erinnerungen wieder in ihr Bewußtsein gelangt. (In diesem Zusammenhang ist der Name interessant, den sie genannt hatte, als sie sich als Reporterin des *Boston Globe* ausgab: »Sally Burns.«) Die Erinnerung daran, daß sie gesehen hatte, wie verkohlter Flanell in die Wanne geworfen wurde – ein Bild, das Patricia ungefähr zehn Minuten vor der entscheidenden Erinnerung an den Tod ihrer Mutter reaktiviert hatte – weckte auch die alten versteckten Wahrnehmungen von versengtem Stoff, Haar und Fleisch. Verdrängte Erinnerungen überwanden Patricias Abwehrschranken und fluteten in ihr Bewußtsein. Sie sah die schrecklichen Bilder, die sie zwei Jahrzehnte zuvor ausgeblendet hatte.

Vermutlich hat Patricia Bartlett vor dem Moment oder während des Augenblicks, als ihre Mutter starb, nicht dissoziiert. Es geschah so schnell und ohne jede Vorwarnung, daß sie das Geschehen völlig aufgenommen und anschließend verdrängt haben kann. Aber sie hat danach dissoziiert, in der Badewanne. Ganz ähnlich hat sie wahrscheinlich nicht dissoziiert, als sie Cameron und Midge überraschte. Es ist durchaus möglich, daß sie die Szene aufgenommen und später verdrängt hat. Die Dissoziation erfolgte anschließend, in der Küche und in ihrem Wagen. Deshalb blieb ein so großer Teil von Patricias Erinnerung an die schrecklichen Ereignisse reaktivierbar, während die jeweils nachfolgenden Szenen ihrem Gedächtnis praktisch unwiderruflich verlorengingen.

Im Alter von neun Jahren sah das Mädchen mit den grünen Augen einen der schrecklichsten Anblicke, die man überhaupt sehen kann – wie ein Mensch bei lebendigem Leibe verbrennt. Und was noch schlimmer war, es handelte sich um ihre eigene Mutter – eine zwar schwache, aber doch liebende Mutter, die auf die entsetzlichste Weise starb, die man sich vorstellen kann. Auf dieses Grauen reagierte Patricia, indem sie sich von der Realität löste – indem sie davonirrte, sowohl physisch als auch psychisch. Als sich die neunjährige Patricia in der Badewanne ausstreckte, wahrscheinlich das letzte Bad, das sie für die nächsten 20 Jahre nehmen sollte, fühlte sie sich, zumindest für eine kurze Weile, vollkommen unsichtbar.

Tante Gert war innerhalb von einer Stunde da, um ihr zu helfen. Damit begann der zweite Teil von Patricia Bartletts Kindheit. Gertrude sprach mit Patricia nicht über das schmerzliche Geschehen – damals nicht und auch nicht in den Jahren danach. Vielleicht, so hoffte sie, hatte das Kind nichts gesehen, nichts gerochen, war die ganze Zeit über im Bad gewesen. Warum das Kind unnötig aufregen? Patricia Bartlett wuchs heran, und für Tante Gert war das einzig Ungewöhnliche an ihr jenes einmalige Ereignis an der Sekretärinnenschule, als sie offenbar weglaufen und eine andere Identität annehmen wollte. Und damals stand sie schließlich unter extremem Druck. Ja, so erzählte Gertrude Demerest mir ein paar Tage später, sie hatte bemerkt, daß Patricia gelegentlich blaß und mit glasigen Augen in ein Traumland abglitt. Aber Gertrude hatte nie an eine Psychotherapie für das Kind gedacht. »So schlimm kam es mir nie vor«, sagte sie.

Jane Thacher ging mit ihrer »unmöglichen Verteidigung« vor Gericht. Vor einem Richter, einigen neugierigen Beobachtern, ein paar Anwaltskollegen aus dem Büro der Pflichtverteidiger und zwei Reportern, einer vom *Recorder* und einer von einer kleinen Zeitung aus Marin County, plädierte sie für ihre Mandantin auf Amnesie. Ich wartete vor dem Gerichtssaal auf einer Bank, bis ich hereingerufen wurde. Als es soweit war, hatte Jane dem Streifenpolizisten Lewisell bereits das Eingeständnis abgerungen, daß er angenommen hatte, Patricia Bartlett sei betrunken gewesen, und daß er daher vielleicht fälschlicherweise geglaubt hatte, daß sie nach Alkohol roch. Gertrude Demerest hatte in ihrer Aussage von dem Blackout erzählt, den Patricia auf der Sekretärinnenschule in Boston gehabt hatte; Sarah Schubert hatte ausgesagt, daß sie mit Patricia befreundet war und daß diese niemals Alkohol trank, wenn sie zusammen ausgingen; und Patricia hatte von ihren dissoziativen Erlebnissen berichtet – das mit neun Jahren in der Badewanne, das im Flugzeug, das in Boston und das in der Wohnanlage in Lucas Valley. Patricias erste Erfahrung mit Dissoziation war bei weitem die schlimmste gewesen; die anderen erfolgten nur bei ähnlichen Angstgefühlen – vor Verlassenwerden, Verlust oder Tod.

Meine Aussage dauerte kaum zehn Minuten. Patricia Bartlett hatte unter psychogener Amnesie gelitten, sagte ich. Nach dem Schock in ihrer Wohnung und dem häßlichen Bruch mit dem Mann, den sie liebte, stand sie so unter Druck, daß sie automatisch und unbewußt in einen anderen Bewußtseinszustand hinübergeglitten war. In diesem Zustand bildete sie kaum Erinnerungen und behielt nur Bruchstücke. Sie konnte ihre Handlungen nicht kontrollieren. Sie konnte ihr Verhalten nicht nach dem Maßstab von gut oder schlecht beurteilen. Sie konnte den Charakter und die Qualität ihrer Handlungen nicht verstehen. Als Jack Lewisell und Marty Neal sie in Mill Valley aufgegriffen hatten, war sie in diesem Zustand der Dissoziation gewesen – der frühen Phase einer Episode, in deren Verlauf Patricia vermutlich eine andere Identität angenommen und irgendeinen Zweck für ihre Fahrt konstruiert hätte. Die Streifenpolizisten hatten ihre Verwirrung mit Trunkenheit verwechselt, ein verständlicher Fehler. Patricia brauchte psychiatrische Hilfe, so sagte ich. Aber sie brauchte keine Gefängnisstrafe.

Jane Thacher hat ihre unmögliche Verteidigung gewonnen. Der Richter sprach Patricia Bartlett »nicht schuldig«. Dr. Bernard Diamond erfuhr von dem großen »Amnesie-Sieg«, wie wir es nannten, und in den zwei Jahren bis zu seinem Tod hat er, soweit ich weiß, nie wieder einem Verteidiger davon abgeraten, auf Amnesie zu plädieren. Patricia Bartlett verließ das Gericht an diesem Tag als freier Mensch, denn der Richter wies sie nicht in eine psychiatrische Klinik ein. Da ihre psychische Krankheit nur vorübergehend auftrat, durfte sie nach Hause gehen.

Patricia ist frei. Aber ob sie je davon frei sein wird, von Zeit zu Zeit aus ihrer eigenen Person heraus- und wieder zurückzugleiten, werde ich vielleicht nie erfahren. Kurz nachdem das Verfahren abgeschlossen war, ist Patricia nach Boston gezogen. Cameron hatte mit ihr Schluß gemacht. Ich glaube kaum, daß Midge der Grund dafür war, aber wer weiß? Auch Tante Gert zog nach Boston. Patricia war ihre einzige lebende Verwandte, und Gert wollte in ihrer Nähe sein.

Normalerweise erfahren Psychiater nicht, wie es mit ihren Patienten weitergeht. Ich hoffe, daß Patricia sich wegen ihrer Neigung zur Dissoziation ärztliche Hilfe gesucht hat. Die Behandlung eines Kindheitstraumas kann dem Patienten äußerst schmerzlich erscheinen, aber wenn man bedenkt, welche Probleme eine solche traumatische Erfahrung mit sich bringt, lohnt sich der Versuch.

In Boston gibt es sehr gute Psychotherapeuten und außerdem eine Gruppe hervorragender Trauma-Experten. Ich hoffe, Patricia findet den richtigen. Und wenn nicht sie, dann Tante Gert, möchte ich wetten.

Die silbrige
Wasseroberfläche 4

»Soll ich euch mal eine wirklich unglaubliche Geschichte erzählen?«
Die schwarzhaarige Frau an unserem Tisch ist nicht zu überhören. Es
handelt sich um Eliana Jacob, eine Neurologin, die mit ihren Experimenten zur Hirnforschung landesweit schon einige Aufmerksamkeit
erregt hat. Wir sitzen zu viert in einem italienischen Restaurant auf der
Upper West Side in New York bei einem rustikalen Essen und erholen
uns gerade von einer Konferenz an der *Columbia University*. Elianas
Geschichte handelt von einem Kollegen, der an eben dieser Universität
in einem Labor neben dem ihren an seiner Doktorarbeit gesessen hat
und mit dem sie seither gut befreundet ist. Ein Zellbiologe – ein netter
Kerl, meint sie.

Ich nehme mir noch einen Löffel Rigatoni aus der großen Schüssel und
warte dann gespannt auf Elianas Geschichte.

»Dieser Kerl ist genial«, sagte sie. »Tja also, seine Mutter hat versucht,
ihn zu ertränken. Sie hat es vier- oder fünfmal versucht, als er noch ein
Kind war. Ist das zu fassen? Sie muß verrückt gewesen sein. Jedenfalls
hat sich der Bursche jahrelang überhaupt nicht mehr daran erinnert.
Ich weiß nicht, wie er es geschafft hat, so etwas auszublenden, aber er
hat es geschafft. Er konnte sich an nichts mehr erinnern. Nichts! Dann,
eines Tages sind die ganzen Erinnerungen zurückgekommen. Und
zwar mit solcher Wucht, daß er ohnmächtig geworden ist.«

»Bist du etwa im Labor über ihn gestolpert?« Der einzige Mann an
unserem Tisch nimmt Elianas Erzählung eher skeptisch auf.

»Ach, du kennst mich doch, Tom«, sagt sie. »Normalerweise nehme
ich solche Anekdoten nicht sonderlich ernst. Aber dieser Bursche ist
ein Freund von mir. Ich vertraue ihm. Und außerdem war er in seinem
Wagen unterwegs, als er ohnmächtig wurde. Er hat Glück gehabt, daß
er noch lebt.«

»Ja, da sieht man mal, wie stark eine Erinnerung sein kann«, mischt sich die Jüngste von uns ein. »Einmal, 1974, da war ich – «

Eliana aber unterbricht unsere junge Tischgenossin. »Nur noch eins«, sagt sie. »Wißt ihr, was mein Freund für ein Hobby hat? Was er fast jedes Wochenende macht? Er ist einer der weltbesten Flußtaucher. Was haltet ihr nun davon?«

Einen Moment lang sind wir alle sprachlos, und unsere Gabeln verharren auf halbem Weg zum Mund. Nach kurzem Schweigen hat sich die junge Psychiaterin an unserem Tisch wieder gefangen und beginnt ihre eigene, etwas langatmige Erinnerungsgeschichte zu erzählen. Mir geht unterdessen Eliana Jacobs Geschichte nicht mehr aus dem Kopf, und ich nehme mir vor, sie sobald wie möglich anzurufen.

Dr. Jacob klingt an ihrem Labortelefon kühler und zurückhaltender als bei Kerzenlicht und ein paar Flaschen Chianti. Sie fragt sich, ob es klug gewesen sei, daß sie uns von Gary – so heißt er – erzählt hat. Vielleicht wäre es Gary gar nicht recht.

Ich frage sie, ob sie Gary von mir erzählen und ihm sagen könnte, daß ich für ein Buch über Erinnerungen gern ein Interview mit ihm führen würde.

Sie antwortet mir, daß er zur Zeit eine Therapie mache und daß sein Psychiater vielleicht nicht damit einverstanden wäre.

»Kann er das nicht selbst entscheiden?«

Nach einer Pause sagt Eliana: »Ja, das geht in Ordnung.« Es ist ihr zwar peinlich, Gary zu fragen, weil sie damit zugeben muß, daß sie uns beim Abendessen von ihm erzählt hat, aber sie will es tun. Und sie will ihm meine Telefonnummer geben. Plötzlich klingt Eliana weicher: »Viel Glück«, sagt sie. »Ich hoffe, er unterhält sich mit Ihnen.«

»Wasser hat mich schon immer fasziniert«, erzählt mir Gary Baker. Es ist Samstag, und wir sitzen in seinem Labor. Wegen dieses Interviews hat er sogar darauf verzichtet, zum Tauchen zu gehen. Er denkt, daß mein geplantes Buch für andere ganz hilfreich sein könnte, und so hat er nichts dagegen, auch selbst darin vorzukommen. Wochentags arbeitet Gary in einem großen biochemischen Forschungslabor im Staat New York. An den Wochenenden, oder wann immer er Zeit hat, fährt er gut eine Autostunde nach Norden, um dort oben in den kühlen, reißenden Flüssen zu tauchen.

»Als Kind habe ich immer solche Fernsehserien wie ›Abenteuer unter Wasser‹ angeschaut«, sagt er, »die Filme von Jacques Cousteau, mit dem Mini-U-Boot. Das fand ich faszinierend. Gleichzeitig hatte ich panische Angst vor Wasser. Absolute Panik. Als ich in der High-School war, bin ich abends oft sieben Meilen gejoggt. Aber ich konnte keine 15 Meter schwimmen, ohne völlig erschöpft zu sein. Rückblickend ist mir klar, daß diese Erschöpfung von meiner Panik kam.«

Gary Baker ist gut einen Meter achtzig groß und sehr kräftig. Sein Haar ist, wie bei vielen begeisterten Wassersportlern, ausgebleicht, und seine Augen sind blau wie das tiefe Meer. Er muß um die 45 sein, aber er sieht wesentlich jünger aus.

»Hatten Sie Schwierigkeiten, auf der High-School die Schwimmprüfungen zu bestehen?« frage ich, weil ich wissen möchte, wie es zu seiner Faszination für Wasser gekommen ist, wo er doch als Junge panische Angst vor dem Ertrinken hatte.

»Keine Probleme«, sagt er mit einem verschmitzten Lächeln. »Ich habe sogar die Schwimm- und Lebensretter-Abzeichen gemacht. Aber nur, weil meine Eltern für die Kurse viel Geld bezahlen mußten. Und irgendwie – wie, weiß ich nicht – habe ich es überstanden. Aber ich hatte noch immer eine Todesangst vor Wasser. Und deshalb habe ich mit 30 Jahren angefangen zu tauchen.«

Während er an der *Columbia University* seinen Doktor in Zellbiologie machte, freundete sich Gary mit David Mortimer an, einem Techniker in seinem Labor. Mortimer hatte kurz zuvor seinen Tauchlehrerschein gemacht, und er stellte fest, daß ihm genau das fehlte, was jedem frischgebackenen Lehrer fehlt, nämlich Schüler. Also bot Dave seinem jungen Kollegen kostenlosen Unterricht an. »Dieser eine freie Kurs hat mich vermutlich 50 000 Dollar für die Ausrüstung und 20 000 Dollar für Bücher übers Tauchen gekostet, und der Himmel weiß, was noch alles«, sagt Gary. »Aber ich hatte Dave ja gesagt, daß ich Angst vor Wasser hatte. Und er meinte: ›Weiß ich. Aber überleg dir mal – durch das Tauchen kannst du deine Angst überwinden.‹ Und ich habe es mir überlegt. Dave war mein Freund. Außerdem herrschte damals an der *Columbia University* ein gewisser Gruppenzwang. Auch einige andere aus unserem Labor wollten bei Dave Unterricht nehmen. Und deshalb habe ich schließlich gesagt: ›Okay, machen wir's.‹ Und Dave war ein sehr guter Lehrer. Eigentlich muß man nachweisen, daß man 200 Meter schwimmen kann, und ich glaube, er hat das irgendwie für mich zurechtgebogen. Und so habe ich tauchen gelernt.«

Gary führt mich in seinem Labor herum. Er arbeitet über Fruchtfliegen – *Drosophila melanogaster*. Genauer gesagt, er untersucht unter anderem intrazellulare chemische Elemente, die beim assoziativen Lernen in einem Teil des Gehirns der *Drosophila*, den sogenannten ›Pilzkörpern‹, eine Rolle spielen. Er zeigt mir die Fliegen. Es müssen an die Tausende sein, Dutzende von unterschiedlichen Arten – Mutationen. Sie werden nach Varietäten geordnet in Viertelliterflaschen aufbewahrt, die aussehen wie die Urinflaschen im Krankenhaus. Auf dem Boden jeder Flasche ist eine gallertartige Substanz aus Zucker, Hefe und Maismehl; der Bodensatz wird fest und bildet dann eine dauerhafte Nahrungsquelle für die Fliegen. Wahrscheinlich gärt das Zeug, und die *Drosophila melanogaster* ist ganz wild darauf. In einer Flasche leben zwischen 100 und 1000 Fliegen. Seit den Tagen des Zoologen Thomas Hunt Morgan, der in den ersten Jahrzehnten unseres Jahrhunderts an der *Columbia University* lehrte, ist die *Drosophila* das klassische Versuchstier für evolutionäre und genetische Untersuchungen. Fruchtfliegen brüten schnell und entwickeln alle möglichen Mutationen. Wenn man eine bestimmte Eigenschaft heranzüchten möchte, erklärt mir Gary, füttert man sie mit Ethylmethansulfonat, einer Substanz, die Mutationen fördert. Dann werden Tausende von mutierten Arten auf jene Eigenschaft hin untersucht, die man analysieren möchte. Tritt diese Eigenschaft ohne andere Abnormitäten bei zwei Fliegen unterschiedlichen Geschlechts auf, läßt man sie sich paaren, um die gewünschten Gene zu sichern.

Gary berichtet mir von der Arbeit, die drei renommierte Drosophila-Spezialisten – Tim Tully, Ron Davis und Yi Zhong – in Cold Spring Harbor, Long Island, auf dem Gebiet der Gedächtnisforschung geleistet haben. Das Team beschäftigt sich vordringlich mit zwei Varietäten: *Dunce*, gezüchtet von dem bekannten Genforscher Seymour Benzer, und *Rutabaga*, eine Zuchtform, die William G. Quinn, ein enger Mitarbeiter Benzers, zusammen mit seiner Technikerin Patricia Sziber Mitte der siebziger Jahre in Princeton hervorbrachte. Beide Fruchtfliegenarten lernen langsam. Sie können sich nichts merken. *Dunce* verfügt typischerweise nur über eine schwache Konzentration von Phosphodiesterasen, Enzyme, die ein organisches Molekül spalten, das zyklisches AMP (Adenosinmonophosphat) genannt wird. Und bei *Rutabaga* ist ein Mangel an Adenylatzyklase festzustellen, ein Enzym, das den modifizierten Zucker ATP (Adenosintriphosphat), der in den Zellen als Energiequelle fungiert, in zyklisches AMP umwandelt. Zuviel oder zuwenig zyklisches AMP in den Neuronen macht Fruchtfliegen vergeßlich. Man nimmt auch an, so Gary, daß zyklisches AMP eine entscheidende Rolle im menschlichen Kurzzeitgedächtnis spielt.

Gary und seine Kollegen analysieren die wichtigen chemischen Nachrichtenübermittler, die sogenannten Neurotransmitter, die in den sogenannten Synapsen, den Schaltstellen zwischen den Neuronen, freigesetzt werden. Neurotransmitter werden als primäre Nachrichtenübermittler bezeichnet, während man Substanzen, die innerhalb der Zellen für die Erregungsübertragung zuständig sind, sekundäre Nachrichtenübermittler nennt. Zyklisches AMP ist ein solcher sekundärer Nachrichtenübermittler; es verlängert die elektrische Polarisation des Neurons, so daß eine größere Übertragungskapazität über die Synapsen erfolgen kann. Das Resultat dieses Vorgangs ist nichts anderes als das Kurzzeitgedächtnis.

Gary erzählt mir, daß Tim Tully den Fliegen Tricks beibringt. Er nennt seine Versuchstiere »Pawlowsche Fliegen« und bringt sie mit Hilfe von Elektroschocks dazu, einen bestimmten Geruch zu meiden. Er setzt sie nacheinander zwei Alkoholgerüchen aus, die beide für Fruchtfliegen eigentlich leicht unangenehm sind. Während der eine Geruch durch den Käfig zieht, erhalten die Fliegen zwölf elektrische Schläge von jeweils einer Sekunde Dauer auf ihre Füße. Der andere Geruch ist nicht mit elektrischen Schlägen verbunden. Danach setzt Tully die Fliegen in einen winzigen »Aufzug«, der sie in einen T-förmigen Käfig transportiert. Von dort führen zwei Gänge zu den beiden Geruchsquellen – die Fliegen müssen wählen. Eine untrainierte Fruchtfliege hat eine Chance von 50 Prozent, sich für den Gang zum unverfänglichen Geruch zu entscheiden. Eine trainierte Fliege dagegen entscheidet sich zu 95 Prozent für die Richtung, aus der der ungefährliche Geruch kommt. Die beiden Fruchtfliegenarten *Dunce* und *Rutabaga* fallen bei diesem Test jedoch durch. Da der *Rutabaga* das Enzym fehlt, das im Innern der Nervenzellen zyklisches AMP produziert, kann sie nicht lernen oder etwas behalten. Die *Dunce* hingegen hat zuviel zyklisches AMP im Nervensystem und kann daher keine so starken Impulse erzeugen, daß die Neurotransmitter über die Synapsen gelangen. Und deshalb leidet auch die *Dunce* unter einem notorisch schlechten Gedächtnis.[1]

Aber verdrängte Erinnerungen sind nicht gleichbedeutend mit einem schlechten Gedächtnis. Gary Baker konnte seine frühen Erfahrungen nicht reaktivieren, weil er sie verdrängt hatte. Als Gary anfing, Tauchunterricht zu nehmen, signalisierten seine Gehirnzellen ihm einige dieser alten Erinnerungen. Es waren zustandsgebundene Erinnerungen – er hatte sie gebildet, als er unter Wasser war. Der dreißigjährige Gary hatte jedoch keine Ahnung, wo diese Vorstellungen herkamen. »Was da in mir aufstieg, war keine schöne Erinnerung«, erzählt er mir. »Wenn man unter Wasser ist und nach oben blickt, wirkt die Wasseroberfläche silbern. Daran habe ich mich erinnert.«

Als Gary das erste Mal tauchte, wußte er, daß er diese silbrige Oberfläche schon gesehen hatte, irgendwann früher, irgendwo anders. Die Erinnerung erfüllte ihn mit einem entsetzlichen Gefühl des Grauens. Er assoziierte diesen silbrigen Anblick auch mit einem Traum, der ihn lange verfolgt hatte, als er noch jünger war. »Ich wußte nicht, wo oder wann ich das zum erstenmal gesehen hatte«, sagt er, »aber die silbrige Oberfläche war immer irgendwo in meinem Kopf.«

In seiner Kindheit hatte Gary zahllose Wasserträume. Sie waren alle gleich. »Ich sah das Silber an der Wasseroberfläche«, sagt er, und dieses Bild ist ihm so vertraut, daß er es nicht für nötig hält, näher darauf einzugehen. »Wissen Sie, wie die Wasseroberfläche von unten betrachtet aussieht? Genau das habe ich in Hunderten meiner Kindheitsträume gesehen.«

Zu Beginn seiner Taucherlaufbahn war Gary über sein eigenes Verhalten erstaunt. Er fragte sich, ob sich irgendeine alte Erinnerung dahinter verbarg. »Wenn man tauchen lernt, muß man üben, den Atem eine Minute lang anzuhalten«, sagte Gary. »Als die Zeit bei mir gestoppt wurde, habe ich zweieinhalb Minuten durchgehalten. Gleich beim ersten Mal! Ich war verblüfft. Und mein Lehrer auch.« Erst in diesem Moment wurde Gary Baker klar, daß er die ungewöhnliche Fähigkeit besaß, extrem lange unter Wasser zu bleiben. Er konnte die Luft überdurchschnittlich lang anhalten.

Bei Menschen hat das Kurzzeitgedächtnis (oder, wie der Kliniker sagen würde, das unmittelbare Gedächtnis) eine Dauer von wenigen Sekunden. Wird jedoch eine Erinnerung konsolidiert und ins Langzeitgedächtnis übertragen, kann sie Tage oder Jahre später zurückgeholt werden. Garys Vertrautheit mit der Welt unter Wasser reflektierte eine alte nonverbale Langzeiterinnerung. Niemand hatte ihm zuvor Tauchen beigebracht. Schon in der ersten Unterrichtsstunde verhielt er sich, als ob er schon seit Jahren tauchen würde.

Gary wußte, wie es ist, wenn man versucht, etwas zu lernen und es vorübergehend im Kurzzeitgedächtnis zu behalten. Er hatte sich schon auf viele Prüfungen vorbereitet. Er wußte, daß man eine Telefonnummer mehrmals im Geiste wiederholt, um sie sich einzuprägen, oder wie man einen Namen für die Dauer einer flüchtigen Unterhaltung behält. Aber als er unter Wasser den Atem anhielt und die silberne Oberfläche über sich betrachtete, stieg etwas anderes in ihm auf. Er mußte nicht wahrnehmen, speichern und reaktivieren. Er wußte es ganz einfach. Seine Erinnerungen waren bereits da – im Langzeitspeicher. Obwohl Gary das Gefühl kannte, seinen Atem unter Wasser anzuhalten, wußte er nicht, wieso er es kannte. Woher auch? Das einzige, woran er sich als Dreißigjähriger erinnerte, war seine grauenvolle Angst vor dem »Silber an der Wasseroberfläche«.

Lernen bedeutet, Erfahrungen zu sammeln. Und Erinnerung bedeutet das Bewahren dieser Erfahrungen. Selbst das einfachste Verhalten eines niederen Tieres aktiviert zahlreiche Nervenzellen und Synapsen. Modifiziertes und eingeprägtes Verhalten ist im neuronalen Schaltkreis eingebettet, ganz gleich, wie einfach das Tier auch strukturiert sein mag. Erinnerung führt zu einer nachhaltigen Veränderung der Beziehung zwischen den Zellen.

Bei Garys Erinnerung an das Gefühl, wie es ist, wenn man den Atem anhält, spielten eben diese Veränderungen der zellularen Beziehungen eine Rolle. Um verstehen zu können, wie Lernen und Erinnern funktioniert, analysieren Wissenschaftler das Geschehen im Inneren der Neuronen bei relativ einfach strukturierten Tieren. Wissenschaftler beobachten darüber hinaus das Verhalten von niederen Tieren, die unbewußt und implizit erinnern. Das geschieht zum Beispiel in dem von Eric Kandel geleiteten Forschungslabor an der *Columbia University*, wo man bereits seit Jahren das Verhalten der Meeresschnecke *Aplysia Californica* beobachtet.

Im Rahmen seiner Doktorarbeit lernte Gary auch die Arbeit von Dr. Kandels Team kennen. Kandels Studien lassen sich in zwei große Gruppen einteilen. Einerseits wird die Meeresschnecke auf ein bestimmtes Verhalten trainiert, andererseits wird anschließend untersucht, welche Substanzen bei der Sicherung dieser Verhaltensweisen eine Rolle spielen; darüber hinaus werden die Neuronen der *Aplysia* in Zellkulturen untersucht. Solche Untersuchungen zeigen, wie Erinnerung auf einer simplen zellularen Ebene funktioniert.

Die Kiemen der *Aplysia* sind von einem Hautblatt umgeben, das man Mantel nennt und das in einer fleischigen Stelle, dem sogenannten Sipho, ausläuft. Wenn man den Sipho berührt, werden sowohl der Sipho als auch die Kiemen abrupt zurückgezogen, so wie wir den Finger einziehen, wenn wir einen heißen Kessel berührt haben. Die Reaktion der Schnecke kann durch eine einfache Form des assoziativen Lernens, die sogenannte Sensibilisierung, verstärkt werden. Durch einen leichten Elektroschock am Schwanz wird die Schnecke ihre Kiemenreaktion beim nächsten Mal, wenn der Sipho berührt wird, extrem verstärken. Die Erinnerung der Schnecke an ihre erlernte Reaktion hält minutenlang an – Kurzzeitgedächtnis. Wird der Elektroschock mehrfach wiederholt, ist die Kiemenreaktion der Schnecke tagelang verstärkt – Langzeitgedächtnis.

Wenn der Sipho der Schnecke das erste Mal berührt wird, vollzieht sich eine Veränderung im elektrischen Potential der Zellularmembranen ihrer sensorischen Neuronen. Nun gelangen Kalzium und Natrium in die Zellen. Kalium wird hinausbefördert. Das Kalzium ist die entscheidende Substanz im Hinblick auf das Kurzzeitgedächtnis. Durch den Elektroschock am Schwanz der *Aplysia* aktiviert das Kalzium Adenylatzyklase, das wiederum den modifizierten Zucker ATP dazu veranlaßt, zyklisches AMP zu produzieren, den »sekundären Nachrichtenübermittler«, der in Cold Spring Harbor und anderen Labors untersucht wird. Bei einer sensibilisierten *Aplysia* wird, während in den sensorischen Neuronen aus ATP zyklisches AMP produziert wird, aus einer weiteren Art von Neuronen der Neurotransmitter Serotonin freigesetzt, um noch mehr zyklisches AMP im Innern der sensorischen Neuronen zu produzieren. Es kommt also zu einer wesentlich höheren Produktion dieser Substanz. Die überstarke Kiemenreaktion der *Aplysia* reflektiert diese Sensibilisierung. Anders ausgedrückt, die Zellen erinnern sich.

Um die zellularen Mechanismen zu verstehen, die dem Langzeitgedächtnis der Schnecke zugrunde liegen, haben Kandels Mitarbeiter drei Arten von Neuronen – sensorische Neuronen, motorische Neuronen und Neuronen, die Neurotransmitter produzieren – zusammen in eine Art Suppe gegeben, die man Zellkultur nennt. Wenn die Neurotransmitter produzierenden Neuronen Serotonin in das Kultursubstrat abgeben, bewirkt das zyklische AMP im Innern der sensorischen Zellen, daß ein Enzym die Proteine der sensorischen Zellen mit Phosphaten anreichert. Solange diese Phosphorylierung der Proteine anhält, verhindern sie das Eindringen von Kalium, das die Zellmembranen repolarisieren würde. Dadurch fließt weiterhin Kalzium über die Synapse, was wiederum zu einer weiteren Anreicherung der Proteine mit Phosphaten führt. Überdies unterstützen die motorischen Neuronen der Schnecke den Prozeß, indem sie einen »retrograden Nachrichtenübermittler« – Salpetersäure, wie Kandels Team vermutet – produzieren, der die sensorischen Neuronen dazu stimuliert, weiterhin Kalzium und andere aktivierende Substanzen über die Synapse abzugeben. Aufgrund dieser Rückkoppelung und anderer sich selbst perpetuierender Reaktionen braucht die Zelle keinen Ausstoß von zyklischem AMP mehr, um ihr Gedächtnis in Gang zu halten. Dieselbe Zelle, zwei unterschiedliche Arten von Gedächtnis. Ein winziges Kraftpaket.

Bei der dauerhaften Fähigkeit der Neuronen, »sich zu erinnern«, spielen auch Gene eine bedeutsame Rolle. Kandels Team hat ein künstliches neuronales Gen geschaffen, das den Genen entspricht, deren Aufgabe es ist, die Proteine zu produzieren, die phosphoryliert werden. Dieses Gen wurde mit einer Farbschicht versehen, durch die es blau anläuft, sobald es »eingeschaltet« wird. Solche Gene werden offenbar durch das Auftreten von zyklischem AMP aktiviert. Wenn Serotonin als wichtiger Stimulator für zyklisches AMP in neuronale Zellkulturen eingebracht wird, die diese künstlichen Gene enthalten, werden die Kulturen dunkelblau. Dieser enorme Anstieg der genetischen Aktivitäten erhöht wiederum den Vorrat an phosphoryliertem Protein in den sensorischen Neuronen. Kandel und seine Mitarbeiter sind der Ansicht, daß die Reaktivierung von Langzeiterinnerungen von solcherlei genetischer Aktivität gekennzeichnet ist. Und daraus läßt sich folgern, was in unserem Gehirn passiert, wenn wir uns an etwas erinnern, was vor langer Zeit geschehen ist – eine rasche genetische Aktivierung.[2]

So wie Gary Baker seine Faszination für das Tauchen entdeckte, so entdeckte er auch seine Faszination für die Art und Weise, wie Zellen sich erinnern, und er beschloß, sich diesem Bereich der Biologie zu widmen. Er nahm eine Stelle in einem Labor in Göteborg an, wo man sich mit Gedächtnisforschung beschäftigte, und nach ein paar Jahren ließ er sich im Staat New York nieder.

Gary beschäftigt sich mit intrazellularen chemischen Prozessen, weil sie ungeheuer wichtig sind und sich doch auf einer Ebene abspielen, die sich unserem Vorstellungsvermögen beinahe entzieht. Als Junge war Gary immer von der Macht fremder Wesen fasziniert. Im Teenageralter war er ein begeisterter Fan von »Raumschiff Enterprise«. Er war ein Einzelgänger und hatte große Angst vor seinem Vater, der sich immer gewalttätiger verhielt, je älter Gary wurde. Der Vater schlug brutal mit den Fäusten auf den Jungen ein, und Gary fand heraus, daß er nur aufhörte, wenn sich Gary »wie eine Kakerlake zusammenrollte«. Als Halbwüchsiger saß Gary in dem verzweifeltem Wunsch, seinem Vater zu entkommen, stundenlang auf dem Flachdach ihres Hauses im Westen Nebraskas und wartete auf Besucher aus dem Weltraum, die ihn wie bei »Raumschiff Enterprise« wegbeamen sollten.

Als Gary etwas über zehn Jahre alt war, kaufte ihm sein Vater ein Mikroskop, und der Junge versuchte sogar, die Vergrößerung weiter zu erhöhen, indem er Öl auf die Linse träufelte. Er wollte alles durchdringen, auch wenn es noch so klein war. Ein Biologielehrer an der High-School, der zwei Straßen weiter wohnte, wurde auf den Jungen aufmerksam, und fortan arbeiteten sie gemeinsam, und zwar mit einem wesentlich größeren und stärkeren Mikroskop, als es die Bakers sich hätten leisten können. Die Freundschaft zu dem Lehrer war der größte Lichtblick im Leben des jungen Gary.

Der Junge suchte an den merkwürdigsten Orten nach seinen fremden Mächten – im Innern von Mini-U-Booten, Raumfahrzeugen und selbst in den Einzellern aus dem Teich hinter dem Haus. Er las Science-fiction-Romane, bis ihm die Augen tränten. Obwohl er mit seinen jüngeren Geschwistern – Terri, Harry, Barry und Mary (ja, Mr. und Mrs. Baker legten Wert auf den Reim) – hätte spielen können, vergnügte sich Gary lieber allein. Dann fühlte er sich am wohlsten. Dann konnte er sich ganz seinen Träumen von irgendwelchen Mächten hingeben, gebannt in lauter winzigen Mikrokosmen.

Nach außen hin wirkte Garys Familie wie aus dem Bilderbuch. »Wir sieben boten immer ein Bild von Friede, Freude, Eierkuchen«, erzählt er mir. »Ich weiß noch, wie meine Mutter versuchte, das Bild eines perfekten Familienlebens zu inszenieren. Wir hatten viel Spielzeug. Wenn etwas an der Schule zu tun war – wir übernahmen es – zum Beispiel Aufgaben in Schülerorganisationen, Geschenke für den Lehrer und für andere Kinder zu Weihnachten und zum Geburtstag besorgen und so weiter.«

Garys Eltern zogen in Nebraska von einer Stadt zur anderen, während ihre Kinder heranwuchsen. Am Rande der jeweiligen Stadt, wo sie stets ein größeres Grundstück für sich allein hatten, lebten sie wie eine typische Mittelstandsfamilie. Garys Vater verkaufte landwirtschaftliche Geräte. Seine Mutter betrieb zu Hause eine Art Kindertagesstätte. Das Klima in Nebraska ist so trocken, daß ohne Bewässerung praktisch nichts gedeihen kann. Und so bildete ein kleiner Bewässerungsgraben die natürliche Grenze des ersten Grundstücks, auf dem Gary lebte.

Gary erinnert sich mit einer gewissen Trauer an seine jugendlichen Weltraumphantasien. »Ich hatte das Gefühl, nicht auf diesen Planeten zu gehören«, sagt er. »Tatsächlich habe ich mich selbst als eine Art Mutation betrachtet. Wie Spock, glaube ich.« Ich blicke mich im Labor um, betrachte die Flaschen voller mutierter Fruchtfliegen und überlege mir, ob Gary sich zwischen ihnen wohl »zu Hause« fühlt.

Als Gary mit dem Tauchen anfing, brauchte er ungefähr noch drei Jahre, bis er sich an ein schmerzliches Detail aus seiner Vergangenheit erinnerte, das jedoch in keiner Weise mit irgendeinem bestimmten Erlebnis verknüpft war. »Im Laufe von, sagen wir, drei Jahren, die ich in New York getaucht habe«, so erzählt er mir, »wurde mir etwas klar: ›Oh, Mann! Meine Mutter hat mich in den Bewässerungsgraben neben unserem Haus geworfen! Und da muß meine Angst vor Wasser herkommen!‹«

Garys erste Erkenntnis über seine vergessene Vergangenheit war seltsam. Es war mehr ein Gedanke als eine echte Erinnerung. Unsere Gedanken kommen aus unseren Sprach- und Assoziationszentren, Erinnerungen jedoch aus allen Teilen der Großhirnrinde. Sie kommen nicht nur von den Stirnlappen, wo wir bekannte motorische Bewegungen empfinden und alte Gedanken neu denken, sondern auch von den Schläfenlappen, wo wir die Klänge, Gleichgewichtsempfindungen und Gefühle registrieren, die mit der Erinnerung einhergehen; sie kommen von unseren Scheitellappen, wo wir die körperlichen Empfindungen und räumlichen Bedingungen einordnen, und von unseren Hinterhauptslappen, die für die begleitenden visuellen Informationen, für Metaphern und Farben zuständig sind. Viele Bereiche unserer Großhirnrinde werden gleichzeitig aktiv, wenn wir uns erinnern – mehr Bereiche, als für schlichtes Denken erforderlich sind.

Gary war 33 Jahre alt, als ihm plötzlich diese »Oh, Mann!«-Erkenntnis kam. Drei Jahre später traten bei seiner zuckerkranken Mutter so schlimme Komplikationen auf, daß keine Hoffnung mehr bestand. Gary fuhr nach Nebraska, um in ihrer letzten Leidensphase bei ihr zu sein. Auf dem Sterbebett erwähnte sie mit keinem Wort, daß sie Gary ins Wasser geworfen hatte. Und Gary wagte nicht, sie danach zu fragen. Er wußte nicht, ob er seinen eigenen Gedanken trauen konnte. Die Idee war für ihn wie eine schockierende Offenbarung gewesen: Er meinte plötzlich zu wissen, welcher Bewässerungsgraben es war. Aber er hatte dabei keinerlei begleitende, mentale Bilder und keinerlei körperliche Empfindungen. Gary war sich noch nicht einmal sicher, ob die ganze Sache stimmte.

»Es war einfach eine plötzliche Erkenntnis – ein bloßer Gedanke«, sagt Gary. »Es gab keinerlei Beweis dafür. Ich hatte nur so ein Gefühl – ›Mom hat mich in den Graben geworfen.‹ Mehr nicht.« Und so starb Gary Bakers Mutter, ohne daß Gary Gewißheit darüber bekam, was damals geschehen war, falls überhaupt etwas geschehen war. Er konnte nicht mehr danach fragen.

Der Mann, der eine Vorliebe für kleine, kraftvolle Dinge wie Mini-U-Boote, Mikroskope und Zellen hatte, heiratete gegen Ende seines Studiums eine kleine, kraftvolle Frau namens Jill. Sie unterrichtete an einer High-School in Manhattan und war äußerst klug und interessant. Aber Gary Baker war nicht in der Lage, sie zu halten. Nach fünf Jahren Ehe, die freundschaftlich und ereignislos verliefen – sie hatten sich darauf geeinigt, keine Kinder zu bekommen –, eröffnete Jill ihrem Mann, daß sie ihn verlassen würde. Sie hatte ihn gern, so sagte sie, aber ihr gemeinsames Leben war nicht das, was Jill sich erhofft hatte. Es gab keine »anderen Männer« in Jills Leben und keine »anderen Frauen« in Garys. Es war einfach alles ein bißchen eintönig. Jill verließ Gary, ohne daß er eigentlich wußte, was zwischen ihnen passiert war – oder eben nicht passiert war.

Als Gary Baker nach seiner Promotion nach Schweden ging, um dort weiterzuforschen, war sein Leben an einem Tiefpunkt angelangt. Er litt noch immer unter der Trennung von Jill. Seine Arbeit im Labor war bei weitem nicht so interessant, wie er gedacht hatte. Sein Tagesablauf folgte genau festgelegten Regeln. Er wachte immer um die gleiche Zeit auf, aß immer um die gleiche Zeit und schlief jeden Abend um die gleiche Zeit ein. Er hatte kaum Kontakt zu seinen Geschwistern – abgesehen von gelegentlichen Telefongesprächen mit seinem jüngsten Bruder Barry, der in Arizona lebte. An den Wochenenden tauchte Gary nach ein paar versunkenen Schiffen vor der schwedischen Küste, aber ansonsten amüsierte er sich nicht besonders.

Glücklicherweise verbrachte er nur zwei Jahre in Skandinavien. Man bot ihm eine Anstellung in einem renommierten Labor im Staat New York an. Die Kollegen dort waren nett, und sein Arbeitsplatz lag nicht weit von seinen Lieblingsgewässern entfernt. Gary liebt Flüsse mit starker Strömung. Sie reizen ihn viel mehr als Schiffswracks im Ozean. Und als der Brief eintraf, in dem man ihm seine Anstellung bestätigte, faßte Gary neue Hoffnung. Bald würde er wieder »nach Hause« fahren. Inzwischen war New York sein Zuhause, nicht mehr Nebraska. Garys Mutter war tot. Er und drei seiner Geschwister, mit denen er nie viel Kontakt gehabt hatte, hatten sich praktisch völlig auseinandergelebt.

Nach wie vor war er wütend auf seinen Vater, der ihn als Teenager so brutal geschlagen hatte, daß Gary sich fragte, wie er überhaupt hatte überleben können. Barry war der einzige Freund, der ihm in seiner Familie geblieben war.

Gary fand ein Haus in der Nähe seines Labors und belegte einen Psychologiekurs, um etwas für sein Selbstbewußtsein zu tun, weil er Freunde finden und sich bei der Arbeit besser durchsetzen wollte. Alles sollte sich ändern, so schwor er sich. Er lernte Anne kennen, und sie gefiel ihm besser als jede andere Frau seit Jill. Sie gingen dreimal zusammen aus, und dann mußte Gary wieder einmal feststellen, daß das Verhalten von Frauen, zumindest für ihn, völlig unberechenbar war. Anne eröffnete Gary, daß sie ihn nicht mehr sehen wollte, weil er viel zu intensiv sei. Gary war verletzt und durcheinander. Zu intensiv? Sie hatte zweifellos recht – er schien wirklich von einem rätselhaften inneren Motor angetrieben zu werden. Was zum Teufel stimmte nicht mit ihm?

Eine Woche nach dem Bruch mit Anne explodierte Gary Baker. Es war eine stille Explosion, aber dennoch gewaltig. Gary war 43 Jahre alt, als es passierte, und arbeitete seit zwei Jahren in dem Labor.

»Es war ein heißer, schwüler Tag«, erzählt mir der blonde Wissenschaftler mit leicht rauher Stimme. »Ich war unterwegs zu einer Tauchstelle, ungefähr zwei Stunden, gut 100 Meilen von zu Hause entfernt. Als ich fast da war und vom Highway Richtung Fluß abbog, war ich richtig müde. Die Luftfeuchtigkeit war verdammt hoch.

Und, äh – ich war mitten auf der Ausfahrt, als ich plötzlich drei Erinnerungen hatte. Eine nach der anderen. Wie drei Dias – Schwarzweißdias – rasch hintereinander. Zuerst, ich mit elf. Dann, ich mit sieben. Und zum Schluß, ich als ganz kleines Kind, bevor ich in den Kindergarten kam. Jedesmal lag ich nackt auf dem Badezimmerfußboden. Meine Mutter hatte mich gefesselt und war dabei, mir etwas in das Rektum zu schieben. Im ersten Bild war es ein roter Baseballschläger, etwa so lang – « ,Gary hielt die Hände etwa dreißig Zentimeter auseinander. »In den zwei folgenden war es etwas anderes – ich weiß nicht genau, was. Die Bilder zeigten drei verschiedene Badezimmer. Drei verschiedene Häuser. Das hieß, drei verschiedene Altersstufen für mich. Und, mhm« – Garys Stimme wird noch rauher –, »die Erinnerung kam so unvermittelt, ich war so schockiert –. Na ja, ich bin einfach im Auto ohnmächtig geworden.«

Gary kann nur wenige Sekunden ohnmächtig gewesen sein. Er kam wieder zu sich, als er auf einen Wagen auffuhr, der am Ende der Ausfahrt angehalten hatte. Bei dem Zusammenstoß entstand lediglich an Garys eigenem Auto ein Schaden von 1200 Dollar. »Ich habe nicht einmal versucht, den Schaden bei der Versicherung geltend zu machen«, sagt Gary. »Weil ich nicht angeben wollte, daß ich wegen eines Blackouts einen Unfall hatte.«

In diesem Fall kamen verdrängte Kindheitserinnerungen mit einer solchen Wucht zurück, daß ein athletischer, kräftiger Sportler davon ohnmächtig wurde. Diese Erinnerungen waren vermutlich verdrängt worden und nicht dissoziiert, denn dissoziierte Erinnerungen kommen normalerweise nicht so klar und vollständig wieder. Mehr als drei Jahrzehnte lang waren sie völlig ausgeblendet und nicht reaktivierbar gewesen. Und es waren keine Erinnerungen an einen Ertränkungsversuch, wie Eliana Jacob erzählt hatte, sondern an inzestuöse Vergewaltigungen. Eliana Jacob kannte nicht die ganze Wahrheit. Oder sie hatte sie nicht bei einem Ravioli-Essen zum besten geben wollen.

An dem Tag, als Garys Erinnerungen zurückkehrten, herrschte eine ziemlich hohe Luftfeuchtigkeit. Möglicherweise bildete das den Auslöser für die Erinnerung an die Vergewaltigungen, die in einem feuchten Badezimmer stattgefunden hatten. Das war jedenfalls die einzige Erklärung, die Gary dafür hatte. Und die Erinnerung kehrte während einer ermüdenden Autofahrt nach einer streßbelasteten Woche voller Selbstzweifel zurück. Seit Anne ihm den Laufpaß gegeben hatte, stellte er sich unentwegt selbst in Frage. War er vielleicht primitiv? War er irgendwie »anders«?

Während Gary mit seinem Wagen am Straßenrand stand, kam ein befreundeter Taucher die Straße entlang, und Gary gab ihm Zeichen anzuhalten. »Mein Tauchkumpel half mir, den Wagen wieder in Gang zu bringen«, sagt er. »Aber ich konnte einfach an dem Tag nicht tauchen gehen. Völlig ausgeschlossen. Außerdem konnte ich auch in der ganzen Woche danach nicht schlafen. Ich war unglaublich nervös. Am schlimmsten war, daß ich genau wußte, daß noch viel, viel mehr in meinem Gedächtnis steckte. Noch viel Schlimmeres. Ich habe etliche von meinen Tauchstunden abgesagt, weil ich mich im Wasser unwohl fühlte. Und ich habe einen befreundeten Psychiater wegen meiner Erinnerungen angesprochen. Ich habe ihn gefragt: ›Wenn man sich an etwas erinnert, woher will man dann wissen, ob es echt ist oder eine psychotische Wahnvorstellung?‹ Die Bilder, die ich da gesehen hatte – so *wollte* ich mich nicht an meine Mutter erinnern.«

Der Psychiater gab seinem Freund fünf Schlaftabletten, damit Gary ein paar Nächte durchschlafen konnte. Und er nannte ihm den Namen einer Kollegin, die mit Opfern traumatischer Kindheitserfahrungen arbeitete. Gary bat sie dringend um einen Termin – er sagte, es sei ein Notfall, denn er konnte trotz der Schlaftabletten noch immer nicht schlafen – und sie gab ihm einen. Das war der Auftakt zu Garys wöchentlichen Psychotherapiesitzungen.

Als ich Gary kennenlernte, macht er diese Therapie bereits seit zwei Jahren. Er erzählt mir, daß er in diesen zwei Jahren mehr gewachsen sei als in irgendeiner anderen Phase seines Lebens, einschließlich seiner Kindheit. »Wenn ich noch mal von vorn anfangen könnte, würde ich vielleicht Psychiater werden und mich auf der Makroebene mit dem Gedächtnis beschäftigen«, meint er.

Auf der Mikroebene führt Gedächtnisarbeit tatsächlich zu einem Wachstum innerhalb des Nervensystems. Vielleicht können wir eines Tages nachweisen, daß die Psychotherapie ähnliches bewirkt. Jüngere zellbiologische Forschungen haben ergeben, daß das Gehirn tatsächlich wächst, wenn neuronale Gene beim Prozeß der Verarbeitung von Langzeiterinnerungen eingeschaltet werden. Nichts ist unmöglich. Man hat festgestellt, daß das Langzeitgedächtnis selbst bei so kleinen Tieren wie der *Aplysia* das Wachstum von neuen Nervenverbindungen anregt. Sowohl die Forschungsgruppe an der *Columbia University* als auch ein Team am *University of Texas Health Science Center* haben eine Zunahme der präsynaptischen Pole bei jenen sensorischen Neuronen festgestellt, die am Langzeitgedächtnis beteiligt sind.

Eine aus der Kindheit stammende, traumatische Erinnerung bleibt auch im Erwachsenenalter bedeutsam und wirkungsvoll. Wie anhaltend und prägend frühzeitige Erfahrungen – zumindest bei niederen Lebensformen – sein können, hat Tim Tully durch die Anwendung der Elektroschocktechnik auf Fruchtfliegenlarven nachgewiesen. Er kam zu dem Ergebnis, daß sie sogar etwas so ungeheuer Umwälzendes wie eine Metamorphose überstehen. Wenn die Larven acht Elektroschockbehandlungen ausgesetzt werden, bewahren sie die Erinnerung daran auch über die fünf Tage hinweg, die sie brauchen, um die Metamorphose zur ausgewachsenen Fruchtfliege zu vollziehen.[3] Diese Experimente haben bedeutsame Implikationen für Kinder. Und sie stimmen mit einer klinischen Forschungsarbeit überein, die ich 1988 veröffentlicht habe. Dabei ging es um 20 junge Menschen, die auf unterschiedliche Weise vor ihrem fünften Geburtstag traumatisiert worden waren. Für die traumatischen Erlebnisse jedes der Kinder gab es Belege – Polizeiakten, Geständnisse, Augenzeugenberichte und so weiter. Ganz gleich wie klein die Kinder zum Zeitpunkt dieser Erlebnisse waren, ihr nonverbales Verhalten – wie sie spielten, vor was sie sich fürchteten, wie sie agierten – deutete darauf hin, daß ihre Erinnerungen gespeichert und noch immer äußerst wirksam waren. Ihre Verhaltensweisen reflektierten ihre Traumata, obwohl viele der Kinder die Erinnerung an ihre entsetzlichen Erlebnisse nicht artikulieren konnten. Wie Garys »silbrige Oberfläche« und seine zahllosen kindlichen Alpträume von metallisch glänzendem Wasser, so ließ auch das nonverbale Verhalten von 19 der 20 Kinder erkennen, daß sie ihre Schreckenserfahrungen wahrgenommen, registriert und gespeichert hatten. Das zwanzigste Kind hatte das traumatische Ereignis nicht tatsächlich gesehen, sondern meinte nur, es gesehen zu haben. Das Kind hatte nur gehört, wie Familienmitglieder davon sprachen. Es hatte eine falsche Erinnerung, und diese wurde von keinem einzigen verhaltensmäßigen Symptom begleitet.[4]

Nachdem Gary Bakers mentale Bilder zurückgekehrt waren, fühlte er sich ständig unwohl. »Ich hatte das Gefühl, daß etwas in meinem Innern lauerte und daß der Damm bald brechen würde«, erzählt er mir. »Ich war immer äußerst kontrolliert, und rückblickend glaube ich, daß der Grund dafür darin lag, daß ich meine Erinnerung in so jungen Jahren weggeschoben habe. Doch nachdem ich mit der Therapie angefangen hatte – das war zwei Wochen nach meiner plötzlichen Ohnmacht auf der Ausfahrt – ging alles ungeheuer schnell.«

Innerhalb weniger Wochen fingen die Bilder, die Gary in Schwarzweiß gesehen hatte, gleichsam an zu laufen. Sie wurden farbig und bekamen einen Ton. Er konnte seine Position auf den verschiedenen Badezimmerböden im Verhältnis zu den Waschbecken und Badewannen sehen. »Das letzte, was in meinen Erinnerungen auftauchte, war das Entsetzen«, sagt er. Und dann erinnerte er sich an eine weitere Szene, als er vier oder fünf war. »Das war in dem Haus, aus dem wir ausgezogen sind, als ich sechs war. Meine Mutter masturbierte vor meinen Augen mit einem weißen Dildo. Ich weiß noch, daß ich schreiend aus dem Zimmer lief, weil ich dachte, ihr Stöhnen und die rote Farbe [ihrer Genitalien] bedeuteten, daß sie sich verletzt hatte.«

Als Gary die Psychotherapie anfing, hatte er das Gefühl, daß eine ganze Reihe von persönlich bedeutsamen Erinnerungen in ihm steckten, die nach wie vor massiv verdrängt waren. Er versuchte mit aller Anstrengung, sie zu reaktivieren. Er sagt: »Ich hatte das Gefühl, auf eine kalte, schwarze Mauer gestoßen zu sein.«

Normalerweise kommen Erinnerungen nicht zurück, wenn man sich mit aller Macht darum bemüht. Garys Psychiaterin empfahl ihm, es ein wenig entspannter angehen zu lassen. Er stand ja noch am Anfang seiner Therapie. Die übrigen Erinnerungen würden zurückkehren, wenn er soweit wäre. Doch Gary rannte immer wieder gegen die »kalte, schwarze Mauer« an. Für ihn war sie beinahe greifbar.

»Ich habe meinem Vater einen Brief geschrieben«, sagte Gary. »Das war meine Idee. Der Vorschlag kam nicht von meiner Ärztin. In meinem Brief stand: ›Dad, ich fange gerade mit einer Psychotherapie an. Ich bin sehr verzweifelt. Es geht mir schlecht. Ich erinnere mich an das, was Mom mit mir gemacht hat. Ich denke nicht, daß du wußtest, was vor sich ging, aber falls du dich an irgend etwas erinnerst, wäre ich dir für jede Hilfe dankbar.‹

Mein Dad hat noch Ansichten wie in den vierziger und fünfziger Jahren. Er glaubt, daß alle Psychiater schlecht sind und daß nur Verrückte eine Therapie machen. Er kam mich schnurstracks besuchen.«

Als Wissenschaftler suchte Gary nach irgendeiner äußeren Bestätigung für seine Erinnerungen an den sexuellen Mißbrauch durch seine Mutter. Aber keines seiner Geschwister gab an, etwas darüber zu wissen. Ebensowenig sein Vater, Mr. Baker. Als Gary den massigen Mann nach all den Jahren plötzlich in seinem Wohnzimmer stehen sah, hatte er für einen Augenblick das Gefühl, sein Vater trüge eine Nazi-Uniform. »Der ganze Besuch kam mir vor wie die Nürnberger Prozesse«, sagt Gary. Die Fragen, die er seinem Vater während des zweitägigen Besuches stellte, brachten keinerlei Bestätigung für Garys Erinnerungen. Im Gegenteil, Mr. Baker bestritt vehement, Gary je geschlagen zu haben, und er bestritt ebenso vehement, daß Garys Mutter je irgendwelche emotionalen Probleme gehabt habe. Garys Bruder Harry, der seinen Vater begleitet hatte, nahm Gary gegenüber von Anfang an eine feindselige Haltung ein. Das erste, was er zu Gary sagte, war: »Was ist denn bloß mit dir los?« Sowohl Vater als auch Bruder sagten, daß Gary als Teenager viel zuviel »Raumschiff Enterprise« gesehen habe, und sie meinten, daß er jetzt unter dem Einfluß von »zu vielen New Yorker Psychiatern« stehe.

»Als sie zurück nach Nebraska flogen, war ich bei der Arbeit«, sagt Gary. »Mein Dad hat bei mir im Haus etwas zerbrochen, bevor er ging – er muß wirklich wütend gewesen sein – und ich habe das Geld, das er mir später dafür angeboten hat, nicht genommen. Ich dachte, das Geld wäre so eine Art Bestechung. Er hat die Glasabdeckung einer topographischen Karte der Weltmeere zerbrochen, die bei mir an der Wand hing; wahrscheinlich hat er sie heruntergestoßen. Und er hat irgendwas auf meinem Schreibtisch kaputtgemacht; ich weiß nicht mehr, was es war. Aber als ich nach Hause kam, habe ich jeden Teil des Hauses, in dem sie gewesen waren, penibelst gesäubert. Das heißt, ich habe die Wände im Gästezimmer und in der Küche gescheuert, und ich habe die Bettwäsche ein paarmal gewaschen. Und während meiner Putzaktion habe ich mir gesagt: ›Jetzt weiß ich, wie sich eine Frau nach einer Vergewaltigung fühlt. Jetzt weiß ich, warum sie unbedingt sauber werden will.‹«

Es ist ungefähr fünf Uhr nachmittags, und das Licht fällt auf die Gläser im Labor wie auf die Perlen in den Ohrläppchen eines Modells von Vermeer. »Einen Tag nach ihrem Besuch«, fährt Gary fort, »war ich in Ohio und tauchte in einer alten Salzmine. Es gab dort früher ein Forschungsinstitut, in dem Wissenschaftler in einem riesigen Tank mit ultrareinem Wasser den Protonenverfall erforschen wollten. Ich war gerade 600 Meter tief in diesem unterirdischen Tank, als ich plötzlich einen Zug pfeifen hörte. Aber da waren ja nun mal keine Züge in der

Nähe – hundertprozentig! Und gleich danach erinnerte ich mich daran, daß meine Mutter mir mit den Drähten von dem Trafo meiner Modelleisenbahn Elektroschocks in die Hand gegeben hat.«

»Wissen Sie, welche Hand es war?« frage ich und überlege, ob Gary wohl den Schmerz empfindet, während wir miteinander reden.

»Die rechte Hand – Zeige- und Mittelfinger. Ich ging in die erste Klasse.« Er zögert einen Augenblick und biegt die Hand vorsichtig. »Das mit meiner Mutter ist mir ein Rätsel. Ich meine, warum hat sie Kindern so etwas angetan? Sie war nie in einer psychiatrischen Klinik. Sie ist nie diagnostiziert worden. Sie hatte eine Kindertagesstätte, und ich könnte mir vorstellen, daß sie auch mit diesen Kindern schlimme Dinge getan hat. Besser gesagt, ich weiß es.

Aber zurück zu dem Trafo. Nachdem ich mich daran erinnert hatte, habe ich Barry angerufen, und ihm fiel ein, daß sie mit ihm dasselbe gemacht hatte. Er hatte sich immer daran erinnert. Aber Barry sieht das Gerät als einen grauen Kasten mit rotem Griff vor sich. Er ist fünf Jahre jünger als ich, und ich glaube, er hat gar nicht begriffen, daß es der Trafo einer Spielzeugeisenbahn war. Und das war der erste Beweis dafür, daß meine Erinnerung real war und nicht irgendeine psychotische Wahnvorstellung. Zum erstenmal war ich mir sicher, daß ich recht hatte. Daß ich mich wahrheitsgetreu an mein wirkliches Leben erinnerte. Barry hatte meine Erinnerungen bestätigt – zumindest diejenige, die mir wieder eingefallen war, nachdem ich im Geist einen Zug hatte pfeifen hören.«

Unmittelbar nach dieser ersten Erinnerung, die mit einem Zug zusammenhing, und noch während er in dem unterirdischen Tauchbecken in Ohio war, reaktivierte Gary eine zweite Erinnerung dieser Art. Er sah sich im Alter von fünf Jahren, wie er gezwungen wurde, sich eine halbe Meile von zu Hause entfernt auf die Eisenbahnschienen zu legen. Zuerst hatte seine Mutter ihm befohlen, wenige Schritte von den Gleisen entfernt sitzenzubleiben, während ein Zug vorbeiraste. Dann zwang sie ihn, sich auf die Schienen zu legen, und sagte ihm, daß der Zug über ihn hinwegrollen würde. Als der Zug näher kam (»Sie wissen ja, wie das Geräusch durch Stahlschienen übertragen wird«, sagt Gary), ließ sie ihren kleinen Sohn aufstehen, drohte ihm aber, daß der Zug »mich beim nächsten Mal ganz sicher überfahren würde«.

Warum macht ein Mensch so etwas mit dem eigenen Kind? Diese Frage drängte sich mir auf, während ich Garys Erzählungen folgte und dabei zusah, wie die Versuchsfliegen über ihren Nahrungsbrei krabbelten. Er sei ihr Lieblingskind gewesen, erzählt Gary. Der älteste Sohn. Sie wollte, daß er etwas Besonderes wurde. Aber es muß auch ein fürchterlicher Haß in ihr gewesen sein – nicht nur Liebe und sexuelle Faszination. Sie muß ihren Erstgeborenen gefürchtet und seine Kräfte überschätzt haben. Ob sie Gary gehaßt hat, weil er ein Junge war? Mußten nur Jungs ihre Übergriffe fürchten? Gary sagt, daß seine Mutter immer einen Lieblingsjungen in der Tagesstätte hatte – immer einen kleinen Burschen, der dann das Privileg genoß, nachmittags zusammen mit Mrs. Baker ein Nickerchen machen zu dürfen. »Ich bin mir sicher, daß diese Jungs auch sexuell mißbraucht wurden«, sagt Gary, und in seiner Stimme liegt tiefes Bedauern.

Vor Jahren haben der Kinderpsychologe Richard Galdston in Harvard und ich – ich war damals an der *Case Western Reserve University Medical School* – unabhängig voneinander aus unseren klinischen Studien zum Kindesmißbrauch die gleichen Schlußfolgerungen gezogen: Menschen, die ihre Kinder physisch mißhandeln, überschätzen die Macht, die Fähigkeiten und Eigenschaften ihrer Kinder maßlos. Sie haben eine völlig unrealistische Wahrnehmung von ihren Kindern – sie sehen sie, wie Galdston es formuliert hat, mit »psychotischer Übertragung«. Es ist nicht unwahrscheinlich, daß jemand Mrs. Baker als Kind etwas Schreckliches angetan hat. Entsetzliche Erinnerungen können entsetzliches Verhalten auslösen. Das ist keine Entschuldigung, nur ein sehr unzureichender Erklärungsversuch. Mrs. Baker lebte nicht lang genug, um dem Sohn ihre Taten zu erklären. Und niemand wird je erfahren, warum sie diese Taten beging.[5]

Gary unterbricht meine Betrachtung eines Glases, in dem mindestens 1000 Fruchtfliegen mit seltsam gefärbten Flügeln umherschwirren. Er erzählt mir, daß die letzte Erinnerung, die er in Ohio reaktivierte, ihm die Erklärung für die »kalte, schwarze Mauer« lieferte. Er war wieder in seinem Motel und versuchte zu schlafen, als die Erinnerung zurückkehrte. Als er ungefähr vier Jahre alt war, so erinnerte sich Gary, hatte seine Mutter den Kühlschrank ausgeräumt, ihn hineingesteckt und die Tür zugeknallt. Mehrere Monate nachdem Gary diese Erinnerung reaktiviert hatte, erzählte Barry ihm, daß er sich wieder daran erinnern konnte, einmal, als sie in einer anderen Stadt in Nebraska lebten, in der Gefriertruhe eingeschlossen worden zu sein. Während dieser Unterhaltung fiel Barry ein, daß er sich als Kind immer gefragt habe, ob das Licht im Kühlschrank ausgeht, wenn man die Tür schließt. »Tut es«, sagt Gary. »Das weiß ich.«

Er seufzt. »Wahrscheinlich war das eine der netten Methoden, die meine Mom anwandte, um mit Kindern fertig zu werden«, fährt er fort. »Sie im Kühlschrank einzusperren. Und das Interessante dabei ist, daß ich, nachdem diese Erinnerung wieder da war, nicht mehr das Gefühl hatte, vor einer kalten, dunklen Mauer zu stehen. Die kalte, dunkle Mauer *war* der Kühlschrank.«

Für Menschen wie Gary, deren Erinnerungen von »kalten, dunklen Mauern« umgeben sind, interessiert sich vor allem der Psychologe Larry Squire vom *San Diego Veterans Administration Medical Center*. Dr. Squire führt seit mehreren Jahren Untersuchungen an Patienten durch, die an organischer Amnesie leiden. Dabei bedient er sich raffinierter psychologischer Tests und modernster Techniken. 1989 untersuchte er eine Gruppe von Testpersonen, von denen jeweils bekannt war, an welchem Tag sie ihr Gedächtnis verloren hatten. Er stellte fest, daß diese Menschen zwar Schwierigkeiten mit Fragen zu weltpolitischen Ereignissen hatten, die zehn oder 20 Jahre vor ihrer Amnesie stattgefunden hatten, daß sie aber ganz normal auf Ereignisse eingehen konnten, die 30 oder 40 Jahre vor ihrer Amnesie passiert waren. Das deutet darauf hin, daß sich sehr alte Langzeiterinnerungen schließlich selbst wieder zusammensetzen. »Das Neue vergeht vor dem Alten«, schrieb der französische Psychologe Théodule Ribot im Jahre 1881 über das Gedächtnis. Dr. Squire hat mindestens einen Beweis dafür gefunden, daß Ribot recht hatte.

Squires Team hat ein ähnliches Experiment mit einer Gruppe von Affen durchgeführt, denen man beibrachte, 20 Gegenstandspaare pro Tag zu erkennen. Nachdem die Affen insgesamt 100 Paare kennengelernt hatten, wurden einigen von ihnen die hippokampischen Regionen entfernt. Die nicht operierten Affen erinnerten sich besser an die zuletzt gelernten Gegenstandspaare als an diejenigen, die man ihnen zu Beginn der Lernreihe gezeigt hatte. Die operierten Affen erinnerten sich dagegen besser an die ersten Gegenstandspaare als an die zuletzt gelernten. Dieses Experiment weist darauf hin, daß der Hippokampus nur eine begrenzte Zeit für das Gedächtnis von Bedeutung ist. Das Langzeitgedächtnis, das in den später entstandenen Bereichen der Hirnrinde angesiedelt ist, verdrängt letztlich das hippokampische Gedächtnis.

Die Menschen, mit denen Dr. Squire sich befaßt, leiden in der Regel unter anterograder Amnesie – sie können Gedanken aus dem expliziten Kurzzeitgedächtnis nicht ins Langzeitgedächtnis übertragen. Dagegen funktioniert bei ihnen die langfristige Speicherung von impliziten Erinnerungen ausgezeichnet. So können sie beispielsweise nach mehreren Tagen Übung ebenso gute Spiegelzeichnungen anfertigen wie jeder Gesunde, der genausolange geübt hat. Obwohl diese Patienten leugnen, je Spiegelzeichnen geübt zu haben, weil sie sich nicht explizit daran erinnern können, erbringen sie die Leistung von geübten Zeichnern. Dr. Squire, einer der Urheber des Gedankens, daß es vielerlei Arten von Gedächtnis gibt, zeigt dadurch eindeutig auf, daß sich das menschliche Gedächtnis aus separaten Systemen zusammensetzt, von denen einige bewußtes Denken erfordern, andere dagegen überhaupt nichts mit Denken zu tun haben.[6]

Ich schaue hinüber zu Garys Uhr. Es ist beinahe sechs Uhr geworden. Über dem großen Rasen vor dem Labor schweben ein paar Drachen hoch am sommerlichen Abendhimmel. Gary erklärt mir, daß er um acht bei sich zu Hause mit zwei Tauchschülern verabredet ist. »Was halten Sie davon, wenn Sie noch auf eine Stunde mit zu mir kommen? Dann müßten wir eigentlich fertig sein«, sagt er. »Unterwegs hole ich noch schnell eine vorbestellte Pizza ab.«

»Gern«, sage ich. Denn es interessiert mich einfach, wie dieser Zellbiologe und Taucher wohnt.

Nach 20 Minuten kommen wir – mit der extra großen Pizza – an einem Bungalow an. »Ich bin erst vor kurzem mit meiner Freundin hier eingezogen«, erklärt mir Gary. »Wir wollen feststellen, ob es mit uns beiden klappt. Wir sind beide Hobbytaucher, haben also viel gemeinsam.« Ich lerne Brooke kennen, eine große, sportlich gekleidete, brünette Frau Mitte bis Ende Dreißig. Brooke ist Lehrerin, wie Jill. Aber im Gegensatz zu Jill scheint ihr viel an Gary zu liegen. »Wie war's?«

fragt sie ihn und betrachtet mich mit unverhohlener Neugier und ein wenig Sorge. Gary geht nicht weiter auf die Frage ein und sagt nur, daß alles in Ordnung sei. Aber mir fällt auf, daß er sie kurz umarmt, bevor er mich in sein Arbeitszimmer führt.

Gary bugsiert mich die Treppe hinunter in einen großen Kellerraum, der eher einer Bibliothek als einem Hobbykeller gleicht. Er ißt die Hälfte von seiner Pizza an einem großen Konferenztisch, der mitten in diesem ziemlich außergewöhnlichen Raum steht, und öffnet zwei Coladosen. Eine bietet er mir an.

Ich blicke mich im Zimmer um, während Gary sich seine Pizza schmecken läßt. An drei Wänden hängen Schaukarten mit den Süß- und Salzwasserfischen dieser Erde, dazwischen gerahmte Drucke von chinesischen Dschunken und Fotos von Wellen, Wasserspeiern und wassergefüllten Höhlen. Ein bemerkenswertes Foto zeigt Gary in voller Tauchermontur, wie er gerade in ein Loch mit Betonrand springt – »die Forschungseinrichtung in Ohio«, klärt er mich auf. Im rechten Winkel zur vierten Wand stehen acht bis zehn Bücherregale. »Ich besitze eine der größten Tauchbibliotheken in den Vereinigten Staaten«, sagt Gary. »Ich versuche in jeder Beziehung, ein Gelehrter zu sein, auch wenn es ums Tauchen geht.«

Die wichtigsten Erinnerungen hat sich Gary bis zum Schluß aufbewahrt. Sie fielen ihm später im Verlauf seiner Psychotherapie ein. Er erinnerte sich an sie ungefähr einen Monat, nachdem er sich selbst auf den Eisenbahngleisen seiner Kindheit hatte liegen sehen. Die Reihe von Erinnerungen, die Gary nun beschreibt, während wir in diesem Raum sitzen, der ganz dem Tauchen gewidmet ist, erklärt den Verlauf seines Lebens besser als jede andere seiner Erinnerungen. Gary hat trotz der wiederholten Vergewaltigungen durch seine Mutter keine ernsthaften sexuellen Probleme. Er hat keinerlei Schwierigkeiten mit Eisenbahnzügen. Oder mit Kühlschränken. Aber er hat sein Leben – zumindest sein Freizeitleben – dem Wasser verschrieben. Und nun, gegen Ende unseres gemeinsamen Nachmittags, erzählt er mir von den Erinnerungen, die mit Wasser zu tun haben.

»Also, das Wichtigste, das mir im letzten Jahr wieder eingefallen ist, hängt mit Wasser zusammen«, sagt Gary und wirft seine schmutzige Serviette und den Pappteller der Pizza in einen blauen Papierkorb, der mit einer Karte beklebt ist, auf der sämtliche Muschelarten der Ostküste Nordamerikas abgebildet sind. »Meine Mutter hat ein paar Sachen mit mir gemacht, die einen verdammt großen Einfluß auf mein Leben hatten. Und unbewußt habe ich versucht, damit fertig zu werden, indem ich mit dem Tauchen angefangen habe.«

»Und davor«, füge ich in Gedanken hinzu.

»Als ich etwa drei oder vier Jahre alt war, hatten wir einen kleinen Hund«, fährt er fort. »Ich glaube, es war ihr Hund – er gehörte meiner Mutter. Aber so habe ich den Hund nie gesehen – als ›ihren Hund‹. Eines Tages bin ich zu dem Bewässerungsgraben gegangen, der um unser Grundstück herum lief. Ich meine, das war kein Riesending, kein Kanal oder so, bloß ein Bewässerungsgraben, gut einen Meter tief. Ich habe also ihren Hund da reingeworfen, weil ich sehen wollte, ob er schwimmen kann. Ich war neugierig, wissen Sie. Verdammt, ich war doch erst drei oder vier Jahre alt! Ich wollte nur sehen, wie der Hund paddelt.

Und da kommt sie über den Hof angelaufen und zieht ihren Hund heraus. Aber dann – und an dieser Stelle empfinde ich meine Erinnerung als absolut schrecklich – hebt sie mich hoch über ihren Kopf. Und sie schreit mich an, während sie mich so hochhält: ›Ich hasse dich! Ich hasse dich! Ich hasse dich!‹ Und dann schmeißt sie mich ins Wasser. Ich bin wie gelähmt. Ich blicke nach oben. Und das Wasser steht bis weit über meinen Kopf. Und ich sehe die silbrige Oberfläche.«

Garys Stimme versagt, und er wird plötzlich ganz blaß um die Augen. Er holt ein Taschentuch hervor. Ich murmele, daß es mir leid tut, aber Gary sagt: »Ist schon in Ordnung. Das geht vorbei. Diese Erinnerung – ist mir erst seit einem Jahr bewußt, deshalb geht sie mir noch so nahe. Andere Erinnerungen, die mir wieder gekommen sind, erscheinen mir eher ganz weit weg – jenseits aller Gefühle. Aber gegen diese hier kann ich mich einfach nicht wehren. Durch diese Erinnerung weiß ich, daß ich mit meiner Entscheidung, tauchen zu lernen, in Wirklichkeit gar nicht meine Angst vor Wasser überwinden wollte, sondern vielmehr meine damalige absolute Gewißheit, daß ich ertrinken würde.«

Jetzt begreife ich, warum Gary bei seiner ersten Tauchstunde so gut die Luft anhalten konnte. Und ich begreife, warum er sich darauf spezialisiert hat, in Gewässern mit starker Strömung zu tauchen. »Einmaliges Lernen« kann so etwas auslösen. Acht Elektroschockbehandlungen bei einer Fruchtfliegenlarve genügen, um das Verhalten der ausgewachsenen Fliege zu verändern. Ein Ertränkungsversuch kann das Leben eines Kindes verändern. Mir wird klar, warum Gary immer wieder von der silbrigen Oberfläche geträumt hat. Und mir wird auch klar, wieso er ein phantastischer Taucher geworden ist.

Gary redet weiter, wobei er immer noch gegen ein Zittern in der Stimme ankämpfen muß. »Ich hatte das Gefühl, daß ich nie wieder an die Oberfläche kommen würde. Ich sah sie da oben, ganz silbrig. Ich spürte eine Kälte in mir. Und ich hatte das Gefühl von Bewegung. Als ob ich davongetrieben würde. Aber ich bin mir sicher, daß die Strömung des Grabenwassers bei weitem nicht so schnell war wie die Strömung der Flüsse, in denen ich jetzt so gerne tauche. Ich bringe anderen bei, wie man mit starken Strömungen fertig wird. Das ist meine Stärke. Und denen gefällt das. Aber es ist auch meine früheste Kindheitsgeschichte. Vielleicht verspüre ich noch immer den Drang, die Angst zu überwinden, daß ich davongetrieben werde.«

»Wie sind Sie dann schließlich aus dem Bewässerungsgraben herausgekommen?« frage ich.

»Sie hat mich rausgezogen«, sagt er und wischt sich mit dem Taschentuch über die Augen. »Wissen Sie, ich begreife nicht, was meine Mutter davon abgehalten hat, mich zu töten. Ein anderes Mal hat sie meinen Kopf in die Klosettschüssel gedrückt – daran erinnere ich mich jetzt. Sie hat mich sogar in meiner Kinderwanne unter Wasser gehalten. Ich kann mich wie durch einen Schleier daran erinnern. Um mich herum waren hellgraue Wände, ein widerlicher Geruch in der Luft – diesen Geruch habe ich nie wieder wahrgenommen. Und das Gefühl, irgendwie aufzugeben – einfach das Gefühl, daß das Ende da ist. Aber meine Mutter hat mich immer aus dem Wasser gezogen. Und ich weiß nicht, wieso.«

Es klingt paradox, daß etwas so Gefährliches und Beängstigendes, etwas, das einem Kind derartig brutal aufgezwungen wurde, in seinem späteren Leben zum Hobby werden kann. Aber Künstler haben ihre Kindheitstraumata in ihrer Kunst unzählige Male wiederholt. Als René Magritte 14 Jahre alt war, starb seine Mutter eines plötzlichen, grausamen Todes. Sie beging Selbstmord, indem sie in den Fluß Sambre sprang, und ihre Leiche wurde erst Tage später gefunden. Magritte hat seine Erinnerungen als Künstler verarbeitet. Er hat mit seinen Vorstellungsbildern vom Leichnam der Mutter, nachdem sie aus dem von Aalen wimmelnden und von Industrieabwässern verseuchten Fluß gezogen und zu Hause aufgebahrt worden war, »gespielt«. Höchstwahrscheinlich hatte die Leiche ein zerstörtes Gesicht und einen aufgeblähten Leib. Man sagt, daß sich ihr Nachthemd um ihr Gesicht gewickelt hatte, als man sie fand. Magritte wiederholt diese Erinnerungen zahllose Male in seinen Darstellungen von verhüllten oder gesichtslosen Menschen. Er zeigt uns Stoffhüllen, Äpfel, Melonenhüte, Himmel – alles, nur keine Gesichter. Oft malt er einen wäßrigen Hintergrund. Er reproduziert ein Gefühl des Grauens. Er zeichnet seltsame Frauen, teils Mensch, teils Fisch, mit aufgeblähten Bäuchen – der Gedanke an eine weibliche Wasserleiche ist naheliegend.[7]

Die Mutter von Edvard Munch starb an Tuberkulose, als er fünf Jahre alt war, und seine Schwester erlag derselben Krankheit, als er 14 Jahre alt war. Diese Todesfälle wiederholen sich häufig in Munchs Gemälden von Frauen und Babys (oder Föten) in Särgen. Er stellt Totenbetten dar. Er stellt das Entsetzen dar. Selbst seine lebenden Frauen sehen wie tot aus. Aber das größte Grauen spiegelt sich in den Gesichtern von Munchs entsetzten Überlebenden wider. Spiegelbilder seines eigenen Ichs.[8]

Die berühmte mexikanische Malerin Frida Kahlo wurde als Teenager von einer Stange durchbohrt, als die Straßenbahn, in der sie saß, von einem Bus gerammt wurde. Die quälenden, entstellenden Folgen dieses Unfalls tauchen immer wieder in ihren oft gebrochen und stumpf wirkenden Selbstporträts auf. Als Sechsjährige war sie wegen einer Polioerkrankung des rechten Beines neun Monate lang ans Bett gefesselt. Damals »besuchte« sie ein kleines Mädchen, ein Geschöpf ihrer Phantasie, das im Mittelpunkt der Erde lebte und tanzen konnte. Sie scheint auch an dieser Erinnerung festgehalten zu haben. Mit 40 Jahren malte Kahlo *Las dos Fridas* (*Die zwei Fridas*), eines ihrer berühmtesten Werke. Dort sieht man eine gesunde Frida, die einer identischen, aber schwächeren Frida eine Bluttransfusion gibt.[9]

Gary Baker war kein Künstler. Aber er spielte unablässig etwas nach, das seiner bewußten Erinnerung jahrelang entzogen war. Er spielte es noch in den starken Strömungen seiner Lieblingsflüsse im Staat New York. Er selbst bezeichnete sein Tun als »Spiel«, und ich glaube, daß auch Magritte, Munch und Kahlo ihre Arbeit so gesehen hätten. Als Kind konnte Gary einen Ton auf dem Saxophon länger halten als jeder andere in der Schule. Er hatte seine Lunge trainiert, ohne daß ihm das bewußt war. Es war so eine Art lebensrettende Angewohnheit von ihm. In der High-School war er ein großer Fan von »Raumschiff Enterprise«, und er lebte ein Phantasieleben im Weltraum, wo es genausowenig Luft gibt wie in jenem Wasser, das ihn so in Panik versetzt hatte. Im College schrieb er seine Spielzüge beim Schach im voraus auf, damit sein Gegner später sehen konnte, daß Gary ihn von Anfang an unter Kontrolle gehabt hatte. Gary war stets um Kontrolle bemüht, weil er früher keine hatte. Die Todesspiele seiner Mutter hatten ihm vielerlei Wege gezeigt, mit seinem eigenen vorweggenommenen Sterben zu »spielen«.

Schließlich wurde das Tauchen zum wichtigsten Ausdruck für Garys wirksame, aber noch immer verdrängte Erinnerungen. Beim Tauchen stellte er sich unbewußt seiner Furcht vor Klosettschüsseln, vor der Kinderwanne, vor Strömungen, die ihn wegzutreiben drohten, außerhalb der Reichweite einer rettenden Hand. Er kämpfte darum, etwas in den Griff zu bekommen, das man im Verlauf eines Lebens normalerweise nicht vollständig in den Griff bekommt.

Garys traumatische Erfahrung in dem Bewässerungsgraben hebt sich nicht radikal von seinen anderen Traumata ab. Es gab viele andere Male, in denen die Mutter sein Leben, seine Liebe zu ihr und seine kindliche Sexualität bedroht hat. Doch der Graben hat den Grundton und die Struktur eines Großteils seines späteren Lebens bestimmt. Er studierte einzellige Organismen, die Bewohner der Wassergräben überall auf der Welt. Am Ende erkundete er sogar die Zellen des menschlichen Gehirns. Er stürzte sich in Flüsse mit reißenden Strömungen. Er brachte anderen bei, wie man das macht. Er lernte, die silbrige Wasseroberfläche zu beherrschen.

In jenem Bewässerungsgraben erlebte Gary etwas, das sich ihm unauslöschlich einprägte. Dieses psychische Bild muß unmittelbar vom Kurzzeit- ins Langzeitgedächtnis übertragen worden sein. Wenn sehr alte Erinnerungen neu entstehen, das wissen wir durch die Studien von Larry Squire, dann müssen diese Erinnerungen in Garys Großhirnrinde gespeichert gewesen sein, ohne etwas von ihrer enormen Wirkung zu verlieren. Sie haben, ohne daß es Gary bewußt war, vieles von dem beeinflußt, was er getan hat. Und dann, nachdem sie 40 Jahre im verborgenen gewirkt hatten, tauchten sie wieder auf, mit all ihren erschütternden Einzelheiten.

Hin und wieder stoße ich in der wissenschaftlichen Literatur über Gehirn und Gedächtnis auf Gary Bakers Namen. Seine Forschungsarbeiten sind faszinierend. Hin und wieder telefonieren wir miteinander, und Gary erzählt mir, daß er freier, kreativer und sehr viel glücklicher ist als je zuvor in seinem Leben. Seine Psychiaterin hat einen Termin für das Ende der Therapie festgesetzt, was Gary mit gemischten Gefühlen betrachtet. »Je weiter meine Therapie fortschreitet«, sagt er, »desto produktiver werde ich, und desto weniger fühle ich mich wie ›Mr. Spock‹.« Er und Brooke werden bald heiraten. Aber das Tauchen bildet noch immer den Mittelpunkt von Garys Leben. Er muß weiter in den Tiefen spielen und von dort unten hinaufblicken zur silbrigen Wasseroberfläche.

Die zwei Gesichter der »Miss America« 5

Auf dem Zeitungsfoto aus dem Jahr 1951 ist ein Mann zu sehen, der breitbeinig und entspannt auf einer Couchlehne sitzt. Das Jackett seines hellen Sommeranzugs trägt er leger geöffnet, doch das Taschentuch lugt präzise gefaltet aus der Brusttasche. Graumeliertes Haar umrahmt sein aristokratisches Gesicht, das den anderen Personen auf der Couch zugewandt ist – seinen vier Töchtern. Er blickt sie freundlich an. Er scheint gerade etwas Interessantes zu sagen. Die geöffneten Lippen lassen ebenmäßige weiße Zähne erkennen. Sein Körper ist schlank und athletisch. Er sieht gelassen aus, der Inbegriff des gesunden, erfolgreichen Mannes im mittleren Alter.

Mädchenbeine in hochhackigen Schuhen nehmen die untere Hälfte des Bildes ein. Schlank und wohlgeformt, wie sie sind, denkt man automatisch an Reiten, Golf, Schwimmen und Skifahren. Drei der Mädchen sind blond, das vierte hat dunkles Haar. Ihre schulterlangen Locken glänzen.

Die rechte Hand des Vaters ruht lässig auf der Schulter einer seiner Töchter, die zu ihm aufblickt. Das ist Gwen, die älteste. Ihr Haar ist so hell wie das von Jean Harlow. Das dunkelhaarige Mädchen ist Val, die zweitälteste. Während drei der Mädchen gedeckte Frühlingsfarben tragen, ist eines schwarz gekleidet, die intellektuell aussehende Nancy. Das jüngste Mädchen ist im Profil zu sehen. Fest umklammert sie ihre Handschuhe. Ihre Locken sind nicht ganz ausgekämmt. Sie ist die größte und dünnste von allen. Das ist Marilyn Van Derbur im Alter von 13 Jahren. Das Foto zeigt Marilyn und ihre Schwestern auf einem Fest zu Ehren ihres Vaters, das von der *University of Denver* veranstaltet wurde. Der stattliche, souveräne Mann ist Francis S. Van Derbur, der im Jahre 1951 von seiner ehemaligen Universität eine Auszeichnung erhielt.[1]

Francis S. Van Derbur und seine Gattin Gwendolyn Olinger Van Derbur gehörten zur vornehmsten Gesellschaft von Colorado. Bill McNichols, ehemals Bürgermeister von Denver, bezeichnete Francis S. Van Derbur einmal als »eine bedeutende Gestalt in der Geschichte des Staates«.[2] Mr. Van Derbur war in seinen jungen Jahren sehr ehrgeizig, und er hatte Erfolg. Seine Universitätsausbildung finanzierte er durch Stipendien. Außerdem arbeitete er in jeder freien Minute. Er konnte nach Gehör Klavier spielen und auswendig Gedichte rezitieren. Kurz vor dem Abschluß seines Studiums an der *University of Denver* lernte er eine bezaubernde, reiche Studentin aus der feinen Gesellschaft kennen, die den Spitznamen »Boots« trug. Vom ersten Moment an waren die beiden unzertrennlich. Boots Olinger war von »Vans« Aussehen ganz hingerissen. »Er war ein Adonis«, sagte sie später über Francis S. Van Derbur. »Ein Blick genügte, und ich war in ihn verliebt.«

Das Paar heiratete am 13. Juni 1930, nachdem Francis ein ganzes Jahr für Gwendolyns Vater gearbeitet hatte. Dann machte sich Francis daran, das Bestattungsunternehmen der Familie Olinger zu vergrößern. Als er 1959 endlich Geschäftsführer wurde, war aus der Firma ein gigantisches Unternehmen geworden. Gegenüber der Zeitschrift *People* beschrieb Boots Van Derbur ihre fünfundfünfzigjährige Ehe mit Francis als »einfach vollkommen ... Jedesmal, wenn ich ihn sah, schlug mein Herz schneller – vom ersten Augenblick bis zu dem Tag, an dem er starb.« Boots, die mittlerweile weit über 80 Jahre alt ist, versucht, »die guten Taten« von Francis in Erinnerung zu behalten. Sie ist heute noch aktiv, engagiert sich für wohltätige Zwecke und liebt ihre Familie, die immer den Mittelpunkt ihres Lebens bildete, über alle Maßen.[3]

Francis S. Van Derbur war ein Menschenfreund, wie er im Buche steht. Er saß in verschiedenen Ausschüssen, bewegte sich in den feinsten Kreisen, war Geschäftsmann und eine Stütze des städtischen Gemeinwesens. Als er 1984 im Alter von 76 Jahren an einem Herzinfarkt starb, brachten die Zeitungen von Denver die Nachricht auf der Titelseite.[4] Er wurde auf dem Gipfel von Mount Lindo in einem Mausoleum bestattet, in der Nähe eines riesigen Neonkreuzes, das er Jahre zuvor dort hatte errichten lassen, damit seine Mutter von ihrem Haus aus sehen konnte, wo das Grab seines Vaters lag. Das beleuchtete Kreuz, heute eines der Wahrzeichen von Jefferson County, dient den Flugpassagieren, die nach Denver fliegen, als Orientierungspunkt.[5] Weniger auffällige, aber dafür um so bedeutsamere Spuren hat Van Derbur bei verschiedenen Institutionen in Colorado hinterlassen. Besonders gefördert hat er *Wallace Village*, eine Einrichtung für behinderte Kinder, seine Alma mater, die *University of Denver*, das *Colorado Women's College*, die *University of Colorado*, die Schauspielschule in Denver, das städtische Theater und die Pfadfinder.

Die vier Töchter erblickten von 1931 an rasch hintereinander das Licht der Welt. Zunächst lebte die Familie in einem alten, dreistöckigen, weißen Holzhaus im Osten von Denver. 1948 zog sie in ein noch geräumigeres Haus in Stadtnähe. Im Winter fuhren die Mädchen Ski, und ihre Tage waren erfüllt von Schule, Musikunterricht und Spielen. Jede von ihnen wollte die beste sein. Marilyn, ein dünnes, hageres Kind, war Pferdenärrin. Ihre Schwester Gwen erinnert sich, daß Marilyns Zimmer mit Gerten aus Pferdehaar, kleinen Pferdefiguren und Reitutensilien vollgestopft war.

In dieser feinen Familie war es eine Selbstverständlichkeit, daß jedes Kind sich freiwillig für eine gute Sache einsetzte. Marilyn verbrachte viel Zeit in *Wallace Village*, wo sie an Förderungsprogrammen für emotional gestörte Kinder mitarbeitete. Auch Gwen engagierte sich mit zunehmender Begeisterung für wohltätige Zwecke. Wenn die Töchter der Familie Van Derbur Taschengeld haben wollten, mußten sie zuerst unterschriebene »Einsatzzettel« vorlegen, auf denen sie ihre guten Taten aufgelistet hatten.

Anstatt Bilder von Filmstars zu sammeln, hatte die junge Marilyn ein Sammelalbum, in das sie alles über ihre sechs Jahre ältere Schwester Gwen einklebte. 1949 wurde Gwen zur schönsten Studentin der Universität von Colorado gewählt. Sie war die Schönheitskönigin eines Festes in Aspen, und im Juli 1952 erschien ihr Gesicht auf der Titelseite der Zeitschrift *Photoplay*. Nichts beeindruckte die kleine Marilyn mehr als Gwen. Marilyns Sammelalbum war voller Zeitungsausschnitte und Fotos, was Gwen ein wenig verwunderte, denn sie selbst bewahrte nichts dergleichen auf.[6]

Im Jahre 1957 nahm Marilyn, mittlerweile 19 Jahre alt und Studentin an der *University of Colorado*, an einem Schönheitswettbewerb teil und wurde zur Miss Colorado gewählt. Ein Jahr darauf nahm sie in Atlantic City an der Wahl der »Miss America 1958« teil. Sie spielte zwei Stücke, die ihr Vater für sie ausgesucht hatte – »Tea for Two« und »Tenderly« – auf der Hammondorgel. (»Er irrt sich nie«, kommentierte Marilyn seine Auswahl später den Reportern gegenüber.) Ganz offensichtlich zählte sie bei den Durchgängen im Abendkleid und im Badeanzug zu den Publikumslieblingen, doch um den Titel zu gewinnen, mußte sie sich gegen die starke Konkurrentin Jody Elizabeth Shattuck behaupten, eine außerordentlich attraktive Miss Georgia. Als Marilyn tatsächlich gewann, war sie verblüfft. »Selbst meine Schwestern haben nicht auf mich gesetzt«, sagte sie.[7] Im Jahr nach ihrer Wahl zur Miss America arbeitete sie neben ihrem Studium als Fernsehsprecherin für AT&T. Trotz ihrer Berühmtheit legte Marilyn weiterhin Wert auf ihre akademischen Leistungen und machte ihr Examen mit Auszeichnung.

Vier intelligente, hübsche Mädchen. Alle vier eifrig mit guten Taten und »Einsatzzetteln« beschäftigt. Für die Van Derburs schien der amerikanische Traum Wirklichkeit geworden zu sein.

Am Abend des 8. Mai 1991 versammelte sich eine Gruppe von Inzestopfern mit ihren Familien, ihren Therapeuten und einem Reporter in einem kleinen Saal des Campus der *University of Colorado Health Sciences*, wo das Konzept für ein neues Programm am *Kempe National Center* vorgestellt wurde. Diese bekannte, mit der Universität verbundene Einrichtung beschäftigt sich mit der Verhinderung von Kindesmißbrauch und -vernachlässigung sowie mit der Behandlung der Opfer. Sie ist nach dem in Denver arbeitenden Kinderarzt C. Henry Kempe benannt, der im Sommer 1962 zusammen mit einem Psychiater, einem Radiologen und zwei weiteren Ärzten im *Journal of the American Medical Association* einen Artikel mit dem Titel »The Battered Child Syndrome« (»Syndrom des mißhandelten Kindes«) veröffentlicht hatte. Dieser Artikel umriß in klassischer Weise die Grundlagen für die Behandlung von mißhandelten Kindern.[8] Am Abend der Benefizveranstaltung für das *Kempe Center* trat überraschend eine Frau in einem modischen weißen Kostüm ans Mikrofon. Sie sprach sehr routiniert und überzeugend. Sie wolle eine Spende bekanntgeben, sagte sie. Sie, ihre Mutter und ihre Schwestern würden ein Projekt des *Kempe Centers* für erwachsene Inzestopfer mit einer Starthilfe in Höhe von einer Viertelmillion Dollar unterstützen. Aber das, was das kleine Auditorium wirklich in Aufruhr versetzte, war die Eröffnung, die die Rednerin über ihr eigenes Leben machte. »Ich bin heute abend hergekommen, weil ich selbst ein Inzestopfer bin«, sagte sie. Die Rednerin war Marilyn Van Derbur Atler, die Miss America des Jahres 1958.

Marilyn erzählte den Zuhörern, daß Francis S. Van Derbur sie von ihrem fünften Lebensjahr an bis zum Beginn ihres Studiums »vergewaltigt« habe. Er habe darauf vertraut, daß der wahre Charakter ihrer Beziehung geheim bleiben würde. »Das war seine wichtigste Waffe«, sagte sie. »Er wußte, daß ich nie darüber reden würde.« Dann verkündete Marilyn: »Heute abend sage ich zu meinem Vater: ›Du hast dich geirrt!‹«

Selbst in einer Zeit, in der solche Eingeständnisse fast schon an der Tagesordnung waren, hatte Marilyns Geschichte eine schockierende Wirkung. Gleichzeitig wurde sie zur großen Sensation, weil eine Familie aus den höchsten Gesellschaftsschichten in einen Inzestfall verwickelt war, und sie zog sofort die Aufmerksamkeit der Medien im ganzen Land auf sich. Mich interessierte an Marilyns Aussage vor allem, daß sie sich bis zum Alter von 24 Jahren nicht an ihre schlimmen Erfahrungen hatte erinnern können. Sie hatte jede Erinnerung an das, was ihr angetan wurde, schon im selben Moment verloren. Vom ersten bis zum letzten Mißbrauch dachte Marilyn nie bewußt, daß etwas nicht stimmte. Während sie mit Larry Atler befreundet war, dem Jungen, den sie später geheiratet hatte, wußte sie nicht, daß ihr Vater sie viele Male, nachdem sie sich mit einem Gutenachtkuß von Larry verabschiedet hatte, zu sexuellen Handlungen zwang. Während sie als Miss America hofhielt, war sie sich keine Sekunde lang ihrer inzestuösen Vergangenheit bewußt.[9]

Die Technik, die Marilyn Van Derbur benutzte, um den Inzest zu verdrängen, ist relativ ungewöhnlich. Marilyn erläuterte der Zuhörerschaft, daß sie sich als Kind in ein fröhliches »Tagkind« und ein furchtsames »Nachtkind« »gespalten« habe. Offensichtlich hatte sie den Abwehrmechanismus eingesetzt, den Freud gegen Ende seiner Laufbahn entdeckte und den er die *Ich-Spaltung* nannte.[10] Als »Tagkind« wußte sie nicht, was sie als »Nachtkind« erlebte. Sämtliche Erinnerungen an den Mißbrauch waren im Geist des Nachtkindes unter Verschluß. Spaltung ist ein Abwehrmechanismus, der es ermöglicht, sich selbst und andere als »vollkommen gut« oder »vollkommen böse« zu sehen. Ein Mensch, der Spaltung praktiziert, kann die positiven und negativen Eigenschaften des Selbst und der anderen nicht in ein umfassendes und kohärentes Bild integrieren. Gelegentlich gehen die Erinnerungen an eines dieser »Ichs« verloren. Genau das war offenbar im Kopf von Miss America geschehen.

Marilyn erzählte den Zuhörern, daß sie ihren Ehrgeiz, ihre sportlichen und akademischen Erfolge als typisch für das Tagkind betrachtete. Mit dem Ausdruck »Nachtkind« bezeichnete sie die Seite ihrer Persönlichkeit, hinter der sich unsagbare Scham, schmutzige Geheimnisse und Entsetzen verbargen. Das Nachtkind konnte kaum schlafen. Das Nachtkind konnte nicht sprechen. Aber Marilyns Tagkind war sich all dieser Dinge absolut nicht bewußt. Keine der beiden Seiten wußte um die andere. Die Inzesterinnerungen waren nur in einer Hälfte von Marilyns Bewußtsein gespeichert. »Tagsüber«, so berichtete Marilyn, »gab es zwischen mir und meinem Vater nie beschämte oder zornige Blicke, weil ich, das ›Tagkind‹, keine bewußte Kenntnis von den Traumata und den Schrecken des ›Nachtkindes‹ hatte. ... Ich glaubte, daß ich der glücklichste Mensch auf der Welt sei. Das glaubte ich wirklich.«

Marilyn war 24 Jahre alt, als ihre Erinnerungen zurückkehrten. Das geschah in Beverly Hills während eines Mittagessens mit einem alten Freund, dem Reverend D. D. Harvey, der früher einmal Marilyns Jugendgruppe in der presbyterianischen Kirche in Denver geleitet hatte. Marilyn hielt sich in Los Angeles auf, um Werbefilme zu drehen, und Reverend Harvey, der nach Los Angeles gezogen war und mittlerweile in der Drogenberatung arbeitete, hatte sie zum Mittagessen eingeladen. Seit sie Sprecherin für AT&T geworden war, hatte Marilyn etliche Male Werbefilme in Los Angeles aufgenommen, aber sie war D. D. Harvey aus dem Weg gegangen. Dieses Mal blieb er jedoch hartnäckig. Er wollte sie etwas fragen. In dem Rehabilitationsprogramm für Drogenabhängige arbeitete Harvey mit etlichen Erwachsenen, die als Kinder mißbraucht worden waren. Er hatte seit Jahren den

Verdacht gehabt, daß mit Marilyn etwas nicht in Ordnung war, und jetzt glaubte er zu wissen, was. Beim Mittagessen schnitt er das Thema Inzest an. Marilyn brach auf der Stelle in Schluchzen aus. Die bloße Erwähnung des Wortes setzte eine gewaltige Welle vergessener Emotionen frei. Die ersten Worte, die Marilyn dem Geistlichen unter Schluchzen sagte, waren: »Erzählen Sie das niemandem.«

»Wem wollen Sie es nicht erzählen?«

»Larry.«

»Dann ist er der einzige, dem wir es erzählen *müssen*«, entgegnete Harvey.[11]

Larry Atler war mittlerweile Anwalt in Denver. Seine Beziehung zu Marilyn war über Jahre hinweg immer wieder aufgeflammt. Tatsächlich hatte Marilyn nach dem Abschluß ihres Studiums einen früheren Footballspieler der *University of Colorado* geheiratet. Die Ehe dauerte ganze drei Monate, dann kehrte Marilyn wie schon so oft zu Larry zurück. Als Larry den Anruf von Reverend Harvey erhielt, war er sofort bereit, nach Los Angeles zu fliegen. Marilyn sah sich beinahe außerstande, mit Larry über das, was im einzelnen zwischen ihr und ihrem Vater geschehen war, zu sprechen. Doch er verstand rasch und gab ihr allen Trost, den sie sich hätte wünschen können. Zwei Jahre danach heirateten sie.[12]

Marilyn Van Derburs Spaltung in ein »Tagkind« und ein »Nachtkind« ist ein Abwehrmechanismus, der häufig von kleinen Kindern angewandt wird, die über einen sehr langen Zeitraum oder wiederholt traumatisiert werden. Wie alle psychischen Abwehrmechanismen kann Spaltung auch für andere Zwecke als nur zum Schutz gegen Traumata eingesetzt werden, aber normalerweise erfolgt sie bei Kindesmißbrauch oder anderen extremen Störungen in der Familie. Wenn Kinder das Kleinkindalter hinter sich gelassen haben, sind sie in der Lage, sich selbst und anderen Menschen »gute« und »böse« Eigenschaften zuzuschreiben. Wenn sie mit zwei oder drei Jahren ein schweres Trauma erleiden, können sie diese Fähigkeit unter Umständen erst im Alter von vier oder fünf Jahren entwickeln. Anschließend erfolgt die Spaltung.

Bei jungen »Objektspaltern« – diejenigen, die ihre Sichtweisen von anderen spalten – wechseln extreme Wutausbrüche mit guter Laune ab. Solche Kinder schlagen zum Beispiel ihre Lehrerin, wenn sie ausgeschimpft werden. »Sie ist eine Hexe«, denkt das Kind. Aber später ist dasselbe Kind möglicherweise extrem dankbar, wenn die Lehrerin Kekse verteilt. »Sie ist ein Engel«, denkt das Kind. Ein solches Verhalten erwächst häufig aus dem Versuch, der ungeheuer aufregenden, aber furchtbaren Gefühle Herr zu werden, die durch mißbrauchende Eltern oder Bezugspersonen ausgelöst werden, und gleichzeitig die Erinnerungen an die Freundlichkeit und Liebe zu bewahren, die dieselbe Person an den Tag legen kann. Es fällt dem Kind schwer, zwei diametral entgegengesetzte Empfindungen zu rechtfertigen. Deshalb werden die Gefühle getrennt voneinander unter Verschluß gehalten, und das Kind ist sich jeweils nur einer Gefühlskategorie bewußt.

Objektspaltung ist besonders bei solchen Menschen festzustellen, die mit der von Psychologen so genannten »Borderline-Persönlichkeit« belastet sind. Dieser Ausdruck bezieht sich auf Menschen, die sich unberechenbar, zornig und launisch verhalten und ihre Meinung über wichtige Personen in ihrem Leben radikal wechseln. In jüngster Zeit hat man das »Borderline«-Syndrom mit Kindesmißbrauch in Zusammenhang gebracht – obwohl viele Menschen, die im frühen Kindesalter Opfer von Mißbrauch geworden sind, bei weitem keine charakteristischen Anzeichen der Borderline-Persönlichkeit an den Tag legen. Einige Opfer von Kindesmißbrauch setzen jedoch die Spaltung als Abwehrmechanismus ein, was häufig zu Erinnerungslücken führt.

Doch die Art von Spaltung, die Marilyn Van Derbur Atler am Abend des 8. Mai 1991 ihrer Zuhörerschaft beschrieb, war keine Objektspaltung. Sie sagte, sie habe sich selbst gespalten. J. Christopher Perry, ein Psychiater aus Cambridge, Massachusetts und einer der führenden Theoretiker auf dem Gebiet der psychischen Abwehr, schreibt, daß Menschen, die ihre eigene Persona spalten, »widersprüchliche Ansichten, Erwartungen [an sich selbst] und Gefühle zeigen, ... die nicht zu einem kohärenten Ganzen zusammengefügt werden können.« Anders ausgedrückt: Ein Tagkind und ein Nachtkind ergibt noch kein ganzes Kind. Kinder definieren ihr gespaltenes Selbst als »krank« und »gesund«, »alt« und »jung«, »schlau« und »dumm«, »hilflos« und »stark«, praktisch mit jedem denkbaren Gegensatzpaar. Am häufigsten spalten Kinder in »gut« und »böse«.

Ein Kind, das »Ichspaltung« betreibt, betrachtet die ungewollte Seite wie eine Art eitriges Anhängsel und versucht, sie abzuschneiden. Diese mentale Amputation kostet das Kind die Ganzheitlichkeit seines Charakters, psychische Energie und eine Menge Erinnerungen. Die kranke, böse oder dunkle Seite bleibt zwar intakt, aber sie wird verborgen – als ob das Kind ein faulendes, halb abgetrenntes Körperglied hinter sich herziehen müßte. Diese Spaltung führt dazu, daß die Kinder das Bewußtsein von der Verbindung zwischen ihren »Ichs« verlieren. So schreiben sie dann bestimmte Charakteristika einer Puppe oder einem imaginären Spielkameraden zu, aber sie erkennen diese Charakteristika nicht als ihre eigenen.[13]

Manche Kinder, die sich selbst spalten, können weiter gehen, als es bei Marilyn Van Derbur je der Fall war. Unter Umständen trennen sie zum Beispiel ihre hoffnungslosen oder ihre wütenden Seiten ab. Es kann vorkommen, daß sie parallel dazu dissoziieren und dann vorübergehend von allem Denken, von körperlichen Prozessen, ja von der Welt abrücken, während sie sich unter dem Deckmantel der einen oder der anderen Persönlichkeit befinden. Tritt die Spaltung und die Dissoziation häufig auf, hat das Kind kein Bewußtsein von Zeit mehr. Es wird immer wieder Lücken im Kurzzeit- und Langzeitgedächtnis haben. Wahrscheinlich wird es auch Lernlücken haben – zum Beispiel in Fächern wie Rechnen oder Geschichte.

Die Kombination von Dissoziation und Spaltung ist eine der wenigen Abwehrstrategien, die das vorbereitende und konditionierende Gedächtnis ebenso beeinflussen können wie das Gedächtnis für Fähigkeiten und Wissen und das episodische Gedächtnis – die Erinnerung an Ereignisse. Eine solche Kombination kann außerdem zum Krankheitsbild der »multiplen Persönlichkeit« führen. Bei dieser äußerst schweren Krankheit spielen Schwierigkeiten mit dem Gedächtnis eine zentrale Rolle.[14]

In der Kindheit tritt Spaltung häufig in Verbindung mit dem Abwehrmechanismus der Verschiebung auf. Dabei werden die starken Gefühle oder Impulse eines Kindes auf ein Objekt umgeleitet, das weniger emotional belastet ist. Das führt dann zu dem imaginären Spielkameraden, einem völlig normalen Phänomen im Leben von Fünfjährigen.

Ein Extrembeispiel für die Verschiebung, die ein traumatisiertes Kind praktizieren kann, war einer meiner jungen Patienten, den ich hier Markie Stanton nenne. Er war sieben Jahre alt, als sein Vater bei einem Autounfall schwer verletzt wurde und zwei Monate im Koma lag, bevor er schließlich starb. In den folgenden zwei Jahren schlief Markie stets mit einem Plüschelefanten, den er »Li'l Boy« nannte. Wenn der kleine Markie irgendwohin ging, war »Li'l Boy« dabei.

Ich lernte Markie kennen, als er neun Jahre alt war. Am Anfang glaubte ich, daß es sich bei »Li'l Boy« um einen typisch kindlichen Begleiter handele, wie eben eine Schmusedecke oder einen Teddybär. Doch schon bald erfuhr ich, daß der Junge tapfer an dem bedrückenden Krankenbett seines Vaters im Krankenhaus gewacht hatte, daß er sich bei dem Begräbnis fast wie ein Erwachsener benommen und seiner Mutter danach so gut er konnte beigestanden hatte. Markie verhielt sich für seine neun Jahre viel zu erwachsen. Er hatte mit sieben das »Junge« vom »Alten« abgespalten und seine ganze Kindlichkeit einem Stofftier zugeordnet, das er »Li'l Boy« nannte.

Markie litt unter seiner Spaltung. Bei Gleichaltrigen war er nicht sonderlich beliebt. Seine schulischen Leistungen waren nicht so gut, wie sie hätten sein können, weil er Angst davor hatte, Fehler zu machen. Der Abwehrmechanismus der Spaltung brachte ihm keine Befreiung von den traurigen Erinnerungen und nahm ihm obendrein die Möglichkeit, Freundschaften zu schließen und Selbstachtung zu entwickeln.

Wie Markie Stanton litt auch Marilyn Van Derbur Atler unter einer ganzen Reihe von Problemen, die mit ihrer Spaltung zusammenhingen. Bei ihrer Rede während der Wohltätigkeitsveranstaltung für das *Kempe Center* erzählte sie, daß das Tagkind niemals einen Mittagsschlaf halten konnte. Die Vorstellung, eine Vollnarkose zu bekommen, war ihr unerträglich. Sie hatte Angst vor dem Schlafen. Und tatsächlich wachte das Nachtkind beinahe jede Nacht um zwei Uhr mit dem Gefühl auf, daß ein männlicher Eindringling im Zimmer sei. »Schlaf«, so erläuterte sie ihren Zuhörern, »bedeutet, daß ein Mann alles mit dir machen kann, was er will, und daß du wehrlos bist.«

Marilyn und Larrys einziges Kind Jennifer kam zur Welt, als Marilyn 34 Jahre alt war. Es war eine schwere Steißgeburt, aber Marilyn ließ sich keine Narkose geben. Als Jennifer ihren fünften Geburtstag feierte, wurde Marilyn plötzlich von körperlichen Beschwerden heimgesucht, die sich dann als psychische Symptome erwiesen. Sie hatte lang anhaltende Lähmungserscheinungen und war mehrere Wochen lang bewegungsunfähig. Ihr Geist dagegen machte Überstunden. Allmählich wurde ihr klar, daß diese Probleme mit Jennifers Alter in Zusammenhang standen. Ihre Tochter war jetzt so alt, wie Marilyn gewesen war, als ihr Vater sie zum erstenmal mißbrauchte. Jennifers Alter hatte als Auslöser für ihr eigenes Gedächtnis fungiert. Marilyns Erinnerungen an den sexuellen Mißbrauch waren größtenteils sensorische Erinnerungen – körperliche Empfindungen, die ihre physischen Wahrnehmungen während der Mißbrauchserfahrungen reflektierten – und als Marilyn an jenem 8. Mai ihr Geheimnis preisgab, berichtete sie nur von diesen sensorischen Erinnerungen.

Als Jennifer in die Pubertät kam, wurde Marilyn von rasenden Schmerzen in Rücken, Brust, Beinen und auf der Haut befallen. Wieder hatte Jennifers Alter Erinnerungen an die Qualen ausgelöst, die Marilyn im selben Alter durchgemacht hatte. Häufig mußte sie unkontrolliert schluchzen. Mittlerweile erinnerte sie sich seit über 20 Jahren an den Inzest, aber der Schmerz wuchs in dem Maße, wie ihre Tochter Jennifer größer wurde. Mit Marilyns Karriere als Fernsehsprecherin war es letztlich vorbei.[15] Sie versuchte es mit einer Reihe unterschiedlicher Psychotherapien, darunter Gruppen- und Einzeltherapie. Mehr als einmal war sie in stationärer Behandlung. Sie sah keinen Ausweg mehr. Marilyn war 46 Jahre alt, als Francis S. Van Derbur starb. Der Mensch, der ihre Schwierigkeiten verursacht hatte, war für immer aus ihrem Leben verschwunden, doch die Probleme blieben und wurden sogar noch schlimmer. »Ich war zutiefst verzweifelt und häufig über längere Zeiträume hinweg völlig handlungsunfähig«, berichtete sie der Zuhörerschaft. »Der Tod bedeutete für mich Frieden – die Erlösung von einem Geist und einem Körper, für die die Qual unerträglich geworden war.« Gegen Ende ihrer vorbereiteten Rede ließ Marilyn die erschütternde Zwiespältigkeit erkennen, die sie im Hinblick auf Francis S. Van Derbur empfand: »Ich habe meinen Vater geliebt«, sagte sie.[16]

Ich habe die Wahl der Miss America oft genug gesehen und kenne daher den Ablauf – Abendkleider, Badeanzüge, ein Preis für die sympathischste Teilnehmerin, die Talentshow, die Gespräche mit den Finalistinnen und dann das rasche Vergessen aller, bis auf die eine schöne, junge Frau, die weint und mit Krone, Schärpe und Rosen den Laufsteg entlangschreitet. Aber im Herbst des Jahres 1957, als die Miss America 1958 gewählt wurde, habe ich nicht zugesehen. Ich studierte Medizin.

1991, nachdem Marilyn ihr öffentliches Bekenntnis vorgetragen hatte, beschloß ich, die Sache weiterzuverfolgen, Zeitungsausschnitte zu sammeln und alles aufzuzeichnen, was ich nicht direkt von Marilyn erfuhr. Ihre »Spaltung« hatte mich fasziniert. Bei Erwachsenen ist Spaltung ein so ungewöhnlicher Abwehrmechanismus, daß meine Aufmerksamkeit geweckt war, zumal die betreffende Person eine höchst erfolgreiche Frau ohne offensichtliche Anzeichen einer multiplen oder einer Borderline-Persönlichkeit war. Außerdem war ich von Marilyns drei Schwestern gleichermaßen fasziniert. War auch bei ihnen eine Spaltung erfolgt? Es kam mir äußerst unwahrscheinlich vor, daß die anderen Mädchen von den perversen Annäherungen des Vaters verschont geblieben waren. Was für Abwehrmechanismen hatten sie angewendet? Ich stellte fest, daß mich die Erinnerungen ihrer Schwestern ebensosehr interessierten wie diejenigen von Marilyn. Falls sich die Möglichkeit ergab, wollte ich eine von ihnen interviewen.

Am 10. Juni 1991 brachte die Zeitschrift *People* einen Artikel über Marilyns Beichte, in dem auch Boots Van Derbur erwähnt wurde. Boots gab an, daß sie sich rückblickend daran erinnern konnte, daß ihr Mann manchmal das eheliche Schlafzimmer verlassen hatte, um dafür zu sorgen, daß die Mädchen einschliefen. Boots erzählte, daß er, nachdem er den Kindern angeblich den Rücken gestreichelt oder mit ihnen geredet hatte, zurückkam und sagte: »Jetzt schlafen die Mädchen bestimmt gut.« Es war Mrs. Van Derbur nie in den Sinn gekommen, ihrem Mann zu mißtrauen. »Damals waren solche Sachen einfach undenkbar«, sagte sie.

Solche Sachen. Ohne es zu wissen, gibt Boots hier ein Problem zu erkennen. Sie konnte das richtige Wort noch nicht einmal aussprechen.

Boots war noch völlig im Zustand der »Verleugnung«, eine psychische Abwehrmaßnahme, bei der die äußere Realität aufgehoben oder negiert wird. Eine Person, die verleugnet, kann sich später nicht an ein unangenehmes Ereignis erinnern, weil sie ihm keine emotionale Bedeutung zuspricht. Was als unbedeutend wahrgenommen wird, gelangt unter Umständen noch nicht einmal in das sogenannte episodische Gedächtnis.[17]

Wenn Van Derbur die Mädchen »streichelte«, damit sie einschliefen, machte Boots sich keine Gedanken. Wenn er dann wieder in sein Bett stieg (sie hatten kein gemeinsames), stellte Boots keine Fragen. In einer späteren Phase ihrer Ehe hatten sie getrennte Schlafzimmer. Doch damals, als diese »Sachen« anfingen, weigerte sich Boots, dem seltsamen Verhalten ihres Mannes, das sie in ihrem eigenen Schlafzimmer mitbekam, irgendeine Bedeutung beizumessen. Verleugnung läßt der Erinnerung von vornherein keine große Chance. Mrs. Van Derbur ahnte etwas Bedrohliches, aber sie eliminierte jede damit verbundene Vorstellung. Sie registrierte kaum etwas. Indem sie verleugnete, rettete Boots ihre Ehe. Aber durch dieses Verleugnen brachte sie ihre Töchter in Gefahr.

Ganz Denver praktizierte eine Art gemeinschaftliche Verleugnung, denn Marilyns aufwühlende Rede löste weder ungeteiltes Mitgefühl aus, noch schenkte man ihren Worten Glauben. So fragten etwa Anrufer bei Radio-Talkshows: »Wieso sollen wir ihr glauben?« Oder: »Warum hat sie denn gewartet, bis Francis Van Derbur gestorben war?« Oder: »Vielleicht versucht sie ja bloß, wieder von sich reden zu machen?« Marilyn hatte etliche Symptome beschrieben, die auf ihre Erinnerungen zurückzuführen waren. Doch in Denver war man nicht willens, diese Symptome vorbehaltlos als Beweis dafür gelten zu lassen, daß ihre Erinnerungen der Wahrheit entsprachen.[18]

Drei Tage nach Marilyns Rede wurde ihr Bekenntnis jedoch überzeugend bestätigt. Am 11. Mai erschien in der *Rocky Mountain News* ein Telefoninterview von Fawn Germer mit Gwen Mitchell, Marilyns ältester Schwester, die nach Kalifornien gezogen war. Gwen gab an, daß auch sie von Francis S. Van Derbur mißbraucht worden war. Aber anders als Marilyn hatte Gwen sich immer daran erinnert.

Diese drastische Bestätigung durch eine dritte Person überzeugte auch die Bürger von Denver. Gwen Mitchell war Anwältin und arbeitete im Bereich Vermögensplanung in der reichen, nicht weit von San Francisco gelegenen Stadt Hillsborough, Bing Crosbys Heimatstadt. Gwen war zum zweiten Mal verheiratet. 17 Jahre hatte sie in Kansas City mit dem Vater ihrer beiden Kinder verbracht. Nun lebte sie bereits seit 19 Jahren mit ihrem jetzigen Ehemann in Kalifornien. Gegen Ende ihrer ersten Ehe hatte sie unter Angstanfällen gelitten. Doch Gwen hatte stärkere Beweise für den Inzest als nur ihre Symptome. Sie erinnerte sich tatsächlich daran. Es hatte begonnen, als sie sieben war, und erst mit ihrem achtzehnten Lebensjahr aufgehört. Sie hatte sich immer daran erinnert, aber nie mit jemandem darüber gesprochen, bis sie 30 Jahre alt war und Marilyn, damals 24, ihr von der erstaunlichen Rückkehr ihrer Erinnerungen berichtete. Bis zu diesem Augenblick war Gwen davon ausgegangen, daß sie das einzige mißbrauchte Kind in der Familie war. Gwen erzählte Fawn Germer, daß sie bei dieser Eröffnung Schuldgefühle wegen ihres Stillschweigens bekommen und sich geschworen hatte, ihren jüngeren Schwestern zur Seite zu stehen, wann immer sie sie brauchten.[19]

Inzest und andere Formen von erzwungener Sexualität sind die bestgehüteten Geheimnisse, die ein Kind haben kann. Aus irgendeinem Grund wissen Kinder, ohne es gesagt zu bekommen, daß sie darüber schweigen müssen. Offenbar hatte Gwen Van Derbur sich dieses Gebot selbst auferlegt, ohne daß der Vater offene Drohungen oder Verbote ausgesprochen hatte. Sie schwieg, bis ihre Schwester zu ihr kam.

Gwen mußte Marilyn noch bei einer anderen Gelegenheit zur Seite stehen. 1985, ein Jahr nach dem Tod des Vaters, versuchte Marilyn, mit ihrer Mutter über den Inzest zu sprechen. »Das bildest du dir ein«, hatte Boots Van Derbur ihr entgegnet. Boots Ablehnung empfand Marilyn als unerträglich, und sie erzählte Gwen davon, die daraufhin Boots anrief und sie in Denver besuchte. Dort eröffnete sie ihrer Mutter, daß Francis Van Derbur auch sie mißbraucht hatte. Mrs. Van Derbur hatte keine andere Wahl, als ihr zu glauben. Ihre Verleugnung brach zusammen.[20]

Bevor Gwen Mitchell sich ganz auf Vermögensplanung spezialisierte, hatte sie in San Francisco einige Sorgerechtsfälle betreut, und zufällig hatten wir einmal an demselben Fall gearbeitet. Als ich sie anrief, sagte

Gwen, daß sie gern bereit sei, sich von mir interviewen zu lassen. Und so konnte ich mein Vorhaben in die Tat umsetzen. Ich wollte das, was ich aus Marilyns Fernsehinterviews und öffentlichen Stellungnahmen entnehmen konnte, mit dem vergleichen, was sich bei meinem eigenen Gespräch mit Gwen herausstellen würde. Ich wollte mich auf die Frage konzentrieren, wieso Marilyns Erinnerungen verlorengegangen waren, während Gwen ihre Erinnerungen bewahrt hatte. Ich wollte begreifen, warum und wie zwei Menschen aus derselben Familie mit praktisch derselben traumatischen Erfahrung zu so unterschiedlichen Abwehrmechanismen greifen konnten. Und ich wollte feststellen, wieviel die beiden Frauen heute noch erinnerten.

Inzest in der Kindheit zählt zu den traumatischen Erfahrungen, an die man sich im Erwachsenenalter nur unter außerordentlichen Schwierigkeiten erinnern kann. Inzest löst ein ungeheuer starkes Schamgefühl aus. Er führt zu gewaltigen Loyalitätskonflikten. Und er ist vorhersehbar. Das junge Opfer *weiß*, daß weitere inzestuöse Handlungen erfolgen werden. Der Täter hat ja kontinuierlich Zugang zu dem Kind. Also sieht das Kind den Inzest voraus. Unter Umständen nimmt ein kleines Mädchen Zuflucht zur Selbsthypnose – zählt beispielsweise die Flecken an der Decke oder sagt immer wieder seine Gebete auf. Oder es visualisiert andere Szenen, um zu dissoziieren. Oder es flüchtet sich in Spaltung. Das Kind bereitet sich vor. Es kann den Gedanken nicht ertragen, daß jemand, den es doch liebt, wieder einmal kommt, um es in extreme Aufregung und in Angst zu versetzen. Und es kann seine eigene Reaktion nicht ertragen.

In den Jahren, nachdem Marilyn erkannt hatte, daß ihr Dad sie mißbraucht hatte, konnte sie einige wenige episodische Erinnerungen an den Mißbrauch reaktivieren. »Es gab Tage«, so sagte sie in einem Gespräch mit Maria Shriver in der Fernsehsendung »First Person«, »an denen ganz unvermittelt eine Erinnerung an das zurückkam, was mein Vater mit mir gemacht hatte. Und das war für mich so entsetzlich und so unerträglich, daß ich – daß ich dann in der Therapiesitzung sagte: ›Ich habe in meinem Kopf keinen Platz dafür! Ich habe in meinem Kopf keinen Platz dafür!‹« Selbst nachdem Marilyn sich einiger ihrer frühen Erinnerungen bewußt geworden war, konnte sie dieses Bewußtsein nicht ertragen. Ihr erster und unmittelbarer Impuls war reine Abwehr.[21]

Mir wurde bald klar, daß die Marilyn, die ich durch Presse und Fernsehen kennengelernt hatte, nur einen Teil ihrer Persönlichkeit ausmachte. Das war in jeder Hinsicht das »Tagkind«, und ich erkannte, wie schwierig es war, die ganze Marilyn Van Derbur Atler kennenzulernen. Zwar hatte ich schon einmal eine derartige indirekte Analyse vorgenommen, als ich 1989 eine Abhandlung über Stephen King verfaßte, die auf seinen Büchern, Filmen und Interviewäußerungen aufgebaut war. Aber King war ganz anders als Marilyn – er beantwortete jede Frage der Journalisten, auch wenn die Antwort äußerst persönlich ausfallen mußte.[22] Marilyn schien dagegen stets auf der Hut zu sein. Sie benutzte häufig bei zeitlich weit auseinander liegenden Auftritten genau dieselben Formulierungen, so als ob sie ihre Antworten im voraus auswendig gelernt hatte. Sie beantwortete nicht jede Frage und wechselte oft elegant das Thema.

Ganz unbestreitbar war das »Tagkind« noch immer außerordentlich schön. Marilyn war Anfang Fünfzig, groß und schlank, sportlich und gepflegt. Sie trug ihr angegrautes Haar, das vorn hell war und nach hinten hin dunkler wurde, glatt gebürstet und aus dem attraktiven Gesicht gekämmt. Im Fernsehen schien sie intensiven Augenkontakt mit den jeweiligen Fragestellern herzustellen. Auf ihrer linken Wange erschien ständig ein Grübchen, das ihr häufiges Lächeln noch anziehender machte und ihren wohlakzentuierten Worten noch mehr Nachdruck verlieh. Sie war auffällig gekleidet – so trug sie zum Beispiel für ihren Auftritt bei Sally Jessy Raphaël ein weißes Kostüm mit schwarzem Kragen und braunen Aufschlägen, oder für *Newsweek* eine blau-weiß gestreifte Bluse, die wunderbar zu ihren Augen paßte, die übrigens stark an die Augen ihres Vaters erinnerten.

Bei den Fernsehauftritten offenbarte das Tagkind seine vornehme Herkunft. Marilyn begegnete jedem mit Anmut und Charme. Als Jennifer, Larry und Lynda Mead Shay, eine frühere Miss America, mit der Marilyn sich angefreundet hatte, bei einer Fernsehsendung gemeinsam mit Marilyn auftraten, hielt sie jeder von ihnen die Hand, als sie nacheinander neben ihr Platz nahmen. Anderen Gästen wandte sie sich ungezwungen zu und bezog sie in das, was sie sagte, mit ein.

Auch die professionelle Aufmerksamkeit, die das Tagkind der Sprache widmete – Marilyn hatte nach dem Ende ihres fünfjährigen Fernsehvertrages mit AT&T weiterhin erfolgreich als Sprecherin gearbeitet –, war offensichtlich. Wenn sie sprach, klangen ihre Worte mitunter, als würde sie in Großbuchstaben reden. (In einem Abdruck ihrer Rede bei der Benefizveranstaltung für das *Kempe Center* wurden einige ihrer Äußerungen tatsächlich so geschrieben.) Wenn sie etwas besonders betonen wollte, benutzte Marilyn häufig Wiederholungen: »Niemals, niemals«, oder »*falls* und *nur falls*«, oder »Ich *wußte* es nicht. Ich wußte es *wirklich* nicht.« Während der Sendung mit Sally Jessy Raphaël spendete ihr das Studiopublikum spontan Applaus, als sie sich vehement für die Einrichtung von Selbsthilfegruppen für Inzestopfer aussprach. Sie formulierte ihre Überzeugung rhetorisch eindrucksvoll mit präzisem Timing und großer Eindringlichkeit. Es lag nahe, daß das Tagkind zum Ausgleich für die Sprachlosigkeit des Nachtkindes beinahe zwanghaft auf die Möglichkeiten und Wirkungsweisen von Sprache achtete.[23]

Marilyn erzählte ihrem Publikum, daß Francis S. Van Derbur ihr tagsüber nie sonderlich Beachtung geschenkt hatte. Als Folge davon bemühte sich das Tagkind mehr und mehr um seine Anerkennung. Als Miss America hatte Marilyn an manchen Tagen bis zu zwanzig Auftritte.[24] Und auch heute noch leistet sie durch ihr Engagement für Inzestopfer ein ungeheures Arbeitspensum. Ihr unermüdlicher Einsatz ist vermutlich zum Teil auf den Wunsch zurückzuführen, Francis S. Van Derbur zu beeindrucken – selbst über seinen Tod hinaus.

»Ich wollte nur, daß er mich einmal in den Arm nimmt«, erzählte sie Maria Shriver. »Ein Teil von mir glaubte einfach daran: ›Vielleicht morgen. Vielleicht, wenn ich noch einmal koche, vielleicht, wenn ich noch einmal seinen Hund spazierenführe, vielleicht ist ja heute der Tag, an dem er mich liebt.‹« Was Marilyn auch tat, nichts schien bei Van Derbur normale väterliche Zuneigung zu wecken, aber sie versuchte es immer und immer wieder. »Ich habe mein Examen mit Auszeichnung gemacht, wurde Miss America, war in der Skimannschaft der *University of Colorado*. Es ist so ermüdend«, sagte sie zu Sally Jessy Raphaël.

In ihrer Jugend ging Marilyns Tagkind einer Reihe von waghalsigen

Aktivitäten nach, wie zum Beispiel dem Zureiten und Dressieren von Pferden oder dem Skirennlauf. In einem Artikel, der 1991 in der Septemberausgabe von *McCall's* erschien, bemerkte sie, daß diese »Art von furchtloser Risikofreude« für das Tagkind ein Gegengewicht zur stummen Passivität des Nachtkindes bildete. Aber ganz gleich, was Marilyns Tagkind tat, es geschah offenbar immer alles für ihren Vater. Sie erzählte den Zuschauern von »Good Afternoon, Colorado«, daß sie jedesmal, wenn sie wieder irgendwo erfolgreich gewesen war, sich selbst in ihrem Innern fragte: »Liebst du mich jetzt, Daddy? Ich bin Miss America. Liebst du mich jetzt, Daddy?«[25]

Im Juni 1991 gab D. D. Harvey der *Denver Post* ein Interview, in dem er erklärte, warum er schon lange den Verdacht gehabt hatte, daß mit Marilyn etwas nicht stimmte. Seit sie zehn Jahre alt gewesen war, hatte sie ihn nicht mehr in ihre Nähe gelassen, sagte er. »Dieses dauernde Lächeln, die ständigen Anspielungen auf ihr Bilderbuchleben, die Vergötterung ihres Vaters und das Beharren auf Distanz zu den anderen« hatten ihn mißtrauisch gemacht. Als Marilyn erwachsen war, lief sie vor der Freundschaft zu dem Geistlichen ständig davon. Bei zahlreichen Gelegenheiten zog sie sich aus unerfindlichen Gründen zurück, und manchmal mied sie ihn regelrecht. Wenn die junge Marilyn mit Harvey zusammen war, achtete sie stets darauf, daß eine greifbare Schranke, beispielsweise ein Tisch oder ein Stuhl, zwischen ihnen war.[26]

Da das Nachtkind sein Leben nicht mehr im Griff hatte, übernahm Marilyn Van Derburs Tagkind die Kontrolle und behielt sie auch im Erwachsenenleben. Marilyn schien unfähig, auch nur für einen Moment loszulassen. Sie war vorbereitet, auch wenn offensichtlich keine Vorbereitung notwendig war. Das geht aus einem »Tagebuch« hervor, das sie nach ihrer folgenreichen Rede ein Jahr lang führte und das in zwei Teilen von der *Rocky Mountain News* veröffentlicht wurde.

Ein Kind, das gegenüber seinem Vater, der es im eigenen Haus gefangenhält, keine Chance hat, tendiert möglicherweise dazu, in anderen Situationen stets die Oberhand zu behalten. So war mir beispielsweise klar, daß die Fernsehmoderatorin Sally Jessy Raphaël sich an Marilyns Regeln halten mußte und nicht umgekehrt. Die Talkmasterin verhielt sich während des Interviews äußerst zurückhaltend und akzeptierte sogar Marilyns Schweigen auf Fragen wie »Was passierte dann nachts?« (»Aber ich frage mich, ob das Nachtkind sich unter dem Bett versteckte? Oder so tat, als ob es nicht da wäre? Oder nachts wegblieb, damit niemand ins Zimmer kommen konnte?«) Ein ungewöhnliches Verhalten für eine Talkmasterin wie Sally Jessy Raphaël, die normalerweise wenig Scheu vor ihren Kandidaten zeigt und auch vor insistierenden Fragen nicht zurückschreckt. Vielleicht hatte Marilyn schon im voraus ein paar Regeln festgelegt. Ganz deutlich wurde es, als Marilyn nicht antwortete und Sally sie daraufhin fragte: »Haben Sie diese Fragen für sich selbst beantwortet? Ich werde Sie nicht bitten, Sie für *mich* zu beantworten.« Auch auf diese letzte Frage gab Marilyn keine Antwort. Es war ganz offensichtlich, wer in der Sendung den Ton angab.

Während sich Marilyn problemlos dem Fernsehen und den Zeitungen anvertraute, hegte sie ein erstaunliches Mißtrauen gegenüber Büchern. »Solange ich vor eine Kamera treten kann oder ein Reporter mit einem Stift sich für mich interessiert, werde ich meine Botschaft weitergeben«, sagte Marilyn zu Fawn Germer von der *Rocky Mountain News*. »Wenn man mir morgen sagt, daß ich noch acht Interviews geben soll, dann gebe ich noch acht Interviews.« Aber sie erlaubte niemandem, ein Buch über sie zu schreiben, noch nahm sie selbst eines in Angriff. »Ich bin nicht bereit, meine Familie in aller Öffentlichkeit auseinanderzunehmen, und Verleger sind ohnehin nur an einem Buch interessiert, wenn es sensationslüstern geschrieben ist«, sagte sie in demselben Interview. Marilyn schien die Medien zu bevorzugen, bei denen sie das Gefühl hatte, den Ablauf bestimmen zu können. Wahrscheinlich befürchtete das Tagkind, bei den vielfachen Überarbeitungen sowie den Werbe- und Publicitymaßnahmen, die in der Buchbranche üblich sind, weniger Kontrolle und weniger Mitspracherecht zu haben.[27]

Marilyns Tagkind war ihre dominante, vollständiger realisierte Hälfte. Die Spaltung ihres Ichs hatte nicht nur dazu geführt, daß die Erinnerungen an den Inzest verschwanden, bis sie 24 Jahre alt war, sondern sie hatte auch verhindert, daß sie sich daran erinnern konnte, wie sie diese Spaltung initiiert hatte. Im *McCall's* schreibt sie, daß sie nicht weiß, wie sie vergessen hat. Doch ihre Spaltung muß eine ganze Reihe episodischer Erinnerungen ausgeblendet haben, so daß sie beinahe unmöglich zu reaktivieren waren. Offenbar waren die Erinnerungen an Gefühle und körperlichen Schmerz eindringlicher als das, was irgendwelche Düfte, Klänge, Worte oder rasche mentale Schnappschüsse bei ihr auslösen konnten. So erzählte Marilyn beispielsweise Carol Kreck von der *Denver Post*, daß ein Besuch in dem Haus, in dem die Familie bis zu Marylins zehntem Lebensjahr gewohnt hatte, bei ihr keine Erinnerungen ausgelöst hatte. Der Besitzer des Hauses hatte Marilyn hereingelassen, nachdem sie ihm 100 Dollar in bar gezahlt hatte. Noch immer hingen dieselben schweren, roten Samtvorhänge an den Fenstern. »Während ich durch die Zimmer ging, war ich entsetzt«, sagte sie. »An manche Räume konnte ich mich überhaupt nicht erinnern. Ich hatte auf Déjà-vu-Erlebnisse gehofft, aber nichts passierte – ich empfand nur Entsetzen und Ausweglosigkeit.«[28]

Marilyn vermittelte ihrem ständig wachsenden Publikum, daß das »Nachtkind« der Teil von ihr war, der alle traumatischen Erinnerungen in sich barg. Das Nachtkind lebte nur an einem Ort, dem Schlafzimmer. Vielleicht hätte sich Marilyn, wenn sie die Nacht in ihrem alten Kinderzimmer verbracht hätte, an etwas erinnern können. Aber die Frau, die dieses Zimmer gegen 100 Dollar in bar besichtigte, war das Tagkind. Und, wie Marilyn selbst sagte, das Tagkind hatte kaum Zugang zu ihrer nächtlichen Seite.

»Man muß sich eine Phantasiewelt erschaffen, in der man leben kann«, hatte Marilyn in einem Interview mit *Newsweek* gesagt, als sie die Versuche des Tagkindes schilderte, den Mangel an kohärenten Erinnerungen auszugleichen. »Und man braucht sie, um zu überleben.« Doch Marilyns Tagkind hat bei dem Prozeß, sich von furchtbaren Erfahrungen zu lösen, etwas verloren. In dem »Tagebuch«, das in der *Rocky Mountain News* abgedruckt wurde, schildert Marilyn die Begegnung mit einer Frau, die sich nach einem von Marilyns öffentlichen Auftritten in eine Reihe von Wartenden gestellt hatte, nur um sie einmal aus nächster Nähe zu sehen. »Gibt es Sie wirklich?« fragte die Frau. »Sind Sie wirklich wirklich?« Vielleicht wunderte sich die Fragestellerin über Marilyns unerschütterliche Haltung, ihr Selbstvertrauen, ihre Beherrschung – ihre makellose Erscheinung. Sie verkörperte das lebendige Titelbild einer Illustrierten.

Ich suchte nach Rissen in der Fernseh- und Zeitungsfassade von Marilyns Tagkind. Vielleicht hatte ich die Chance, durch einen Riß das gequälte Nachtkind zu entdecken. Aber es gab keine echten Risse, nur ein paar Schwachstellen. Am offensichtlichsten war der seltsame Widerspruch zwischen ihrer Ruhe und Selbstsicherheit und dem furchtbaren Gefühl von Scham, das sie beschrieb. Sie erzählte einer Reihe von Reportern, daß die Wahl zur Miss America besonders schwierig für sie gewesen sei, weil sie immer das Gefühl hatte, vom Publikum beurteilt zu werden. »Ich war zwar extrem schüchtern, aber mein Bedürfnis, die Beste zu sein, zwang mich ins Rampenlicht, obwohl ich mich dort niemals, niemals wohl gefühlt habe«, sagt sie im *McCall's*. Ein Großteil ihres Lebens stand im Zeichen dieses Widerspruchs. Sie mied es, Menschen nahe zu kommen, exhibitionierte sich aber aus der Ferne vor ihnen. In demselben Artikel stellt sie fest, daß die Wahl zur Miss America für das Nachtkind in ihr unter anderem den Vorteil hatte, daß sie stets von einer Anstandsdame begleitet wurde.[29]

Als Larry Marilyn heiratete, wies er seine warmherzige und liebevolle Familie an, sie niemals zu berühren. Er wußte seit zwei Jahren von dem Inzest, und ihm war klar, daß das Nachtkind Angst vor körperlicher Nähe hatte. Marilyn schreibt in ihrem Tagebuch, daß sie mehrere Jahre brauchte, bis sie von der Familie Atler Zeichen der Zuneigung akzeptieren konnte. Ein Großteil dieser körperlichen Distanziertheit war wohl auf die Aversion des Nachtkindes gegen die gefürchteten nächtlichen Annäherungen von Van Derbur zurückzuführen. Und Marilyn bestätigt dies durch eine Andeutung im Tagebuch, daß sie als Erwachsene unter (nicht näher spezifizierten) sexuellen Problemen litt.[30]

Kurz nach ihrer Wahl zur Miss America verbot Marilyn die Veröffentlichung eines Werbefotos, für das sie Modell gestanden hatte, weil sie unbewußt spürte, daß dieses Foto das Nachtkind offenbarte. Das Foto, das in *People* erschien, zeigt Marilyn in einem weißen Abendkleid mit weitem Rückenausschnitt und einem spitzen Büstenhalter. Dunkle, feuchte Lippen schimmern einladend unter verträumten Augen. Ein paar Haarsträhnen haben sich aus der Frisur gelöst. Das Foto verkörpert alles, was dem Tagkind an seiner anderen Hälfte verhaßt war: ihre Verführungskraft, ihr Wissen, ihre Schlampigkeit und ihre Erfahrung. Der einzige Aspekt des Nachtkindes, der in diesem verhaßten Foto nicht zutage tritt, ist ihre große Schüchternheit.

Als Nachtkind konnte Marilyn nicht sprechen. Statt die beiden Teile ihres Ichs »Tagkind/Nachtkind« zu nennen, hätte Marilyn sie treffender als »sprechendes Kind/stummes Kind« bezeichnen können. Sie, die als Kind mißbraucht wurde, will heute »für die Kinder und die stummen Erwachsenen reden können, die nie in der Lage waren, sich zu äußern« (»Good Afternoon, Colorado«). Die sprachlose Frustration des Nachtkindes findet ihren Ausdruck in einem Zitat von Oliver Wendell Holmes, das, wie Gwen sagte, etliche Jahre lang als Motto auf Marilyns Briefpapier stand: »Weh denen, die nie singen konnten und bis zum Tod Musik im Herzen tragen.« Als junge Erwachsene war es Marilyn, die dem Tod entgegenlebte, ohne ihren persönlichen Gefühlen Ausdruck gegeben zu haben.

Es stellt sich die Frage, ob viele Erinnerungen des stummen Nachtkindes als nicht deklarative oder implizite Erinnerungen abgelegt waren. Solche Erinnerungen hätten nicht sprachlich reaktiviert werden können. Die Geschichten, die Marilyn in den Medien erzählte, legten den starken Verdacht nahe, daß der Vater ihr an mehreren verschiedenen Stellen des Körpers Gewalt angetan hatte. Es ist durchaus möglich, daß ihre nächtlichen Erinnerungen implizit gebildet wurden, daß ihre Speicherung jedes Mal über gänzlich nonverbale Bahnen erfolgte. Während der Pubertät ihrer Tochter beispielsweise »brannte« Marilyns Haut monatelang. Dieser Ausdruck beschreibt sehr anschaulich, wie sich die Haut eines Kindes anfühlt, wenn es wiederholt gegen seinen Willen berührt wurde.[31] Maria Shriver gegenüber beschrieb Marilyn ihre Gefühle während Jennifers Pubertät folgendermaßen: »Das Schlimmste für mich war, daß mein Körper sich anfühlte, als würde er gleich zerplatzen. Ich fühlte mich wie ein voll aufgedrehtes Radio, auf dem gleichzeitig 18 Rocksender liefen.« Wenn ein Vater ein kleines Mädchen inzestuös stimuliert, fühlt es sich häufig beschämt, erniedrigt, gequält, zornig und erregt – alles zur gleichen Zeit. Wie könnte die Dissonanz solcher Gefühle anschaulicher dargestellt werden als mit Marilyns »voll aufgedrehtem Radio«?

In einer Therapiegruppe, die sie besuchte, während Jennifer heranwuchs, wurde Marilyn aufgefordert, zu einer der nächsten Sitzungen eine Puppe mitzubringen. Sie kaufte eine weiche, fast körperlose Puppe und verdeckte deren Mund impulsiv mit Tipp-Ex – nicht nur, wie sie sagte, wegen der Unfähigkeit der Puppe zu sprechen, sondern auch »wegen bestimmter Sachen, die *in* den Mund kommen«.[32] Im *McCall's* schreibt sie, daß sie während derselben Zeit einen Therapeuten aufsuchte, der eine spezielle Therapieform mit Tiefenmassage praktizierte. Marilyn spürte etwas Seltsames an der Innenseite ihres linken Oberschenkels und bat ihren Therapeuten, es wegzunehmen. Als der Therapeut fragte, was das »Ding« sei, benutzte Marilyn ein Wort, das sowohl Shakespeare als auch Freud fasziniert hätte: »Eine Natter«, sagte sie.

Im Sommer 1984 machten sie und Larry mit sechs Teenagern, darunter ihre Tochter, einen Ausflug nach Laguna Beach. Marilyn erwachte mit grausamen Schmerzen. Sie hatte das Gefühl, »als ob eine Axt in meinem Anus steckte«. Selbst wenn sie stand, ließen die Schmerzen nicht nach. Schmerzen, deren Ursache rein psychischer Natur waren.[33]

Dem Nachtkind wurde so heftig und so oft Gewalt angetan, daß es kaum einen Teil seines Körpers gab, der ihm allein gehörte. Hier nähern wir uns den unheimlichen und überwältigenden Angstgefühlen im impliziten Erinnerungsspeicher des Nachtkindes in Marilyn. In ihrer Rede zugunsten des *Kempe Centers* beschreibt Marilyn ihre Furcht als »etwas, was jemand empfindet, der in einem winzigen Raum mit giftigen Schlangen eingesperrt ist«. Ihr Tagkind bewahrte eine explizite, deklarative Erinnerung, die die anfängliche implizite Furcht der anderen Hälfte widerspiegelte. »Einmal habe ich gesehen, wie er [ihr Vater] einen kleinen Hundewelpen, der ungehorsam gewesen war, aufhob und wie einen Football über den Zaun warf«, schreibt sie im *McCall's*. »Der Welpe war so verängstigt, daß er noch nicht mal aufgejault hat.« Die Tatsache, daß dieser gewalttätige Zwischenfall damals keine Erinnerung an ihre eigene Vergewaltigung auslöste, ist ein Beleg dafür, wie gut Marilyns Spaltung funktionierte.

Auch Marilyn konnte nicht aufjaulen. Sie konnte auch nicht ungehorsam sein. Sie konnte sich an den Vorfall mit dem Welpen erinnern, aber sie kann sich an kaum etwas erinnern, das *ihr* als kleinem Wesen zugestoßen war. Der Abwehrmechanismus der Spaltung zerstörte viele schmerzliche Erinnerungen. Und ihre ausschließlich nonverbalen Verhaltensweisen und Gedanken als Nachtkind könnten dafür gesorgt haben, daß noch mehr Wahrnehmungen über vollkommen nonverbale Bahnen liefen. Immer wieder spiegelt ihre Sprache die Qualen wider, die sie als Kind erlebte: »Nattern«, »giftige Schlangen«, »Welpen« und »Aufjaulen«, das sind die Requisiten der Horrorwelt, in der verängstigte Kinder leben.

Marilyn weiß nicht, wie die Spaltung angefangen hat. Nirgendwo erwähnt sie einen imaginären Spielkameraden. Auch ihre Liebe zu Puppen war offenbar nicht so groß, daß sie eigene Charakteristika auf sie übertrug. Doch die meisten Menschen, die eine Rückkehr von Erinnerungen erleben, können nicht genau sagen, wie sie diese Erinnerungen zunächst einmal zum Verschwinden brachten. Ihre Techniken entziehen sich der Reaktivierung, auch wenn die eigentlichen Erinnerungen zurückgekehrt sind. Marilyn kann ihre Spaltung meistens nur abstrakt beschreiben. Dabei greift sie zum Teil auf das zurück, was Therapeuten ihr über die Möglichkeiten eines Menschen, eine Erinnerung auszublenden, erzählt haben. Marilyn spricht häufig abwechselnd von ihrer »Dissoziation« und »Spaltung« und benutzt beide Wörter sogar synonym. Das Verzeichnis der Abwehrmechanismen, das von der *American Psychiatric Association* herausgegeben wurde, betrachtet diese beiden Abwehrformen als voneinander völlig getrennt und verschiedenartig. Und ganz gewiß hat in der Kindheit jede Form von Abwehr typische Merkmale. Marilyn hatte keine dissoziative Störung – sie war beispielsweise keine multiple Persönlichkeit. Offensichtlich litt sie in der Schule nicht unter Blackouts; sie war eine hervorragende Schülerin und machte ihren Abschluß als Klassenbeste. Anscheinend ist sie nie von einer Lehrerin in einem geistesabwesenden oder weggetretenen Zustand überrascht worden. Sie hat nie von Selbsthypnose gesprochen oder davon, daß sie in Trance gefallen sei. Tatsächlich war sie bei jedem Fernsehauftritt, den ich verfolgt habe, stets völlig präsent und setzte sich äußerst engagiert mit ihrem jeweiligen Gesprächspartner auseinander. Falls sie dissoziiert hat, dann muß das außer Sichtweite von Talkmastern und Zeitungsreportern geschehen sein.

Das gleichzeitige Auftreten von Spaltung und Dissoziation ist das entscheidende Merkmal der multiplen Persönlichkeitsstörung. Dabei ist die Grundpersönlichkeit sich vage bewußt, daß sie fremde Aspekte hat. Unter Umständen hat sie das Gefühl, von außen beeinflußt zu werden, häufig hört sie diese Einflüsse als Stimmen. Sie leidet unter Amnesien von unterschiedlicher Dauer und handelt währenddessen im Namen der abgespaltenen »anderen« Persönlichkeiten. Häufig ist die Grundpersönlichkeit sich absolut nicht darüber bewußt, was die »anderen« tun. Ein solcher Mensch kann zum Beispiel eine Beule in seinem Auto entdecken und sich nicht daran erinnern, was passiert ist. Er kann einkaufen gehen und später, wenn die Kreditkartenabrechnung kommt, keine Ahnung haben, was er oder wo er etwas gekauft hat. Anderen Menschen kommt er extrem launisch vor – oder sie nehmen wahr, daß seine Art, sich zu kleiden oder zu verhalten, hin und wieder drastischen Veränderungen unterliegt. Manchmal gibt er den verschiedenen Seiten seiner selbst sogar Namen. Er hat kein angenehmes oder ausgeprägtes Identitätsgefühl.

Doch bei Marilyn Van Derbur Atler war keines dieser Anzeichen festzustellen. Sie ließ auch nichts erkennen, das auf eine multiple Persönlichkeit hindeutete. Sie wirkte immer gleich. Manche Geschichten erzählte sie mit den gleichen Worten immer und immer wieder. Sie schilderte ihren Zuhörern, daß sie früher oft wankelmütig war in ihrer Beziehung zu Larry und ihrer Freundschaft zu D. D. Harvey. Doch diese Art von Sprunghaftigkeit ist etwas anderes als die radikalen Veränderungen, die man bei Menschen mit multipler Persönlichkeit feststellen kann. Sie benutzte zwar dieselben Abwehrmechanismen, aber offensichtlich war Marilyn das Schicksal von »Sybil« und »Eve« erspart geblieben.[34]

Wahrscheinlich hat Marilyn dissoziiert, wenn ihr Vater nachts das Zimmer betrat. Und sie griff zu einfachen Spaltungsmechanismen, um die Erinnerungen am nächsten Morgen aus dem Kopf zu bekommen. Die meisten traumatisierten Kinder, die spalten, neigen wie Marilyn zu sehr simplen Mechanismen, und normalerweise entwickeln sie keine multiple Persönlichkeit. Ein solches Kind, ein kleines asiatisches Mädchen, das ungefähr ein Jahr lang von einem Nachbarn mißbraucht worden war, erzählte mir, daß sie gern blauäugig und blond wäre. Sie war zumindest nahe daran gewesen, sich in ein, wie sie meinte, reines Geschöpf zu spalten. Eine weitere kleine Patientin von mir, die fünfjährige »Evie Jessop«, war im Alter von zwei Jahren über mehrere Monate hinweg von einem Mann sexuell mißbraucht worden, der sich in der Nähe ihrer Tagesstätte herumtrieb. Sie fing gerade mit ihrer Spaltung an, als ich ihr das erste Mal begegnete. Manchmal beschuldigte Evie ihre Eltern, »nicht nett« zu sein. Später änderte sie dann jäh ihre Meinung und sagte, sie wären »die nettesten Menschen auf der ganzen Welt«. Evies Eltern wunderten sich über ihr verändertes Verhalten. Das Kind hatte außerdem angefangen, zahllose Bilder mit Herzen zu malen. In den sechs Monaten, bevor sie zu mir kam, waren Herzen in Pastellfarben tatsächlich das einzige, was die kleine Evie malte.

Als ich die Jessops kennenlernte, verbüßte der Mann von der Tagesstätte wegen des sexuellen Mißbrauchs eines anderen Kindes gerade eine Strafe in San Quentin. Obwohl Evie sich kurz zuvor an den Mißbrauch erinnert hatte – sie hatte ihren Eltern von solchen Dingen wie »Aa auf der Treppe«, »Glibberzeug im Mund« und »Fangen und weh tun« erzählt –, hatte sie sich verhalten, als ob sie alles vergessen hätte.

Als ich Evie fragte, warum sie lieber Herzen malte als Menschen, Tiere und Häuser, sagte das kleine Mädchen: »Herzen sind nett.«

»Wie war das, da hinter deiner Tagesstätte?« fragte ich sie ein anderes Mal.

»Nicht nett«, sagte sie.

Offenbar unterschied Evie Jessop sehr genau zwischen »nett« und »nicht nett«. In letzter Zeit hatte sie aufgehört, in ihrer Vorschule einen Mittagsschlaf zu machen: »Nicht nett«, sagte sie. Sie hatte Angst vor Fremden – »nicht nett.« Sie haßte den vierjährigen Minimacho in ihrem Montessoriprojekt – »nicht nett«. Es schien, als ob Evie Jessops Welt sich in zwei Kategorien erschöpfte.

Evies Spaltung hatte angefangen, kurz bevor ich sie kennenlernte. Das Kind hatte keinen großen Vorsprung. Soweit wir sehen konnten, hatte sie sich nicht selbst gespalten, nur andere. Ihre Eltern und ich würden sie einholen, bevor Evie noch sehr viel weiter gehen konnte.

Vor jeder Sitzung zeichnete Evie in meinem Wartezimmer Unmengen von pastellfarbenen Herzen. Wenn sie sie in mein Büro brachte, kritzelte ich Schnörkel in manche von ihnen und bemalte die Ränder mit Kringeln. In ein paar machte ich Striche mit schwarzem Kohlestift. »Herzen sind interessant«, sagte ich zu ihr. »Manche sind tief und dunkel. Manche sind ganz schön unordentlich.« Evie inspizierte ihre abgewandelten Bilder äußerst aufmerksam. Ein paar nahm sie mit nach Hause.

Wir wollten Evie zeigen, daß manche Dinge gleichzeitig sowohl »nicht nett« als auch »nett« sein konnten. Und das demonstrierten wir anhand ihrer Herzen. Evie sollte begreifen, daß Menschen gut und schlecht zugleich sein können. Sie hatte viele interessante Eigenschaften und würde sich großartig entwickeln, wenn sie nicht all ihre »nicht netten« Teile abschnitt. Es war gut, Gefühle zu haben, auch schlechte. Indem ich ihre Herzen bekritzelte und mit Schattierungen und Schraffierungen veränderte, zeigte ich Evie Jessop, daß ihre Eltern und ich sie sehr gern hatten, ob sie nun »nett« war oder nicht. Sie war beides und noch viel mehr. Nach ungefähr einem Monat hörte Evie auf, Herzen zu malen, und fing an, Menschen zu zeichnen. Sie sagte ihrer Mom, daß sie sie liebte und haßte, beides zu gleicher Zeit. Wir wußten, daß Evie auf dem Weg der Heilung war. Es würde keine zwei Evie Jessops geben.

Spaltung ist keineswegs eine Krankheit, sondern ein Mechanismus. Jemand, der spaltet, ist keine »gespaltene Persönlichkeit«, wie Schizophrene häufig irreführenderweise bezeichnet werden. Anscheinend wird Spaltung möglich, wenn Kinder ihre eigenen Eigenschaften auf imaginäre Spielkameraden oder Superhelden projizieren, wie das bei vielen normalen Kindern vorkommt. Spaltung geht nicht zwangsläufig mit Erinnerungsverlust einher. Aber *jeder* Abwehrmechanismus, einschließlich der Spaltung, kann Vergessen bewirken.

Marilyn Van Derbur hatte als Folge ihrer Spaltung offenbar viele Erinnerungen verloren. Vielleicht hatte sie sie verloren, weil ihr stummes Nachtkind sie nicht in Worten wiederholt hatte. Vielleicht hatte sie auch nachts dissoziiert. (»Mein Geist verließ meinen Körper«, hatte sie gegenüber der *Denver Post* geäußert.)[35] Das hätte verstärkt dazu beigetragen, daß sie sich von ihren Erinnerungen entfernte. Im Fall von Evie Jessop führte die Spaltung zum Erinnerungsverlust. Sobald wir einschritten, vergaß Evie nicht mehr. Sie fing wieder an, darüber zu reden, was ihr in der Tagesstätte zugestoßen war. »Der Mann hat Pfeile auf den Boden gemalt«, erzählte sie mir. »Wir mußten dahin kommen, wo er war. Ich war böse auf Mommy und Daddy. Er hat mir angst gemacht, und sie waren nicht da.« Ging es Evie besser, als sie vergaß? Ich glaube nicht. Nun, da ihre Vergangenheit offen auf dem Tisch lag, konnten wir anfangen, damit umzugehen. Evie verbrachte vier Wochen damit, ein großartiges Bild von einem Affen namens Abu (sie selbst) zu malen. Er lag allein und verlassen in der »Wunderhöhle« (Der Kindertagesstätte) und geriet in Gefahr, ohne daß Aladin (ihre Eltern) etwas davon mitbekam. Mittlerweile setzte sich Evie konstruktiv mit ihrem Problem auseinander. »Aladin kann nichts für das, was mit Abu passiert ist«, sagte sie zu mir. »Der wußte gar nicht, was los war.«

Als Marilyn Van Derbur klein war, kam sie nicht in den Genuß einer Psychotherapie. Ihre Spaltung ließ viele ihrer nächtlichen Erlebnisse in das Schwarze Loch des Nachtkindes fallen. Und ihre Dissoziation muß die Erlebnisse gleichsam gefiltert haben, so daß nur ihre sensorischen Erinnerungen und einige wenige episodische registriert wurden. Die Kindheitserinnerungen, die Marilyn ihren Zuhörern und Lesern schilderte, waren zusammenhanglos und bruchstückhaft. Angesichts der Abwehrstrategien, die sie selbst anerkannte, war diese Zerstückelung nicht verwunderlich. D. D. Harvey hatte bei der damals vierundzwanzigjährigen Marilyn unkontrollierbare und massive Emotionen hervorgerufen, aber eben keine kohärente Erinnerung. Amputierte Erfahrungen führen bestenfalls zu verarmten Erinnerungen.

Marilyn wandte noch einen weiteren Abwehrmechanismus an, der erwähnt werden sollte – projektive Identifikation. Sie ist gleichfalls ein Störfaktor für Erinnerungen. Während Jennifer Atler heranwuchs, übertrug Marilyn unbewußt eigene Erinnerungen auf ihr Kind, obwohl Jennifer nie mißbraucht wurde. Dann reagierte Marilyn auf das, was sie für Jennifers Charakteristika eines »mißhandelten Kindes« hielt, mit innerer Wut. Einmal vertraute sie ihre Schwierigkeiten mit der damals siebzehnjährigen Jennifer ihrer Schwester Gwen in einem Gespräch unter vier Augen an. »Warum kann Jennifer nie ›nein‹ sagen?« fragte sie Gwen. Oder im Hinblick auf das aggressive Verhalten einer Freundin: »Wieso wehrt sie sich nicht. Sie ist groß. Sie muß sich nicht einfach ergeben und alles hinnehmen.«[36]

In Marilyns Augen reflektierten Jennifers unterschiedliche Entwicklungsstadien Marilyns eigene Entwicklung. So erzählte sie der Zeitschrift *People* von jener Phase, als Jennifer fünf wurde. »Ich habe zu

Larry gesagt, daß ich sie nicht mehr liebe. Ich brauchte zehn Jahre, um zu begreifen, daß ich in Jennifer mich selbst als Fünfjährige sah.« Marilyn hatte sich lange vor diesem Zeitpunkt an ihren Mißbrauch erinnert, aber ihre projektive Identifikation hinderte sie daran, den offensichtlichen Zusammenhang zwischen sich selbst mit fünf Jahren und ihrer fünfjährigen Tochter zu sehen.

Auch in ihrer besagten Rede lieferte Marilyn ein auffälliges Beispiel für projektive Identifikation. Sie sagte: »Sie war in unserem Bett eingeschlafen. Larry beugte sich vor und wollte sie hochnehmen. Sie wuchs schnell, und ihre langen Arme und Beine baumelten herab. Als er sie aufhob, wurde ich von überwältigenden Gefühlen durchflutet. Ich war zornig auf sie. Wie konnte sie es wagen, so tief zu schlafen, daß sie nicht mehr wußte, was mit ihr geschah. Sie merkte nicht einmal, daß jemand sie hochhob.«

Marilyn hatte die Tragödie der eigenen Kindheit auf ihren Mann und ihr Kind projiziert. Wenn eine vergessene Erfahrung auf eine andere Person projiziert wird, kann die Erinnerung klarer werden. Doch durch die Übertragung auf jemand anderen wird sie auch distanziert und losgelöst. Durch projektive Identifikation konnte Marilyn die Erinnerungen ihres Nachtkindes gleichzeitig aufrufen und abwehren.

Neben Jennifer hatte Marilyn noch andere Objekte für ihre projektive Identifikation. Als Kind haßte sie Puppen und wollte nie mit ihnen spielen. Sally Jessy Raphaël gegenüber gestand sie: »Ich habe Puppen gehaßt, weil man mit ihnen alles machen kann, was man will, und weil sie keine Kraft haben.« In vielerlei Hinsicht war das Leiden anderer für Marilyn Van Derbur realer als ihr eigenes. Die Not anderer – selbst die Not einer Puppe – hat einen Anfang, einen Höhepunkt und ein Ende. Doch Marilyns eigene Geschichte schien nicht so sauber gegliedert.

An einem Samstagmorgen im Mai 1992 fuhr ich nach Hillsborough, um mit Marilyns älterer Schwester zu reden. Gwen Mitchell, eine große, ausgeglichene Frau in einem maßgeschneiderten, dunkelblauen, weiten Blazer und einer weizenfarbenen Hose, hatte keinerlei Erinnerungen, die wie ein Film vor ihrem geistigen Auge abliefen, obwohl sie sich immer an die Schreckenszeit mit ihrem Vater erinnert hatte. Aber im Album ihres episodischen Gedächtnisses bewahrte sie eine Reihe von mentalen Fotos auf. »Ich habe ein Bild vor Augen, da klickt es förmlich bei mir«, sagte sie. »Ich weiß noch, was ich empfand und was genau in dem Zimmer war, als mein Vater mich das erste Mal mißbrauchte. Meine Großeltern – die Eltern meines Vaters – hatten oben in Fairplay, Colorado, eine Ranch. Und im Sommer fuhren wir Kinder – ein oder zwei von uns – immer für einige Zeit zu ihnen. Ich war ungefähr sieben – aber ganz sicher bin ich mir da nicht. Ich schätze mal sieben.« Sie hielt einen Augenblick inne, als ob sie ihre Erinnerung überprüfte. »Das Schlafzimmer war im ersten Stock. Das Kopfende stand an der Wand. Und wenn man im Bett lag, blickte man auf ein Fenster, das auf das Verandadach hinausging.«

Gwen Mitchell verband diese präzise räumliche Vorstellung mit den Erinnerungen an den entsetzlichsten Augenblick ihrer Kindheit – ihre Initiierung. Sie war »ungefähr sieben« – eine ungenaue Altersangabe. In Kindheitserinnerungen ist das Alter meist vage. In unseren ersten Lebensjahren nehmen wir uns nicht in einem bestimmten Alter wahr – nur in einer bestimmten Größe oder als jemand, der in eine bestimmte Schulklasse geht oder in einem bestimmten Haus wohnt. Dagegen ist die räumliche Einordung in der Erinnerung sehr präzise, besonders bei Erinnerungen, die unter beängstigenden Umständen gebildet wurden. Um sich gegen den Tod zu wehren, muß man nicht genau wissen, wie alt man ist – nur die eigene ungefähre Größe im Verhältnis zur Bedrohung –, aber man muß die eigene Position kennen. Die räumliche Einordnung hilft uns, Abwehr- oder Rückzugsmechanismen zu entwickeln. Sie kann uns das Leben retten.

Als die kleine Gwen Van Derbur in Fairplay, Colorado, aufwachte, war sie völlig überrascht und durcheinander. »Ich wurde mitten in der Nacht wach«, erzählte die Sechzigjährige mit einem tiefen Seufzen, »und war gerade dabei, mhm, einen Orgasmus zu bekommen.«

Gwen wandte sich mir zu und fragte, ob Kinder »so was« tatsächlich haben können. Sie lachte verlegen. Das war typisch für die Familie Van Derbur. Die Frauen hatten offensichtlich Probleme damit, genaue Worte im Zusammenhang mit Sexualität zu benutzen. Ich antwortete ihr, daß Kinder in der Tat eine gewisse Form von Orgasmus haben können. Besonders wenn sehr junge Kinder von Erwachsenen oder älteren Kindern mit Sexualität vertraut gemacht werden, kann es vorkommen, daß sie nach den stärker werdenden Bewegungen, den Reizen und dem sich aufbauenden Rhythmus, der auf Entladung hinzielt, gleichsam »süchtig« werden. Ansonsten spielen die meisten ganz kleinen Kinder ein wenig mit sich selbst, sind aber nicht auf Orgasmus gepolt.

»Ich wachte mit einem erregten Gefühl auf«, fuhr Gwen fort. »Und mein Vater manipulierte mich mit den Fingern. Und als ich begriff, was da passierte – ähm, durchfuhr mich ein entsetzliches Gefühl. Ich wußte sofort, obwohl ich noch klein war, daß das *falsch* war. Das war *böse*. Ich schaltete meine Gefühle ab, einfach so. Und ich muß Ihnen sagen, daß dieses Abschalten sich mein ganzes Leben lang auf meine Fähigkeit ausgewirkt hat, mit einem Mann einen Orgasmus zu haben.«

»Wie haben Sie dieses Abschalten bewerkstelligt?« Ich wollte verstehen, was in der sieben- oder achtjährigen Gwen vorgegangen war.

»Ich habe einfach *aufgehört*«, sagte Gwen. »Ich wurde völlig steif, da bin ich sicher. Und, mhm, ich habe es nie vergessen. Ich weiß nicht, ob das der schlimmste Augenblick meines Lebens war, aber er hat zweifellos alles, was danach kam, beeinflußt.«

Gwen hat genau in dem Moment dissoziiert, als sie an sich selbst feststellte, daß sie sexuell erregt war. Ihre Dissoziation war vermutlich weitaus präziser als die ihrer jüngeren Schwester. Sie wurde von einem einzigen speziellen Umstand ausgelöst – der Tatsache, daß sie sich einem Orgasmus näherte. Da sie den Zeitpunkt der Dissoziation genau bestimmte, vergaß Gwen nicht viel – nur die abschließenden Phasen der sexuellen Manipulationen, die ihr Vater an ihr vornahm. Und als Folge dieses genauen Timings wurde Gwen Van Derbur ansonsten nicht »teilnahmslos«. Sie hatte nie tagsüber einen Blackout. Sie erhielt sich das Gefühl, lebendig zu sein.

Virginia Woolf, die nacheinander von ihren beiden Halbbrüdern mißbraucht wurde, hat so häufig dissoziiert, daß sie sich die meiste Zeit ihres Lebens von anderen und von ihrem eigenen Körper entfremdet fühlte. So schreibt sie in »Eine Skizze der Vergangenheit«: »... daß meine natürliche Liebe zur Schönheit durch irgendeine angestammte Furcht gebremst wurde; was mich jedoch nicht gehindert hat, Ekstasen und Verzückungen spontan und intensiv und ohne jede Scham oder das geringste Schuldgefühl zu erleben – solange sie nichts mit meinem eigenen Körper zu tun hatten.« Woolf hat so stark dissoziiert, daß ihre Distanziertheit von anderen bemerkt wurde und sie recht teilnahmslos auf Sexualität reagierte – oder auch auf den Tod ihrer geliebten Mutter.[37] Angesichts der gleichen Verletzung jedoch entschied sich ein kleines, platinblondes Mädchen auf einem anderen Kontinent und zwei Generationen später für eine ganz spezifische Form der Dissoziation, die nur auf einen speziellen Moment beschränkt blieb – den bevorstehenden Orgasmus. Abwehrmechanismen sind interessante Phänomene. Und ihre zahlreichen Varianten machen sie noch interessanter.

Gwen Van Derbur konnte nahezu immer genau vorhersehen, wann wieder einmal ein sexueller Übergriff seitens ihres Vaters zu erwarten stand. Die Antizipation muß einer der Faktoren gewesen sein, die eine so zielgenaue Dissoziation ermöglichten. Francis S. Van Derbur spielte immer erst Klavier und nahm einen Drink, bevor er sich seiner ältesten Tochter näherte. »Ich war immer hellwach, wenn er aufgehört hatte, Klavier zu spielen« – Gwen lachte – »und seinen Drink nahm. Ich wartete darauf, daß die Tür aufging.«

Beide Mädchen hatten darauf gewartet, daß die Tür aufgeht. Doch das eine Kind muß nahezu von dem Augenblick an, als die Tür sich öffnete, einen Blackout gehabt haben. Sie wurde zum Nachtkind, zu einem anderen Mädchen. Sie blickte wie durch einen Schleier. Das ältere Mädchen paßte den rechten Augenblick ab, um zu fliehen. Sie war neugieriger. Abenteuerlustiger. Sie wollte erst einmal sehen, was passiert. Sie sah jeden Schritt voraus. Sie wußte, daß sie sich später immer noch entziehen konnte. Wenn die Tür aufging, blieb Gwen präsent. Ihr Vater vollzog die meisten herkömmlichen manuellen und oralen sexuellen Praktiken. Sie erinnerte sich sogar an seinen Penis. »Er fühlte sich schlaff an, und er rieb ihn an mir. Ich erinnere mich an keine wirklich steife Erektion. Aber vielleicht ist das ja auch passiert, nachdem ich mich ausgeklinkt hatte.« Sie lachte erneut.

Gwen entfloh dem Zustand unmittelbar vor dem Orgasmus, indem sie ihren Verstand zwang, sich aus der Situation zu lösen. Vor der endgültigen Flucht lenkte sie ihre Aufmerksamkeit auf etwas anderes. Wenn sie genug hatte, »stieg sie aus«.

»Ich kann die Tapeten von vielen verschiedenen Zimmern beschreiben«, sagte sie. »Auch die Jalousien. Ich erinnere mich an etliche Details, die dort waren. Ich konzentrierte mich meist auf etwas anderes. Ich erinnere mich an Decken. Ich habe Blumen gezählt. Mit vierzehn glaubte ich, ihm endlich entflohen zu sein, weil ich meine Mutter geschlagen hatte und auf ein Internat in Kansas City geschickt wurde. Aber dann gab es einmal im Monat ›Elternwochenenden‹, an denen Dad kam und mich mit in sein Zimmer im Hotel Muehlebach nahm. Die Tapeten und Decken dort habe ich dann auch sehr gut kennengelernt. Es war einfach furchtbar. Also habe ich mir für die Zeit nach meinem achtzehnten Geburtstag neue Ziele gesetzt. Und nach meinem achtzehnten Geburtstag bin ich nie wieder nach Hause zurückgekehrt.«

Während die kindlichen Inzesterinnerungen entstanden, setzte Gwen noch eine weitere Abwehrstrategie ein – die Verleugnung in der Phantasie. Dabei handelt es sich um einen sehr wichtigen Abwehrmechanismus in der kindlichen Entwicklung, der 1946 erstmals von Anna Freud in ihrem Buch *Das Ich und die Abwehrmechanismen* beschrieben wurde.

Das Kind versucht, den Schmerz zu überwinden, der ihm durch die Außenwelt zugefügt wurde, indem es eine sinnvolle Gegenvorstellung entwirft. Die Phantasie verwandelt die Realität entsprechend den kindlichen Bedürfnissen. Kinder setzen zum Beispiel die »Verleugnung in der Phantasie« zur Bewältigung ein, wenn sie in ihrer Familie Zeuge eines Mordes werden mußten.[38] Ich konnte auch feststellen, daß dieser Abwehrmechanismus bei Kindern verbreitet war, die die *Challenger*-Explosion mit angesehen hatten; viele von ihnen erzählten mir, daß sie sich tage-, ja wochenlang vorgestellt hatten, die Astronauten der Raumfähre seien auf einer verlassenen Insel oder auf dem Mond gelandet. Durch die »Verleugnung in der Phantasie« versuchen Kinder nicht, ihre Wahrnehmungen als unbedeutend abzuwerten. Statt dessen deuten sie diese Wahrnehmungen gezielt falsch. Diese Form der Abwehr führt meist nicht zu einer Blockade der Erinnerungen, sondern gibt ihnen eine andere Richtung.[39]

Während Francis S. Van Derbur sie mißbrauchte, plante Gwen seine Ermordung. Immer wieder malte sie sich dabei seinen Tod aus. »Ich glaube, ich hätte mir Waffen besorgt«, sagte sie, »wenn es heute wäre.

Ich habe mir gesagt, daß ich mit achtzehn endlich da raus könnte. Mit achtzehn wäre ich mein Zuhause los, und niemand würde je davon erfahren. *Er* würde es keinem erzählen. Und ich ganz bestimmt auch nicht. Und so habe ich mir eingeredet: ›Eigentlich ist ja nichts passiert. Alles in Ordnung. Mir geht's gut.‹«

Gwen pflegte ihre mörderischen Gedanken, während sie befingert und betastet wurde. Sie plante Hunderte von Ausbrüchen. Die meisten ihrer Erinnerungen wurden registriert, gespeichert und waren reaktivierbar – selbst die Erinnerungen, die sie in die Phantasie verlagerte. Gwen meint, daß ihre Wut sie am Leben erhielt, aber sie bedauert diese Wut auch. Wie Marilyn hat sie ihren Vater geliebt.

Auch Gwens Mutter hat sich in die Verleugnung geflüchtet, weil sie Francis Van Derbur liebte. Boots praktizierte die »Verleugnung der externen Realität«, eine Form der Abwehr, bei der vermutlich Erinnerungen an dem Punkt blockiert werden, wo sie vom Kurzzeit- ins Langzeitgedächtnis übertragen werden. Diese beiden Arten der Verleugnung wirken sich sehr unterschiedlich auf das episodische Gedächtnis aus. Bei der erstgenannten werden Erinnerungen registriert, gespeichert und später durch die Phantasie verfremdet wieder reaktiviert. Bei der zweiten wird eine Erinnerung unter Umständen gar nicht voll gespeichert. In diesem Fall wird das entsprechende Ereignis zwar wahrgenommen, aber es wird ihm nicht genug Bedeutung beigemessen, um es ins Langzeitgedächtnis zu übertragen. Mrs. Van Derbur weigerte sich, auf die einleitenden Klaviervorträge ihres Mannes zu achten, den Geruch der Sexualität an ihm wahrzunehmen, seiner häufigen Abwesenheit im ehelichen Schlafzimmer auf den Grund zu gehen. In dem von der Zeitschrift *People* veröffentlichten Artikel gab sie zu, daß sie sich kaum oder gar nicht an die ständig wiederkehrenden Abläufe erinnern konnte, die für ihre Töchter die Vorboten neuer Übergriffe waren.

Gwens aggressive Gedanken wurden nicht nur durch Mißbrauch, sondern auch durch körperliche Mißhandlungen genährt. »Er regierte mit eiserner Faust«, erinnerte sie sich. »Er bestrafte mich für eine schlechte Einstellung. Ich mußte gar nichts Schlimmes *tun*. Meine ›Einstellung‹ reichte schon. Über jeder Tür im Haus hing ein Stock; er griff nach oben, nahm den Stock und prügelte mich windelweich. Und ich war die Älteste. Er achtete darauf, daß die kleineren das mitbekamen. Wir waren alle ziemlich eingeschüchtert.

Manchmal übernachtete ich bei Grams und GaBa [die Großeltern mütterlicherseits]. Einmal wollten sie schon die Polizei rufen, weil sie die Striemen auf meinem Körper bemerkt hatten. Unsere Mutter hat sie überredet, es nicht zu tun. Aber meine Mutter wußte, daß ich geschlagen wurde. Und meine Großeltern wußten es. Und offensichtlich wollte keiner etwas dagegen unternehmen. Ich mußte einfach durchhalten.«

Gwen kann sich nicht erinnern, daß es zur Penetration gekommen ist, aber sie geht davon aus, weil ihr Vater sie, als sie 14 Jahre alt war, zu einem Arzt brachte, der Abtreibungen vornahm. Gwen seufzte tief, als sie mir das erzählte, und dieser Seufzer klang unendlich traurig. »Ich war auf der Oberschule«, sagte sie. »Meine Periode hatte zweimal ausgesetzt, und meine Mutter hatte es ihm erzählt. Er brachte mich zu einem Hintertreppenarzt. Er sagte: ›Der Doktor wird dich untersuchen. Ich habe ihm erzählt, daß du in einem Bus vergewaltigt worden bist. Du gehst jetzt die Treppe rauf und zu ihm rein. Er wird feststellen, ob du schwanger bist.‹ Und ich ging. Das weiß ich noch. Und ich war nicht schwanger. Damit war das überstanden.«

Gwen kann sich an ihren Gang zu dem Abtreibungsarzt erinnern. Und sie erinnert sich an ihr Gespräch mit dem Vater, aber sie kann sich nicht genau erinnern, was ihr Vater mit ihr gemacht hat, das diese Besorgnis bei ihm auslöste. Gwen gleicht ihre verlorenen Erinnerungen durch Nachdenken aus. Vom Beginn der inzestuösen Beziehung zu ihrem Vater an hat Gwen immer dann dissoziiert, wenn die sexuellen Handlungen ihrem Ende entgegensteuerten, und deshalb konnte sie keine Erinnerungen daran reaktivieren, was letztlich zwischen ihnen vorgefallen ist. Bei der Sache mit dem Abtreibungsarzt kompensiert sie die fehlende Erinnerung, indem sie Bruchstücke von tatsächlich Erinnertem mit logischer Überlegung verbindet.

Viele von uns können nur schwer bestimmen, welche Teile einer Erinnerung tatsächlich erinnert und welche durchdacht sind. Gwen unterscheidet recht gut zwischen diesen beiden Varianten, und sie ist zu dem Schluß gekommen, daß sie Geschlechtsverkehr mit ihrem Vater gehabt haben muß. Diese Folgerung kann aber falsch sein.

Gwens Annahme, daß ihr Vater eine Erektion hatte und sie penetriert haben muß, erklärt nicht notwendigerweise ihre tatsächliche Erinnerung. Vielleicht war ihr Vater irrtümlich davon ausgegangen, daß er eine Ejakulation gehabt hatte. Oder er hatte befürchtet, daß seine temperamentvolle, rebellische Tochter von einem Jungen in ihrem Alter schwanger geworden war. Da Gwen keine Erinnerung an eine Penetration durch ihren Vater hat, können wir aus der Episode mit dem »Hintertreppenarzt« nicht mehr schließen, als wir schon wissen. Das Durchdenken alter, schwach ausgebildeter Erinnerungen ist meist nicht sehr aufschlußreich. Am Ende landet man schnell bei falschen Erinnerungen.

Gwen fragte mich, ob sie mir, bevor ich ging, noch etwas zeigen dürfte. Sie lachte leise, als sie mir von einer Angewohnheit erzählte, die sie ihr ganzes Leben lang hatte – einen richtigen Geschirrtücher-»Tick«. Sie holte ein blaßgrünes Damasttuch hervor und drehte es zwischen Mittel- und Ringfinger. »Geschirrtücher begeistern mich«, sagte sie. »Wenn ich nur den Stoff berühre. Ihn drehe. Servietten sind auch gut. Ich reibe sie mit den Fingern. Bei Einladungen zum Abendessen bin ich immer ganz enttäuscht, wenn es dort Papierservietten gibt.«

Jeder in der Familie wußte von Gwens Angewohnheit, so sagte sie. Alle zogen sie deshalb auf. »Ich habe Hornhaut davon. Sehen Sie mal!« Ich tastete über die Schwielen zwischen Gwens Fingern. Die Haut war sehr rauh. »Wenn ich so ein Geschirrtuch drehe, mache ich das mit ganzer Kraft. Mit beiden Händen. Es fühlt sich wirklich toll an. Es versetzt mich irgendwie in …« Anscheinend wollte Gwen sagen »Erregung«, aber wie schon bei dem Wort Orgasmus, brachte sie es nicht über die Lippen.

Gwen benutzte Geschirrtücher für eine Verschiebung – die Abwehrform, bei der man die Aufmerksamkeit von etwas, das intensiv empfunden wird, auf etwas überträgt, das weniger intensive Gefühle auslöst. Sofort fragte ich mich, ob es wohl in Gwens Kinderbett Handtücher gegeben hatte. Traumasymptome sind mitunter verblüffend wörtlich zu verstehen.

»Haben Sie je Handtücher mit ins Bett genommen?« fragte ich.

»Ich habe ziemlich lange ins Bett gemacht«, antwortete sie. »Vielleicht war das ja eine Möglichkeit, jemanden von meinem Zimmer, von meinem Bett fernzuhalten. Ich wurde oft nachts geweckt und gezwungen, zur Toilette zu gehen. Deshalb habe ich mich mit irgendwelchen Tüchern am Bett angebunden, damit mich niemand da wegholen konnte. Und ich habe den Stoff immer gedreht und gedreht. Ich mache das heute noch gern. Manchmal drehe ich die Laken bei mir im Bett.«

Ich wußte, daß wir einer von Gwens Methoden auf die Spur gekommen waren, wie sie eine sehr spezifische Art der Erinnerung blockieren konnte – die Erinnerung an den Orgasmus. Sie hatte eine Ersatzerregung gefunden, und zwar eine, die auch eng mit ihrer Sexualität als Erwachsene verbunden sein mochte. Gwen hatte die Aufmerksamkeit auf ihre Hand verlagert. Mit zwei Jahren hatte sie sich im Haus ihrer Großmutter einen Finger in der Kühlschranktür eingeklemmt und dabei die Fingerspitze verloren. Ihre Hand war ihr sehr wichtig. Und ihre Genitalien waren es auch.

»Ich werde Ihnen noch etwas verraten, wo wir schon mal dabei sind«, sagte Gwen. »Wenn ich mir heutzutage ein schönes sexuelles Erlebnis verschaffen will, dann klappt das am besten, wenn ich mir einbilde, ich wäre gefesselt. Man macht etwas mit mir, und ich kann es nicht verhindern. Dann kann ich es beruhigt genießen. Wissen Sie, in meiner Kindheit hatte mein Vater es sich in den Kopf gesetzt, mich etwas fühlen zu lassen. Und er hat es geschafft. Aber ich konnte die Kontrolle bewahren, indem ich einiges davon selbst bestimmt habe. Die Phantasie mit den Fesseln ist mir einfach so gekommen. Ich weiß nicht mehr wann. Aber ich muß mit einem weichen Tuch gefesselt sein. Zum Beispiel einem Geschirrtuch.«

Marilyn Van Derbur Atler hat in ihrem »Tagebuch« geschrieben, daß sie einige Zeit nach der Rückkehr ihrer Erinnerungen den Verdacht bekam, daß ihr Vater auch eine ihrer Schulfreundinnen mißbraucht hatte. Und nachdem Marilyn an die Öffentlichkeit getreten war, rief diese Freundin tatsächlich an und sprach mit ihr darüber. Gwen ist sicher, daß noch eine ihrer Schwestern vom Vater zur Sexualität gezwungen wurde, obwohl Gwen nicht genau weiß, was da vorgefallen ist. Carol Kreck hat in der *Denver Post* vom 3. Mai 1992 geschrieben, daß drei oder vielleicht auch alle vier Töchter mißbraucht wurden: »Später gaben auch die anderen Schwestern an, daß sie unter den

Übergriffen des Vaters zu leiden hatten und daß jede von ihnen meinte, sie sei das einzige Opfer.«[40]

Gwen erinnert sich, daß eine – sie wollte aber nicht sagen, welche – der mittleren Schwestern einmal zu ihr gesagt habe, »was sie heute abstreiten würde«, daß Sex mit Francis S. Van Derbur »die Art von Erlebnis war, über die Margaret Mead berichten würde – so etwas wie ein Initiationsritus«. »Ich weiß es noch wie heute«, sagte Gwen. »Sie meinte, es sei freundlich und lieb von ihm gewesen, sie diesem Initiationsritus zu unterziehen. Ich habe zu ihr gesagt: ›Na, ist ja prima.‹« – Gwen lachte – »›Wenn das für dich so ist, um so besser.‹« – Gwen lachte erneut. »Aber ich war verblüfft.«

Falls Gwens Erinnerung stimmt, hat eine der mittleren Schwestern ihre psychischen Bilder von den Handlungen des Vaters rationalisiert und ritualisiert. Sie hat ihre Gefühle durch Intellektualisierung – ein weiterer Abwehrmechanismus – unter Kontrolle gebracht. Gwens Erzählung zufolge widmet die Schwester den kleinen höflichen und netten Gesten, die ihr Vater an den Tag legte, unangemessen viel Aufmerksamkeit. Sie achtet nicht auf das Ganze. Wenn man intellektualisiert, werden störende instinktive Wünsche oder äußerer Druck durch exzessives Abstrahieren oder Rationalisieren überdeckt. Diese Vorgehensweise trägt zwar dazu bei, widersprüchliche Gefühle zu vermeiden, aber normalerweise werden Erinnerungen dadurch nicht blockiert – wenngleich das theoretisch bei jeder Form von Abwehr der Fall sein kann.[41]

Offenbar haben die kleinen Töchter von Francis S. Van Derbur wenigstens sechs verschiedene Abwehrmechanismen benutzt, um mit ihrem gemeinsamen Problem fertig zu werden: Spaltung, Dissoziation, projektive Identifikation, Verleugnung in der Phantasie, Verschiebung und Intellektualisierung. Einer davon, die Dissoziation, wurde von dem jüngsten und dem ältesten Mädchen auf ganz unterschiedliche Weise eingesetzt. Und ihre Mutter nahm zu einer weiteren Form der Abwehr Zuflucht – der Verleugnung der externen Realität.

Mit ihren 60 Jahren ist Gwen offen und lebhaft, ein Energiebündel. Sie hat einen herrlichen Sinn für Humor. Marilyn dagegen tritt nicht gern nach außen. Sie sagt, daß sie sich oft dazu zwingen muß, die Tapfere zu spielen. Beiden gemeinsam ist ihre Energie – und vielleicht hat

Marilyn davon sogar noch mehr. Aber es ist anstrengend für sie, diese Energie zu nutzen. Bei den alten Griechen wäre Gwen Mitchells Verhalten vielleicht als Hybris bezeichnet worden, die Juden würden es Chuzpe nennen. In jedem Kulturkreis würde Marilyn als schüchtern gelten. Die Schüchternheit zieht sich wie ein roter Faden durch Marilyns Leben. Trotz des Bildes einer mutigen Frau, das sie der Welt präsentiert, hat Marilyn immer zu den Menschen gehört, die, um es mit ihrem Lieblingszitat von Holmes auszudrücken, »bis zum Tod Musik im Herzen tragen«. Marilyns und Gwens Charakterunterschiede sind zweifellos angeboren, und sie sind vermutlich nicht für ihre unterschiedliche Wahl von Abwehrmechanismen verantwortlich, wohl jedoch für ihre völlig unterschiedliche Benutzung derselben Abwehr – und für die Unterschiede in ihren heutigen Erinnerungen.

Bilder erzählen nie alles. Mit meinem jetzigen Wissen betrachte ich noch einmal das Zeitungsfoto aus dem Jahr 1951. Es zeigt eine ausgesprochen fotogene Familie. Fröhliche Teenager ohne Pickel. Ein Mann, der mit Eleganz alt wird. Aber nun sehe ich genauer hin.
Wo ist die Frau? Warum fehlt sie? Sie hat das Foto nicht aufgenommen – es ist eine professionelle Aufnahme für die Zeitung. Keine Spur von Boots. Jetzt meine ich zu wissen, warum. Sie kann sich dem Inzest in ihrer Familie nicht stellen. Sie verbietet es sich, wahrzunehmen, was da vor sich geht. Sie muß die Beziehung zu ihrem Adonis bewahren.
Der Vater sitzt auf der Couchlehne und blickt auf seine Töchter hinunter, die etwas ganz Besonderes sind. Er sieht besitzergreifend und mächtig aus. Sie gehören ihm.
Ein schwarzgekleideter blonder Teenager lacht zum Vater hinüber. Ein dunkleres Mädchen sitzt weiter von ihm entfernt, und auch sie lächelt. Eine dieser hübschen Töchter mißversteht das, was zwischen ihr und dem Vater vorgeht. Vielleicht glaubt sie sogar mit ihrem wachen jungen Verstand, daß er ihr hilft, sich in der beängstigenden Welt der Männer zurechtzufinden.
In der Mitte des Bildes ist ein hageres, großes Mädchen im Profil zu sehen. Man kann nur die eine Hälfte ihres Gesichts sehen – die Hälfte, die vom Blitzlicht des Fotografen erhellt wird – und es wirkt wie ein

Symbol für die Amputation einer Seite ihrer Persönlichkeit. Wir sehen nur das »Tagkind« von Marilyn Van Derbur. Sieben Jahre, bevor sie zur Miss America gewählt wird, wirkt sie als Kind schrecklich angespannt. Aufgedrehte Locken, die nicht ganz ausgekämmt sind. Die Handschuhe auf dem Schoß fest umklammert. Ihre Kontrolle spielt keine Rolle. Der Vater ist daran gewöhnt. Er hat sie schon acht Jahre lang mißbraucht.

Neben Marilyn sitzt ein Mädchen mit weißblondem Haar – eigentlich schon eine Frau, 19 Jahre alt. Gwen lächelt, und sie blickt zu ihrem Vater auf. Jahrelang hatte sie den Wunsch, ihn zu ermorden, doch dieser Wunsch spiegelt sich nicht in ihrem Gesicht. Statt dessen sehe ich Erleichterung. Sie ist ihm entflohen. Francis S. Van Derbur besitzt Gwen nicht mehr. Vielleicht hat er das nie getan. Sie ist endlich »da raus«.

Ein Kinderstar erzählt 6

Die Videobänder waren zwar Kopien, aber von guter Qualität. Sehr viel besser als das, was ich mit den beiden Videorecordern, die bei mir in der Küche im Weinregal stehen, zustande bringe. Angesichts der Tatsache, daß Officer Dorman von der Polizei in Oklahoma City die beiden Gespräche mit dem Kind lediglich mit einer aufgestellten Videokamera und bei normaler Zimmerbeleuchtung aufgenommen hatte, war das, was ich da sah, ein kleines Wunder. Auf dem Bildschirm war Officer Dorman im scharf konturierten Profil zu sehen. Wenn er, was oft vorkam, nach unten auf einen kleinen Stapel blickte, der offenbar aus Stichwortkarten bestand, glänzte oben auf seinem Kopf eine kleine verschwitzte, kahle Stelle. In der Mitte des Bildschirms saß ihm gegenüber die »Hauptperson«, ein zehn Jahre altes Mädchen mit blondem Pferdeschwanz, das zwei Ärzte beschuldigt hatte, sie mißbraucht zu haben. Auf ihrer Stirn stand kein einziger Schweißtropfen. Manche Worte des Mädchens waren für das Tonbandgerät, das auf dem Tisch zwischen ihr und dem Polizisten stand, zu leise. Einige ihrer Gesten wurden von zwei überdimensionalen, anatomisch genauen Puppen verdeckt – eine gelbhaarige Jungenpuppe und eine Mädchenpuppe mit karottenrotem Haar –, die ohne irgendeinen ersichtlichen Bezug zueinander auf dem Tisch plaziert waren. Doch vermutlich hat niemand diese kleinen Fehler auf Officer Dormans Videobändern beachtet. So faszinierend war die eigentliche Hauptperson.

Wie mochte Ingrid Bergman mit zehn ausgesehen haben? fragte ich mich. Cheryl Tiegs? Julia Roberts? Waren sie so schön gewesen wie dieses Kind? Doch das Mädchen war nicht nur wegen seiner Schönheit zum Kinderstar geworden. Es war vor allem ihr natürlicher Umgang mit der Kamera. Sie sah kaum einmal hin – ein sicheres Zeichen dafür, daß sie instinktiv wußte, wie man damit umgeht.

Das Mädchen agierte mit Händen, Schultern, Hals, Gesicht und sogar mit ihrem samtigen Pferdeschwanz. Sie lächelte ihren Gesprächspartner ungeniert an, ohne daß es irgendwie gezwungen wirkte. Sie neigte den Kopf und nickte voller Anmut. Auf dem ersten Band trug sie einen dunkelroten weiten Pullover, eine weiße Bluse und eine Silberkette um den Hals, die zu glitzern anfing, sobald sie mit ihrem Zeigefinger daran herumspielte oder den Kopf zurückwarf. Auf dem zweiten Band trug sie eine kurzärmelige, lilafarbene Bluse über einem langärmeligen, weißen T-Shirt. Beide Male war sie so »lässig«, wie Zehnjährige es gerne sind. Oft setzte sie die Hände ein, um eine Äußerung wie »Das weiß ich nicht mehr« oder »Mhm, ja, so war's!« oder »Nein, so was würde ich nie tun« mit einer hübschen Geste zu unterstreichen. Hin und wieder schnappte ihre ausdrucksvolle Stimme etwas über. Ihr leicht heiserer Ton hob sie wohltuend von den piepsigen Stimmchen ab, die man normalerweise bei schauspielernden Kindern im Fernsehen hört. Das Mädchen war fürs Fernsehen wie geschaffen. Und jetzt gab sie ihre wichtigsten »Vorstellungen«.

Die Bänder, die ich mir ansah, waren vier Jahre alt. Kurz nach den Aufnahmen zeigten der Automechaniker Phil Greene und seine Frau Karen im Namen ihrer zehnjährigen Tochter Lua zwei Psychiater, Dr. Edward Riley und Dr. Sarah Allston, wegen sexueller Belästigung ihres Kindes an. Die Staatsanwaltschaft von Oklahoma City erhob jedoch aus Mangel an Beweisen keine offizielle Anklage und stellte die Ermittlungen ein. Bevor die Anklage jedoch fallengelassen wurde, beantragten die Greenes ein zivilrechtliches Verfahren gegen die beiden Ärzte. Außerdem starteten sie eine öffentliche Kampagne, durch die sie bekanntmachen wollten, was die beiden Ärzte ihrer Tochter angeblich angetan hatten. Ihre Kampagne richtete sich auch gegen die Stadt, der sie vorwarfen, nicht angemessen reagiert zu haben. Karen Greene stand Lua überall zur Seite: bei der Einreichung der Klage sowie bei den psychologischen Tests und ärztlichen Untersuchungen, denen Lua unterzogen wurde. Das Verfahren wurde für sie zum Fulltime-Job.

Dr. Riley, ein Schulpsychologe, und Dr. Allston, die in der Kinderpsychiatrie arbeitete, waren seit ihrem Studium befreundet. Lua war vier Jahre lang Dr. Rileys Patientin gewesen; er hatte sie wegen gravierender Persönlichkeitsprobleme behandelt: geringes Selbstwertgefühl, notorisches Lügen, ständiges Bedürfnis nach Aufmerksamkeit und Schwierigkeiten im Verhältnis zu ihrer Mutter. Phil und Karen Greene hatten zwei Kinder, und das ältere, ein Junge, war eindeutig der Liebling in der Familie. Lua konnte anscheinend nichts richtig machen. Das Mädchen stand mit seiner Mutter dauernd auf Kriegsfuß; es gab Widerworte und war aufsässig. Lua brauchte Hilfe bei den Hausaufgaben, wehrte sich aber gegen jeden Versuch der Mutter, ihr zu helfen. Ihr Bruder war dagegen ein erstklassiger Schüler und ein phantastischer Sportler. In der Schule und zu Hause war er bei allen beliebt.

Dr. Allston, die erste Psychiaterin, die Lua beurteilte, hatte ihrem Anwalt erzählt, daß sie bei dem Mädchen ein ernstzunehmendes Konzentrationsdefizit und eine hyperaktive Störung diagnostiziert hatte. Als Lua heranwuchs, verschrieb sie ihr immer höhere Dosen Methylphenidat, ein starkes Psychopharmakon, das Kindern hilft, sich zu konzentrieren und Lerninhalte aufzunehmen.[1] Dr. Allston war hin und wieder zu Dr. Riley in die Praxis gekommen, um ein neues Rezept auszustellen oder um Luas Fortschritte zu überprüfen. Dr. Riley hatte, seiner Aussage vor Gericht zufolge, das kleine Mädchen mit einer Kombination aus Spiel- und Gesprächstherapie behandelt. Gelegentlich ließ er sich seine therapeutische Arbeit dadurch bezahlen, daß Mr. Greene für ihn alte Autos reparierte. Vor den Mißbrauchsbeschuldigungen hatte er sogar hin und wieder seine Freizeit mit den Greenes verbracht. Ein paarmal feierten sie zusammen Thanksgiving, und manchmal trafen sie sich samstagabends.

Es war bereits elf Uhr nachts, und abgesehen von der hell erleuchteten Küche lag mein Haus im Dunkeln. Sarah Allstons Anwalt Tom Blackburn hatte mich nach einem ersten Telefongespräch gebeten, mir die Videoaufnahmen anzusehen. Der Fall interessierte mich, weil Kinderpsychologen, besonders wenn es sich dabei um Frauen handelt, so gut wie nie beschuldigt werden, ihre Patienten sexuell mißbraucht zu haben. Dr. Allston war auf drei Millionen Dollar verklagt worden. Doch vor diesen Beschuldigungen hatte sie im ganzen Staat einen untadeligen Ruf als Therapeutin und Gerichtssachverständige besessen.

Tom Blackburn wollte feststellen, ob ich zu der Auffassung gelangen würde, daß Officer Dorman Lua etwas in den Mund gelegt hatte. »Wird die Kleine von dem Beamten manipuliert?« hatte er mich gefragt. »Redet ihr vielleicht jemand die ganze Sache ein?« Ich achtete sorgfältig auf Officer Dormans Art der Fragestellung. War sie suggestiv? Es ist etwas völlig anderes, ob man sagt: »Erzähl mir, was du heute gemacht hast« oder ob man fragt: »Hat dich heute jemand bei einer Lüge ertappt?« oder auch nur: »Hattest du heute einen schönen Tag?« Empfindsame Kinder sind für subtile Versuche der Beeinflussung sehr empfänglich. Sie registrieren sofort den Wunsch nach Kontrolle, der drängenden, autoritären Verhören zugrunde liegt, und sie versuchen, ihn zu unterlaufen. *Wo warst du? Draußen. Was hast du gemacht? Nichts.* Diese alte Formel gibt den Geist vieler unproduktiver Auseinandersetzungen zwischen den Generationen wieder. Suggestive Fragen können ein Kind zu falschen Antworten veranlassen. Manche Kinder hören einfach auf zu reden, wenn ihnen solche Fragen gestellt werden; andere wiederum liefern falsche Informationen oder geben völlig falsche Erinnerungen wieder. Das muß nicht »mit Absicht« geschehen, wie es bei einer Lüge im herkömmlichen Sinne der Fall ist. Doch ganz gleich, welche Motivation das Kind hat, seine Antwort auf eine suggestive Frage kann sich als unwahr erweisen.

Suggestion oder Beeinflussung muß jedoch nicht unbedingt in der Frageform erfolgen, damit eine Erinnerung verfälscht wird. Bemerkungen, Ankündigungen, sogar beiläufige Formulierungen können Menschen von dem ablenken, was ihr eigener Verstand ihnen sagt, und sie in die Richtung lenken, die der Gesprächspartner von ihnen erwartet. Kopfnicken des Zuhörers, Blinzeln, dem Sprechenden zugewandte oder abgewandte Haltungen – all das trägt erheblich dazu bei, die Erzählung eines Menschen zu verändern.

Die Psychologin Elizabeth Loftus und ihre Mitarbeiter an der *University of Washington* führen bei ihrer Arbeit über »Fehlinformationen« Experimente durch, bei denen die Versuchspersonen (meistens Studenten) zu der Annahme verführt werden, sie hätten etwas Bestimmtes wahrgenommen, während sie tatsächlich etwas anderes registriert haben. Diese Experimente führen zu falschen Details in der erinnerten Wahrnehmung. Diese Beeinflussung kann in jeder Phase des Erinnerungsprozesses erfolgen – bei der Wahrnehmung, der Speicherung und der Reaktivierung. Subtile Veränderungen in der Fragetechnik oder subtile

Haltungen und Hinweise von seiten des Interviewers können zu enorm unterschiedlichen Reaktionen bei den Versuchspersonen führen.

Dr. Loftus zeigt ihren Versuchspersonen Filme mit simulierten Unfällen und Verbrechen. An irgendeinem Punkt des Erinnerungsprozesses werden ihnen auch falsche Informationen geliefert. Entweder noch während der Vorführung oder im Anschluß daran wird die suggestive Information durch einen vermeintlich unachtsamen Versprecher des Versuchsleiters eingeführt. Ein so geringfügiger Unterschied wie: »Haben Sie *die* Beule am Auto gesehen?« statt »Haben Sie *eine* Beule gesehen?« kann zu einem Fehler führen. In einem Vortrag mit dem Titel »The Reality of Repressed Memories« [»Die Realität verdrängter Erinnerungen«], den Dr. Loftus im August 1992 in Washington, D.C., beim Jahreskongreß der *American Psychological Association* hielt, hat sie ihre Ergebnisse vorgelegt. Menschen, die einen kleinen Lastwagen gesehen haben, können durch Suggestion zu der Annahme gebracht werden, daß sie einen kleinen Pkw oder Kombi gesehen hätten. Man kann Menschen, die gesehen haben, wie ein Mann mit glattem Haar ein Verbrechen beging, suggerieren, daß der Täter lockiges Haar hatte. Nach dem Betrachten einer idyllischen Landschaft, an der nichts Auffälliges war, können Menschen zu dem Glauben verführt werden, sie hätten in dem Bild Glassplitter, Kassettenrecorder oder eine Scheune gesehen. Dr. Loftus und ihr Team können Personen, die ein Bild von Mickymaus gesehen haben, sogar so weit bringen, daß sie meinen, es wäre Minnie gewesen.[2]

Hatte Officer Dorman bei Lua suggestive Techniken benutzt? Um das festzustellen, mußte ich ihn beobachten und genau zuhören, was er sagte und wie er es sagte; außerdem mußte ich auf Luas mögliche Voreingenommenheit achten. Wenn sie zum Beispiel zu irgendeinem Zeitpunkt während der Therapie zu dem Schluß gekommen war, daß sie ihre Ärzte nicht ausstehen konnte, dann war ihre Erinnerung an all das, was vor diesem Zeitpunkt geschehen war, möglicherweise durch diese Haltung gefärbt. In diesem Zusammenhang ist ein Experiment interessant, das der Erkenntnispsychologe Baruch Fischhoff 1971/72 an der *Carnegie Mellon University* durchgeführt hat. Er bat 251 Studenten, die Ergebnisse zu prognostizieren, die bevorstehende Reisen von Präsident Nixon nach China und in die Sowjetunion erbringen würden.

Ein Jahr später wurden die Studenten aufgefordert, ihre damaligen Prognosen niederzuschreiben. Die meisten von ihnen schrieben die tatsächlichen Ergebnisse auf, obwohl diese nur von einer kleinen Minderheit prognostiziert worden waren. Ihre nachträgliche Kenntnis hatte ihre Erinnerung verändert. Wahrscheinlich sind auch zahllose Äußerungen wie »Hab' ich doch gleich gesagt« auf diesen Mechanismus zurückzuführen.[3]

Auf der Grundlage dieser experimentellen Arbeit könnte man zu dem Vorsatz gelangen, niemals eine Suggestivfrage zu stellen und niemandem je ein Ergebnis im voraus zu verraten. Das Problem bei der Befragung von Kindern ist nur, daß man sie mitunter ein wenig steuern muß, damit sie überhaupt etwas Wesentliches sagen. Kleinkinder und Kinder im Vorschulalter brauchen manchmal sprachliche oder bildliche Auslöser, um Worte für ihre Erinnerungen zu finden. Kleinen Kindern ist die Sprache noch relativ fremd, und sie sind auf Hilfe angewiesen, um ihre Erinnerungen in Worte zu fassen.[4] Ich finde jedoch anatomisch genaue Puppen viel zu suggestiv, um sie bei der Wahrheitssuche einzusetzen. Sie zwingen das Kind, sich mit den Genitalien der Puppe auseinanderzusetzen, die schließlich ihr auffälligstes Merkmal sind. So haben beispielsweise die Augen kein Glas, keine Brauen, keine Wimpern und keine beweglichen Lider. Die Genitalien dagegen sind ganz exakt nachgebildet mit künstlichem Schamhaar, Öffnungen und Hautfalten.[5]

Wenn man Kinder im schulpflichtigen Alter nach ihren Erinnerungen befragt, haben sie häufig das Gefühl, daß ihre Privatsphäre verletzt wird. Auch das beeinträchtigt die ungehinderte Reaktivierung. Die Psychologen Gail Goodman von der *University of California*, Davis und Karen Saywitz von der *University of Southern California, Los Angeles,* haben ein Experiment durchgeführt, um herauszufinden, wie Kinder als Augenzeugen funktionieren. Sie ließen zwei Gruppen von Kindern – jede Gruppe bestand aus 36 fünf- bis siebenjährigen Mädchen – im *Harbor Hospital* in Los Angeles von Kinderärzten untersuchen. Bei einer Gruppe wurde auch eine genitale und anale Untersuchung vorgenommen, bei der anderen Gruppe jedoch nicht. Man ließ mehrere Tage verstreichen, bevor die Kinder interviewt wurden. Zunächst ließ man jedes Mädchen allein erzählen, was passiert war. Dann gab man ihr eine anatomisch genaue Puppe, mit der sie ihre Erfahrung nach-spielen sollte. Und schließlich stellten die Interviewer jedem Kind eine Reihe von suggestiven und irreführenden Fragen.

In der ersten Phase des Interviews erzählten die Mädchen, die nicht genital oder anal untersucht worden waren, unbefangen von ihrer Erfahrung. In dieser Gruppe führte jedes Kind an der Puppe korrekt vor, was es erlebt hatte. Als jedoch suggestive und irreführende Fragen gestellt wurden, gaben zwei der Mädchen völlig falsche Darstellungen ab. Ein Kind ging sogar so weit zu behaupten, der Arzt hätte einen Stock genommen und es am Anus gekitzelt.

Aus der Gruppe, an der die anale und genitale Untersuchung vorge-nommen worden war, gaben nur acht Mädchen diese Information gleich am Anfang preis, wobei die jüngeren Mädchen etwas offener waren als die älteren. Als ihnen jedoch die Puppe zur Verfügung gestellt wurde, erzählten sechs weitere Mädchen von dieser speziellen Unter-suchung; und als ihnen suggestive und irreführende Fragen gestellt wurden, gab die Mehrheit der Mädchen korrekt das wieder, was sie erlebt hatten. Sie wurden durch die suggestive Fragestellung nicht in die Irre geführt; sie erzählten wahre Geschichten. Aber sie brauchten starke Auslöser.[6]

Brauchte Lua Greene solche Auslöser? Die Schwierigkeit liegt darin, bei einem Kind die Wahrheit hervorzulocken, ohne ihm Stichworte zu geben. Eine Zehnjährige über Sexualität zu befragen ist eine knifflige Angelegenheit. Ich war gespannt, wie der Polizist bei diesem kleinen »Kinderstar« vorgegangen war.

Officer Dorman fragte das Mädchen zunächst, ob es mit »Lua« oder »Amy«, seinem zweiten Vornamen, angeredet werden wolle. »Komi-sche Frage«, dachte ich. Es machte fast den Eindruck, als ob Officer Dorman selbst lieber »Amy« gesagt hätte.

Das Kind entschied sich für »Lua« und lächelte. Als ich am nächsten Tag mit Tom Blackburn sprach, erfuhr ich, was alle im Umfeld der Familie Greene, einschließlich Lua, bereits wußten. Phil und Karen Greene hatten 1978, während eines Urlaubs in Mexiko, eine ganze Nacht unter reichlichem Genuß von Kahlua, dem mexikanischen Kaf-feelikör, durchgefeiert. Das Kind, das ungeplant im Verlauf dieser Nacht gezeugt wurde, hatten sie in Erinnerung daran »Lua« genannt.

Hatte Officer Dorman etwas gegen übermäßigen Alkoholgenuß? Zügellosigkeit? Schon mit seiner Gesprächseröffnung hatte der Polizist bewiesen, daß er zu suggestiven Fragen fähig war.

Dorman erkundigte sich nach der Schule, und Lua antwortete ihm, daß sie in die vierte Klasse gehe.

»Oh, dann kannst du wohl schon multiplizieren?«

»Geht so.« Ein schüchternes Lächeln.

»Wieviel ist sieben mal sieben?«

»Nein, das kann ich nicht.« Das Kind sah völlig gelassen aus. »Aber ich kann neun mal acht. Das ist noch schwerer.«

»Wieviel ist denn das?« Der Officer schluckte den Köder.

»72.«

Dorman blickte zufrieden drein. Ebenso wie Lua. Auch das Mädchen hatte sich allmählich in die Situation eingefunden. Sie konnte steuern. Sie konnte ausweichen. Und sie konnte Erwachsene manipulieren. Nabokovs Humbert Humbert hätte an Lua wahrscheinlich ebensoviel Gefallen gefunden wie an seiner zwölfjährigen Lolita.

Das Band surrte weiter. »Wir wissen von deinen Eltern, daß etwas mit dir passiert ist«, stellte der Polizist fest.

»Ja.« Das Kind wurde still.

»Weißt du, daß es gute Berührungen gibt und schlechte Berührungen?«

»Suggestiv«, dachte ich – besonders angesichts des abrupten Themenwechsels.

Das Kind sagte nichts.

»Weißt du, wie man bestimmte intime Körperteile nennt und wo sie sind? Kannst du sie mir an den Puppen da zeigen?«

Das Kind zuckte die Achseln, lächelte und warf sein blondes Haar zurück. Heute würde es keine Demonstrationen an den anatomisch genauen Puppen geben. Aber sie nannte ihm die Wörter, die sie für die Geschlechtsteile benutzte, ein Kompromiß, den sie und Officer Dorman offenbar gefunden hatten, ohne darüber ein Wort zu verlieren.

»Busen«, sagte Lua und der niedliche Kiekser in ihrer Stimme war wirklich süß. »Vagina, Hintern.«

»Wofür sind diese Teile da?« wollte der Officer wissen.

Kichern. Kopfwackeln. Achselzucken. Keine Antwort.

»Hat dich jemand angefaßt?« fragte er.

»Nein«, sagte das Kind.

»Aber wir haben gehört, daß etwas passiert ist«, entgegnete Officer Dorman ein wenig gereizt.

Dr. Riley sei »böse und gemein« gewesen, antwortete Lua. Sie schien eifrig darauf bedacht, den ärgerlichen Zug um Officer Dormans Mund zum Verschwinden zu bringen. »Er wollte Sex mit mir. Er hat mir Filme gezeigt, wo einer den anderen umgebracht hat. Und er soll doch mein Therapeut sein!«

Dann erzählte Lua dem Officer, daß Dr. Riley ihr mit einem Filmprojektor »Tom & Jerry«-Zeichentrickfilme, Sexfilme für Erwachsene und Filme, in denen Menschen getötet wurden, gezeigt habe. Auf die Frage, ob die Schauspieler nackt waren, sagte das Kind: »Ich weiß nicht. Ich hab' nicht hingesehen.« Auf die Frage, ob Dr. Riley nackt gewesen sei, antwortete das Kind, daß er »auch alle seine Sachen ausgezogen hat und sich angefaßt hat, während er die Filme geguckt hat«.

»Wie sah sein Penis aus?« wollte Dorman wissen. Diese Frage zielte nicht auf neue Informationen ab, sondern diente nur der Vertiefung. Das war eine gute Frage, dachte ich.

»Ich weiß nicht, wie Penisse aussehen«, erwiderte das Kind.

Sie hatte gesehen, wie Dr. Riley nackt masturbierte, und wußte nicht, wie ein Penis aussah? Widersprüchlich. Außerdem war sie ungenau. Als Antwort auf Officer Dormans Frage: »Was haben die Leute in den Sexfilmen gemacht?« antwortete sie: »Sie hatten Sex.«

»Was ist das?« Wieder eine gute Frage von dem Polizisten. »Sie haben ihre Sachen ausgezogen und sich angefaßt. Busen und Hintern sind aneinandergekommen«, antwortete das Kind. Ist das Sex? Das war eine erstaunlich naive Beobachtung für ein Mädchen, dem man angeblich Sexfilme für Erwachsene gezeigt hatte und das gesehen hatte, wie ein Mann masturbierte.

»Haben sie was mit dem Mund gemacht?« Mit dieser Frage vermittelte Dorman offensichtlich eine Information, nämlich die, daß der Mund eines Erwachsenen bei der Sexualität eine Rolle spielen kann.

»Nein«, antwortete das Kind entschieden.

»Wie hatten sie in den Filmen, die du gesehen hast, Sex zusammen?«

»Sie haben Babys gemacht.«

Das war keine Antwort. Ganz gleich, wie bezaubernd diese kleine Schönheit war, sie hatte die Frage des Officers glatt umgangen.

Vielleicht hatte Lua das ganze sexuelle Erlebnis mit Dr. Riley verdrängt, dachte ich. Oder sie konnte Teile davon verdrängt haben. Eventuell hatte sie währenddessen dissoziiert und sich in einen benommenen Traumzustand geflüchtet. Sie könnte sich sogar in die anwesende »böse Lua« und die abwesende »liebe Lua« gespalten haben. Doch nachdem ihre Erinnerung zurückgekehrt war – und das war sie offensichtlich, denn sie hatte eine Beschuldigung geäußert –, hätte sie sich an etwas erinnern müssen. Vielleicht nur Erinnerungsfetzen. Aber wenigstens an etwas.

Der Fall Lua Greene fällt mitten hinein in die Debatte über falsche Erinnerungen. Eine falsche Erinnerung ist eine intensiv imaginierte Erinnerung, eine völlig verzerrte Erinnerung, eine Lüge oder ein falsch gedeuteter Eindruck. Häufig sind solche Erinnerungen dem Erinnernden durch einen Dritten suggeriert worden. In den extremsten Fällen von falschen Erinnerungen handelt es sich um bösartige Lügen oder um absolute Gehirnwäsche. In ihrer gemäßigteren und häufigeren Form finden sich falsche Erinnerungen bei solchen Menschen, die durch die Suggestionen und Interpretationen ihrer Therapeuten zu der Überzeugung gelangen, daß sie als Kinder sexuell mißbraucht wurden und diese Erlebnisse vergessen haben. Viele Psychologen und Psychotherapeuten haben sich auf die eine oder andere Seite der Debatte geschlagen. Die eine Seite meint, daß Menschen niemals dazu gebracht werden könnten, sich an einen sexuellen Mißbrauch zu erinnern, der gar nicht passiert ist, und daß jeder Versuch, diesen Mißbrauch zu leugnen, dem Versuch gleichkommt, das Opfer erneut zu viktimisieren. Die andere Seite meint, daß falsche Erinnerungen weit verbreitet sind: Menschen erinnern sich an das, was ihre Therapeuten oder Selbsthilfegruppen ihnen suggeriert haben. Tatsächlich fordern manche, daß Hypnose und Explorationen unter Barbituratgaben gänzlich eingestellt werden sollten, weil diese Therapieformen viel zu suggestiv seien.

Viele von uns, die wir im psychiatrischen Bereich arbeiten, sind äußerst beunruhigt über die Frage, ob Therapeuten bei ihren Patienten falsche

Erinnerungen hervorrufen. Beeinflussen Therapie- und Selbsthilfe-gruppen die Erinnerungen ihrer Teilnehmer? Fördern die Medien solche falschen Erinnerungen, indem sie sensationslüsterne Stories bringen, die Menschen förmlich zur Identifikation auffordern? Manche Therapeuten akzeptieren, da sie unbedingt helfen wollen, uneinge-schränkt die Geschichten ihrer Patienten, ohne konsequent nach inter-nen und externen Bestätigungen für diese Geschichten zu suchen. Eine jüngere Untersuchung von 53 Frauen mit Inzesterinnerungen ergab, daß es den meisten von ihnen nach ernsthaften Bemühungen gelang, Bestätigungen für diese Erinnerungen zu finden.[7] Aber Therapeuten ziehen häufig schon ihre Schlüsse, bevor Beweise zusammengetragen wurden. Und oft ist es ihr Wunsch, die Erinnerungen ihrer Patienten zu beweisen, und nicht, sie zu widerlegen, wie es in der Wissenschaft üblich wäre.

Eine falsche Erinnerung wird noch wahrscheinlicher, wenn der Thera-peut ein anerkannter Traumaexperte ist, der nahezu ausschließlich Inzestopfer behandelt. In einem solchen Fall rechnet der Patient von Anfang an damit, im Verlauf der Behandlung Inzesterinnerungen aus der Kindheit zu reaktivieren. Das Problem wird zusätzlich verschärft, wenn sowohl der Therapeut als auch der Patient glauben, daß die Behandlung erfolglos bleiben muß, solange keine traumatischen Erin-nerungen aufgedeckt werden. In der klinischen Praxis sind Patienten nicht gerade begeistert von Therapeuten, die ihren Erinnerungen mit Skepsis begegnen. Aber es ist für einen Patienten besser, wenn der Therapeut sagt: »Wir sollten uns diese Erinnerungen genauer anschau-en, bevor wir anfangen, sie in der Therapie zu benutzen oder sie für Ihre weiteren Entscheidungen heranzuziehen.« Für den Erfolg einer Therapie ist die Reaktivierung von Erinnerungen nicht maßgebend. Man muß nicht unbedingt eine verschüttete Erinnerung ans Tageslicht holen, um sich besser zu fühlen und besser leben zu können.

Bei einem leicht beeinflußbaren Patienten kann eine suggestive Tech-nik alle möglichen Schäden verursachen. Paul McHugh, Direktor des Instituts für Psychiatrie und Verhaltensforschung an der *Johns Hopkins University*, hat in einem Artikel, der im August 1992 in *The American Scholar* veröffentlicht wurde, seine Besorgnis geäußert, daß Therapeu-ten bei besonders labilen Patienten tatsächlich eine multiple Persönlichkeitsstörung auslösen könnten. Das Umsichgreifen dieser Diagnose, so meint er, ist die moderne Entsprechung für den Hexenwahn in Salem. Er beschreibt fünf Patienten, die von ihren Therapeuten so stark beeinflußt wurden, daß sie Anzeichen dieser Krankheit entwickelten, obwohl sie eigentlich unter ganz anderen Störungen litten. Der Journalist Lawrence Wright hat für den *New Yorker* einen langen Bericht über den Fall des Paul Ingram geschrieben. Dieser Mann gestand unter selbst herbeigeführter Hypnose, an satanischen Ritualen teilgenommen zu haben, die an seinen beiden Töchtern vorgenommen wurden. Später, nachdem er zu 20 Jahren Gefängnis verurteilt worden war, hat Ingram widerrufen. Er gab an, von seinen Fragestellern – zwei Polizisten, einem Psychologen und einem Pastor – falsch beeinflußt worden zu sein, sie hätten ihm versichert, er würde sich nach seinem Geständnis an den Mißbrauch seiner Töchter erinnern können.[8]

Um herauszufinden, ob eine Erinnerung falsch ist, kann man nach Symptomen oder Anzeichen suchen, die dieser Erinnerung entsprechen. Ein Kind, das ein schockierendes, beängstigendes, schmerzliches oder extrem aufregendes Erlebnis hat, wird Symptome an den Tag legen. Das Kind reinszeniert Aspekte des schrecklichen Ereignisses, und unter Umständen klagt es über körperliche Empfindungen, die denen ähnlich sind, die es dabei verspürte. Das Kind fürchtet sich vor einer Wiederholung des Ereignisses, und häufig läßt es eine generelle und unverhältnismäßige Zukunftsangst erkennen.

Wenn dagegen ein Kind nur ein beängstigendes Gerücht oder die Symptome eines anderen Traumaopfers mitbekommt, übernimmt es vielleicht ein oder zwei Symptome oder sogar die ganze »Geschichte« – aber es wird nicht unter dem gesamten Krankheitsbild der Symptome und Anzeichen leiden. So kenne ich beispielsweise ein kleines Mädchen, das, obwohl es nicht dabei war, als ihre ältere Schwester bei einem grauenhaften Unfall im Swimmingpool förmlich zerfleischt wurde, in ihrem Kopf alles »gesehen« hat, was geschah. Winnie hatte die Geschichte von Hollys Unfall von ihrem älteren Bruder und der älteren Schwester erzählt bekommen. Die beiden waren tatsächlich Zeugen gewesen, und sie zeigten sehr, sehr viele Symptome. Der Junge baute kleine Spielzeugswimmingpools; das Mädchen spielte mit Stricken, die wie Eingeweide aussahen. Sie hatten Bauchschmerzen. Sie konnten nicht schlafen. Winnie zeigte dagegen keinerlei Symptome. Sie war nicht dabeigewesen. Eine entsetzliche Erzählung löst allein noch keine psychischen Fehlfunktionen aus. Selbst wenn diese Geschichte ungeheuer suggestiv erzählt wird, zeigt das Kind keine Symptome, die dieser »Erinnerung« entsprechen. Winnies Behauptung, sie könne sich erinnern, war keineswegs eine Lüge. Meiner Ansicht nach handelte es sich lediglich um eine gänzlich falsche, wenngleich unschuldige Erinnerung.

Nicht alle falschen Erinnerungen sind bewußt falsch. Ebensowenig wie sie alle gezielt eingeimpft werden. Bei der heutigen Kontroverse um falsche Erinnerungen geht es meist nicht darum, ob die Menschen, die diese Erinnerungen haben – oder suggerieren – unschuldig sind oder nicht. Es geht darum, ob gutgläubige Menschen unbemerkt gutgemeinte Suggestionen ihrer Therapeuten, Freunde, Verwandten oder der Polizei aufnehmen können, ob sie vielleicht Vorstellungen aus den Büchern, die sie lesen, den Filmen und Fernsehserien, die sie sehen, übernehmen und schließlich glauben, daß sie etwas erlebt haben, was nie passiert ist.

Ich erinnere mich an eine Patientin von mir – nennen wir sie »Anne Blankenship Huffman« –, deren verstorbener Vater in der Politik und im Wohltätigkeitsbereich eine anerkannte Größe gewesen war. Anne Huffman kam zu mir, um sich bei mir Rat zu holen, wie sie mit ihrer zweiunddreißigjährigen Tochter Viveca umgehen sollte. Viveca hatte sich, fast unmittelbar nachdem sie eine Therapie begonnen hatte, daran erinnert, von ihrem berühmten Großvater sexuell mißbraucht worden zu sein. Sie »sah«, wie ihr Großvater zu ihren Füßen stand und etwas, das ihr weh tat, in ihre Vagina schob. Ihr Therapeut hatte Viveca geraten, sofort ihrer Mutter davon zu erzählen und darüber nachzudenken, ob die Taten ihres berühmten Großvaters publik gemacht werden sollten.

»Ich hab' alles falsch gemacht«, sagte Anne. »Seit drei Monaten bringe ich es nicht über mich, sie zu besuchen oder auch nur anzurufen.« Anne Huffman glaubte ihrer Tochter nicht. In ihren eigenen Kindheitserinnerungen war das Verhalten ihres Vaters – Tag und Nacht – von wohlmeinendem Desinteresse geprägt gewesen.

Anne erzählte mir von ihrer Tochter. Viveca hatte als Kind nur ein einziges gesundheitliches Problem gehabt, eine »Kicherblase«. Die Kleine machte jedesmal, wenn sie lachte, nieste oder etwas relativ Schweres aufhob, in die Hose. Als Viveca drei wurde, ging ihre Mutter mit ihr zu einem Urologen. »Der Arzt hat mich aus dem Behandlungszimmer geworfen«, erinnerte sich Anne. »Er sagte, er würde ein Instrument in Viv hineinschieben. Ich nehme an, es war ziemlich schmerzhaft. Sie war tagelang wütend auf mich. Aber der Doktor sagte, sie hätte eine Membrane in der Harnröhre und daß nun alles in Ordnung sei.« »Wie sah der Arzt aus?« fragte ich sie.

»Er hatte einen grünen Kittel an«, antwortete Anne. »Trug einen Bart. Groß. Würdig. Mein Gott, wenn ich so darüber nachdenke, sah er genau wie mein Dad aus!«

Annes Tochter hatte in der Psychotherapie tatsächlich die Rückkehr einer verdrängten Erinnerung erlebt. Das Ereignis hatte wirklich stattgefunden. Aber es war nicht Vivecas Vagina, sondern ihre Harnröhre gewesen, der man Schmerzen zugefügt hatte. Doch wie hätte eine Dreijährige das wissen sollen? Vivecas Probleme waren aus der Naivität eines kleinen Mädchens, ihrer falschen Identifikation des Täters und ihrer Fehleinschätzung des Motivs erwachsen.

Als der große Schweizer Psychologe Jean Piaget zwei Jahre alt war, wurde er von seiner Erzieherin bewußt getäuscht. Später publizierte er dieses mittlerweile berühmte Beispiel für eine völlig falsche Erinnerung. Um die reiche Familie Piaget zu beeindrucken, erzählte die Erzieherin, daß man versucht habe, Jean zu entführen, und sie habe ihn gerettet. Als Jean 15 Jahre alt war, nahm die Erzieherin ihre Geschichte zurück. Bis dahin hatte er eine klare, detaillierte Erinnerung an dieses Geschehnis, das doch nie stattgefunden hatte. Piaget verrät uns nicht, ob er aufgrund dieser imaginierten Entführung je unter psychischen Symptomen gelitten hat.[9] Ich würde vermuten, daß das nicht der Fall war, wie bei meiner kleinen Freundin Winnie. Eine falsche Erinnerung ruft nicht die Folgeerscheinungen eines psychologischen Traumas hervor: wiederkehrende Wahrnehmungen, Neuinszenierungen von Verhalten, traumaspezifische Ängste und das Gefühl der Zukunftslosigkeit. Eine völlig falsche Erinnerung ist einfach nur eine Geschichte. Sie mag kohärent und mit Details verziert sein. Aber sie ist und bleibt nur eine Geschichte.

Vielleicht haben Sie bemerkt, daß ich das Wort »falsch« mit den Attributen »völlig« oder »gänzlich« modifiziert habe. Eines der größten Probleme im Bereich der falschen Erinnerung ist die Frage, wie verschiedene Forscher und Kliniker den Terminus überhaupt definieren. So neigt beispielsweise Elizabeth Loftus dazu, ein falsch dargestelltes Detail innerhalb einer Erinnerung als falsche Erinnerung zu bezeichnen.[10] Ich dagegen vertrete die Ansicht, daß man bei einer optischen Fehlwahrnehmung, einem Fehler in der Chronologie oder einer mißverstandenen Motivation noch nicht von falscher Erinnerung sprechen kann.

Meine Untersuchung der Schulbusentführung in Chowchilla hat ergeben, daß eine erhebliche Anzahl der Kinder später unrichtige Einzelheiten erinnerten.[11] Ungefähr ein Drittel der 153 nach dem Zufallsprinzip ausgesuchten Acht- und Fünfzehnjährigen, die ich nach der *Challenger*-Explosion interviewt habe, machten in bezug auf einzelne Details Fehler. Es besteht jedoch kein Zweifel daran, daß die Chowchilla-Kinder tatsächlich entführt wurden, und niemand bestreitet die Tatsache, daß die Kinder, die die *Challenger*-Katastrophe beschrieben, sie tatsächlich auch mit angesehen haben. Falsche Details verzerren eine Erinnerung. Aber es gibt viele echte Erinnerungen, die zwar verzerrt, aber im Kern wahr sind.[12]

Nehmen wir an, eine Achtjährige kommt von der Schule nach Hause und erzählt, daß die Klasse den ganzen Tag im Naturkundemuseum war, daß Mrs. Dodge gefahren ist und daß alle hinterher noch ein Eis gegessen haben. Würden die Eltern davon ausgehen, daß das Kind etwas Falsches erzählt hat, wenn sich später herausstellt, daß die Klasse im Museum für Naturgeschichte war, daß sie nur den halben Tag dort verbracht hat, daß Mrs. Whitcock gefahren ist und daß sie hinterher alle noch einen Milchshake getrunken haben? Ich würde behaupten, daß die Achtjährige ihrer Mutter eine reale Erinnerung erzählt hat, die – wie es oft geschieht – durch unbedeutende Fehlwahrnehmungen und kindliche Mißverständnisse verzerrt wurde. Wenn die Achtjährige jedoch nach Hause kommt und von dem Tagesausflug ins Naturkundemuseum erzählt, und der Lehrer ruft später an, um die Eltern davon in Kenntnis zu setzen, daß das Kind an diesem Tag bei einem Multiplikationstest jämmerlich versagt hat, dann ist es bei einer

Lüge erwischt worden. Vielleicht hat sie diese gänzlich falsche Darstellung nur geliefert, um die Eltern von irgendwelchen Fragen nach dem Test abzulenken. Wenn das Kind später anfängt, an die Realität dieses erfundenen Ereignisses zu glauben, dann würde ich von einer »gänzlich falschen Erinnerung« sprechen – eine umfassende Erinnerung, die aus nichts entstanden ist.

Viele gänzlich falsche Erinnerungen können tragische Folgen haben. Bei Lua Greenes Erinnerung war das zweifellos der Fall. Zwei Ärzte waren angeklagt und liefen Gefahr, ihre Existenz zu verlieren. Vor den amerikanischen Familiengerichten hat es aufgrund von »völlig falschen Erinnerungen« schon eine ganze Reihe von Tragödien gegeben. In den siebziger Jahren hatten Scheidungsanwälte erstmals mit Fällen zu tun, in denen ein Kind einen Elternteil des sexuellen Mißbrauchs bezichtigte. Häufig wurde dem Kind in diesen Fällen gar nicht die Gelegenheit gegeben, eine umfassende, ungesteuerte Darstellung abzugeben. Bei einer Untersuchung von 18 Kindern, die im Verlauf von Scheidungsschlachten solche Beschuldigungen geäußert hatten, stellten die Psychiaterinnen Elissa Benedek und Diane Schetky fest, daß diese Kinder mehrheitlich Falschaussagen gemacht hatten.[13]

Gesellschaftliche Interessengruppen, wie beispielsweise die *False Memory Syndrome Foundation*[14], haben jedoch so viel Publicity für ihr Anliegen eingeheimst, daß dieses Anliegen mittlerweile mit einem Krankheitsbild verwechselt wird. Kürzlich fragte mich ein Therapeut, ob ein Patient, über den wir geredet hatten, unter dem »false memory syndrome« (Syndrom der falschen Erinnerung) leide. Eine solche Störung gibt es nicht. Es ist lediglich der Name einer Organisation, die Eltern, Onkel, Großväter und Geschwister vertritt, die meinen, sie seien fälschlicherweise beschuldigt worden. Inzwischen gibt es auch eine Interessenvertretung der »Widerrufer«. Und etwas, das »falsche Erinnerungslücke« genannt wird. Die Schöpfung stammt von beschuldigten Eltern, die sich nicht daran erinnern können, ihre eigenen Kinder mißbraucht zu haben. Das klingt zwar alles recht reißerisch, aber mit Psychiatrie hat es nicht viel zu tun. Die Debatte ist viel zu stark politisiert worden.

Erst eine Reihe von überzeugenden klinischen Studien zur Erinnerung von Erwachsenen an bestätigte Ereignisse in ihrer Kindheit wird diese

Kontroverse um die falsche Erinnerung beenden können. Wir brauchen Langzeituntersuchungen bei Kindern, die nachgewiesenermaßen mißbraucht wurden. Bis diese aufschlußreichen Studien abgeschlossen sind, muß jeder Fall für sich betrachtet werden. Die Fakten eines Falles können die Debatte auf individueller Ebene zu einem befriedigenden Ergebnis führen. Die besondere Wahrheit eines jeden Falles muß genau analysiert und diagnostiziert werden. Erwachsene Patienten müssen bereit sein, nicht nur nach internen, sondern auch nach externen Bestätigungen ihrer wiedergefundenen Erinnerungen zu suchen. Das Fehlen von externen Bestätigungen muß nicht bedeuten, daß eine Erinnerung falsch ist. Aber es gibt wesentlich mehr Erinnerungen, die auch extern bestätigt werden können, als man gemeinhin glaubt.

Als ich mir an jenem Abend in meiner Küche die Videoaufnahmen von Lua Greene ansah, fiel mir auf, daß sie anders war als meine jungen »Untersuchungspersonen«, die in Chowchilla entführt worden waren oder die die *Challenger*-Explosion gesehen hatten. Die Chowchilla- und *Challenger*-Kinder schilderten den allgemeinen Ablauf der Ereignisse ohne Abweichungen und variierten nur in Einzelheiten, bei Lua dagegen waren die Einzelheiten stimmig, während die Darstellung einzelner Handlungen mitunter drastische Abweichungen aufwies. Ich glaube zwar nicht, daß eine Geschichte im luftleeren Raum beurteilt werden kann, aber Luas Geschichte war – für sich genommen – schwer zu glauben. Vielleicht hatte ein Therapeut, zu dem Lua gegangen war, nachdem man sie Dr. Riley entzogen hatte, ihr die Geschichte unabsichtlich suggeriert.

Und wie paßte eigentlich Dr. Sarah Allston in Luas Bericht? Dr. Allston war Tom Blackburns Mandantin, und sie war der Grund dafür, daß ich mir diese Videos so spät am Abend noch ansah.

»Was hat Dr. Allston gemacht?« wollte Officer Dorman von dem Kind wissen, und ich setzte mich abrupt auf. »Ist sie auch in Dr. Rileys Zimmer gekommen?« Ich beugte mich vor und wartete gespannt auf die Antwort des kleinen Mädchens.

»Sarah ist reingekommen.« Lua lächelte. »Und sie hat die schlimmen, schlimmen Filme mit den vielen Toten geguckt.«

»Hat Dr. Allston irgendwas gesagt?«

»Nein. Sie hat nichts gesagt.« Das Kind verstummte.

»Ist das alles?« Officer Dorman ließ sich auf seinem Stuhl zurücksinken.

Das Kind reagierte auf die nonverbale Suggestion des Polizisten. »Na ja, manchmal hat Sarah gesagt: ›Ed, stell die Filme ab! Du solltest mit deiner Patientin reden und ihr nicht dauernd schlechte Filme zeigen!‹« Das schöne Kind spielte mit seinem schimmernden Halsband. Dorman sah müde aus. »Weißt du, was eine Lüge ist?« fragte er.

»Ja«, entgegnete sie keck und selbstbewußt. »Wenn man lügt, kriegt man Schwierigkeiten.« Im Kopf dieses Kindes war Lügen eine praktische Angelegenheit – eine Frage der Strategie zwischen einem selbst und einem anderen Menschen. Eine Lüge wurde durch die Reaktion des anderen definiert. Im Alter von zehn Jahren haben die meisten Kinder gelernt, Lügen als ein ethisches Problem zu betrachten, oder zumindest als ein Problem zwischen sich und Gott. Lua Greenes moralische Entwicklung kam mir verzögert und defizitär vor – und sie schien zu spüren, daß etwas nicht stimmte. »Etwas«, das sich ihr erst vier Jahre später an einem 1500 Meilen entfernt liegenden Ort erschließen sollte. *Das ist alles wahr!*« rief sie und betonte dabei jedes Wort dramatisch. Und dann lächelte Lua in die Kamera, und die Aufnahme war zu Ende.

Einen Augenblick später begann die nächste Sequenz, Teil zwei. Officer Dorman gab zunächst das neue Datum an: zwei Wochen später. Dann erklärte er Lua, daß er sie zu einer Liste von sexuellen Vergehen befragen wolle, die, wie er sagte, Luas Mutter nach den Schilderungen ihrer Tochter aufgestellt hatte. Wie war diese Liste entstanden? War nach der Entlassung von Riley und Allston ein Therapeut eingeschaltet worden, der für Karen Greene eine Liste von sexuellen Aktivitäten aufgeschrieben hatte? Hatte der Therapeut Lua diese Handlungen suggeriert? Oder hatte Karen Greene diese Liste zusammengestellt, nachdem sie selbst ihrer Tochter dies alles irgendwie suggeriert hatte? Die Liste in Officer Dormans Händen legte den starken Verdacht nahe, daß ein Erwachsener die kleine Lua Greene beeinflußt hatte.

Der Polizist fragte nach den elf verschiedenen Aktivitäten, und Lua bestätigte, daß sie alle stattgefunden hätten, außer daß Nacktfotos von Dr. Riley gemacht worden seien. Das Mädchen in der lilafarbenen

Bluse bestätigte, daß es hypnotisiert und gefesselt gewesen sei, während Edward Riley und Sarah Allston miteinander Geschlechtsverkehr hatten. Sie bestätigte, daß man ihr Drogen verabreicht und Dr. Riley Nacktfotos von Dr. Allston gemacht habe. Außerdem waren Videos aufgenommen worden, fügte Lua hinzu – offensichtlich stand das noch nicht auf der Liste. Sie gab an, daß Dr. Riley Gummihandschuhe benutzt habe, um eine andere kleine Patientin zu berühren, die zusammen mit Lua für »schmutzige Bilder« posiert habe. Dr. Riley habe in seinem Büro mit mehreren Frauen Geschlechtsverkehr gehabt. Er habe »schmutzige Filme« mit Lua gedreht, während sie hypnotisiert war. Er habe gedroht, sie zu töten.

Die Liste war natürlich absolut suggestiv, denn das Kind wurde Punkt für Punkt aufgefordert, sich zu jedem dieser Vorwürfe zu äußern. Trotzdem waren Luas Kommentare interessant. Als Officer Dorman sie nach ihrer Hypnose befragte, gähnte sie als Antwort zweimal tief. Dann streckte sie sich und sagte schläfrig: »Daran kann ich mich überhaupt nicht erinnern.« Sie sagte, sie könne sich aber daran erinnern, unter Hypnose für Sarah Allston Kaffee geholt zu haben. Danach hätten die beiden Ärzte sie gefesselt, Kaffee getrunken und dann miteinander geschlafen.

»Sie haben miteinander geschlafen?« fragte Officer Dorman. »Wie?«

»Sie haben es einfach *getan*«, erwiderte Lua. Erneut schien sie unfähig, Sexualität zwischen Erwachsenen zu beschreiben.

»Zeig es mir mit Hilfe der Puppen.«

Das Mädchen nahm die gelbhaarige Jungenpuppe und die Mädchenpuppe mit den orangefarbenen Haaren und legte das Mädchen mit dem Gesicht nach unten auf den Jungen. Der Polizist fragte verwundert: »Das Mädchen liegt auf dem Jungen?«

»Hoppla«, zwitscherte das Kind. »Der *Junge* muß doch oben liegen.« Sie tauschte die Puppen um, damit Officer Dormans Geschmack Genüge getan war, und dann ließ sie sie in Ruhe.

Keine der beiden Puppen wurde bewegt. Keine beweglichen Stoffbeine wurden gespreizt, um den anderen drängenden Stoffkörper aufzunehmen. Kein sorgsam genähtes Geschlechtsteil empfing sein ausgestopftes Gegenstück. In den Augen von Lua Greene war Sexualität ein rein statisches Arrangement von Mann und Frau.

»Hier steht, daß Ed und Sarah sich [gegenseitig] die Geschlechtsteile geküßt haben«, las Dorman von der Liste ab. Ich dachte an die suggestive Frage, die er zwei Wochen zuvor gestellt hatte – »Haben sie was mit dem Mund gemacht?« – und daran, daß Lua das verneint hatte. War das Kind so beeinflußbar, daß es nun angefangen hatte, oralen Sex in seine Erinnerungen zu integrieren?

Lua lächelte. »Das macht mich verlegen«, sagte sie. »Sarah hat das gemacht, Ed nicht. ... Nur manchmal. ... Sie hatten ihre Sachen an.«

»Schwierig«, dachte ich. »›Geschlechtsteile zu küssen‹, wenn beide angezogen sind.« Das Kind hatte offensichtlich eine suggerierte Vorstellung mit der eigenen Phantasie gepaart. Und sich dabei vertan. Niemand hatte ihr diese Erfahrung richtig beschrieben. Für Lua klang es einleuchtend, wenn man dabei seine »Sachen anhatte«.

Jetzt war für den Polizisten der Augenblick gekommen, die Liste der Mutter beiseite zu legen. Er wollte wissen, ob Sarah Allston oder Edward Riley Lua je sexuell berührt hatten. Er formulierte die Frage auf jede denkbare Weise, aber das Kind bestritt immer wieder, irgendwie berührt oder penetriert worden zu sein. Trotzdem ließ Dorman nicht locker.

»Erzähl mir alles. Alles«, sagte er mit Nachdruck. Das war wirklich massive Beeinflussung.

Schließlich senkte Lua den Kopf. »Ja«, sagte sie. »Ed hat meine Geschlechtsteile berührt. In dem alten Büro. Nein, vielleicht in dem neuen. Ich weiß nicht mehr. Es war kurz vor einem Fest. Weihnachten. Sarah war dabei. Er hat mich einfach da berührt. Ich hatte meine Sachen an.« Sie deutete dezent für die Kamera zwischen ihre Beine.

Das war ein weiteres Vergehen, eins, das schwer bestraft wird. »Was ist mit Sarah? Hat *sie* dich angefaßt?« fragte Dorman.

»Ja, an Ostern«, sagte Lua.

»Weihnachten« und »Ostern« gehören zusammen wie die Worte »Hund« und »Katze« oder »Fußball« und »Handball« in einem Assoziationstest. »Ostern« wirkte wie eine Zeitangabe, die Lua gerade in den Sinn gekommen war, nicht wie der ernsthafte Versuch, wirklich herauszufinden, wann dieses scheußliche Ereignis stattgefunden hatte.

»Es ist ganz, ganz oft passiert«, sagte das Kind und redete schneller. »Wirklich ganz oft ... ich war mit Handschellen gefesselt. Sarah hat mich ein paarmal angefaßt. ... Sie haben alle möglichen Fotos gemacht. Viele. Ganz viele. Dreißigmal habe ich Bilder von [Lua nannte den Namen einer anderen Patientin] und von einem, den ich nicht kenne, gesehen, und beide hatten nichts an. Ed hat die Bilder und den Apparat in einem Segelboot aus Zahnstochern verwahrt. Da drin hat er auch Drogen gehabt.«

»Mit Handschellen gefesselt«? »Alle möglichen Fotos«? »Drogen«? »Dreißigmal«? Die Einzelheiten in Luas Geschichte ergaben ein Potpourri, aber keine durchgängige Melodie.

»Warum hast du deiner Mom und deinem Dad nichts davon erzählt?« Dorman sah aus, als hätte er am liebsten seine Stichwortkarten weggepackt, um nach Hause zu gehen.

»Weil Ed und Sarah gesagt haben, sie würden mich töten«, sagte Lua. Das Band war zu Ende. Es flimmerte und rauschte, und ich stand auf und ging zu Bett.

Seit Jahren führen Psychologen zahllose Experimente durch, um festzustellen, ob und wenn ja, in welchem Umfang und ab welchem Alter die Erinnerungen von Kindern als aussagekräftig betrachtet werden können. Stephen Ceci und andere Entwicklungspsychologen von der *Cornell University* zum Beispiel erzählen Kindern Geschichten und liefern ihnen dann einige Tage später falsche Informationen zu diesen Geschichten. Wenn ein anderes Kind solche falschen Informationen verteilt, neigen die meisten Kinder dazu, sie zu vergessen und die Geschichte so in Erinnerung zu behalten, wie sie ursprünglich erzählt wurde. Kommen die falschen Informationen jedoch von einem Erwachsenen, fügen die meisten Kinder das neue Material in ihre Erinnerungen ein. Dieses Experiment zeigt nicht nur, daß die gespeicherten Erinnerungen von Kindern modifiziert werden können, sondern auch, daß Erwachsene wesentlich mehr Einfluß auf die Erinnerungen ausüben können als andere Kinder.

Ceci und seine Mitarbeiter haben unter anderem eine interessante Studie über die Indoktrination von 164 Kindern im Vorschulalter durchgeführt. Die Studie prüfte die Reaktion der Kinder auf einen vermeintlich ungeschickten Erwachsenen namens »Sam Stone« – gespielt von einem der Psychologen – der der Vorschule einen Besuch abstattete.

Die Kinder wurden in vier Gruppen unterteilt. Eine Gruppe wurde vor dem Besuch von Sams Tolpatschigkeit unterrichtet; eine andere Gruppe erhielt die Fehlinformation nach dem Besuch; eine Gruppe wurde vor und nach dem Besuch entsprechend indoktriniert; und die vierte Gruppe erhielt überhaupt keine Information.

Einen Monat lang erzählte man den Kindern, die vor dem Besuch indoktriniert worden waren, zweimal die Woche Geschichten, wie sich Sam Stone zum Beispiel eine Barbiepuppe von jemandem geliehen hatte, die Treppe hinauflief, hinfiel und der Puppe den Arm brach. Dann kam Sam in die Vorschule. Während er da war, tat er so gut wie nichts. Er stand herum, tätschelte ein paar Kinderköpfe und ging wieder. Doch die Vorabpublicity zeigte Wirkung: Die Kinder, die »programmiert« worden waren, ließen ihn nicht aus den Augen. Manche riefen: »Sam, du darfst hier nichts anfassen!« oder »Sam, Vorsicht!« Nach Sams Besuch erhielten die beiden Gruppen, die nachträglich indoktriniert werden sollten, zwölf Wochen lang suggestive Fehlinformationen. Man stellte ihnen Fragen wie: »Weißt du noch, wie Sam Stone in der Schule das Buch zerrissen hat? Hat er das absichtlich getan, oder war er bloß tolpatschig?«

Nach Ablauf der zwölf Wochen wurde jedes der 164 Kinder von einem Psychologen, den sie bis dahin nicht kannten, gefragt: »Ich war nicht dabei, als Sam Stone hier war? Kannst du mir erzählen, was da passiert ist?« Nach der ungesteuerten Erzählung des Kindes soufflierte der Psychologe dem Kind nähere Einzelheiten wie zerrissene Bücher, verschmutzte Teddybären und zerbrochene Barbiepuppen.

Es stellte sich heraus, daß die Dreijährigen in allen vier Gruppen wesentlich mehr Erinnerungsfehler begingen als die Fünfjährigen. Wenn man jedoch zu einem Dreijährigen nach der freien Erzählung sagte: »Hast du das alles mit eigenen Augen gesehen?«, ging die Fehleranzahl sofort zurück. Wenn man vorsichtig weiter nachfragte: »Ach, komm schon. Wirklich?«, ließen die Kleinsten meist ganz von ihren falschen Geschichten ab. Nur eines von fünf Kindern blieb dabei. Von den Fünfjährigen beharrten weniger als einer von zehn darauf, der suggerierten Fehlinformation über Sam zu glauben, wenn sie mit dem »Ach, komm schon. Wirklich?« konfrontiert wurden.

Wenn man die verschiedenen Einflüsse auf die Erinnerungen der

Kinder an »Sam Stone« vergleicht, scheint die Kombination von vorhergehender und anschließender Suggestion am einflußreichsten gewesen zu sein. Als nächstes kommt die ausschließlich nachträgliche Suggestion, dann die Vorabsuggestion. Man könnte nun meinen, daß die Erinnerungen ohne jegliche Form von Suggestion unverfälscht bleiben müßten. Doch einige der Dreijährigen in der Gruppe, die keinerlei suggestive Informationen erhalten hatten, änderten bei der Reaktivierung ihre Geschichten, wenn ein Erwachsener mit »Ach, komm schon. Wirklich?« nachfragte.

Dr. Cecis Untersuchungen geben zu der Befürchtung Anlaß, daß die Kombination von elterlichen Kommentaren und Psychotherapie die Erinnerungen von Kindern im Vorschulalter beeinflussen können.[15] Kognitive Mißverständnisse und soziale Einflüsse können gemeinsam kindliche Erinnerungen fehlleiten und deformieren. Kinder im Vorschulalter sind jedoch nicht die einzige Gruppe, die beeinflußbar ist. Kann eine Kombination von Einflüssen ein älteres Kind wie Lua Greene zu der Annahme bringen, daß etwas geschehen sei, obwohl in Wirklichkeit gar nichts passiert ist?

Bei meiner nächtlichen Sitzung mit Luas Videoaufnahmen fielen mir mehrere potentielle Einflüsse von Erwachsenen auf – natürlich Officer Dormans suggestive Fragen, aber auch das, was sich in der Elf-Punkte-Liste von Luas Mutter widerspiegelte. Vielleicht war diese Liste von einem neuen Therapeuten gekommen. Vielleicht hatte Lua irgendwie Zugang zu einem Pornoladen gehabt oder nicht jugendfreie Filme im Fernsehen gesehen. Da mir Luas Erinnerungen falsch erschienen, war es wichtig herauszufinden, wie sie in ihren Kopf gelangt waren. Und wer sie ihr eingeredet hatte. Ihre Mutter? Ihr Bruder? Ein Therapeut? Wer?

Am nächsten Tag rief ich Tom Blackburn in Oklahoma City an und fragte ihn, ob Lua bei anderen Therapeuten gewesen war, nachdem die Behandlung bei Dr. Riley und Dr. Allston abgebrochen worden war.

»Sie war bei sechs verschiedenen«, sagte Blackburn. »Und dabei rechne ich einen angeblichen Fachmann für Satanismus gar nicht erst mit.«

»Und bei wie vielen Therapeuten war sie in der Zeit zwischen dem Rausschmiß von Riley und der Videoaufnahme mit Officer Dorman?«

»Bei einem, der keine Anzeichen von Mißbrauch feststellen konnte«, antwortete Blackburn. »Und bei einem anderen, der glaubte, daß sie mißbraucht worden war, der aber keine spezifischen Symptome entdeckt hat.« Blackburn wußte nicht genau, was für Bücher, Zeitschriften, Bilder und Videos während dieser Zeit im Hause Greene verfügbar gewesen waren. Aber er wollte es noch herausfinden.

Ich erzählte Tom Blackburn, daß ich Luas Äußerungen auf dem Videoband für unglaubwürdig hielt. Ihre Geschichte war detailliert, aber widersprüchlich, und Officer Dorman hatte viel zu oft Suggestivfragen gestellt. Und vielleicht hatte ihr auch die Mutter gewisse Dinge suggeriert. Oder einer der Therapeuten, der in seinem Übereifer herausfinden wollte, was Ed Riley und Sarah Allston denn nun getan hatten. Die Elf-Punkte-Liste klang suggestiv, sagte ich. Aber es gab eine Sache auf den Bändern, die auf eine tatsächliche Erfahrung hindeutete. Lua hatte einen Vibrator beschrieben. Sie sagte, daß Dr. Riley in ihrer Gegenwart einen benutzt hatte. »Er war weiß. Er hatte eine hohe, eine niedrige und eine mittlere Geschwindigkeit. Ed hat ihn an seine Geschlechtsteile gehalten, wenn er angezogen war und wenn er nicht angezogen war. Und auch an seine Muskeln.« Das war eine Geschichte, die das Kind mit schlüssigen Worten und mit Einzelheiten geschildert hatte, die sie bestätigten. Wenn Lua nicht irgendwo anders einen Vibrator gesehen oder benutzt hatte, bestand sehr wohl die Möglichkeit, daß Ed Riley ihr einen gezeigt hatte – und es sah schlecht aus für Sarah Allston, wenn sich auch nur ein kleines Detail an Luas Geschichte als wahr erwies. Die Sache mit dem Vibrator klang »wahr«, sagte ich zu Dr. Allstons Anwalt. Wir mußten herausfinden, was dahintersteckte.

Tom Blackburn sagte, daß er mir ein Paket mit medizinischen und psychologischen Dokumenten schicken würde, Kopien von Erklärungen, die zu dem Fall abgegeben worden waren, darunter auch Luas, und einige Kassetten, die Luas Mutter von Gesprächen mit Lua aufgenommen hatte. Das riesige Paket kam einige Tage später an. Nun steckte ich mitten drin in dem Fall *Greene gegen Riley & Allston*. Blackburn teilte mir mit, daß er den Fall vor eine Jury bringen wollte. Sarah Allston hatte es abgelehnt, über das Angebot der Greenes, sich finanziell zu einigen, auch nur nachzudenken. Sie war unschuldig, Vibrator hin oder her. Der Fall ging vor Gericht.

Geschworene und Psychiater benutzen im wesentlichen dieselben Mittel, um festzustellen, ob eine Erinnerung »wahr« ist. Zeigt der Zeuge eine Reihe von Symptomen – interne Anzeichen –, daß er die beschriebene Erfahrung tatsächlich erlebt hat? Gibt es weitere Beweise für die Geschichte? Ich verbrachte Stunden damit, die Unterlagen aus Tom Blackburns dickem Paket zu lesen, um Luas Erinnerungen zu erhärten oder zu widerlegen.

Die Aufzeichnungen der sechs Therapeuten, bei denen Lua nach Dr. Rileys und Dr. Allstons Entlassung gewesen war, enthielten sehr wenig Verhaltens- oder Symptombeschreibungen, die Luas furchtbare Anschuldigungen gestützt hätten. Außerdem enthielten sie nichts, woraus sich Rückschlüsse darauf ziehen ließen, ob Luas Erinnerungen von einem der Therapeuten beeinflußt worden waren oder nicht. Das Mädchen hatte den Therapeuten von einigen Ängsten erzählt, einschließlich der Angst vor Dunkelheit und davor, nachts allein im eigenen Bett zu liegen. Aber eine solche Angst kann jedes Kind haben. Außerdem litt Lua gelegentlich unter Alpträumen. Aber die waren vage und unspezifisch. Sie entzündete Kerzen in ihrem Zimmer. Und ein paarmal hatte sie gedroht, von zu Hause wegzulaufen. Aber was hieß das? Wo blieb die Angst vor anderen Ärzten? Vor Sexualität? Vor Handschellen? Vor Hypnose? Vor Kaffee? Vor Gummihandschuhen? Und wo blieb der physische Schmerz und die verhaltensmäßigen Neuinszenierungen von Sexualität, wie sie häufig bei kindlichen Mißbrauchsopfern festzustellen sind?

Luas Symptome waren unspezifisch. Dieses Unspezifische ist charakteristisch für die »Symptome« von Menschen, die keine Erinnerungen an Sexualität in der Kindheit haben, sich aber dennoch als Mißbrauchsopfer sehen. Das populäre Selbsthilfebuch *Trotz allem. Wege zur Selbstheilung für sexuell mißbrauchte Frauen* von den kalifornischen Therapeutinnen Ellen Bass und Laura Davis, zählt eine Reihe von Symptomen auf, unter denen die »Überlebenden« von sexuellem Mißbrauch leiden. Alle sind tatsächlich bei Mißbrauchsopfern festgestellt worden, doch viele von ihnen sind so unspezifisch, daß sie durchaus auch Anzeichen von anderen emotionalen Problemen sein könnten. »Denkst du, du seist schlecht, schmutzig, oder schämst du dich?« fragen Bass und Davis. »Fühlst du dich machtlos, wie ein Opfer?« Ihre

Liste enthält die Empfindung, »anders« zu sein, das Gefühl, »ganz tief in deinem Innern stimme etwas nicht mit dir«. Sie fragen: »Empfindest du dich manchmal als selbstzerstörerisch, oder denkst du an Selbstmord? Haßt du dich? Fällt es dir schwer, liebevoll und gut zu dir zu sein? Hast du Angst vor Erfolg?« Die Autorinnen setzen sogar noch eins drauf: »Wenn du dich nicht an solche konkreten Geschehnisse erinnern kannst und trotzdem das Gefühl hast, mißbraucht worden zu sein, stimmt es vermutlich.«[16]

Gute Therapeuten diagnostizieren ein Kindheitstrauma auf der Grundlage von sehr spezifischen posttraumatischen Symptomen. Überlebende von sexuellem Mißbrauch in der Kindheit haben meist sehr spezifische Probleme mit der Sexualität. Sie haben aber auch Probleme mit ihrem Selbstbewußtsein, geraten häufig unter den Einfluß anderer, wie zum Beispiel ihrer Freunde, Lehrer, Jugendgruppenleiter und schließlich ihrer Liebespartner. Als Kinder spielen sie seltsame Phantasiespiele, häufig mit sexuellem Einschlag. Sie bekommen Krämpfe und Schmerzen im Unterbauch oder auf der Haut. Sie leiden unter Empfindungslosigkeit von Körperpartien, die mit Sexualität zu tun haben. Sie haben nicht den Wunsch, eigene Kinder zu haben, oder falls sie doch Kinder bekommen, sie gut zu erziehen.[17]

Da auch bei wahren Erinnerungen Abwehrmechanismen ins Spiel kommen, hören sich diese Erinnerungen häufig bruchstückhaft an, und zwar besonders dann, wenn der Mißbrauch oder andere Traumata über einen längeren Zeitraum und wiederholt erlebt wurden. Andererseits lassen sich wahre Erinnerungen normalerweise nicht anhand der Einzelheiten, die erzählt werden, von den falschen unterscheiden. Menschen, die ihre schrecklichen Kindheitserinnerungen weggedissoziiert haben, können aus dem Fernsehen, der Presse oder von suggestiven Therapeuten falsche Details übernehmen. Außerdem hört sich die Erinnerung eines Menschen, der massiv dissoziiert hat, wahrscheinlich recht merkwürdig an, sei sie nun falsch oder wahr. Es gilt, jeden Fall einzeln zu bewerten und nach unterstützenden Fakten zu suchen.

»Etwas im Gefühl zu haben« reicht noch nicht aus, um eine Diagnose stellen zu können. Als wir im Medizinstudium die Schilddrüse durchnahmen, hatten wir alle das Gefühl, an der Basedowschen Krankheit oder an Schilddrüsenunterfunktion zu leiden. Als die Leber an die Reihe kam, war es Hepatitis oder ein Lebertumor. Aber keiner von uns litt wirklich an einer dieser Krankheiten. Es reicht eben nicht aus, einen lang zurückliegenden sexuellen Mißbrauch zu vermuten; es muß etwas Spezifisches geben, das uns darauf hinweist, oder eine Reihe von spezifischen Dingen, bevor die Möglichkeit real wird.

In Tom Blackburns Beweispaket fand ich tatsächlich ein spezifisches Anzeichen für den sexuellen Einfluß eines Erwachsenen auf Lua. Es war wiederum Luas vermutlich wahre Erinnerung an einen weißen Vibrator. Als das Kind neun Jahre alt war, überraschte Karen Greene Lua dabei, wie sie einen Vibrator an ihr Genital hielt. Mrs. Greene folgerte später, daß Luas Benutzung des Vibrators auf die traumatischen Erfahrungen mit Dr. Riley zurückzuführen sei.

»Was hat Karen gemacht, als sie Lua überraschte?« fragte ich mich. Ich fand die Antwort in Karens eidesstattlicher Erklärung. Sie gab an, daß sie sofort zu Lua gesagt habe: »Leg den Vibrator wieder zurück in die Schublade, wo er hingehört!«

Karen Greene hätte sagen können: »Tu das dahin, wo du es herhast!« oder »Gib her!« oder »Das gehört mir. Damit hast du nicht rumzuspielen!« Aber sie hatte auf die Benutzung des Vibrators durch ihr Kind reagiert, als ob er ein ganz normaler Haushaltsgegenstand wäre. Wie lange war der Vibrator in Phils und Karens Besitz gewesen? Und war der Vibrator weiß? Mit drei Geschwindigkeiten? Jetzt wußte ich, wieso Lua einen Vibrator hatte beschreiben können. Sie hatte zu Hause einen benutzt! Ich fragte mich, wie sie auf die Idee gekommen war, ihn an ihr Genital zu halten. Das konnte von Dr. Riley kommen, aber sie konnte es auch bei ihren Eltern gesehen haben, oder aber ihr älterer Bruder hatte ihr erzählt, was man damit macht.

Die Kassetten hob ich mir bis zum Schluß auf, weil mein Kassettenrecorder kaputt war. Aber Tom Blackburn war nicht beunruhigt. »Sehen Sie alle Unterlagen durch, bevor Sie Ihre Aussage machen«, sagte er zu mir. Ich wühlte mich weiter durch die Akten und erfuhr, daß Karen Greene persönlich für den ungeheuren Publicityaufwand gesorgt hatte, der mit dem Verfahren einherging. Sie hatte an eine ganze Reihe von prominenten Politikern und Journalisten geschrieben, um sich darüber zu beschweren, daß Luas Fall nicht korrekt behandelt worden war. Die von Ms. Greene initiierte Publicity ging so weit, daß die Medien in Oklahoma City Lua mittlerweile ungeniert mit ihrem Vornamen und häufig sogar die Eltern mit ihrem vollen Namen nannten.

Zwei Jahre nachdem die Videobänder mit Lua und Officer Dorman aufgenommen worden waren, trat das Mädchen vor dem Kontrollausschuß der Staatlichen Ärztekammer erneut als Zeugin gegen Dr. Allston auf. (Edward Riley hatte seinen Doktor in Schulpsychologie gemacht und damit nicht die Bedingungen erfüllt, in Oklahoma als klinischer Therapeut arbeiten zu können. Demzufolge hatte er auch keine Approbation, die ihm vom Kontrollausschuß hätte entzogen werden können.) Inzwischen war Luas Geschichte umfangreicher und detaillierter geworden. Mittlerweile trug Dr. Allston schwarze Ledergurte »unter ihrem Busen« und schwarze Lederhosen ohne Schritt. Dr. Riley trug das männliche Pendant zu diesem Kostüm. Dr. Allston hatte ihn mit einem Messer geritzt, bis er blutete. Der Ausschuß ließ nicht zu, daß Lua ins Kreuzverhör genommen wurde, und Sarah Allston bekam eine Strafe auf Bewährung. Sie beantragte eine Approbation in dem Staat, in dem sie geboren worden war, aber jemand gab dem dortigen Kontrollausschuß einen Hinweis, und ihr Antrag wurde abgelehnt. Daraufhin bewarb sie sich um eine Stelle an einer psychiatrischen Klinik im mittleren Westen, in einem Staat, wo Ärzte nahezu automatisch die vorläufige Genehmigung erhalten, in Gegenden mit schlechter ärztlicher Versorgung zu praktizieren. Ihre Bewerbung wurde angenommen, und Sarah Allston konnte wieder als Psychiaterin arbeiten.

Der Inhalt von Lua Greenes eidesstattlicher Erklärung gegen Dr. Riley und Dr. Allston und ihrer Aussage vor dem ärztlichen Kontrollausschuß kam fast einer Anklage wegen Satanismus gleich. Angeblich hatte Lua mit angesehen, wie jemandem mit einem Messer Blut abgezapft wurde. Die Ärzte waren schwarz gekleidet. Sexualität und Hypnose wurden gleichzeitig praktiziert. Andere Kinder wurden dazugeholt. Ich konnte Lua Greene in diesen Punkten keinen Glauben schenken. Sie zeigte keinerlei bestätigende Anzeichen. Sie berichtete von keinerlei bestätigenden Symptomen. Von wem hatte sie also diese Vorstellungen eingeimpft bekommen? Von dem angeblichen Satanismus-Experten?

Karen Greene hatte Briefe geschrieben, durch die die grausamen Erlebnisse ihrer Tochter publik geworden waren. Und sie hatte die Elf-Punkte-Liste zusammengestellt, die Officer Dorman für seine Gespräche mit Lua benutzt hatte. Ich mußte endlich meinen Kassettenrecorder reparieren lassen. Oder mir einen ausleihen. Es würde höchst interessant sein zu hören, wie sich dieses Kind mit seiner Mutter unterhielt.

Das Verfahren sollte im Oktober in Oklahoma City stattfinden. Wenige Monate zuvor nahm Luas Anwalt meine Erklärung auf. Die Anwälte von Dr. Riley und Dr. Allston kamen auch nach San Francisco, um bei dieser vorläufigen Aussage dabeizusein. Als wir gegen Mittag eine Pause einlegten, erzählte mir Tom Blackburn, wie es, seinen Erkenntnissen nach, überhaupt zu der Anklage gekommen war. Etwa einen Monat bevor Officer Dorman seine Videoaufnahmen von Lua machte, war in Oklahoma City bekanntgeworden, daß Edward Riley verklagt worden war. In der Anklage wurde behauptet, daß er mit einer verheirateten Frau, die bei ihm in Therapie war, ein Verhältnis begonnen hatte. Die Patientin war zuvor von Dr. Allston behandelt worden, die sie an Dr. Riley verwiesen hatte. Kurz darauf versöhnten sich die Frau und ihr Ehemann wieder und verklagten beide Ärzte. Als sich die Neuigkeit verbreitete, wurden drei weitere Klagen gegen Dr. Riley und Dr. Allston eingereicht. Sie lauteten bei Dr. Riley auf sexuelle Belästigung und bei Dr. Allston auf Fahrlässigkeit. Entweder bestand zwischen den beiden Ärzten eine Art teuflischer Pakt, oder auf seiten der Frauen trat die epidemische Auswirkung zutage, die ein solcher Prozeß auslösen kann. Nach meinem bisherigen Studium des Falles neigte ich eher zur zweiten Erklärung.

Karen Greene erfuhr durch eine Freundin erstmals von den rechtlichen Schritten gegen Riley und Allston. »Los, wir sehen uns die Anklageschriften an«, beschlossen die beiden Freundinnen. Sie fuhren zum Amtsgericht, wo zivilrechtliche Akten der Öffentlichkeit zugänglich sind. Sie erhielten Einblick in die Klageschriften, und sofort drängte sich ihnen die furchtbare Möglichkeit auf, daß auch Lua, die ja seit vier Jahren bei Dr. Riley in Behandlung war, zu seinen Opfern zählen könnte.

Wir hatten es mit einer problematischen Mutter-Tochter-Beziehung zu tun (Bevorzugung des Bruders von seiten der Mutter, Stichelei, Lügen und Versuche, die Aufmerksamkeit auf sich zu lenken, von seiten der Tochter), die plötzlich einen neuen Fokus bekommen hatte – Dr. Rileys angebliche sexuelle Übertretungen. Als meine Erklärung aufgenommen wurde, sagte ich Luas Anwalt und den Vertretern von Riley-Allston, daß die Erzählung des Kindes mit ziemlicher Wahrscheinlichkeit falsch sei. Für mich war sie weniger eine Lüge als vielmehr ein unbewußter Versuch von Lua, Karens ungeteilte mütterliche Aufmerksamkeit zurückzubekommen. Das Kind bemühte sich verzweifelt, aber vermutlich ohne sich darüber im klaren zu sein, ihre Beziehung wieder herzustellen. Wie ein Kind mit sogenanntem Münchhausen-Syndrom[18] schien Lua die Verdächtigungen ihrer Mutter zu internalisieren. Durch eine Geschichte, mit der die Greenes vor Gericht gehen konnten, würde das Mädchen für seine Eltern ebenso wichtig werden wie der perfekte Bruder. Endlich würde Lua geliebt, respektiert und beachtet werden.

Meine Erklärung konnte die Auseinandersetzung *Greene gegen Riley & Allston* nicht beilegen. Sechs Monate später fuhr ich nach Oklahoma City, um in dem Prozeß auszusagen. Die Verhandlung, die zwei Wochen zuvor begonnen hatte, war schon recht weit fortgeschritten. Die Jury setzte sich überwiegend aus Arbeitern zusammen. Sie hatten bereits die Aussagen der meisten Psychologen und die der Familie Greene gehört. Lua sollte unmittelbar vor mir aussagen.

Während dieser ersten beiden Wochen des Verfahrens hatte auch ich einiges gehört, aber in San Francisco. Ich hatte mir einen guten Recorder besorgt und die Kassetten abgespielt, die Karen und Lua damals aufgenommen hatten, als das Kind die ersten Beschuldigungen geäußert hatte. Tom Blackburn und ich beschlossen, unsere Strategie für meine bevorstehende Aussage auf diesen Kassetten aufzubauen. Wir wollten speziell sechs Gespräche heranziehen; vier davon hatte Karen mit Lua vor der ersten Videoaufnahme von Officer Dorman geführt, die beiden anderen vor der zweiten. Nach Einschätzung von Luas Anwalt waren die Kassetten für die Beweisführung derart nützlich, daß er sie bereits teilweise den Geschworenen vorgespielt hatte. Daher waren sie nun als Beweismittel zugelassen. Blackburn und ich wollten sie den Geschworenen erneut vorspielen, aber diesmal in voller Länge. Im

Anschluß an jede Kassette würde ich den Geschworenen dann meine Interpretation liefern.

Insbesondere die Kassetten, die Tom Blackburn und ich uns am Abend vor meiner Aussage noch einmal anhörten, hatten mich zu der Überzeugung gebracht, daß Luas Erinnerungen gänzlich falsch waren und daß sie von Karen Greene vermittelt worden waren. Denn der bedrückende Austausch zwischen Mutter und Tochter stellte in meinen Augen eine Gehirnwäsche in Reinkultur dar, so auffällig und unverhüllt, daß ich unwillkürlich an John Frankenheimers klassischen Thriller *Botschafter der Angst* denken mußte. Karen Greene setzte Techniken ein, die man eher mit einer Folterkammer assoziiert. Eine Gehirnwäsche besteht in der Regel aus einer Kombination von Suggestion, Fehlinformation und Konditionierung (assoziatives Lernen) und ist daher extremer als alles, was in therapeutischen oder experimentellen Zusammenhängen betrieben wird. Durch diese Technik war es Karen Greene gelungen, ihre Tochter dahin zu bringen, »Erinnerungen« an Ereignisse zu schildern, die nur in Karens Kopf geschehen waren.

Karen Greene hatte sich dafür entschieden, ihre zehnjährige Tochter im ehelichen Schlafzimmer zu befragen, das im Souterrain des Hauses lag. Sie tat das deshalb, so sagte sie, weil Lua große Probleme hatte, sich zu konzentrieren. Da unten würde sie nicht abgelenkt werden. Karen schaltete den Recorder ein. Und Lua saß in der Falle.

Als Eröffnung erzählte Karen Lua, daß Edward Riley »böse Sachen« mit einigen seiner Patientinnen gemacht habe. Sie erzählte dem Kind auch, daß Ed mehrere Geschlechtskrankheiten habe. (Die Vorstellung scheint ausschließlich Karen Greenes Phantasie entsprungen zu sein. Sie wurde meines Wissens in keinem der anderen Verfahren erwähnt.) Das waren starke Vorabsuggestionen, wesentlich stärker als alles, was Stephen Cecis Kinder im Vorschulalter je über »Sam Stone« zu hören bekamen. Um Lua beschützen zu können, so sagte Karen, müsse sie »alles« wissen – jede kleinste Kleinigkeit, die Dr. Riley je gemacht hatte. Luas erste aufgezeichneten Reaktionen auf die Fragen ihrer Mutter und ihre üblichen Reaktionen danach lauteten »Nichts« und »Nein«. Am Anfang widersprach sie und sagte, daß sie »Ed« gern habe, aber diese Gefühle änderten sich schnell.

Wie fragwürdig Karen selbst mit der Wahrheit umging, zeigte sich schon bei kleinen Nebensächlichkeiten. So versprach sie Lua beispielsweise, daß sie am nächsten Tag nicht zur Schule gehen müßte und den Tag bei den Großeltern verbringen dürfte. »Aber sie [Oma und Opa] machen sich Sorgen, wenn ich nicht zur Schule gehe«, widersprach Lua. »Was?« Karen klang verdutzt. »Na, dann sagen wir ihnen eben, daß deine Schule an dem Tag geschlossen ist.«

»Aber Mommy«, seufzte Lua. Man konnte ihr Entsetzen förmlich hören.

Karen bezeichnete sich und den Kassettenrecorder als »wir«. Aber sie sagte Lua nie, was sie mit den Kassetten vorhatte. Das Kind hatte allen Grund zu der Annahme, daß es mit seiner Mutter allein war. »Erzähl uns davon«, sagte Karen oft. Einmal korrigierte Lua sie: »*Dir* erzählen?« Karen war einen Augenblick verunsichert. »Na ja, mir und dem Mikrofon.« Später sagte Karen: »Möchtest du gern allein ins Mikrofon sprechen? Ganz für dich?« Lua wehrte dieses Täuschungsmanöver sofort ab. »Nein danke«, sagte sie.

Einmal wies Lua ihre Mutter an: »Schalt den Recorder ab!«

»Warum?«

»Weil ich mit *dir* reden will!«

»Versprich mir, daß du Daddy nichts erzählst«, flehte Lua ein anderes Mal. »Okay. Versprochen«, sagte Karen Greene. Ob Karen hinter ihrem Rücken die Finger gekreuzt hatte? Ihr Kind sollte schließlich keinerlei Privatsphäre mehr haben.

Das gezielte Suggerieren von falschen Informationen erfordert mehr als nur Lügen. Es erfordert die absolute Autorität der suggerierenden Person. In dem Film *Botschafter der Angst* stellt sich die von Angela Lansbury gespielte Mutter dem armen erwachsenen Sohn – dargestellt von Laurence Harvey – als die mächtige Karo-Königin dar. Karen Greene vermittelte Lua dasselbe Gefühl von Macht; sie war nicht nur ihre Mutter, sondern schien auch noch Gedankenleserin zu sein.

Karen:	Okay. Hat Ed je welche [Fotos] von dir gemacht, bei denen du deine Sachen ausgezogen hattest?
Lua:	Ja. Nein. Ich mag das nicht. Davon krieg' ich schlechte Laune.

Karen:	Ich lese deine Körpersprache.
Lua:	[Laut] Ach Mommy, ich erzähl' dir alles.
Karen:	Okay, schrei mich nicht an.

Wenn eine Mutter darauf beharrt, alles über das eigene Kind zu wissen, muß das Kind das Gefühl haben, daß es sich nirgendwo verstecken kann.

Karen:	Du benimmst dich ein bißchen albern.
Lua:	Ich gebe mir aber Mühe.
Karen:	Erzählst du mir auch die Wahrheit?
Lua:	Ja, bestimmt.
Karen:	Du wirst nämlich so oft nervös, wenn du nicht die Wahrheit sagen willst.
Lua:	Ich sage die Wahrheit.
Karen:	Okay, du weißt ja, ich merke, wenn du nicht die Wahrheit sagst.
Lua:	Ich weiß.

Karen stellte sich selbst als höchste Autorität dar. So sagte sie zum Beispiel zu Lua: »Eins kann ich dir sagen, Mütter wissen viel mehr, als Kinder meinen.«

Konditionierung ist einer der wesentlichen Faktoren, durch die sich die Gehirnwäsche von den herkömmlichen Fehlinformationsexperimenten unterscheidet. Und Karen Greene setzte die sogenannte positive Konditionierung wahrlich meisterhaft ein. Sie versprach dem Kind, wenn es noch weitere Sexgeschichten erzählte, dürfte es in Mommys Bett schlafen. Sie versprach Lua als Belohnung Leckereien, Kaugummi und Süßigkeiten. Lua hatte offensichtlich eine Schwäche für die Schreibmaschine. »Du darfst später darauf schreiben«, versprach Karen ihr, unter der stillschweigenden Voraussetzung, daß das Kind »uns« zuerst noch mehr erzählte. Nicht zur Schule gehen zu müssen war ein weiterer Anreiz. Mit Mommy einkaufen gehen. Sonderprämien. Aber es gab noch viel subtilere und wirksamere Belohnungen: »Mom hat dich noch viel mehr lieb, wenn du alles erzählt hast«, versprach Karen. »Ich werde richtig stolz auf dich sein, wenn du das alles erzählen kannst.« Die Geschworenen wurden auf den plötzlich warmen Unterton in Karens ansonsten angespannter und tonloser Stimme aufmerksam.

Karen setzte Wiederholungen ein. Sie stellte dieselbe Frage vier-, fünf-, sechsmal. Sie betonte immer wieder dieselben Punkte. Das Kind antwortete seiner Mutter wesentlich beharrlicher mit »Nein«, als es das bei Officer Dorman getan hatte. Aber beim fünften oder sechsten Nachfragen fing die Position des Mädchens normalerweise an zu bröckeln. »Verdammt, Lua«, tobten meine Gedanken, als ich die Kassetten abhörte. »Gib nicht nach!« Aber jedesmal brach das Kind irgendwann zusammen.

Es gab keinerlei Fluchtmöglichkeit. »Mir tut der Bauch weh«, versuchte es das Kind. »Okay. Na schön, werd' nicht gleich sauer. ... Entspann dich. Je eher wir hier mit allem durch sind ... desto schneller können wir anfangen, es zu vergessen.« Das Kind jammerte, es sei müde. Es half nichts. Die Kleine klagte über Hunger. »Dann gehen wir hoch und machen dir ein halbes Sandwich, das du dann hier unten essen kannst.«

Ausweglosigkeit ist das Kennzeichen von Gefangenenlagern, Folterkammern und solchen Elternhäusern, die für die Kinder zum Gefängnis geworden sind. Lua versuchte, einen Ausweg zu finden, indem sie auf Unzurechnungsfähigkeit plädierte. »Du machst mich noch ganz verrückt«, zischte Karen.

Karen kreischte das Wort »Wahrheit« unzählige Male heraus. Es kam – fast wie ein Signal – immer dann, wenn ihr ein »Nein« nicht gefallen hatte. Karen forderte mehr, mehr und mehr. »Also gut, jetzt wollen wir alles hören, was es zu erzählen gibt, okay?« Sie bedrängte ihre kleine Tochter gnadenlos. »Ich hab' doch schon eine ganze Kassette voll erzählt!« flehte Lua. Aber sie nahmen weiter auf, bis die Mutter, nicht das Kind, genug hatte.

Die Ereignisse in Luas Erinnerung veränderten sich, weil die Ereignisse, die Karen suggerierte, sich veränderten. Es grenzte an ein Wunder, daß Lua den Sexualpraktiken, die sie Officer Dorman und dem ärztlichen Kontrollausschuß gegenüber beschrieben hatte, nicht noch perversere hinzugefügt hatte.

Karen:	Hat Ed mal einen Stift oder so was genommen und dich damit berührt?
Lua:	Nein.
Karen:	Okay, ich frage ja bloß. Ich muß alle Möglichkeiten abchecken.
Lua:	Du spinnst.

Karen Greene erwähnte Sarah Allstons Namen zum erstenmal auf der fünften Kassette, und Luas Antwort reichte ihr nicht.

Karen:	War Sarah schon mal mit dir und Ed zusammen im Büro?
Lua:	Ja.
Karen:	Erzähl mir, wie das war.
Lua:	Sie war echt nett.
Karen:	Okay, gehen wir das noch mal durch.

Als Lua beim letzten Band angekommen war, hatte Karen es geschafft, Sarah Allston in Luas Kopf zu transformieren. Karen hatte sie unzählige Male gefragt, ob sie beispielsweise gesehen hätte, wie Erwachsene miteinander Sex hatten, ob man sie angestarrt oder berührt hätte. Sie hatte Lua immer und immer wieder nach Sarah Allston befragt. Und außerdem hatten Mutter und Kind ja ständig die Gelegenheit, zwischen den Aufnahmen miteinander zu reden.

Karen:	Du hast etwas [nicht auf dem Band] über Sarah Allston gesagt, und ich möchte das nochmal hören.
Lua:	*Sar*ah Allston, meinst du? *Ms.* Allston? Sarah *All*ston. [Luas unterschiedliche Betonungen hörten sich ganz nach aufsässigem Schulkind an.] Mhm. Sie hat gesagt, sie würde mir ein Seil um die Arme binden, wenn ich nicht ruhig bin und sie und Ed machen lasse, was sie wollen.
Karen:	Was wollten sie denn?
Lua:	Sie wollten mir die Hose runterziehen und gucken. Sie hat das gemacht.
Karen:	Sie war das? Ist das öfter vorgekommen?
Lua:	Ja.

| Karen: | Hat sie dir die Hose runtergezogen und geguckt? |
| Lua: | Ja. Und ich wollte das nicht, aber sie hat mich gezwungen. |

Mitunter stellen sich Leute mit Tonbandaufnahmen selbst eine Falle. Das war bei Richard Nixon der Fall – und bei Karen Greene. Sie hatte die Aufnahmen gemacht, um Dr. Riley und Dr. Allston zu überführen. Aber letztendlich wurde sie selbst dadurch überführt – zumindest in den Augen der Geschworenen von Oklahoma City. Karens Kassetten lieferten mir das Material, anhand dessen ich für jeden Geschworenen verständlich demonstrieren konnte, wie falsche Erinnerungen suggeriert werden können.

Lua saß stocksteif im Zeugenstand und zeigte kaum oder keine Emotionen, als sie von den Schrecken erzählte, die sie erduldet hatte. Ihre Geschichte wies Widersprüche zu ihren eidesstattlichen Erklärungen und zu der Aussage auf, die sie vor dem Kontrollausschuß der Staatlichen Ärztekammer gemacht hatte. Im Kreuzverhör verwickelte sie sich in Widersprüche zu dem, was sie kurz zuvor ausgesagt hatte.

In seinem Plädoyer wies Tom Blackburn darauf hin, daß Lua keine spezifischen Symptome für sexuellen Mißbrauch zeigte, und er betonte die Emotionslosigkeit, die sie vor den Geschworenen an den Tag gelegt hatte. Er erinnerte die Jury daran, daß Lua unter Eid ausgesagt hatte, sie habe das Gefühl gehabt, »die Wahrheit sagen zu müssen«, bevor ihre Eltern die Klage einreichen konnten. Lua hatte zu viele Geschichten erzählt, so meinte er, und sie zu oft abgeändert, als daß sie die Wahrheit sagen könnte. Blackburn faßte meine Aussagen zur Suggestion zusammen. Er erinnerte auch an die Aussage eines früheren Freundes der Greenes, derzufolge auf der Toilette der Greenes immer ein Stapel *Penthouse*-Hefte gelegen hatte. Kein Wunder, daß Lua so gut in Sachen Porno, Stellungen und Ledersex Bescheid wußte. Sie war damit aufgewachsen.

Edward Rileys Anwalt schoß hinsichtlich der Kürze und Dramatik seines Plädoyers den Vogel ab. Er stand einfach auf, ging zum Tisch der Anklage hinüber und deutete mit seinem großen, fleischigen Zeigefinger auf Karen Greene. In seinen Augen loderte ein heiliges Feuer, als er lauthals rief: »Schämen Sie sich, Karen Greene! Schämen Sie sich!«

Die Geschworenen sprachen Edward Riley und Sarah Allston von allen Anklagepunkten frei.

Während des Prozeßverlaufes konnte ich nicht mit den anderen Zeugen sprechen. Aber später erfuhr ich, daß dem Ehepaar, das Edward Riley und Sarah Allston zuerst wegen »Entfremdung ehelicher Zuneigung« verklagt hatte, per richterlichem Beschluß ein Schadensersatz von 77000 Dollar zugesprochen worden war, der von Dr. Riley bezahlt werden mußte. Trotzdem kam Riley wieder auf die Beine und setzte seine berufliche Laufbahn in einem anderen Staat fort. Sämtliche übrigen Verfahren wurden letztlich eingestellt. Sarah Allston wurde in keinem Fall schuldig gesprochen.

Trotz ihrer Siege war Dr. Allstons Ruf geschädigt worden. Mehr als ein Jahr nach der Verhandlung erfuhr ich jedoch, daß sie an der psychiatrischen Klinik im Mittleren Westen, bei der sie angefangen hatte, nachdem man sie förmlich aus Oklahoma City hinausgejagt hatte, befördert worden war. Gute Ärzte bleiben nun mal gute Ärzte, ganz egal, wo sie sind.

Schließlich lernte ich Sarah bei einer Tagung von Psychiatern kennen. Sie war eine intelligente, sympathische Frau, die überhaupt nicht verbittert darüber war, wie die falsche Erinnerung eines Kindes ihr Leben verändert hatte.

Das einzige Mal, daß ich den Kinderstar »live« erlebte, war an unserem gemeinsamen Tag vor Gericht. Ich saß im Vorraum des Richterzimmers und wartete, bis Lua mit ihrer Aussage fertig war. Von dieser günstigen Position aus konnte ich sie beobachten, aber ich konnte nicht hören, was sie sagte. Lua war gerade 14 Jahre alt geworden. Sie besuchte eine Mannequinschule und hatte bereits eine Fotomappe, mit der sie ihre Karriere starten wollte. Sie war wirklich schön. Aber irgend etwas hatte sich verändert. Die platinblonden Strähnchen des Teenagers, die gestylte, dauergewellte Frisur, ihr mechanisches Lächeln, alles kam mir falsch vor. Als Kind war sie ein echter Star gewesen, jetzt war sie ein Starlet.

Während ich dies schreibe, frage ich mich, ob Lua ihren Fall verloren hat. Der Prozeß, bei dem es um mehrere Millionen Dollar ging, hat ihr kein Geld eingebracht. In diesem Sinn hat sie verloren. Aber sie hat eine Mutter gewonnen. Eine Mutter zu gewinnen ist ein wichtiger Sieg für ein Kind, das sich abgelehnt fühlt. Auf der letzten Kassette ist eine vielsagende Sequenz:

Karen: Meinst du, wir könnten vielleicht ein besseres Verhältnis zueinander haben, besser miteinander klarkommen, weil du nicht – ?

Lua: Ja. Ich bin froh, daß es vorbei ist.

Karen: Du hattest Angst, meine Freundin zu sein, oder? Und mir nahe zu sein, weil du Angst davor hattest, es mir zu erzählen. Stimmt das?

Lua: Angst, daß du was merkst?

Karen: Ja.

Lua: Und deshalb habe ich nicht mit dir geredet?

Karen: Okay. Und jetzt können wir das alles hinter uns lassen, nicht wahr?

Lua: Ja.

Karen: Wir können gute Freundinnen sein und miteinander reden und uns verstehen.

Lua: Ja!

Der Sohn der
Schwarzen Dahlie 7

Hin und wieder gehe ich in eine Buchhandlung und stöbere in der Krimi-Abteilung herum. Wenn ich in einer großen Stadt zu tun habe, zieht es mich stets dorthin, und ich fühle mich gleich wie zu Hause. Als Kind habe ich Agatha Christie, Ellery Queen, Conan Doyle und Poe gelesen. Sehr wahrscheinlich habe ich aus der Lektüre von Kriminalromanen gelernt, auf Details zu achten. Als ich elf war, versuchte ich mit großer Begeisterung, in den Romanen von Agatha Christie den Mörder herauszufinden, bevor die Autorin selbst die Lösung verriet. Dadurch gewöhnte ich mir zwangsläufig eine ganz eigentümliche Leseweise an, die darin bestand, daß ich zurückblätterte, bestimmte Teile noch einmal durchging und einzelne Abschnitte miteinander verglich. Anders ausgedrückt, ich habe Kriminalromane so gelesen, wie ein gebildeter Laie vielleicht einen medizinischen Fachtext studiert, um eine Diagnose zu stellen.

Vor einigen Jahren, nach der Veröffentlichung meines ersten Buches, hielt ich eines Abends eine Lesung in der Buchhandlung *Bay Bridge Books* in Oakland. Als sie zu Ende war, fühlte ich mich nach der Anspannung ein wenig ernüchtert, und ich ging hinüber in die Krimi-Abteilung, um mich abzulenken. Die Geschäftsführerin kam vorbei und sprach mich an.

»Sie lesen also gern Kriminalromane«, sagte sie, ein guter Auftakt zu einem Gespräch unter Bücherliebhabern. »Kennen Sie schon den neuen Roman von James Ellroy, *Stadt der Teufel*?«

Nein, kannte ich nicht. Ich hatte noch nichts von Ellroy gelesen, weil ich seine Romane eher für Thriller hielt als für klassische Krimis.

»Der könnte Sie interessieren«, sagte sie, da sie wußte, daß ich mich eingehend mit Schriftstellern beschäftigt hatte, die als Kinder traumatisiert worden waren. »Ich habe gehört, daß Ellroys Mutter ermordet wurde, als er noch ein Junge war. Für jemanden wie Sie wäre er sicherlich ein interessanter Fall.«

Ich suchte die Regale über mir nach dem Buchstaben »E« ab. Ellroy. *Stadt der Teufel* war nicht dabei; es lag bestimmt vorn im Laden bei den gebundenen Neuerscheinungen. Statt dessen fand ich drei Taschenbuchausgaben: *Heimlich*, *Blutschatten* und *Die Schwarze Dahlie*.

Die »Schwarze Dahlie«, so erinnerte ich mich, basierte auf einem tatsächlichen Mordfall – einem jener berühmten Verbrechen, die irgendwann einmal verfilmt werden. Die »Dahlie« war eine vielversprechende Schauspielerin gewesen, die irgendwann in den vierziger Jahren in Los Angeles ermordet wurde. Sie war gefoltert worden, bevor man sie tötete, und dann hatte man die Leiche an eine belebte Straße geschafft, wo man sie schließlich fand. Der erste Teil des Namens, den man ihr nach dem Verbrechen verlieh, ist vermutlich auf ihr tiefschwarzes Haar zurückzuführen, aber ich hatte keine Ahnung, was es mit der »Dahlie« auf sich hatte. Soweit ich wußte, wurde der Mordfall nie aufgeklärt.

Die vier Ellroy-Titel hörten sich so an, als ob sie im Los Angeles der vierziger Jahre spielten – dem alten Los Angeles von James M. Cain und Raymond Chandler. Vermutlich hatte der Autor dort gelebt, dachte ich bei mir, oder er lebte immer noch dort. Bestand zwischen James Ellroys ermordeter Mutter und der »Schwarzen Dahlie« vielleicht ein Zusammenhang? Ich nahm das Buch aus dem Regal und blätterte es durch. Bei der Widmung hielt ich inne. Sie war so symmetrisch gedruckt, daß sie aussah wie eine Grabinschrift. »Für Geneva Hilliker Ellroy«, stand da, »1915–1958, Mutter: Neunundzwanzig Jahre später, dieses in Blut geschriebene Lebewohl.« Das Buch war 1987 erschienen, 29 Jahre nach dem Tod der Mutter des Autors. Zweifellos bestand für den Autor tatsächlich ein Zusammenhang. Aber was für einer? Ich kaufte *Die Schwarze Dahlie* – doch bevor ich das Buch las, wollte ich mehr über den Mord an Geneva Ellroy in Erfahrung bringen.

Meine Mutter, Esther Cagen Raiken, eine sehr attraktive achtzigjährige Dame, lebt in San Francisco. Sie ist ausgebildete Bibliothekarin und eine verbissene Forscherin. Ich rief sie am nächsten Morgen an. »Mom, gehst du bitte für mich in die Zentrale der Stadtbibliothek und siehst dir die Ausgaben der *Los Angeles Times* von 1958 nach Meldungen über den Mord an einer gewissen Geneva Hilliker Ellroy durch? Sie hatte einen Sohn, der zu der Zeit neun oder zehn gewesen sein muß. Keine Nachrufe, es sei denn, du findest einen, der was hergibt. Halt dich lieber an die reine Berichterstattung.«

»Gern, Len. Wann brauchst du's?«

»So schnell es geht.«

Einige Tage später rief sie mich im Büro an, während ich gerade einen kleinen Jungen behandelte. »Lenny«, sagte sie mit aufgeregter Stimme. »Ich habe etwas über eine ermordete Jean Ellroy gefunden, nicht Geneva. Aber diese Jean hatte einen zehnjährigen Sohn. Und es ist 1958 passiert. Soll ich den Artikel für dich kopieren?«

»Ja, okay. Und danke. Ich glaube, du hast die Richtige«, sagte ich, wobei ich mich hütete, meine Mutter mit »Mom« anzusprechen, bevor ich mich wieder meinem kleinen Patienten zuwandte.

Die *Los Angeles Times* vom 23. Juni 1958 enthielt eine jener grausigen Geschichten, die man besser nicht lesen sollte, geschweige denn länger darüber nachdenken. Eine Frau namens Jean Ellroy, Krankenschwester von Beruf, wurde eines Sonntags am frühen Morgen in El Monte, einem Vorort von Los Angeles, erwürgt aufgefunden. Eine Gruppe von Jungen, die unterwegs zu einem Baseballspiel waren, entdeckten die halbbekleidete Leiche auf einer kleinen Straße in der Nähe der Arroyo-High-School. Das zerrissene Kattunkleid der Frau war bis über die Hüfte hochgeschoben, und die Unterwäsche fehlte; ihr BH lag in dem Efeu neben der Leiche. Sie war barfuß. Ein Strumpf war bis auf den Knöchel heruntergezogen, und der andere um ihren Hals gewickelt. Der untere Teil des Körpers war mit einem marineblauen Damenmantel zugedeckt. Ihre Perlenkette war zerrissen, und die Perlen lagen überall verstreut auf dem Boden. Am Finger trug die Frau einen großen Ring mit einer unechten Perle.

Mrs. Ellroy war mit einer dünnen, starken Baumwollschnur erdrosselt worden; die Würgemale am Hals des Opfers schlossen den Strumpf zweifelsfrei als Mordwaffe aus. Sie hatte sich verzweifelt gegen den Mörder gewehrt, wobei ihr ein Fingernagel abgebrochen war. Eine Schürfwunde an ihrer linken Hüfte ließ darauf schließen, daß sie über die Straße geschleift worden war. Da die Spur nicht mit dem Belag der Straße in der Nähe der Schule übereinstimmte, ging die Polizei davon aus, daß die Frau irgendwo anders ermordet und dann mit einem Wagen zum Fundort transportiert worden war. Die Tote hatte weder Handtasche noch Ausweispapiere bei sich. Man bat die Bevölkerung über Rundfunk um Hinweise zur Identifizierung der Frau und brachte eine Beschreibung des Opfers – leuchtendrotes Haar, haselnußbraune Augen, 1,66 groß, Gewicht circa 60 kg. Einige Stunden nach dem Auffinden der Leiche rief Mrs. Ellroys Vermieterin bei der Polizei an. Man legte der Vermieterin den Ring mit der falschen Perle vor, und Mrs. Ellroy wurde identifiziert. Nach Informationen der Polizei, so berichtete die *Times*, war Mrs. Ellroy Samstag nacht, die Nacht, in der sie getötet wurde, beim Verlassen einer Bar in El Monte gesehen worden; sie war in Begleitung einer blonden Frau mit Pferdeschwanz und eines dunkelhaarigen Mannes gewesen. Niemand in der Bar kannte die beiden anderen Personen. Und niemand wußte, ob zwischen dem Mordopfer und den beiden Unbekannten bereits vorher eine Beziehung bestanden hatte. Der Wagen des Opfers wurde nach Entdeckung und Identifizierung der Leiche auf dem Parkplatz der Bar gefunden. Der Zeitungsartikel erwähnte zum Schluß, daß »Jeans« Ehe mit Armand Lee Ellroy drei Jahre zuvor geschieden worden war und daß die Ellroys einen zehnjährigen Sohn hatten, der das Wochenende bei seinem Vater verbracht hatte.

Datum und Nachname waren korrekt, auch wenn der Vorname der Frau nicht paßte. Ich bat meine Mutter, bei der *Los Angeles Times* und der Polizei anzurufen, um herauszufinden, ob der Mordfall Ellroy jemals aufgeklärt worden war. In den Archiven der Zeitung fand sich nicht mehr, als wir bereits wußten. Die Polizei bestätigte, daß der Mörder von Mrs. Ellroy nie gefunden worden war.

James Ellroy war für mich natürlich deshalb interessant, weil ich mich fragte, wie ein kleiner Junge nach einer derart schockierenden Tragödie sein späteres Leben gestaltet. Noch mehr interessierte mich jedoch die Frage, welche Erinnerungen Ellroy an das Geschehen hatte. Dank meiner Mutter hatte ich die externe Bestätigung des Falles vorliegen – ein recht ausführlicher Zeitungsbericht über einen gräßlichen Mord. Würden Ellroys Erinnerungen genauso lückenlos sein wie die Darstellung in der Zeitung? Was mochte er hinzugefügt oder aus seiner Erinnerung gestrichen haben?

Ich schrieb Ellroy über seinen Verleger, daß ich ihn gern im Rahmen meiner Arbeit an einem Buch über Erinnerungen interviewen würde. Ich wollte mit ihm darüber sprechen, was er von dem Mord an seiner Mutter in Erinnerung behalten hatte, um das Geschehen nach Möglichkeit aus der Sicht des Kindes zu erfahren. Es wäre interessant zu erfahren, welchen Einfluß diese Erinnerungen seiner Ansicht nach auf sein Leben und seine schriftstellerische Arbeit ausgeübt hatten. Ich schrieb ihm, daß ich zunächst alle seine Romane lesen wollte und anschließend gern von ihm erfahren würde, was er von meinen Ansichten hielt. Ich schlug einen Gedankenaustausch vor. Doch vor allen Dingen, so schrieb ich, wollte ich seine Erinnerungen auswerten.

Ich war neugierig, ob James Ellroy irgendeinen Verdacht hatte, wer seine Mutter getötet haben könnte. Seine Sachkenntnis konnte bei der Suche nach einer Lösung äußerst hilfreich sein, und zwar nicht nur, weil er neun Krimis geschrieben hatte, sondern auch, weil er seine eigene Familie kannte. Hatte er sich selbst eine Lösung für das Verbrechen zurechtgelegt? Konnte Ellroy sich an die ganze Geschichte aus der Sicht eines zehnjährigen Kindes erinnern? Schriftsteller sind häufig in der Lage, sich ihre Kindheitserlebnisse lebendiger und lebensnaher in Erinnerung zu rufen als andere Menschen. Hatte Ellroy die Geschichte im Kopf umgestaltet? Vielleicht hatte er seine Erinnerungen verändert, um sie seiner emotionalen Verfassung anzupassen. Hatte er seine Erinnerungen in die vielen Mordfälle in seinen Büchern einfließen lassen?

Ellroy rief mich schließlich eines Nachmittags im Frühling 1991 an, acht Monate nachdem ich versucht hatte, mich mit ihm in Verbindung zu setzen. Ich war überrascht; ich hatte die Hoffnung schon fast aufgegeben. Ja, er würde sich mit mir treffen. Er und seine Frau lebten nicht in Los Angeles, sondern in Connecticut. Zum Schreiben zog er sich in die Kellerwohnung im Haus einer Witwe in Eastchester, New York, zurück, etwa eine halbe Autostunde von seinem Haus entfernt. Er wollte, daß ich zu ihm nach Eastchester kam. Wir vereinbarten einen Termin gleich für die kommende Woche – gerade noch genug Zeit für mich, »Die Schwarze Dahlie« zu lesen.

Bevor ich auflegte, fragte ich, ob ich ihn James nennen dürfe. »Nennen Sie mich einfach Dog«, sagte er. »Meine Freunde nennen mich Dog.

Und ich hoffe, Sie haben nichts gegen Hunde. Ich habe hier bei mir einen großen Hund namens Barko.« Normalerweise habe ich Angst vor Hunden, besonders vor großen. Aber ich wollte mich dadurch nicht abhalten lassen und sagte ihm, das störe mich überhaupt nicht. »Bis dann«, sagte ich.

»Wuff, wuff«, sagte Ellroy.[1]

Die Kellerwohnung war ganz gemütlich. Sie war geräumig und komfortabel, und ein Fenster in Höhe des Rasens ging nach Osten auf einen hübschen Garten hinter dem Haus. Nachdem ich über einen Zaun geklettert war, dessen kleines Tor verschlossen blieb, damit Ellroys Hund nicht hinauskonnte, begrüßte mich der Krimiautor – diesmal ohne zu bellen – und dirigierte mich an einer mit Kuhhaut drapierten Bettcouch vorbei zu einem großen Eichenschreibtisch, dem man ansah, daß an ihm hart gearbeitet wurde. Dort stellte ich meinen Kassettenrecorder auf. Gerahmte Buchdeckel von Ellroys neun Romanen säumten die Wände. Barko, ein furchterregend aussehender Bullterrier, schlief fest auf der Kuhhaut. Ellroy selbst wirkte gleichfalls furchterregend. Er war etwa Mitte Vierzig und deutlich über 1,80 m groß. Seine schlaksige Gestalt war in ein buntkariertes Flanellhemd und eine alte blaue Kordhose gehüllt. Trotz seiner saloppen Kleidung wirkte sein Gesicht mit den großen dunklen Augen und den vorstehenden Wangenknochen gehetzt.

Ich selbst wohnte bei Freunden in Connecticut, die mir geraten hatten, ihr tragbares Telefon mitzunehmen. Sie hielten Ellroy – aufgrund seiner Geschichte, seiner Arbeit, seiner Kellerwohnung, seines Hundes – für ausgesprochen gefährlich. Das Telefon hatte ich abgelehnt, aber ihre Warnung klang mir noch im Ohr. »Dog« bot mir eine Tasse Tee an und goß sich selbst eine ein. So weit, so gut. Ich stellte den Recorder an, und er begann zu erzählen.

»Ich wurde 1948 in Los Angeles geboren«, sagte er. »Mein Vater war 50 Jahre alt, als ich zur Welt kam. Laut meiner Mutter war er der bestaussehende Mann, der ihr je begegnet war. Meine Mutter, damals 33, war staatlich geprüfte Krankenschwester. Er war ein ehemaliger Armeeoffizier und Schürzenjäger und Erfinder, der nie viel Geld verdiente. Er arbeitete meistens als Buchhalter.«

Beide Eltern hatten Affären, und der Vater zog von zu Hause aus, als James sechs war. In dem Alter spürte der Junge bereits die extreme Spannung, die zwischen seinen Eltern herrschte. »Sie stritten sich und schrien sich gegenseitig an«, erinnerte sich Ellroy. »Es gab allerdings keine körperliche Gewalt.« Ellroys Vater stammte aus Massachusetts. Seine Eltern waren jung gestorben, und er war von seinem sechsten Lebensjahr an in einem Waisenhaus aufgewachsen. Ellroys Mutter kam aus Tunnel City, Wisconsin (»ein Provinznest«, so Ellroy). Ihre Vorfahren waren Farmer deutscher und holländischer Abstammung. Die Eltern nannten sie Geneva nach dem See in Wisconsin, doch als sie älter wurde, gingen ihre Freunde dazu über, sie Jean zu nennen. Sie hatte eine Schwester namens Leoda, die Ellroy seit Jahren nicht gesehen hatte. Auch zu deren zwei Töchtern, seinen Cousinen, hatte er keinen Kontakt.

»Gibt es dafür einen Grund?« fragte ich.

»Der Grund ist, daß Tante Leoda glaubte, mein Vater habe meine Mutter umbringen lassen.«

»Ihre Familie in Wisconsin glaubte, Ihr Vater wäre der Mörder gewesen? Oder ein von ihm bezahlter Killer?«

»Ja.«

Mythen spielen in jeder Familie eine große Rolle, und in James Ellroys unmittelbarer Familie gab es gleich zwei. Bei seiner Mutter war es die Dillinger-Geschichte und bei seinem Vater die Rita-Hayworth-Geschichte. »Meine Mom hatte ihre Ausbildung zur Krankenschwester an einer Schule in Chicago gemacht«, sagte er. »Eine ihrer Lieblingsgeschichten – übrigens eine Kriminalgeschichte – war, daß sie 1934 in Chicago gewesen war, als John Dillinger vor dem *Biograph Theater* niedergeschossen wurde. Meine Mom war dabei. Ja, sie hat mit eigenen Augen gesehen, wie Dillinger erschossen wurde. Sie ist nie ins Detail gegangen, was verdammt schade ist. Dann wäre die Geschichte spannender gewesen. So gibt sie als Familienlegende nicht viel her.

Mein Vater hat im Ersten Weltkrieg gekämpft.« Seine Stimme hatte sich verändert – es schwang etwas Stolz mit. »Ob Sie's glauben oder nicht, er hat in Mexiko Pancho Villa gejagt. Hat sich drüben in Europa einen Orden verdient. Mein Vater war auch ein unheimlicher Angeber.

Einmal, ich war damals 14 Jahre alt, hingen wir bei ihm zu Hause rum, als er plötzlich sagte: ›Weißt du, ich habe Rita Hayworth gebumst.‹«

Ich platzte los vor Lachen und mußte an das berühmte Foto von Rita Hayworth in *Life* denken, auf dem sie in einem Satinnachthemd auf einem Bett kniet. Barkos Augen blieben geschlossen, doch er zog die Lefzen hoch und bleckte die Zähne. Dann rollte er sich auf die Seite und ließ einen tiefen Hundeseufzer vernehmen. Ich sollte etwas leiser sein, dachte ich. So ein Tier sollte man nicht unnötig reizen.

»Ich habe zu meinem Vater gesagt: ›Quatsch, Dad, nie und nimmer hast du Rita Hayworth gebumst.‹ Und er sagte: ›Habe ich doch. Ich war nämlich Ende der vierziger Jahre ihr Agent.‹ Na ja, wissen Sie, ich habe nie wieder daran gedacht. Dann ist er gestorben, 1965. 1975 bin ich in Westwood Village in Los Angeles. Ich sehe im Schaufenster einer Buchhandlung eine Rita-Hayworth-Biographie. Ganz spontan gehe ich rein und suche im Index nach dem Namen meines Vaters. Da steht er – er war tatsächlich Ende der vierziger Jahre ihr Agent gewesen. Das stimmt also. Vielleicht hat er ja wirklich auch was mit ihr gehabt. Aber der alte Herr hat mir auch erzählt, er wäre Babe Ruths Agent gewesen. Nie im Leben, Dad.«

Ellroy schüttelte plötzlich wehmütig den Kopf. »Ja, er war ein Mann, dem die Welt offenstand, der aber nie seinen Platz darin gefunden hat«, sagte er. James Ellroy liebte Armand Lee Ellroy noch immer – um das zu erkennen, mußte man kein Psychologe sein. »Er hatte doch tatsächlich den *Silver Star*, den höchsten Verdienstorden überhaupt, verliehen bekommen, und trotzdem erfand er immer noch mehr Orden dazu. Wenn er sämtliche Orden bekommen hätte, von denen er mir erzählt hat, wäre er der größte Held des Ersten Weltkriegs gewesen.«

Armand Lee Ellroy hatte offenbar Probleme, wahre Geschichten über sich zu erzählen. Manchmal stimmte das, was er erzählte. Manchmal auch nicht. Seine eigene Darstellung strotzte jedenfalls nur so vor Übertreibungen und Halbwahrheiten.

In seinem 1992 in New York erschienenen Buch *Retelling a Life* versucht der Psychoanalytiker Roy Schafer mit der allgemein verbreiteten Ansicht aufzuräumen, daß Erzählungen von persönlich Erlebtem sich auf ein einziges und einheitliches Konzept beziehen, das man von sich selbst hat. »Das sogenannte Selbst besteht nur aus Versionen, meist aus mehreren, gleichzeitigen Versionen«, sagt er. Wenn unsere Versionen von uns selbst sich von einer Minute auf die andere verändern, wie können wir da unsere Erinnerungen richtig bewahren? Armand Lee Ellroy hat seinem Sohn möglicherweise falsche Erinnerungen aufgetischt. Vielleicht Lügen. Aber es ist ebenfalls denkbar, daß Ellroys Vater seine Versionen von sich selbst, so wie er sie gesehen hat, verzerrt hatte. Eine objektive Biographie würde ihn als erfolgreichen Soldaten, als relativ erfolglosen Buchhalter und als relativ erfolgreichen Frauenheld darstellen, der seinen Sohn liebte. In seiner persönlichen Erzählung war er vielleicht vor allem »jemand, der Rita Hayworth gebumst hat, und der größte Kriegsheld aller Zeiten«.

Schafer fragt – mit Bezug auf die Therapiesituation, in der man sich als Psychoanalytiker die Geschichten von Patienten anhört, aber vielleicht auch im Hinblick auf sämtliche Formen von persönlichen episodischen Erinnerungen, die jeder von uns zu hören bekommt: »Welche persönlichen Geschichten verbergen sich im jeweiligen konkreten Fall hinter Andeutungen, welche Geschichten werden offengelegt, welche werden gerade konstruiert oder überarbeitet und zu welchem Zweck?« Robert Schafers Fragen lassen sich auch auf die Vorstellungen, die James Ellroy von seinen Eltern hat, anwenden.

Ellroy hat noch heute Einzelheiten aus der Zeit vor seinem vierten Lebensjahr in Erinnerung, als er in West Hollywood wohnte. »Ich erinnere mich an ein kurzärmeliges Strickhemd, auf das der Name *Hopalong Cassidy* aufgedruckt war und das ich ständig anhatte«, sagte er. »Es hat gekratzt.« Ellroy erinnerte sich offenbar besser daran, daß das Hemd kratzte, als an den damals ungeheuer populären Westernhelden »Hoppy«. »Ich erinnere mich auch noch, wie ich – da muß ich drei oder vier gewesen sein – mit dem Fahrrad gegen einen Laternenpfahl gekracht bin. Ich weiß noch, daß ich gedacht habe: ›Wow, jetzt knall' ich gleich gegen den Laternenpfahl!‹ Es war eigentlich ein Dreirad und kein richtiges Fahrrad. Mit meinem Dreirad. Und ich habe gedacht – ich kann mich erinnern, daß mir dabei ganz schwindelig war – ›Wow!‹ Und dann bin ich dagegen. Und ich hab' mir die Stirn aufgeschlagen und war überrascht, daß es so weh tat.«

Ellroys Geschichte klingt äußerst spontan. Dabei schlägt seine Stimmung in den letzten beiden Sätzen von Freude in Entsetzen um. Aber dringen unsere Erinnerungen wirklich auf diese Weise erstmals in unser Bewußtsein? Vielleicht erscheinen sie am Anfang eher als Bild – wie wir auf den Laternenpfahl zufahren – oder eher als Gefühl – die Überraschung über den Schmerz. Doch meistens ordnen sie sich nicht zu richtigen Geschichten. Die setzen wir erst später zusammen. Und dabei verlieren die Erinnerungen ein wenig von ihrer historischen Wahrheit. Sie werden zwar nicht zu falschen Erinnerungen, aber sie weichen in kleinen Details vom tatsächlichen Geschehen ab.

Sehr frühe Erinnerungen, aus der Zeit vor unserem sechsten Lebensjahr, beinhalten häufig bestürzende und beängstigende Dinge, die uns in unserem jungen Leben widerfahren sind. Meist handelt es sich bei den frühesten Erinnerungen um falsche Entscheidungen, Ängste und Überraschungen. Das muß aber nicht heißen, daß die Kindheit schrecklich war. Es zeigt lediglich, daß kleine Kinder gefühlsintensive Erlebnisse am leichtesten erinnern können. James Ellroys kratziges Hemd und die Überraschung bei seiner Kollision mit dem Laternenpfahl (»Wow! Autsch!«) sind typisch für erste Erinnerungen. Überschwengliche Freude, Verdruß oder Furcht – unsere ersten episodischen Erinnerungen beinhalten in der Regel Dinge, die starke Gefühle ausgelöst haben. Ich habe einmal eine Gruppe von Kollegen gebeten, ihre frühesten Kindheitserinnerungen und ein paar damit verbundene Assoziationen aufzuschreiben und mir anonym die Niederschriften auszuhändigen. Die meisten dieser frühesten Erinnerungen bezogen sich auf beängstigende Erlebnisse. Ein großer Teil erzählte von glücklichen Momenten. Einige Erinnerungen waren banal. Aber wenn die eigentliche Erinnerung banal klang, so war sie aufgrund der mit ihr verbundenen Assoziationen zumeist doch als intensiver emotionaler Moment in der frühen Kindheit einzustufen.

Viele Erinnerungen, die wir im episodischen Gedächtnis behalten oder später reaktivieren, werden durch Affekte ausgelöst. Es ist denkbar, daß die Neurotransmitter, die bei starken Erregungszuständen freigesetzt werden (vielleicht Hormone, die Neuropeptide, Corticotrophine oder das neuronale Stimulans Serotonin ausschütten), zu der Verankerung unserer Langzeiterinnerungen an emotionale Ereignisse beitragen. Auf der zellularen Ebene werden diese chemischen Substanzen vermutlich dann aktiviert, wenn eine affektbeladene Erinnerung gebildet wird. Womöglich werden sie bei der Reaktivierung der Erinnerung wieder freigesetzt. Es ist nicht bekannt, welche chemisch aktiven Hirnsubstanzen diese frühesten Erinnerungen verfestigen. Aber bekannt ist, daß sie sehr stark verfestigt werden.

Später erfolgen Abwehrmechanismen, die einige Erinnerungen überdecken, so daß sie weniger leicht reaktiviert werden können. Aber jede Abwehr muß erst gelernt werden, und so ist es möglich, daß die frühesten und stärksten emotionalen Erinnerungen weiterhin zugänglich sind, während die konfliktbelasteten Erinnerungen der späteren Kindheit verlorengehen.

James Ellroy hat die Trennung und Scheidung seiner Eltern noch deutlich in Erinnerung. Er war damals sechs Jahre alt. Die schmerzhaften Erinnerungen an diesen Teil seiner Kindheit sind äußerst detailliert. »Ich erinnere mich, wie meine Mutter mir gesagt hat, daß sie und mein Vater sich scheiden lassen wollen«, sagte er. »Und ich weiß noch, daß ich geweint habe. Es gab eine Fernsehsendung ›Confidential File‹, die ich oft gesehen habe, und aus der wußte ich, daß Scheidung eine wichtige Sache war. Es war so eine Art ›Skandal‹, oder wie immer man es damals in den fünfziger Jahren nannte. Ich weiß noch, daß ich deswegen ganz schön rumgeheult habe. Und ich erinnere mich, daß ich in die Stadt gefahren bin, zum Landgericht oder Amtsgericht oder wie das heißt, als es um das Sorgerecht ging und ich dabeisein mußte. Mein Vater hatte meine Mutter von Privatdetektiven beschatten lassen, die versuchen sollten, sie mit irgendwelchen Typen im Bett zu erwischen. Ich glaub' nicht, daß es ihnen gelungen ist, denn sie hat das Sorgerecht für mich bekommen.« Sein Gesicht bekam einen traurigen Ausdruck.

»Jedenfalls«, fuhr Ellroy fort, »hat mein Vater mich eine ganze Weile nicht gesehen. Einmal, als ich mit meiner Mutter Urlaub machte, hat mein Vater mich abgefangen und ist mit mir in die Herrentoilette geflüchtet, wohl weil er dachte, daß er dort sicher wäre und sich ungestört ein bißchen mit mir unterhalten könnte.«

Wie ein Zauberer hatte »Dog« es geschafft, meine Aufmerksamkeit abzulenken und rasch zu dem halbkomischen Schauplatz einer Herrentoilette zu wechseln, nachdem er zwei schmerzliche Themen – die erotischen Eskapaden seiner Mutter und den Ausgang des Sorgerechtstreites – angesprochen hatte. Ich machte mir im Geist einen Vermerk. Ablenkung – oder Verschiebung, wie der Begriff in der Psychiatrie lautet – lenkt die Aufmerksamkeit von wichtigen Konflikten ab. Ich dachte, daß dieses Phänomen in Ellroys Erinnerungen eine Rolle spielen könnte.

»Doch die gute Frau« – Ellroy war offenbar außerstande, sie »Mom« oder »Mutter« zu nennen –, »sie hatte ein feuriges Temperament und feuerrotes Haar. Sie stolzierte in die Herrentoilette, und ich weiß noch, daß da ein Typ am Urinbecken stand. Er hat irgendwas gesagt wie: ›Verdammt, was ist denn hier los?‹ Ich seh' das Gesicht von dem Kerl noch vor mir.«

Gesichter, ebenso wie Positionen und Körperhaltungen, markieren sehr frühe Erinnerungen viel besser als unsere zeitliche Wahrnehmung, unser jeweiliges Alter während des Ereignisses oder irgendwelche Namen von Leuten. Oftmals beschränkt sich eine Erinnerung genau darauf – ein Gesicht, eine einfache Handlung und eine Körperhaltung. Es kann sein, daß die Erinnerung erst dann Gestalt annimmt, wenn sie in eine Erzählung eingebettet wird. Doch die Erzählung muß nicht genau den Tatsachen entsprechen. Der Psychoanalytiker Donald Spence schreibt, daß der erzählende Teil einer Erinnerung leicht von ihrer historischen Wahrheit abweichen kann. »Allein schon das Reden über die Vergangenheit«, schreibt Spence, »gibt ihr durch die Benutzung einer bestimmten, aber eben doch willkürlich gewählten Sprache eine feste Form, und diese Sprache trägt wiederum dazu bei, die frühe Erinnerung zu verzerren.«[2] Und wenn ein Therapeut die Erinnerungsfragmente, die ein Patient ihm mitteilt, dadurch miteinander verbindet, daß er sie in einen erzählerischen Zusammenhang bringt, verringert er die Richtigkeit der Erinnerung. Diese Fehldeutung erwächst aus der Phantasie des Therapeuten und ganz und gar nicht aus der ursprünglichen Wahrnehmung des Patienten. In der Therapie können Erinnerungen stärker verzerrt werden, als sie es zu dem Zeitpunkt waren, an dem sie dem Patienten erstmals in den Sinn kamen.

James Ellroy hatte als Kind kaum Kontakt zu anderen Kindern. Er sagt, daß er unter starker Einsamkeit gelitten habe. Er flehte seine Mutter immer wieder an, sie solle ihm einen Hund schenken, aber er bekam keinen. Einmal, 1956, als James acht Jahre alt war, nahm Jean Ellroy ihn mit in ein Autokino, wo der Film *Alles um Anita* mit Dean Martin und Jerry Lewis lief. »In einer Szene« – »Dog« fing an zu lachen – »fährt Jerry Lewis allein irgendeinen Highway entlang. Auf dem Rücksitz hockt eine riesige dänische Dogge. Da bekommt er plötzlich einen Stups, und die dänische Dogge legt ihre Pfoten auf das Lenkrad und steuert den Wagen weiter. Etwa so.«

Der Krimiautor machte mir vor, wie ein großer Hund einen Wagen lenkt. Er lachte so laut, daß Barko wach wurde und von der Tagesdecke sprang. Barko kam zu mir gerannt und beschnüffelte mich, aber er schien friedlich gestimmt zu sein. Ich versuchte, ihn zu ignorieren. Ellroy war in seinen Kindheitsträumen bei einem anderen Hund, in einer anderen Zeit versunken, und er tätschelte dem Tier geistesabwesend den Rücken. »Ich habe so über den Hund gelacht«, sagte er und lächelte dabei über etwas, das nur er sehen konnte. »Eine dänische Dogge, die Auto fährt – so was Komisches hatte ich noch nie gesehen. Ich schrie vor Lachen. Ich machte mir in die Hose. Ich kriegte noch die ganze Woche darauf Lachanfälle.

Ich habe viel zuviel gelacht«, fuhr er fort, und seine Stimme nahm einen bedauernden Ton an. Barko lag ruhig, aber aufmerksam zu Ellroys Füßen und lauschte beinahe so, als wäre es eine Hundegeschichte und keine Geschichte über einen Jungen. »Meine Mutter ist mit mir zu einer Kinderpsychiaterin gegangen – oder Psychologin oder so was in der Art. Und die hat mir Klötze und so'n Zeug zum Spielen gegeben. Und kleine Spielzeugsoldaten und Indianer oder so. Und ich bin hingegangen und habe die Indianer und Soldaten mitten auf den Schreibtisch gestellt und um sie herum eine ganz hohe Mauer gebaut. Die Psychiaterin hat gesagt: ›Warum glaubst du denn, die Indianer und Soldaten bräuchten so viel Schutz? Warum baust du die Mauer so hoch? Möchtest du, daß andere Menschen nicht reinkönnen, oder willst du nicht raus?‹ und so weiter. Daran erinnere ich mich. Und das war meine erste Erfahrung mit einem Seelendoktor. Ich wollte nur weg. Und das hab' ich dann auch getan. Ich bin nie wieder hingegangen. Meine Mutter fand, daß es rausgeschmissenes Geld war.«

Ellroy nimmt genau diese Szene bei der Psychiaterin in seinen Roman *Stiller Schrecken* auf. James mochte die Psychiaterin nicht, die seine Mutter für ihn ausgesucht hatte, aber der erwachsene Ellroy wußte, daß die Frau recht gehabt hatte. »Es gab da tatsächlich eine Mauer«, sagte er. »Ich hatte mich tatsächlich von anderen Menschen isoliert.«

Paradoxerweise jedoch war die Mauer zwischen ihm und seiner schönen Mutter nur hauchdünn. Nach der Scheidung seiner Eltern sah James mit an, wie die Männer bei Jean ein und aus gingen. Er sah auch den Körper seiner Mutter. »Sie war ganz unbefangen, wissen Sie, was Nacktheit anging«, sagte er. »Sie war eine knackige Rothaarige. Und lange Zeit habe ich auf knackige Rothaarige gestanden. Sie war *sehr* attraktiv. Und ich erinnere mich, daß ich ständig herumgetrödelt habe – und es ist komisch – ich sehe das Haus vor mir, in dem wir gewohnt haben. Ich habe immer im Badezimmer getrödelt, dies und das gemacht und lange in der Badewanne gelegen, in der vagen Hoffnung, daß sie hereinkommen würde, um zu pinkeln. Manchmal hat sie nackt gepinkelt. Und darauf habe ich gewartet.«

Ich habe ein Foto von Ellroy, wie er in einer Badewanne sitzt. Es erschien am 19. Oktober 1992 zusammen mit einer Besprechung seines zehnten Buches, *White Jazz*, in der Zeitschrift *People*. Er hat die Augen zusammengekniffen und krallt die gespreizten Finger wie ein Monster, was ihm eine große Eindringlichkeit verleiht. Seine Brust ist stark behaart. In dieser Pose zwingt Ellroy dem Betrachter die Rolle des Voyeurs auf, die Ellroy als Kind innehatte, als er im Badezimmer herumtrödelte und darauf wartete, daß etwas passierte. Es ist ein beunruhigendes Bild.

Geneva Hilliker Ellroy war zu verführerisch – zu ihrem eigenen Nachteil. Offensichtlich schadete sie auch ihrem Sohn damit. Wahrscheinlich wurde sie deswegen getötet. James wünschte sich nichts sehnlicher, als bei seinem Vater zu leben. »Sie« war einfach zuviel für ihn. 1956 machte Jean mit ihrem Sohn einen Kurzurlaub in Mexiko. Da bekam der Junge plötzlich Ohrenschmerzen. Jean packte die Koffer und fuhr zu einer mexikanischen Apotheke. Als sie zum Wagen zurückkam, gab sie James eine Spritze. Dann fuhr sie weiter nach Hause. »Es war, glaub' ich, Morphium oder so was«, erinnerte sich Ellroy. »Ich lag auf dem Rücksitz und war regelrecht weggetreten. Und in dem Zustand blieb ich die ganze Heimfahrt über.« Ellroy beschreibt diese Szene am Ende von *Heimlich*, seinem zweiten Roman, der die meisten autobiographischen Elemente enthält. Ein Junge namens Michael Harris, einer der Protagonisten, bekommt von seinem Vater Morphium verabreicht. Er liegt auf dem Rücksitz im Wagen seines Vaters, der ihn zu seiner Mutter fährt. Der Vater tötet die Mutter, während der Junge das Bewußtsein verloren hat. Er ist das Alibi seines Vaters.

»Wie sind Sie darauf gekommen?« fragte ich im Hinblick auf die offenkundige Verarbeitung des Todes seiner Mutter. »Das ist mir einfach so eingefallen«, erwiderte er.

James war permanent übererregt. Mit zehn Jahren zeigte er sich vor anderen Kindern nackt. Er masturbierte »viel«. Ellroy gelingt es, diese ungezähmte Übererregung seiner Kindheit in seine Romane einzubauen. Hunde, die in seinen Büchern vorkommen, haben einen übermäßig starken Geschlechtstrieb; sie heißen Barko und Night Train und Rapeo. Letzterer, ein Pitbullterrier in *Blutschatten*, besteigt alles und jeden. Aber auch Kinder werden in Ellroys Kriminalromanen übermäßig triebhaft gezeichnet. In *Heimlich* masturbiert Michael Harris zwanghaft vor anderen Kindern. Die Männer in den meisten Büchern von Ellroy sind haltlose Voyeure. Sie sind Gefangene ihrer sexuellen Phantasien ähnlich denen eines acht- bis zehnjährigen Jungen, der allein mit seiner wunderbaren, hemmungslosen Mutter zusammenlebt.

Ist es typisch, daß James Ellroy so zahlreiche und ausgesprochen detaillierte Erinnerungen an die Zeit hat, als er acht Jahre alt war? Robyn Fivush, Entwicklungspsychologin an der *Emory University*, hat untersucht, wie gut Kinder sich in verschiedenen Altersstufen erinnern können. Dabei befaßte sie sich mit drei Aspekten – die Menge der Erinnerungen, die Genauigkeit der Erinnerungen und die Beständigkeit der Erinnerungen. Zweijährige Kinder wurden gebeten, ein Ereignis, das im Beisein von Erwachsenen stattgefunden hat – eine Ferienreise, ein Tagesausflug ins Museum mit Angehörigen von Fivushs Forschungsteam – aus ihrer Sicht zu schildern. Dann wurden ihre Darstellungen im Hinblick auf Genauigkeit und Ausführlichkeit mit denen der Eltern und Forscher verglichen. Aufschluß über die Beständigkeit gab der Vergleich mit der Darstellung, die die Kinder zu einem späteren Zeitpunkt oder im Gespräch mit anderen Interviewern abgaben. Dr. Fivush kam zu dem Ergebnis, daß das Alter der Kinder zwar keinen Einfluß auf die Genauigkeit ihrer Erinnerungen hat, daß ältere Kinder – sagen wir Acht- bis Zehnjährige – allerdings ihre Erinnerungen detaillierter und widerspruchsfreier wiedergeben. Die Schilderung ihrer Erinnerungen ist zu verschiedenen Zeitpunkten identisch und besitzt einen Anfang, eine Mitte und ein Ende. Kleinkinder dagegen geben einen Teil der Erinnerung zu einem Zeitpunkt und einen anderen Teil zu einem anderen Zeitpunkt wieder. Um überhaupt irgend etwas zu reaktivieren, benötigen sie häufig ein Stichwort oder einen Anstoß seitens der Person, die nach der Erinnerung fragt. Ein zwei oder drei Jahre altes Kind muß quasi von der fragenden Person lernen, wie man eine Erinnerung zurückruft, bevor es dazu von sich aus imstande ist.[3]

Die Erinnerungen an seine unglaublich erotische Mutter und seine sexuellen Gewohnheiten, die James Ellroy aus der Zeit von seinem neunten bis zum elften Lebensjahr behalten hat, klingen authentisch, auch wenn wir sie nicht, wie Fivush, anhand der Aussage eines zweiten Beobachters verifizieren können. Ellroys frühe Erinnerungen stimmen überdies im wesentlichen mit seinen Verhaltensweisen als Erwachsener – »Ich bin noch immer verrückt auf Sex«, erzählte er mir – und mit seinen Büchern überein. Die Erinnerungen sind relativ vollständig, und sie sind recht detailliert. Sie entsprechen, um es mit dem Terminus von Dr. Fivush und anderen Psychologen auszudrücken, der kanonischen Erzählung – eine Erzählung, die die Voraussetzungen einer konventionellen Geschichte erfüllt. Kinder im Alter von zwei oder drei Jahren sind dazu nicht in der Lage. Wenn wir versuchen, unsere Erinnerungen aus der Zeit, als wir zwei oder drei Jahre alt waren, zu reaktivieren, geben wir sie noch immer überwiegend in der unausgereiften Erzählweise eines Zwei- bis Dreijährigen wieder. Ein Beispiel dafür ist Ellroys Erinnerung an sein »kratziges Hemd«. Er weiß nicht mehr, wohin er gerade unterwegs war oder was er gerade tat, als er sein geliebtes Hopalong-Cassidy-Hemd trug, oder wer bei ihm war, als er es anzog. Obwohl die meisten Schriftsteller scheinbar mühelos detailliert und anschaulich formulieren können, schildert Ellroy diese sehr frühe Erinnerung nicht ausführlich. Sie bleibt auf eine nicht-narrative Form reduziert.

Ellroys Mutter war mit ihrem Sohn bereits zu weit gegangen, als er gerade neun oder zehn Jahre alt war. Der Junge wollte weg. Vier Monate bevor Jean Ellroy ermordet wurde, zog sie mit ihrem Sohn von Santa Monica in den Arbeitervorort El Monte. Das kleine Haus, in dem sie zur Miete wohnten, war »eine Bruchbude«, erinnert sich Ellroy. Der Zehnjährige mußte seine bisherige kleine Privatschule verlassen und statt dessen auf eine öffentliche Schule gehen, die von Kindern aus der unteren Mittelschicht, überwiegend Lateinamerikanern, besucht wurde. Der Umzug brachte es auch mit sich, daß er, um seinen geliebten Vater zu besuchen, zwei Stunden mit dem Taxi oder dem Bus fahren mußte. Darüber war James außer sich vor Wut. War Jean umgezogen, um Armand Lee zu bestrafen? Wollte sie auf diese Weise die Wochenendbesuche von James bei seinem Vater erschweren? Als Wiedergutmachung erlaubte sie ihrem Sohn wenigstens einen Hund – einen winzigen, neurotischen Hund zwar, aber immerhin einen Hund.

Inzwischen war James größer und weiter entwickelt, als es seinem Alter entsprach. Er rauchte seinen ersten Joint auf einem unbebauten Grundstück in El Monte. Er hatte keine Freunde und fühlte sich mutterseelenallein. Die »Mauer« wurde höher. Für seine Aufsätze dachte er sich in der fünften Klasse Bücher aus, die es gar nicht gab, und stellte komplizierte Handlungen vor, die er selbst ausgetüftelt hatte – quasi Ellroys Jugendwerke.

Eine weitere Erinnerung Ellroys aus dieser Zeit ist in seinem Kopf stark mit den Erinnerungen an die Ermordung seiner Mutter verknüpft. Bruchstücke von Erinnerungen, die mit schrecklichen Schockerlebnissen zusammenhängen, werden sehr häufig Teil des mentalen Bildes vom jeweiligen Schockerlebnis. Sie »verdichten« sich mit dem Ereignis und bleiben, falls sie für die jeweilige Person bedeutsam sind, für immer mit der Erinnerung verbunden. Kurz vor oder nach seinem zehnten Geburtstag wurde James Ellroy in El Monte von seiner Mutter vor die Wahl gestellt: »Bei wem würdest du lieber leben? In Kalifornien müssen Kinder sich mit zehn Jahren entscheiden.« Das stimmt zwar nicht, aber Jean könnte es geglaubt haben. Jedenfalls traf der Junge augenblicklich seine Wahl. »Ich möchte bei Dad leben«, sagte er. Die Mutter reagierte schnell. Ein brutaler Schlag traf den Jungen ins Gesicht. Das Kind war außer sich vor Schmerz, Schock und Wut. Er konnte sich gerade noch beherrschen. Ellroy erinnert sich, daß er sich in diesem

Moment geschworen hatte: »Sie wird mich nie mehr wieder schlagen.«
Wenige Monate später wurde Geneva Hilliker Ellroy ermordet.

In der Nacht nach der Entdeckung ihrer Leiche zog James Ellroy in die
»Bude« seines Vaters, ein paar Blocks südlich der *Paramount Studios*
in Hollywood. Schon bald hatte er fast tagtäglich mit Drogen zu tun, die
er bereits in El Monte und auf der Heimfahrt von dem Mexiko-Urlaub
kennengelernt hatte. Lügen und Schwindeleien, die an der Schule in
El Monte an der Tagesordnung gewesen waren, prägten schließlich
sein Verhalten als Teenager. Der kleine Hund, den er viel zu spät
bekommen hatte, wurde sein Alter ego. »Nennt mich Dog«, sagt Ellroy
zu seinen Freunden. »Wuff, wuff«, sagt er, wenn er sich am Telefon
meldet. Doch von größter Bedeutung ist, daß der harmlose Schwur des
Jungen, daß seine Mutter »ihn nie wieder schlagen wird«, zu einem
Schlüsselelement der Erinnerungen an die Ermordung seiner Mutter
wurde. Er diente als machtvolles »Omen«.

Auf »Omen« stieß ich bei meiner Arbeit mit den entführten Kindern
aus Chowchilla. Nach der Entführung maßen die Kinder diversen
kleinen Begebenheiten, die sich im Zeitraum von Sekunden bis hin zu
Wochen, Monaten und Jahren vor der Entführung zugetragen hatten,
rückwirkend große Bedeutung bei. Ein achtjähriges Chowchilla-Mäd-
chen beispielsweise verübelte es ihren Eltern, daß sie sie am Tag der
Entführung nicht mit in ein Zeltlager in den Bergen nehmen wollten,
weil das nur für Erwachsene war. Wenn sie mitgedurft hätte, so dachte
sie sich, wäre sie nicht gekidnappt worden. Ein fünf Jahre altes Mädchen machte sich Vorwürfe, weil sie auf ein »Unglückskästchen« getreten war. Ein neunjähriger Junge meinte, die Entführung wäre deshalb passiert, weil er kurz zuvor gedacht hatte: »Mir passiert nie was.«
Ein Elfjähriger machte sich Vorwürfe, weil er einige Jahre zuvor eine
Frage seines Vaters nicht beantwortet hatte. Sie waren zusammen im
Kino gewesen und hatten sich den Film *Dirty Harry* angesehen. Bei
einer spannenden Szene, in der der Killer in Marin County einen
Schulbus entführt, hatte sein Vater ihn mit der Frage abgelenkt: »Was
würdest du tun, wenn dir so was passieren würde?« Der Junge ging auf
die Frage nicht ein. Er glaubte später, daß er nur deshalb in Gefahr
geraten war, weil er »die Zeichen« nicht erkannt hatte.

Ich stellte fest, daß 19 von den 26 Entführungsopfern bereits fünf Jahre nach ihrem schrecklichen Erlebnis den Erinnerungen daran mentale Bilder von früheren oder späteren Ereignissen hinzugefügt hatten. Ein elf Jahre altes Mädchen zum Beispiel erzählte mir, daß irgendein Spinner mehrmals bei ihr zu Hause angerufen und die Entführung vorausgesagt habe, obwohl die Anrufe in Wahrheit nach der Entführung erfolgt waren. »Ich bin sicher, es war davor«, sagte das Mädchen. »Es war bestimmt eine Warnung.« Fünf der entführten Kinder gaben ihren Eltern die Schuld, weil diese »die Zeichen« nicht erkannt hatten. Zehn behaupteten sogar, daß sie selbst in anderen Situationen die Zukunft voraussagen könnten. Omen verursachen mentale Fehler. Aber sie verursachen keine völlig falschen Erinnerungen. Sie strecken Erinnerungen in der Weise, daß sich ihr Anfang verlängert und ihr Ende später erfolgt.

Omen entstehen, wenn das Kind sich verzweifelt bemüht, in einer ungeheuer angespannten, plötzlich aufgetretenen und unerklärlichen Situation einen Wendepunkt zu finden – einen Punkt, von dem aus alles noch hätte anders verlaufen können. In dem Bestreben, dem Bedeutungslosen Bedeutung zuzuschreiben, kann es sein, daß das Kind sich auf etwas verlegt, das nur mittelbar mit dem Ereignis in Zusammenhang steht, aber dennoch auf irgendeine irrationale Art und Weise damit verknüpft ist. Zwei Dinge werden vielleicht deshalb miteinander verknüpft, weil sie bespielsweise beide wichtig sind oder weil sie das Kind gleichermaßen wütend machen oder weil sie ähnliche Namen haben. Vielleicht aber auch nur deshalb, weil sie emotional bedeutsam sind.

Aus eben diesem Grund hat James Ellroy seinen Schwur des »Erwachsenwerdens« mit dem Mord an seiner Mutter verknüpft. Die Verknüpfung war nicht logisch. Aber sie blieb wirksam.[4]

Der Psychiater Robert Pynoos, der sich an der *University of Southern California, Los Angeles* mit Kindheitstraumata befaßt, bezeichnet diese Erinnerungsergänzungen als »kognitive Neubewertungen«. Er meint damit in etwa das gleiche wie ich mit dem Begriff »Omen«. Keiner der beiden Termini trifft allerdings genau den Kern der Sache. »Kognitive Neubewertung« setzt zuviel bewußtes Denken voraus. Das, was in eine Erinnerung einfließt, ist zum Teil unbewußt, primitiv und nahezu somatisch, auch wenn es mit dem bewußten mentalen Bild eines Ereignisses verhaftet ist. Auch das Wort »Omen« ist problematisch, da ich es retrospektiv und nicht prospektiv verwende.[5]

Es gibt noch andere Arten von Verdichtungen, die zwischen realen Erinnerungen und anderen damit verbundenen Gedanken oder Ereignissen auftreten. Kognitive Psychologen haben in Experimenten nachgewiesen, daß eine Person, die mehreren ähnlichen Episoden ausgesetzt wird, dazu neigt, diese Episoden in Gedanken miteinander zu verschmelzen. Ein Kind, das vor seinem sechsten Lebensjahr ein relativ lang andauerndes, emotionsgeladenes Ereignis oder eine Reihe emotionaler Ereignisse durchmacht, wird mit großer Wahrscheinlichkeit mehrere Episoden zu einer Erinnerung verdichten.

Dazu ein Beispiel. Ein 27 Monate altes Mädchen, das ich Muffy nenne, saß zwei Wochen lang jammernd vor der geschlossenen Tür des Schlafzimmers, in dem seine an einer Virusinfektion erkrankte Mutter im Sterben lag. Muffy hatte eine Kinderfrau namens Ella Mae. Muffy liebte sie über alles, aber ein Jahr später wurde sie von Muffys neuer Stiefmutter entlassen. Doch Muffy, die elf Jahre alt war, als ich sie kennenlernte, trennte diese beiden Ereignisse in ihrer Erinnerung nicht vollständig. Auf meine Bitte, mir zu erzählen, »was für schreckliche Dinge in deinem Leben passiert sind«, erwiderte sie: »Ich hab' vor einer geschlossenen Tür auf dem Boden gesessen.« Sie glaubte, diese Erinnerung sei mit der Zeit verbunden, in der ihre Mutter starb. Als ich sie kurz darauf fragte: »Was ist mit deinem Kindermädchen passiert?« sagte sie: »Ella Mae ist vor meiner Mutter gestorben. Ich glaube, sie ging, bevor – nein, danach – nein, bevor meine Mutter gestorben ist. Moment. Ich glaube, Ella Mae ist gestorben. Nein, ich glaube nicht, daß sie gestorben ist, nachdem« – an dieser Stelle begann sie, nervös zu kichern – »ich glaube, Ella Mae ist danach gegangen. Nein. Nein. Bevor meine Mutter gestorben ist.«

Ein Junge, den ich Sylvester nenne, verdichtete ebenfalls zwei relativ lang andauernde Ereignisse in seinen frühesten Erinnerungen. Als er dreieinhalb war, wurden er und sein kleinerer Bruder »Clint«, 28 Monate alt, von ihrem Vater, einem bekannten Filmschauspieler, entführt; sie spielten gerade in einem Park unter der Aufsicht ihres Kindermädchens. In den folgenden zwei Wochen flog der Vater mit ihnen nach Chicago, in die Schweiz und nach Afrika, fast jeden Tag woanders hin und jeweils nur mit ein, zwei Stunden Vorsprung vor den Detektiven, die die Mutter engagiert hatte. Etwa ein halbes Jahr später nahm der Vater sie mit nach Manhattan zu einer Weihnachtsvorstellung in der *Radio City Music Hall*, wo er sie, beide im Kindersmoking, auf die Bühne holte. Ich lernte Clint kennen, als er sieben Jahre alt war, und er konnte sich schon nicht mehr daran erinnern, daß er im Park entführt worden war. Er war zum Zeitpunkt der Entführung in einem Alter gewesen, in dem die narrative Erinnerung gerade erst einsetzt. An seinen Auftritt in der *Radio City Music Hall* konnte er sich jedoch vollständig erinnern. Sylvester dagegen erinnerte sich an beide Ereignisse. Doch aufgrund der Angst, die er dabei empfunden hatte, verdichtete er die beiden Erinnerungen zu einer einzigen Geschichte. Der Umstand, daß die beiden Streßsituationen relativ lang waren, trug ebenfalls zu der Verdichtung bei.

Im Alter von acht Jahren schilderte Sylvester seine Erinnerung an diesen schrecklichen Augenblick seines Lebens wie folgt: »Ich hab' mal eine Reise gemacht, wo ich richtig Angst hatte. Ich bin nach Chicago gefahren, in die Schweiz und nach Afrika, glaub' ich. Da war ich drei [all das ist korrekt]. Es war – glaub' ich – zu Weihnachten [falsch]. Ich hatte einen Smoking – ja, wirklich. Ich hatte einen Kindersmoking an [falsch]. Ich glaube, ich hab' gedacht, meine Mutter würde mich verlassen [korrekt – ich habe mit Sylvester gesprochen, als er schließlich zu seiner Mutter zurückgebracht worden war, und er ließ sie nicht aus den Augen]. Ich bin auf der Reise mit ganz vielen Flugzeugen geflogen [korrekt]. Alle Leute haben mich angefaßt, als ich da so langging [wahrscheinlich meint er den Auftritt bei der Weihnachtsvorstellung]. Ich weiß noch, daß ich dachte, Mommy hätte mich verlassen [korrekt].«

Sylvesters konfuse Darstellung ist keine falsche Erinnerung. Die Detektive, die für seine Mutter tätig waren, haben die Reise nach Chicago, in die Schweiz und nach Afrika bestätigt, und Tausende New Yorker Theaterbesucher könnten die zweite Geschichte bestätigen. Doch seine Darstellung wird durch die Verdichtung ungenau.[6]

Auf meine Bitte hin erzählte mir James Ellroy seine Erinnerungen an den Mord. Barko lag wach und mit gespitzten Ohren zu seinen Füßen. Ellroy redete ganz entspannt – zumindest am Anfang. Schließlich lagen die Erinnerungen, so schlimm sie auch waren, schon 33 Jahre zurück.

»Jedenfalls«, sagte er, »hatte mein alter Herr kein Auto. Es war Sommer, und wir hatten das Wochenende zusammen verbracht. Wissen Sie, mein alter Herr hatte eine Schwäche für Frauen, er las gern, ging gern zum Baseball, sah sich Boxkämpfe im Fernsehen an, spielte leidenschaftlich Golf – und saß oft einfach nur da und dachte nach. Es ist also weiß Gott kein Zufall, daß ich sein Sohn bin.« Wieder lenkte er ab. Würde er auf das Thema zurückkommen? Ich wartete. »Sonntag abend hat mein Vater mich mit dem Bus nach El Monte zurückgebracht. In El Monte setzte er mich in ein Taxi und sagte: ›Bis nächstes Wochenende.‹ Wir haben uns also da am Busbahnhof verabschiedet. Das Taxi brachte mich nach Bryant and Maple, wo ich mit meiner Mutter wohnte. Es sieht dort heute etwas anders aus – ich war nämlich letzte Woche erst da und spreche also aus jüngster Erfahrung –, aber damals waren es zwei Häuser. Das Haus unserer Vermieterin genau hier und unser Haus, beide standen sich auf dem Grundstück im rechten Winkel gegenüber.« Ellroy demonstrierte die ungefähre Position der Häuser mit den Händen. Ganz offensichtlich tauchten in den räumlichen Kategorien von damals plötzlich streßbelastete alte Erinnerungen auf. »Als ich zu Hause ankam, waren da viele ernst dreinblickende, riesengroße Männer – besonders einer von ihnen mit hellblauen Augen und grauem Bürstenhaar.«

Ich konnte die Szene durch die Augen des Jungen förmlich vor mir sehen – die genaue Position der Häuser, den Polizisten mit den hellen Augen und dem militärischen Haarschnitt und all die anderen offiziell aussehenden Männer, die dort herumliefen. Eingebrannte visuelle Erinnerungen, die den Zuhörer dazu zwangen, sich ebenfalls ein visuelles Bild davon zu machen.

»Das Taxi hielt an der rechten Straßenseite an«, fuhr Ellroy ohne Pause fort. »Ich könnte ein Kreuz an der Stelle machen, wo das Taxi gestanden hat.« In seinem Entsetzen hatte der zehn Jahre alte James jede Einzelheit registriert. Wie auf einem Foto von Ansel Adams oder in einem Gemälde von Vermeer.

Der Grund, warum wir uns an schreckliche Ereignisse mit einem so ausgeprägten Raumgefühl erinnern, ist vielleicht in den Anfängen der

Menschheitsgeschichte zu suchen, als unsere Vorfahren noch in Höhlen lebten. Damals kamen die Menschen, wenn sie von einem wilden Mammut oder einem Säbelzahntiger angegriffen wurden, nur dann mit dem Leben davon, wenn sie sich genau daran erinnerten, wo sie Schutz suchen konnten. Wir Menschen, die wir es bis ins 20. Jahrhundert geschafft haben, stammen vermutlich von Vorfahren ab, die über einen ausgezeichneten Orientierungssinn verfügten. Positionen bestimmen unsere episodischen Erinnerungen an Streßerlebnisse, auch wenn wir auf solche detaillierten Erinnerungen heute vielleicht nicht mehr so dringend angewiesen sind wie die Menschen der Urzeit.

»Der Mann mit den hellblauen Augen«, erzählte Ellroy weiter, »das war der, der mich beiseite genommen hat, als ich aus dem Taxi stieg. Und ich wußte genau, was er mir sagen würde. Ganz genau.«

Ellroy beteuert, bereits gewußt zu haben, daß seine Mutter ermordet worden war, noch bevor der Mann mit den blauen Augen es ihm erzählte. Sehr wahrscheinlich handelt es sich dabei um eine unbewußte Ausschmückung der Erinnerung – um einen Fehler. Es hätte sein können, daß seine Mutter vergewaltigt oder beraubt worden war oder wegen einer Straftat gesucht wurde. Ebensogut hätte einer Nachbarin oder einer Freundin etwas zugestoßen sein können. Es gab vielerlei mögliche Erklärungen für die Anwesenheit der Polizei. Der Junge mag durchaus sofort geahnt haben, daß etwas Schreckliches passiert war, doch später drängte es ihn, das Unkontrollierbare unter Kontrolle zu bekommen. Er ging alles in Gedanken wieder durch und arbeitete seine Erinnerungen um. Er schrieb sich selbst die übersinnliche Kraft des »gleichzeitigen Erkennens« zu. Auf diese Weise versuchte ein hilfloses Kind, die Kontrolle über sein Leben zurückzuerlangen. Natürlich war es in Wahrheit zu spät, um irgend etwas zu kontrollieren.

Diese nahezu übersinnliche Erfahrung des »Wissens« nach einer Katastrophe war auch bei den Kindern aus Concord, New Hampshire und Porterville, Kalifornien, festzustellen, die ich nach der *Challenger*-Explosion im Rahmen meiner Untersuchung befragte. Fünf bis sieben Wochen nach der Tragödie stellte ich jedem der 134 Kinder, mit denen ich zu diesem Zeitpunkt sprach, Fragen nach übersinnlichen Erlebnissen im Anschluß an die Katastrophe. Vier von zehn der Teenager an der Ostküste – die das Unglück »live« und somit völlig unerwartet mit angesehen hatten – erzählten mir, daß sie danach ein solches Erlebnis gehabt hatten. Zwei von zehn der jüngeren Kinder von der Ostküste hatten ebenfalls ein derartiges Erlebnis gehabt. Einige dieser Kinder hatten »gute Geister« gesehen. Andere hatten einen »unsichtbaren Geist« gespürt. Viele von ihnen hatten ein Déjà-vu-Erlebnis oder ein Telepathie-Erlebnis. (Kinder von der Westküste, die von der Explosion gehört hatten, bevor sie die Aufnahmen im Fernsehen sahen, machten kaum solcherlei Angaben.) Ein Jahr später – die Studie war inzwischen um 19 Kinder erweitert worden – gaben weniger als einer von sechs der Teenager von der Ostküste und eins von zehn der jüngeren Ostküstenkinder an, im Laufe des Jahres ein solches Erlebnis gehabt zu haben. Übersinnliche Erlebnisse stellen sich offenbar in der ersten Zeit nach einem schockierenden Ereignis ein, und zwar vor allem bei Kindern und Jugendlichen, und verdichten sich im allgemeinen mit traumatischen Erinnerungen, so daß abweichende Versionen von der Wahrheit entstehen.[7]

»Und dann hat der Mann mit den hellen Augen folgendes gemacht«, sagte Ellroy. »Er hat gesagt: ›Mein Junge, deine Mutter ist tot. Wo ist dein Vater?‹ Und ich habe gesagt: ›Mein Vater ist am Busbahnhof. Er ist wieder nach Los Angeles gefahren.‹ Ich habe nicht geweint.« James war wahrscheinlich viel zu entsetzt, um zu weinen. »Ich hatte das Gefühl, daß sich die Zeit genau in diesem einen Augenblick bündelte. Die Würfel waren gefallen. Genau an der Stelle. Es gab kein Zurück.«

Ellroy verbindet mit dieser Erinnerung ein ganz bestimmtes Zeitgefühl. Angesichts seiner emotionalen Anspannung hatten Vergangenheit, Gegenwart und Zukunft ihren zeitlichen Rahmen und ihre Verhältnismäßigkeit verloren. Das Zeitgefühl wird durch traumatische Erlebnisse beeinträchtigt, und traumatische Erinnerungen machen dies deutlich.[8] Das Zeitgefühl ist eine relativ junge, evolutionäre Errungenschaft, und es geht rasch verloren, wenn ein Mensch beispielsweise starkem Streß ausgesetzt ist, eine Kopfverletzung erlitten hat oder unter Drogen, etwa Alkohol, steht. Der kleine James Ellroy fühlte sich völlig überfordert, als er vom Tod seiner Mutter erfuhr. Er »bündelte« die Zeit und verlor damit jede zeitliche Orientierung. Dennoch will Ellroy den Gedanken nicht akzeptieren, daß seine Erinnerung dadurch problematisch geworden ist. »Ich habe diese Erinnerung nicht im nachhinein verändert«, sagte er mit Nachdruck und durchbohrte mich förmlich mit einem finsteren Blick. »Ich wußte sofort, als das Taxi anhielt und ich ausstieg und die vielen Leute sah – ich *wußte*, daß meine Mutter tot war.«

Ein verzerrtes Zeitgefühl trägt dazu bei, daß Erinnerungen unrichtig werden. Fünf Jahre nach der Chowchilla-Entführung gaben vier der jüngsten Kinder an, das Gefühl gehabt zu haben, daß das Ganze viel kürzer gedauert hätte als die tatsächlichen 24 Stunden. Die Chowchilla-Kinder verwechselten Tag und Nacht. Sieben brachten die Reihenfolge von Ereignissen durcheinander und ordneten ihre Erinnerungen an Geschehnisse, die nach der Entführung stattfanden, in einen Zeitraum vor der Entführung ein.[9]

Erinnerungen werden häufig durch Zeitverzerrungen, Omenbildung und visuelle Fehlwahrnehmung ungenau. Diese Fehler können die Erinnerung an ein einzelnes Geschehen verfälschen, selbst wenn diese Erinnerung dem subjektiven Empfinden nach glasklar ist. Die Verfälschung hält auch im Erwachsenenalter an. Die Möglichkeit zur Korrektur ist gering. Dazu ein Beispiel: Eine große Boulevardzeitung meldete in ihrer Gesellschaftskolumne, ein berühmter Sänger habe mit seinem Manager heftige Vertragsstreitigkeiten gehabt. Der Sänger war außer sich vor Empörung, daß seine Privatangelegenheiten in der Presse verbreitet wurden. Doch plötzlich fiel ihm ein, daß er schon einmal – vor sehr langer Zeit – wegen einer anderen Geschichte in der Zeitung gestanden hatte. Er hatte den Vorfall aus seinen Gedanken verbannt, aber nie vergessen.

Seiner Erinnerung nach war der Sänger zur Zeit des Vorfalls neun Jahre alt. Seine Mutter und er waren auf dem Markt in ihrer Kleinstadt gewesen; es war Sommer, und sie gingen gerade im fahlen Abendlicht nach Hause. Plötzlich packte ihn ein fremder Mann, schleppte ihn in einen Park in der Nähe und zwang ihn zum Oralsex. Der Mann ließ ihn nach einer Weile wieder gehen, und der Junge lief nach Hause. Trotz seines heftigen Protestes bestand die Mutter darauf, daß er der Polizei erzählte, was passiert war. Der Junge wollte nur in Ruhe gelassen werden und die Sache vergessen, aber er ging schließlich doch zur Polizei. Ein paar Tage nach der Vergewaltigung wurde der Fremde verhaftet. Der Junge sagte als Zeuge aus, und der Mann wurde zu einer hohen Gefängnisstrafe verurteilt.

Aber der Junge fühlte sich bloßgestellt. Er verließ die Stadt und ging auf ein Internat in New England, weil er sicher war, daß jeder, den er in der Stadt kannte, die Zeitungsmeldung über ihn gelesen hatte. Genau das gleiche Gefühl der Bloßstellung empfand er erneut, als er als Erwachsener seinen Namen in der Klatschkolumne las.

Kurz nachdem – und gerade weil – der Sänger seinen Namen in der Zeitung gesehen hatte, drängte es ihn, wieder in seine Heimatstadt zu fahren und nach einer Bestätigung für seine Erinnerungen zu suchen. Er hatte sie nie verdrängt, aber er wollte das Geschehene aus einem objektiveren Blickwinkel betrachten. In der verschlafenen Kleinstadt ging er in die Bibliothek, wo er seine ersten Bücher ausgeliehen hatte. Die älteren Ausgaben der Stadtzeitung waren auf Mikrofiches. Er sah alle Ausgaben durch, die erschienen waren, als er neun Jahre alt war. Es gab keine Meldung. Als er zehn war? Nein. Elf? Ja, da waren zwei Artikel. Der Sänger hatte gedacht, er wäre bei seiner Vergewaltigung neun gewesen. Er sah auf das Datum oben auf der Seite. Es war Februar gewesen, tiefster Winter also. Ganz im Gegensatz zu dem warmen Sommerabend, den der Sänger in Erinnerung hatte, hatte es an jenem Tag null Grad Celsius gehabt. Erneut war die Zeit aus den Fugen geraten.

Der Sänger las die Artikel über den Überfall auf ihn gründlich durch. Die Zeitung erwähnte den Namen seines Vergewaltigers – ein Name, den er vergessen hatte. Aber sein eigener Name wurde nicht erwähnt. In den Meldungen stand, daß ein Junge vor den Augen seiner Mutter entführt und sexuell mißbraucht worden war. Die Begriffe »Fellatio« oder »Oralsex« wurden nicht benutzt. Jeder, der diese Kleinstadtzeitung las, hätte im Hinblick auf seine Identität und die Art des sexuellen Übergriffes lediglich Mutmaßungen anstellen können.

Nach dieser externen Überprüfung seiner Kindheitserinnerung war der Mann außerordentlich erleichtert. Sein demütigendes Erlebnis war vermutlich nur den wenigen Menschen bekannt, denen er die Sache damals erzählt hatte – seiner Mutter, dem Polizisten, dem Richter – und natürlich dem Täter. Die unlängst erfolgte, aber weitaus weniger schreckliche Enthüllung seines juristischen Problems mit seinem Manager war, so wurde ihm klar, eigentlich auch »keine große Sache«, obwohl das Verbreitungsgebiet sehr viel größer war. Der Sänger verlor seine Anspannung und begann mit der Arbeit an seinem neuen Programm. Er bedauerte, daß er die Fakten nicht früher gekannt hatte. Die Bibliothek hatte ihm seinen Seelenfrieden zurückgegeben.

Auch wenn ein Mensch sich, wie der Sänger, über Jahre hinweg an ein entsetzliches Erlebnis erinnert, muß die Wahrnehmung der Begleitumstände nicht unbedingt den Tatsachen entsprechen. Dagegen ist die Erinnerung an das Hauptereignis im allgemeinen korrekt. Die Wahrscheinlichkeit, daß ein Mann, der zum Oralsex gezwungen wurde, diesen Angriff beispielsweise als anale Vergewaltigung erinnert, ist äußerst gering. Genauso unwahrscheinlich ist es, daß er sich erinnert, von seinem Vater oder einem Freund mißbraucht worden zu sein, wenn es in Wahrheit seine Mutter war. Der Kern der Erinnerungen bleibt wahr, aber die Einzelheiten weichen mitunter von der Wahrheit ab. Aus diesem Grund ist mir die kontroverse Debatte über falsche Erinnerungen eigentlich unverständlich. Ein Täter, der behauptet, die gegen ihn gerichteten Vorwürfe seien völlig aus der Luft gegriffen, ist sich vielleicht nicht darüber im klaren, wie traumatische Erinnerungen sich manifestieren. Teile sind wahr – häufig die wesentlichen Punkte. Teile sind falsch – manchmal die Details bei der Täterbeschreibung.[10]

Wenn Erinnerungen an wiederholte Ereignisse verdrängt, dissoziiert, abgespalten oder verschoben werden, heißt das nicht unbedingt, daß sie, wenn sie zurückkehren, ungenauer sind als Erinnerungen an ein einzelnes Ereignis, das einem stets präsent gewesen ist. Sie sind jedoch in der Regel fragmentarischer und stärker verdichtet. Wenn ein Täter in diesen Erinnerungen deutlich erkannt wird, ist die Identifizierung zumeist korrekt, denn es sind ohnehin meist Personen aus dem unmittelbaren Umfeld des Opfers. Schließlich sind Täter bei wiederholten Fällen von Mißbrauch nur selten Fremde, die nicht identifiziert werden könnten. Wenn allerdings massive Dissoziation oder Spaltung es dem Opfer unmöglich macht, den Täter in der Erinnerung deutlich zu »sehen«, können Täterbeschreibungen falsch sein. Häufig gibt es bei lang andauernden oder wiederholten Traumata keine »Omen«. Ein mißbrauchtes Kind wendet mehr Energie für die Unterdrückung von Gefühlen und Gedanken auf als für die rückschauende Erinnerung.

Diese Unterdrückungsmechanismen können verhindern, daß das Opfer dem Täter ins Gesicht schaut. So kann es sich später nicht genau erinnern, ob es der Großvater, der Bruder oder der Onkel war.

Mit zunehmendem Alter bewerten wir unsere Erinnerungen neu, was zur Folge hat, daß wir ihnen manchmal unterschiedliche Bedeutung zumessen. Ein mit drei Jahren von einem Unbekannten entführter Junge, den ich Alan Bascombe nenne, machte seiner Mutter den Vorwurf, sie hätte ihn aufgegeben. Doch mit acht Jahren hatte Alan die innere Bedeutung, die er seiner Erinnerung beimaß, verändert. »Ich weiß schon, wie es ist, wenn man stirbt – getötet wird«, sagte er zu mir. »Mir ist jetzt klar, daß der Mann, der mich entführt hat, mich hätte töten können, und ich weiß, daß er eine Pistole auf Mom gerichtet hatte und daß er sie erschossen hätte. Wegen Mom fühle ich mich jetzt besser, aber meinetwegen etwas schlechter.«

Wir bewerten unsere bildhaften Erinnerungen in dem Maße neu, wie sich unser Denken entwickelt. Die Bilder bleiben, aber die Bildunterschriften ändern sich. Als Alan Bascombe acht Jahre alt war, wurde ihm bewußt, daß sein Entführer ungefähr »fünf Zentimeter größer als mein Dad« war. Diese Einzelheit hätte er mit drei Jahren noch nicht verbalisieren können. Ebenso hatte Alan ursprünglich gedacht, der Mann hätte eine Pistole mit Pfeilgeschossen gehabt. »Jetzt weiß ich«, sagte er mit acht, »daß es eine richtige Pistole mit Kugeln war.«

Ich frage mich, ob ein älterer blauäugiger Polizist in Los Angeles wohl gewußt hat, daß er in zwei erfolgreichen Romanen von James Ellroy vorkommt. In *Browns Grabgesang*, Ellroys erstem Buch, denkt der Protagonist über einen einflußreichen älteren Mann nach: »Außer den blassen blauen Augen war ihm nichts anzusehen, aber das reichte mir auch.« In *Hügel der Selbstmörder* erinnert sich Gaffaney, ein korrupter Polizist in Los Angeles, an einen Stadtstreicher, der religiöse Traktate verteilte: »Die blauen Augen des Penners verfolgten ihn im Schlaf … die blauen Augen … waren immer nur einen halben Schritt entfernt, bereit, sich genau dann auf ihn zu stürzen, wenn er dachte, alles würde wieder gut.« Vielleicht hat James die Augenfarbe des Polizisten nicht richtig behalten. Aber die Bedeutung der Augen ist ihm zweifellos in Erinnerung geblieben.

»Sie haben mich zur Polizeiwache gebracht«, fuhr Ellroy fort. »Und irgendwo da haben sie mir dann erzählt, daß meine Mutter ermordet worden sei. Ich weiß nicht mehr genau, wie sie es mir gesagt haben oder wann. Der Teil ist verschwommen.« Nach Überzeugung der Polizei war Armand Lee Ellroy dringend verdächtig, seine Exfrau getötet zu haben. Er hatte ein Motiv – das Sorgerecht für James. Aber die Polizei hatte keine andere Wahl, als der nachdrücklichen Darstellung des Jungen Glauben zu schenken. Sein Vater war die ganze Zeit mit ihm zu Hause gewesen. James war nicht von einem Babysitter beaufsichtigt worden. Seines Wissens nach war niemand im Laufe des Abends gekommen oder gegangen. Der Samstagabend in der Wohnung seines Vaters war genauso verlaufen wie immer.

Auf meine Bitte hin erzählte Ellroy, was er von dem Artikel in der *Los Angeles Times* vom 23. Juni 1958 über den Mord an seiner Mutter in Erinnerung hatte. Er hatte ihn, wie er sagte, allerdings nur einmal gelesen, als er zehn war. (Stimmte das? Er bat mich, ihm den Artikel nach unserem Gespräch zu schicken – er sagte, er selbst habe kein Exemplar davon.) Später stellte ich verblüfft fest, daß Ellroy diesen Artikel in seinem Roman *Heimlich* paraphrasiert und sogar auf den 23. Juni datiert hatte. Einen kleinen Teil davon verwendete er auch in *Browns Grabgesang*. Die Verwendung der Einzelheiten des Mordes an seiner eigenen Mutter kam mir kaltblütig vor – obgleich posttraumatische Wiederholungen häufig beunruhigend wahrheitsgetreu sein können. Ellroy stellte sowohl in seiner Schilderung in dem Gespräch mit mir als auch in der Paraphrasierung des *Times*-Artikels in seinen Büchern ein kleines Detail falsch dar. Die Jungen, die Jean Ellroys Leiche fanden, waren keine Pfadfinder, sondern Baseballspieler. Von sehr viel größerer Bedeutung ist meiner Ansicht nach eine Leerstelle in seiner Erinnerung an den Artikel. In seiner Paraphrase vergißt er den Strumpf, der um den Hals seiner Mutter gewickelt war. Er vergißt den Asphaltabdruck auf ihrer Hüfte. Mit anderen Worten, er hat die Tatsache, daß der Mörder sich an der Leiche seiner Mutter zu schaffen machte, völlig aus dem Gedächtnis gestrichen.

Als ich Ellroy Ende August 1991 das zweite Mal traf, wohnte er in einem gemieteten Haus in Los Angeles – ein zweistöckiges rustikales Refugium, das einer französischen Gräfin gehörte –, wo er den Sommer über an Drehbüchern für eine deutsche Filmgesellschaft arbeitete. Ich hatte inzwischen alle seine Bücher gelesen und wollte mit ihm über deren psychologische Aspekte sprechen. *Die Schwarze Dahlie* hatte mich so gefesselt, daß ich es zweimal las; ich wußte, daß dieses Buch für Ellroy eine besondere Bedeutung besaß. *Die Schwarze Dahlie* handelt von einem Polizisten namens Bucky Bleichert, der den gräßlichen Mord an der »Dahlie« untersucht (bei der Schilderung des Mordes liest sich der Roman wie ein Dokumentarbericht, da Ellroy zahlreiche Details aus dem echten Fall der »Schwarzen Dahlie« einbezieht) und sich in das Opfer verliebt. Bleichert lernt eine Frau namens Madeleine Sprague kennen, die der Dahlie zum Verwechseln ähnlich sieht. Eine Affäre beginnt. Doch Bleichert kommt von der toten Dahlie nicht los. Dann wird sein Partner und bester Freund in Mexiko ermordet. Bleichert, der unter dem Verlust seines Freundes leidet, verbringt immer mehr Zeit mit der Familie Sprague – Ramona, Madeleines unkonventionelle Mutter, und Emmett Sprague, ihr Vater, ein erfolgreicher Immobilienmakler. Am Ende der Geschichte findet Bleichert heraus, daß Madeleine seinen Partner ermordet hat. Er kommt ebenfalls dahinter, daß Ramona Sprague dem Mörder der Schwarzen Dahlie geholfen hat, die bedauernswerte Schauspielerin vor ihrem Tod zu foltern. Der Mörder selbst entpuppt sich als ein seltsamer Einsiedler, der in einem Haus wohnt, das den Spragues gehört: Es ist Ramona Spragues heimlicher Liebhaber und der dem Wahnsinn verfallene leibliche Vater der Psychopathin Madeleine.

Ellroy holte mich am Morgen meiner Ankunft in Los Angeles am Flughafen ab, und wir fuhren zu ihm. Auf dem Weg dorthin zeigte er mir in Beverly Hills das große Backsteinhaus mit dem überdimensionalen Fenster auf der Vorderseite, durch das Bugsy Siegel 1947 von Lucky Lucianos Killern erschossen wurde. Ellroy interessierte sich offenbar für die Stadtgeschichte von Los Angeles in den vierziger und fünfziger Jahren. Namen wie die von John L. Lewis, John F. Kennedy, Marilyn Monroe, Mickey Cohen und Walt Disney tauchten in seinen Gesprächen immer wieder auf. Ellroy wohnte in einem mit Holzschindeln gedeckten Haus voller Möbel, das tief unten in einem ausgetrockneten, mit Eichen bestandenen Cañon lag. Es zählte zu der Art von Häusern, um die Kalifornier, besonders im August, einen großen Bogen machen. Es grenzte an ein Wunder, daß die Gräfin dafür überhaupt einen Mieter gefunden hatte.

»Mein Dad hat direkt nach der Ermordung meiner Mutter angefangen, mir Krimis zu kaufen«, erzählte Ellroy, nachdem ich den Kassettenrecorder eingeschaltet hatte. »Ich habe dann gleich angefangen, Krimis zu klauen. Schon ein Jahr nach dem Tod meiner Mutter war ich voll drin in dem Fall der Schwarzen Dahlie, zutiefst fasziniert.«

Am 15. Januar 1947 wurde das zweiundzwanzigjährige Starlet Elizabeth Ann Short auf einem unbebauten Grundstück etwas abseits vom Bürgersteig an der 39. Straße Ecke Norton Avenue in South Central Los Angeles tot aufgefunden. Der Körper der Toten war in Taillenhöhe vollständig durchtrennt. Brandwunden von Zigaretten, Messerschnitte um die Brüste herum und an den Oberschenkeln, gebrochene Knie und Schürfwunden von Seilen an den Fußgelenken ließen darauf schließen, daß sie etwa zwei Tage lang vor ihrer Ermordung gefoltert worden war. Ihr Mund war von einem Ohr zum anderen zu einem gräßlichen Lächeln aufgeschlitzt. (»Ich wußte, daß ich dieses grausige Lächeln mit ins Grab nehmen würde«, sagt Bucky Bleichert in Ellroys Roman.) Der *Los Angeles Herald* bezeichnete Elizabeth Short am Tag nach der Entdeckung ihrer Leiche als die »Schwarze Dahlie«, und innerhalb von 24 Stunden meldeten sich 18 Leute, die das Verbrechen begangen haben wollten. Irgend etwas an der toten Elizabeth Short faszinierte die Öffentlichkeit, Normale und Spinner gleichermaßen. Die Zeitungen schilderten sie als unschuldige junge Frau, die nach Los Angeles gekommen war, um ein Filmstar zu werden, und sich innerhalb kürzester Zeit in eine schwarzgekleidete Femme fatale verwandelt hatte.

Obwohl die Polizei von Los Angeles eine ihrer größten, politisch brisantesten und aufwendigsten Fahndungen durchführte, wurde der Täter, der sein Opfer gefoltert, getötet und anschließend verstümmelt hatte, nie gefaßt. Ich machte mir eine Notiz, als James Ellroy von der »Faszination« sprach, die dieser Mord bei ihm ausgelöst hatte. Es ist möglich, daß James Ellroy – mit elf Jahren – den Abwehrmechanismus der »Verschiebung« angewandt hatte, um die Erinnerungen an seine erotische Mutter und ihren toten, mißhandelten Körper nicht hochkommen zu lassen.

»Ich habe auch angefangen, spät abends herumzulaufen und in Fenster zu gucken«, fuhr Ellroy fort. »Ich spielte Einbrecher und Voyeur. Ich war damals auch ganz verrückt auf die Fernsehserie ›Polizeibericht‹ mit Jack Webb. Ich habe noch die letzten Folgen gesehen, bevor sie auslief, und ich fand sie toll.«

Als James zwölf wurde, spielte er zwanghaft Spiele, in denen es um Sex und Tod ging. »Ich habe in Geschäften Modellflugzeuge geklaut«, erzählte Ellroy. »Und Bücher über die ›Dahlie‹.« Er stahl auch sein Lieblingsbuch *The Badge*, das Jack Webb 1958 als Hommage an die Polizei von Los Angeles geschrieben hatte; es enthält einen langen Abschnitt über die »Dahlie« und ein Hochglanzfoto von ihr. »Ich habe auch ein paar Zeitschriften, eher Schundblätter, geklaut, die sich ausführlicher mit dem Leben und Sterben der ›Dahlie‹ befaßten. Krimimagazine, alle möglichen Bilder. Ich hatte zu Hause eine ganze Fotowand mit Zeug über die ›Dahlie‹. Mein Vater hat oft bis in die Nacht gearbeitet. Und ich wurde ein ausgemachter Ladendieb.

Ich habe die Modellautos oder -flugzeuge, die ich gestohlen hatte, zusammengebaut. Und dann wollte ich sie zerstören. Was habe ich also gemacht? Ich habe mich an den Straßenrand gehockt, Ecke Beverly und Irving Boulevard, wo wir wohnten und wo spät abends noch einiges los war. Und da habe ich gewartet, bis es zwei Uhr wurde und die Leute aus den Bars auf der Western Avenue kamen. Die sind dann immer im Affentempo über den Beverly Boulevard Richtung Westen gefahren. Dann habe ich die kleinen Autos, Modellautos, auf die Straße gelegt und den Leim – den Leim, den ich zum Basteln brauchte – darüber ausgedrückt. Und eine kleine Spur Leim hab' ich bis zum Bordstein gezogen und dann die Streichhölzer genommen. Dann habe ich entweder das Auto oder die Leimspur angezündet. Ich habe zugesehen, wie das Modellauto explodiert ist. Ich hab' versucht, es so hinzukriegen, daß die Explosion genau in dem Augenblick stattfand, wenn ein Wagen ankam. Einmal habe ich mein Modellauto ein gutes Stück hinter die Mittellinie gelegt. Ein Wagen kam an, und der Fahrer hat das Feuer gesehen und ist im letzten Moment ausgewichen. Der Wagen ist auf der anderen Seite des Beverly Boulevards über den Bordstein und im Gebüsch zum Stehen gekommen. Und ich bin so schnell ich konnte ins Haus gerannt«, sagte Ellroy in sich hineinlachend.

Als Kind wäre James um ein Haar zum Mörder geworden. Ich stellte mir vor, ich hätte in dem Wagen gesessen, der am Beverly Boulevard im Gebüsch zum Stehen gekommen war. Vermutlich hätte ich gekeucht wie eine Dampflok und meinem Schutzengel gedankt, daß kein Auto aus der anderen Richtung gekommen war. James Ellroy hatte im wahrsten Sinne des Wortes »mit dem Feuer gespielt«, und zweifellos hatte ihn ein Mord – ein echter Mord – dazu getrieben.

James' vorpubertäre Spielchen mit brennenden Modellautos erinnern an das Spiel eines anderen kreativen und traumatisierten Jungen, Stephen King. 1982 erzählte King in einem Interview der Aprilausgabe des *Penthouse*, er habe sich als Kind ein Spiel ausgedacht, das er über Jahre hinweg betrieben habe. Er nannte es »Sodom und Gomorrha«. Das Spiel ging so, daß er sich vorstellte, es würde Feuer und Schwefel vom Himmel regnen, und er müsse davor Reißaus nehmen. Als King vier Jahre alt war, spielte er zusammen mit einem Freund neben den Eisenbahngleisen. Sein Freund wurde von einem Zug erfaßt und getötet. King schreibt in *Danse Macabre*, daß er sich an diesen schrecklichen Unfall nicht im geringsten erinnern könne und versichert, daß seine schriftstellerische Arbeit dadurch nicht beeinflußt worden wäre.[11] Doch in vielen seiner Bücher kommen mechanische Ungeheuer vor. Um echten Horror auszudrücken, verwendet King gelegentlich Züge als Metaphern. Die Züge in den Filmen *Stand By Me – Das Geheimnis eines Sommers* und *Werwolf von Tarker Mills* überfahren die Zuschauer förmlich und führen Kings Behauptungen ad absurdum. Hinter den Spielen, die King und Ellroy als Kinder gespielt haben, verbirgt sich der plötzliche, alles zerstörende Tod. Ihre schrecklichen Erinnerungen liefern, bewußt oder unbewußt, auch die Themen für ihre Spiele als Erwachsene – ihre schriftstellerische Arbeit.

Die relative Nähe eines Kindes zu einer echten lebensbedrohenden Gefahr ist einer der Faktoren, die dazu beitragen, das zu verzerren, was ein Kind über seine Langzeiterinnerungen an dieses schreckliche Ereignis erzählt. Robert Pynoos und Kathleen Nader von der *University of Southern California, Los Angeles* haben zahlreiche freie Erinnerungen von Kindern in Los Angeles untersucht, die auf dem Schulhof ihrer Grundschule von einem Amokschützen angegriffen wurden. Der Mann feuerte mehrere Salven auf sie ab. Ein kleines Mädchen wurde getötet.

Je näher ein Kind dem toten Mädchen zum Zeitpunkt des Ereignisses gewesen war, desto mehr neigte es dazu, den Tod des Mädchens herunterzuspielen oder gar nicht zu erwähnen. Vielleicht war die Tatsache, selbst beinahe getötet worden zu sein, zu quälend, um den Punkt von sich aus anzusprechen. Dagegen neigten die Kinder, die im Schulgebäude außer Gefahr gewesen waren, dazu, die Gefahr hochzuspielen. Unter solchen Umständen war ein bißchen Prahlerei vielleicht ganz angenehm. Die Studie läßt nicht auf ein eingeschränktes Raumgefühl schließen, das bei traumatischen Erinnerungen in der Regel erstaunlich gut ist, sondern sie zeigt eher, was ein Kind von seinen schrecklichen Erinnerungen erzählen möchte. Das ist ein weiterer Grund dafür, daß man Kindern gezielte Fragen stellen muß, damit sie sich vollständig erinnern können. Wer Kinder befragt, um ihre Erinnerungen zu aktivieren, muß behutsam zu Werke gehen, denn der Grat zwischen freien Erinnerungen und Erinnerungen auf Stichwort ist sehr schmal.[12]

»Ich habe die ganze Zeit gedacht, die Bullen würden das *Franklin Life Building* abriegeln und nach einem Kind suchen, das brennende Modellflugzeuge vom Turm geworfen hat.« Während Ellroy an sein unrühmliches Straßenspiel auf dem Beverly Boulevard dachte, das so gefährliche Ausmaße angenommen hatte, wurde sein Blick ganz reumütig. Doch wie nicht anders zu erwarten, enttäuschte die Polizei von Los Angeles den kleinen James. Sie hatte den Mörder seiner Mutter nicht gefaßt. Sie kam nie dahinter, daß er der gefährliche Teenager war, der die Gegend um den Franklin Tower unsicher machte. Und sie hatte den Mörder seiner geliebten »Schwarzen Dahlie« nicht gefaßt. James war zu der Ansicht gelangt, daß die Polizei außerstande war, überhaupt irgend etwas aufzuklären.

Die High-School brachte keine Verbesserung im Leben des unglücklichen Jungen. Gemeinsam mit seinem einzigen Freund an der *Fairfax High*, einem jüdischen Jungen, der sich als Nazi bezeichnete, gründete er die Nazis von Fairfax. Die beiden Freunde hatten zwar keine offiziellen Funktionen der Nazi-Partei inne, doch sie beleidigten ihre Mitschüler, die fast ausschließlich Juden waren, indem sie Versammlungen der sogenannten Nazi-Partei über die Lautsprecheranlage der Schule ankündigten und die Klassenräume für Parteiversammlungen benutzten.

Schließlich gingen ihre Verstöße und Provokationen zu weit, und noch bevor James seinen Abschluß machen konnte, verwies ihn der Direktor der Schule. James trat daraufhin in die Armee ein, wobei er ein falsches Alter angab.

Um diese Zeit erlitt Armand Lee Ellroy mehrere Schlaganfälle und starb kurz darauf in einem Pflegeheim in Los Angeles. Mit 17 Jahren war James Waise. Einige Monate später simulierte er eine psychische Krankheit und wurde aus der Armee entlassen. Völlig orientierungslos und fast ganz auf sich allein gestellt, verwahrloste er zusehends. In Hollywood arbeitete er in Pornoläden. In den Schicki-Micki-Lokalen der noblen Golfclubs von Los Angeles handelte er mit Drogen. Häufig brach er in Wohnungen ein, wo er manchmal in die Unterwäsche unbekannter Frauen masturbierte, und er wurde zwanzigmal wegen Trunkenheit am Steuer verhaftet. Schließlich nahm die Polizei von Los Angeles James wegen eines schwerwiegenderen Vergehens fest. Die Anklage lautete auf Einbruch, wurde aber in unbefugtes Betreten abgewandelt. Er verbüßte eine kurze Gefängnisstrafe – seine erste und letzte. Angesichts seiner zehnjährigen Erfahrung hatte James nie damit gerechnet, von der Polizei jemals erwischt zu werden. Vielleicht kam die Erkenntnis, daß sie ab und zu doch einen Fang machte, seiner Arbeit als Schriftsteller zugute.[13]

Sein Verhalten allerdings änderte sie nicht. Nach seiner Freilassung trieb er sich weitere sieben Jahre in der Halbwelt der südkalifornischen Country-Clubs, Pornoläden und Jazzkneipen herum. Er arbeitete als Golfjunge auf jenen Golfplätzen, die in seinem Buch *Browns Grabgesang* vorkommen. Drogen, Alkohol und kleinere Delikte blieben seine Spezialität. Er sagt, er habe jedoch immer gewußt, daß er Schriftsteller werden würde. Und er wußte auch, daß sein Genre der Kriminalroman sein würde.

Als Ellroy Anfang 30 war, hatte er eine Freundin, die ihn bat, sich in psychiatrische Behandlung zu begeben. Er willigte ein und machte eine zehnmonatige Therapie bei einer Psychiaterin. »Ich glaube, sie war scharf auf mich«, erzählte mir Ellroy, wobei er erneut durchblicken ließ, daß er mit »Seelenärzten« nicht gut klarkam. Es ist denkbar, daß er sein früh gewecktes sexuelles Interesse an seiner Mutter auf die Psychiaterin verschoben und dann seine eigenen Gefühle auf sie projiziert hat. Allerdings könnte die Psychiaterin ja auch tatsächlich scharf auf ihn gewesen sein. Wie es nun wirklich war, ist rückblickend schwer zu sagen.

Ellroy brach die Therapie ab, ging aber zu den Anonymen Alkoholikern. Er hatte beschlossen, daß es an der Zeit war, mit dem Schreiben anzufangen. Es war auch an der Zeit, an die Ostküste zu ziehen, um von seinen alkohol- und drogenabhängigen Freunden wegzukommen. Der Umzug und die schriftstellerische Arbeit halfen Ellroy ebenso wie die zweijährige Erfahrung bei den Anonymen Alkoholikern. Sein erstes Buch erschien, als James 33 Jahre alt war. Von da an arbeitete er ununterbrochen, und als ich ihn in Los Angeles interviewte, lag sein zehntes Buch, *White Jazz*, in Manuskriptform vor. (»Würden Sie es wohl lesen?« fragte er mit entwaffnender Schüchternheit.)

Zum Abschluß von James Ellroys früher Jugend noch eine weitere Geschichte über ihn. Es ist die Geschichte seiner zwanghaften Leidenschaft für die »Schwarze Dahlie«. Von seinem elften Lebensjahr an konnte James nicht genug von ihr bekommen. Er war ihr regelrecht verfallen, regelrecht in sie »verliebt«. Sie war – und vielleicht *ist* sie es noch – die Liebe seines Lebens. Nach dem Tod seiner Mutter richtete James seine Aufmerksamkeit gänzlich auf die »Dahlie«. Er bewahrte ihr Foto auf, und nicht das seiner Mutter. Er besuchte die 39. Straße, Ecke Norton, nicht aber das Grab seiner Mutter.

Durch seine Konzentration auf die sinnliche, dunkelhaarige, junge Frau konnte James seiner sinnlichen, rothaarigen Mutter entgehen. Durch die Fixierung seiner mentalen Bilder auf den Tod der jüngeren Frau konnte der Junge sich den meisten Gedanken an den Tod der für ihn wichtigeren älteren Frau entziehen. Er konnte dabei an aufstrebende Schauspielerinnen denken, nicht an staatlich geprüfte Krankenschwestern. (Ich habe in Ellroys Büchern nur zwei Krankenschwestern gezählt, aber acht »Dahlien«.) Er konnte sich Bilder von der jüngeren Frau an die Wand kleben. Er konnte alles über sie lesen, was er finden konnte. Sammelalben anlegen, sogar in Gedanken an seine neue Leidenschaft masturbieren. Diese Verlagerung von einem Objekt auf ein anderes war eine Abwehr, durch die der Junge sich selbst daran hinderte, an »sie« zu denken. Und das ist das Wesen des als Verschiebung bekannten Abwehrmechanismus.

Alle Abwehrmechanismen können dazu eingesetzt werden, daß man vergißt. Doch die Verschiebung ist eine etwas ungewöhnliche Methode, sich einer Erinnerung zu entledigen, wenn man bedenkt, daß Verdrängung und Dissoziation die direkteren und üblicheren Wege sind. Als Ersatz für Geneva Ellroy konnte James im Fall der »Schwarzen Dahlie« immer und immer wieder darüber nachdenken, was man ihr vor und nach ihrem Tod angetan hatte. Und dadurch konnte er vergessen, was seiner eigenen Mutter angetan worden war.[14]

Elizabeth Short war die ideale Ablenkung von Geneva Hilliker Ellroy, gerade weil sie ihr so ähnlich war. Beide Frauen pflegten einen lockeren Umgang mit Männern, und beide kamen aus einer Gegend, wo es kühler, sauberer und sicherer war als in Los Angeles. (Die »Dahlie« stammte aus Massachusetts aus einem ähnlichen Elternhaus wie Jean in Wisconsin.) Beide Frauen stürzten sich gern ins Nachtleben. Beide waren ständig knapp bei Kasse. Beide wollten es einmal besser haben. Und beide glaubten zu wissen, wie sie das erreichen konnten.

Als James alt genug war, um allein zu reisen, suchte er immer wieder den Ort auf, an dem man Elizabeth Short gefunden hatte. Die Stelle, an der man seine Mutter gefunden hatte, hatte er erst eine Woche vor unserem ersten Gespräch aufgesucht, als ein Journalistenteam von der Zeitschrift *Rolling Stone* ihn gebeten hatte, sie dorthin zu begleiten; sie wollten dabei Aufnahmen machen.[15] James tapezierte die Wände seines Zimmers mit Fotos von der »Dahlie«. »Bilder halten eine Frau jung«, schreibt er ganz zu Anfang seines Romans *White Jazz*. Die ausschließliche Konzentration auf Bilder von einer ewig jungen, schwarzhaarigen Frau schützte ihn vor Erinnerungen an die rothaarige Frau. Nach seinem zehnten Lebensjahr gelang es James, nicht mehr an Mom zu denken.

»Als ich zehn Jahre alt war, wurde ich mit Mord konfrontiert«, erinnerte sich Ellroy bei unserem zweiten Treffen. »Es war ein Schock. Es war so entsetzlich, daß ich vermutlich bis heute nicht genau ermessen kann, wie es sich auf mich ausgewirkt hat. Also muß ich es an meine Leser weitergeben.« Auch das ist eine Form von aktiver Abwehr; etwas passiv Erlebtes wird in eine Handlung umgesetzt, die sich auf jemand anderen richtet.[16]

Wenn Abwehrmechanismen gegen Erinnerungen arbeiten, so bedeutet das nicht, daß sie sämtliche Erinnerungen blockieren. Sie wirken sich manchmal nur auf eine Einzelheit aus – auf den schmerzvollsten oder den konfliktreichsten Teil der Geschichte. Verdrängung, die Abwehrform, die in der heutigen kontroversen Debatte über falsche Erinnerungen sehr häufig erwähnt wird, ist zwar dafür verantwortlich, daß einige Erinnerungen gänzlich verschwinden, doch sie kann auch bewirken, daß nur ein kleiner Teil – der schlimmste Teil – verschwindet. Ich habe einmal über mehrere Monate hinweg einen viereinhalb Jahre alten Jungen behandelt, der 24 entsetzliche Stunden lang allein in einem steckengebliebenen Fahrstuhl verbracht hatte. Niemand wußte, wo der kleine William war. Und er wußte nicht, wie er um Hilfe rufen konnte. Vom ersten Tag an, nachdem er befreit worden war, konnte William keine Dunkelheit mehr ertragen – ein Verhalten, das darauf hindeutete, daß das Licht im Fahrstuhl ausgewesen war. Doch bei unserem ersten Gespräch, 48 Stunden nach dem Vorfall, behauptete William mir gegenüber, das Licht habe gebrannt. Sein Verhalten stimmte mit dem, was er sagte, nicht überein. Er wirkte verängstigt, als er das Licht erwähnte. In den weiteren Sitzungen sagte William manchmal, das Licht sei angewesen, und manchmal, es sei ausgewesen. Doch er versteckte häufig meine Spielzeugautos an dunklen Plätzen, unter der Couch oder hinter dem Schreibtisch, und dieses Verhalten ließ vermuten, daß das Licht während seiner Gefangenschaft ausgewesen war; außerdem deutete es auf die Furcht hin, die er mit diesem Thema verband.

Mit acht Jahren kam William noch einmal zu mir, weil ich ihn erneut beurteilen sollte. Obwohl er sich bemühte, konnte er sich absolut nicht erinnern, ob das Licht im Fahrstuhl an- oder ausgewesen war. Die Dunkelheit war der bewußten Erinnerung mittlerweile nicht mehr zugänglich, obwohl William offensichtlich nicht gern im Dunkeln schlief und sich ungern in geschlossenen Räumen aufhielt. Die Dunkelheit war zweifellos der Teil, der ihm die größte Furcht eingejagt hatte, der Teil, der am stärksten mit seinem Gefühl der Hilflosigkeit verknüpft war und dem Gefühl, die Verbindung zu den Menschen, die er liebte, verloren zu haben.

Die Verschiebung auf die »Schwarze Dahlie« wirkte sich auf Ellroys Erinnerungen beinahe genauso aus, wie sich Williams Wechsel zwischen »an und aus« auf seine Erinnerungen auswirkte. In der Erinnerung entstand an einer entscheidenden Stelle eine kleine Lücke. Das Schmerzvollste für James hatte mit dem Körper seiner Mutter zu tun – dem »knackigen« Körper, der sich ihm als Kind so ungeniert gezeigt hatte.

»Was würden Sie sagen, wenn ich behaupten würde, daß es für Sie als Kind zu bedrohlich war, ständig von Erinnerungen an Ihre Mutter verfolgt zu werden, und Sie sich deshalb auf die ›Schwarze Dahlie‹ verlegt haben?« fragte ich.

Ellroy nickte und zögerte einen Moment, bevor er sprach. »Ich würde sagen, Sie haben recht«, antwortete er.

Natürlich hat Ellroy, der sich seit seiner ersten Konfrontation mit einem Mord als leidenschaftlicher Beobachter, Schüler, Leser und Denker in Sachen Mord betätigt hat, für die Ermordung seiner Mutter eine Lösung parat.

»Ich glaube, das Ganze hat sich folgendermaßen abgespielt«, erzählt er mir bei einer Tasse Tee in seiner Kellerwohnung in Eastchester, »und ich bin ein begabter Laienkriminologe: Ich glaube, meine Mutter ist an dem Abend einen trinken gegangen. Ich glaube, sie war dann ziemlich betrunken. Wissen Sie – sie war Alkoholikerin, sie war promiskuitiv. Sie war mit diesem Typ [der dunkelhaarige Mann] und dieser Frau [die Blonde mit dem Pferdeschwanz] rausgegangen. Meine Mutter hatte einen sarkastischen Humor, sie war belesen und wortgewandt. Der Mann hat sich an sie rangemacht. Sie hat nein gesagt. Das Ganze ist außer Kontrolle geraten. Er war kein gewohnheitsmäßiger Sexualmörder, und er war kein Serienmörder. Es war eine Einzeltat, kein Mord mit Seriencharakter.«

Ellroy wirft mir einen Blick zu, als wäre er nicht ganz sicher, ob ich ihm das glaube. »Als Psychiaterin, die sich für Verbrechen interessiert, müssen Sie doch wissen, daß Serienmorde heutzutage total hochgespielt werden. Alles im Stil von *Das Schweigen der Lämmer*.« Er verteidigt sich, obwohl ich gar nichts gesagt habe. »Zur Zeit gibt es wahrscheinlich nicht mal 40 echte Serienmörder in den USA. Ihre Aussichten, von einem durchgeknallten Junkie abgemurkst zu werden, sind viel, viel größer.«

Soll ich darüber nachdenken, wie ich vielleicht ermordet werde? Wenn Ellroy mein Patient gewesen wäre, hätte ich ihm dargelegt, daß er wieder einmal verschoben hat – diesmal von Geneva Ellroy auf mich. Hier handelt es sich um eine ganz bestimmte Art von Verschiebung, die in der Psychoanalyse als »Übertragung« bezeichnet wird. Es ist eine Verschiebung von Liebesobjekten aus der Kindheit – Eltern und andere wichtige Bezugspersonen – auf den Therapeuten.

Viele meiner Kollegen und Kolleginnen sind in letzter Zeit über die Flut von Anschuldigungen beunruhigt, die von erwachsenen Kindern in der Therapie gegen Familienmitglieder erhoben werden, und deshalb meinen sie, daß die Erinnerungen der Patienten durch Übertragung verfälscht werden. »Die Erinnerung an die Vergangenheit kann der Übertragung nicht entfliehen«, schreibt der Psychoanalytiker Donald Spence.[17] Er will damit sagen, daß die Übertragung so stark sein kann, daß Patienten ihre erinnerten Darstellungen sozusagen maßgerecht schneidern, um ihren Therapeuten zu gefallen oder zu mißfallen. Die Therapeuten müssen das berücksichtigen, ebenso wie die Frage, wieviel ein Patient frei und wieviel er auf Stichwort erinnern sollte. Jeder Therapeut steht heute unter anderem vor dem Problem, wie die kleinen Leerstellen in der Erinnerung eines Patienten zu füllen sind. Es ist wichtig, daß der Patient, nicht der Therapeut, diese Lücken füllt. Sonst ist es besser, sie überhaupt nicht zu füllen. Bei einigen wenigen Patienten ist eine Exploration unter Barbituratgaben oder Hypnose notwendig. Doch diese Methoden sind mit sehr starken Auslösern verbunden und sollten daher äußerst zurückhaltend angewandt werden. Dem gegenüber stehen die absolut nicht-direktiven Therapien, die so gut wie keine Auslöser liefern. Bei dieser Therapieform haben manche traumatisierten Patienten keinerlei Möglichkeit, die schmerzhaften Einzelheiten zum Ausdruck zu bringen, die noch immer in ihren Kindheitserinnerungen wirksam sind. Die fehlende Reaktion des Therapeuten kann unabsichtlich das Gefühl vermitteln, daß diese Erinnerungen unbedeutend sind oder zu abscheulich, um darüber zu sprechen.

Ellroy liefert mir seine bewußte Lösung für den Mord an seiner Mutter, ohne daß ich ihn dazu dränge oder ihm ein Stichwort gebe. »Ich glaube, der Mann war aus El Monte, aber kein Stammgast in der Bar, sonst wäre er erkannt worden«, sagt er. »Ich glaube, er wußte genau, wo die Arroyo-High-School liegt, weil er da in der Nähe gewohnt hat. Er hat den Leichnam meiner Mutter dahin transportiert und dort abgelegt. Dann ist er nach Hause und hat ein, zwei Monate abgewartet. Und er ist davongekommen. Ich glaube, es paßte alles zusammen: der falsche Mann und die falsche Frau am falschen Ort. Und die blonde Frau, die mit ihnen zusammen in der Bar war – sie weiß, was passiert ist. Und sie hat den Mund gehalten.«

In den Kriminalromanen von und mit Ellery Queen bietet Ellerys etwas langsamer Vater, Inspector Queen, die falsche Lösung an, bevor Ellery seine Chance bekommt. Inspector Queen fällt stets auf die offensichtliche Lösung herein – die, wie wir wissen, nicht zutreffen wird. Schließlich verrät Ellery, der Wunderknabe, die Lösung des Verbrechens. In meinen Augen ist James Ellroy auch ein Wunderknabe, wenngleich er bereits weit über Vierzig ist. Doch wie der etwas beschränkte Inspector Queen präsentierte er die falsche Lösung. Sie paßte nicht zu seinen Erinnerungen. Und auch nicht zu seinen Romanen.

In keinem von James Ellroys Romanen kommt ein Verbrechen vor, bei dem ein dunkelhaariger Mann und eine blonde Frau zusammen eine Frau in einer Bar abschleppen und sie dann ermorden. In *Heimlich* taucht zwar tatsächlich ein solches Zweigespann für einen kurzen Moment in einer Bar auf, aber nur, um den Leser auf eine falsche Fährte zu führen. Falls James Ellroy wirklich von dieser Dunkler-Mann/Blonde-Frau-Lösung überzeugt war, warum bietet er sie dann nicht am Ende seiner Romane an, in denen doch so viele andere Geschehnisse aus seiner Vergangenheit vorkommen?

Wer hat nach Ellroys Meinung seine Mutter *wirklich* umgebracht?

Ellroy glaubte, daß es sein Vater war. Und er glaubte, daß er es selbst war. In seiner Phantasie übernahm er die Verantwortung. Er wußte, daß er seine Mom nicht getötet hatte. Aber er machte sich trotzdem bittere Vorwürfe. James schlief in der besagten Nacht, als seine Mutter ermordet wurde, und er hat nie genau erfahren, was Armand Lee Ellroy währenddessen getan oder nicht getan hat. James überlegte sich sogar, daß er selbst vielleicht das hieb- und stichfeste Alibi seines Dads gewesen sein könnte – und er erläutert diese Möglichkeit in *Heimlich*, in dem das »Alibi« unter Drogen gesetzt und mit zum Schauplatz des

Mordes genommen wird. Wenn Dad so verzweifelt darauf aus war, das Sorgerecht für James zu bekommen, und wenn er den Mut besessen hatte, Pancho Villa in Mexiko zu jagen, dann war ihm auch zuzutrauen, daß er Mom getötet hatte. Und wenn James imstande war zu schwören, »sie wird mich nie mehr wieder schlagen«, dann konnte nur er selbst der Mörder sein. Nicht in Wirklichkeit, aber in seiner Phantasie.

Der Mörder in *Heimlich*, Ellroys Roman über die eigene Kindheit, ist sein Vater. In *Die Schwarze Dahlie* und *Stadt der Teufel* ist der Mörder der leibliche, aber nicht anerkannte Vater. In vier weiteren von Ellroys Romanen ist der Mörder eine Vaterfigur; dreimal ist er ein älterer und korrupter Cop, der von einer Gruppe junger Männer umgeben ist; einmal ist er ein väterlicher, aber hinterhältiger Psychiater.

Ellroys Beschreibung von Cathcart, dem korrupten älteren Cop und Killer in *Browns Grabgesang*, deckt sich mit der Beschreibung seines Vaters. »Er war ein sehr gutaussehender Mann gewesen, mit gräulich-blondem Haar und festen Konturen. Er hatte den Körperbau eines 55 Jahre alten Athleten.« Ellroy fügt nicht hinzu: »...und der bestaus-sehende Mann, dem meine Mutter je begegnet war.« Das tut er jedoch – beinahe – in *Heimlich*. Doc Harris, der Vater und Mörder, wird wie folgt beschrieben: »Er saß mir an einem mitgenommenen Teetisch gegenüber und war einer der beeindruckendsten Männer, die ich je gesehen hatte: einsdreiundachtzig groß, annähernd sechzig Jahre alt, volles weißes Haar, mit dem Körper eines Athleten und einem feinge-schnittenen Gesicht ...« Das ist Dad.

In sechs von Ellroys Büchern, darunter einige, in denen »Väter« die Mörder sind, töten auch mit Fehlern behaftete junge Männer. Sie sind die »Söhne«. In seinen Erinnerungen scheint Ellroy sich aufgrund seines Schwurs die Schuld am Tod seiner Mutter zu geben. Obwohl er erst zehn Jahre alt war, hatte der Schwur eine so große Wirkung auf ihn.

Da nahezu jede Figur in Ellroys Werk Ellroy selbst ist, sogar seine übergroßen Hunde mit ihrem übermäßig ausgeprägten Geschlechts-trieb, überrascht es eigentlich nicht, daß auch die Cops Ellroy sind. Der Polizist Lloyd Hopkins, der Protagonist in drei Romanen, entspricht Ellroy selbst: »Etwa vierzig und sehr groß. Intensive graue Augen und dunkles, unordentliches Haar. Frische Gesichtsfarbe. Altmodisch gekleidet. Er ist lustig und arrogant und sarkastisch.« Die meisten von Ellroys Protagonisten sind genauso fehlerbehaftet wie Ellroy selbst. Sie haben als Cops bereits versagt oder sind gerade dabei zu versagen. Auch Ellroy hat versagt; er hat keinen High-School-Abschluß, und er ist bei der Polizei kein »unbeschriebenes Blatt«. Aufgrund des größten Fehlers, den Ellroy in seiner Jugend begangen hat – dem heimlichen Schwur –, sind seine Protagonisten wiederholt gezwungen, die unsichtbare Grenze zwischen den »Cops als Helfer« und den »Cops als Killer« zu überschreiten.

Der unsympathische Polizist David Klein, der Protagonist in *White Jazz*, tötet den ganzen Roman hindurch – sowohl für die Mafia als auch für eine Gruppe von Mördern innerhalb der Polizei von Los Angeles. Buzz Meeks in *Blutschatten* hat fast ebenso viele Menschen auf dem Gewissen wie David Klein, doch er bleibt den Lesern (gerade noch) sympathisch. Ellroy weiß ganz genau, wie er seine jungen, mit Fehlern behafteten Protagonisten darstellen muß. Und er versteht es auch, für seine jungen Mörder Mitgefühl zu erwecken. »Wie keinem anderen zeitgenössischen Autor gelingt es Ellroy, sich in einen sadistischen Psychopathen hineinzuversetzen«, schreibt der Psychologe und Krimiautor Jonathan Kellerman über Ellroys Werk.[18] Ellroy schafft es tatsächlich, seine Leser dazu zu bringen, sich mit einem wahnsinnigen Mörder zu identifizieren. In *Blut auf dem Mond* und *Stiller Schrecken* gelingt ihm das, weil er sich mit jungen wahnsinnigen Serienmördern in diesen beiden Romanen selbst darstellt. Wie er spähen diese sexbesessenen Männer heimlich in die Fenster fremder Frauen, hängen sich Fotos über Sex und Tod an die Wand und masturbieren bei dem Gedanken an Mord.

Es darf jedoch nicht übersehen werden, daß James trotz der unglücklichen Kindheit mit seiner Mutter nicht zum Mörder geworden ist. Er hat nur das *Gefühl* gehabt, ein Mörder zu sein. »Ich tue, was ich tun muß, dasselbe tust du, und dasselbe hat Fat Dog getan«, sagt Ellroys Romanfigur Fritz Brown an einer Stelle. »Der einzige Unterschied zwischen uns [den Guten] und Fat Dog [ein Brandstifter, Exorzist und Mörder] ist der, daß unsere Lebensumstände durch ein bißchen Liebe und Zärtlichkeit gemäßigt wurden. Bei ihm war das eben nie der Fall.« James Ellroy wurde geliebt. Er wurde schließlich einer von »den

Guten«. Er ist kein Mörder, außer in seiner Phantasie und in seinen Erinnerungen.

Als ich Ellroy gegenüber erwähnte, daß alle seine zentralen Mörderfiguren entweder Väter oder Söhne sind, gab er mir recht und sagte, daß er nie zuvor darüber nachgedacht habe. In all seinen Romanen gibt es nur zwei Frauen, die töten – Ramona Sprague und ihre Tochter Madeleine in *Die Schwarze Dahlie*. Aber diese beiden Frauen haben nicht annähernd soviel Macht wie die Männer an ihrer Seite. Die typische Frau bei Ellroy ist verführerisch, naiv und Opfer zugleich. Nur Männer sind wirklich zu einem Mord fähig.

An diesem Punkt klärt Ellery Queen in einem Mordfall für gewöhnlich die Nebenfragen auf. Wie steht es mit James Ellroys Neigung, durch Verschiebung zu vergessen? Spiegelt sich diese Tendenz auch in seinen Romanen wider? Zweifellos. Ellroys Detectives sind geradezu besessen von den zerstückelten Leichen in den Mordfällen, mit denen sie zu tun haben. Häufig »verlieben« sie sich in diese Leichen. Danny Upshaw zum Beispiel denkt derart besessen an eine Gruppe von Leichen, daß er sich selbst der sexuellen Perversion bezichtigt und sich die Kehle durchschneidet. Lloyd Hopkins ist in Gedanken so sehr mit den ermordeten Frauen verhaftet, deren Fälle er bearbeitet, daß seine eigene Frau ihn verläßt. Bucky Bleichert hat eine Affäre mit Madeleine Sprague, das Ebenbild der »Dahlie«, während er den Mord an Elizabeth Short untersucht. Teddy Verplanck, der wahnsinnige Mörder in *Blut auf dem Mond*, kann Kathy nicht vergessen, ein Mädchen, das er als Kind kannte, aber nicht anzusprechen wagte. Um mit dem Verlust fertig zu werden, bildet er sich ein, er wäre in andere Frauen verliebt, die er dann »für Kathy« tötet.

In Ellroys Romanen machen sich die Mörder nach vollbrachter Tat fast immer an den Leichen zu schaffen. Die nach ihrem Tod vorgenommenen »Arrangements« sind sehr unterschiedlich: Das geht vom schlichten Abtransport der Leiche bis hin zu Vergewaltigen, Ausweiden, Häuten, Verbrennen, Zersägen, Durchschießen, Einfrieren, Skalpieren, mit der Axt Zerstückeln oder sogar Erhitzen, um den Verwesungsprozeß zu beschleunigen. Der Mörder von Jean Ellroy hat sich an ihrem Leichnam zu schaffen gemacht und ihn zur Arroyo-High-School transportiert, und es gehört nicht viel Scharfsinn zu der Schlußfolgerung, daß ihr schreibender Sohn deshalb den Zwang verspürt, diese Pervertierungen in seinen Büchern neu zu inszenieren. Die Leichen, die in James Ellroys Romanen vorkommen, zeichnen sich vor allen Dingen durch die Manipulationen aus, die an ihnen vorgenommen wurden.

Mit Hilfe seiner Verschiebungen von Jean Ellroy zu Elizabeth Short konnte der Junge leichter vergessen, daß jemand den toten Körper seiner Mutter mißbraucht hatte. Als Ellroy und ich über die Leiche seiner Mutter sprechen – wir sind noch immer in Eastchester, mit Barko zu unseren Füßen –, spüre ich förmlich, wie seine Erinnerung mit einem richtigen Knalleffekt zurückkehrt. Ellroy kommt gerade zum Schluß seiner eigenen Version des Tathergangs: »Nehmen wir mal an, sie haben die Bar um 23.00 Uhr verlassen. Sie wollten noch irgendwohin. Die sexuelle Attraktion läßt nach oder auch nicht. Der Mord geschieht. Der Mörder macht sich Sorgen wegen der Leiche. Ungefähr so, wie ich mir vorstelle, daß der Mörder der ›Schwarzen Dahlie‹ sich Sorgen wegen der Leiche gemacht hat: ›Was machen wir damit?‹«

Wer ist »wir«? Die Blonde mit dem Pferdeschwanz und der dunkelhaarige Mann, oder James und sein Vater? Oder die unbekannten Mörder der »Dahlie«? »Ja«, sage ich, als ich zu dem Schluß komme, daß er bestimmt den dunkelhaarigen Mann und die blonde Frau meint.

»Also fährt einer von beiden die Leiche zur Ecke 39. Straße und Norton und legt sie da ab« – »Ja«, sage ich erneut, konzentriere mich wieder auf die »Dahlie« und frage mich, ob Ellroy dieses Kapitel seines Lebens jemals abschließen wird –, »nachdem er sie grausam verstümmelt hat. Und ein Mann, wissen Sie, zieht sie aus. Wahrscheinlich weil er sie nackt sehen wollte.«

»Verstehe.« Vielleicht sind wir ja jetzt wieder bei Jean Ellroy.

»Und er bedeckt sie mit einem Mantel. Und legt ihren Körper in das Gebüsch neben der High-School.« Ja, es geht tatsächlich um Jean.

Ellroy hat nichts über die Verunstaltungen gesagt, die der Mörder an der Leiche seiner Mutter vorgenommen hat – die zerrissene Perlenkette, die fehlenden Schuhe, den Strumpf, den man ihr ausgezogen und um den Hals gewickelt hat. Könnte es sein, daß der Mörder mit dem Strumpf seine Hände geschützt hat, um sich nicht an der dünnen Baumwollkordel zu verletzen, mit der er Jean erdrosselte? frage ich mich. Könnte es sein, daß er ihn ihr um den Hals gewickelt hat, um die

Polizei von der richtigen Tatwaffe abzulenken? Hat er ihn um Jeans Hals gelassen als eine letzte absurde, unerklärliche Geste?

»Ihre Mutter hatte einen Strumpf um den Hals«, sage ich. »Der Strumpf hat sie nicht getötet, aber er war am Tatort. Richtig?«

»Mein Gott, ja – daran habe ich seit Jahren nicht mehr gedacht!« ruft er, offenbar erstaunt. »Sie haben recht! Das stimmt!«

»Sie können sich daran *nicht* erinnern?« frage ich. Die Bedeutung der verstümmelten, zerstückelten Leichen in *Die Schwarze Dahlie* drängt sich mir geradezu auf. Es sind Leichen, die Ähnlichkeit mit Jeans Leichnam haben – doch ihr literarischer Schöpfer ist sich nicht darüber im klaren, daß er etwas aus seiner Kindheit wiederholt hat, dessen Reaktivierung für ihn zu schmerzhaft war. Später wird mir klar, daß Verunstaltungen an Leichen wiederholt in Ellroys Werken auftauchen. Einige Leute erzählen mir, daß sie den einen oder anderen von Ellroys Romanen nicht zu Ende gelesen haben, weil sie die vielen verstümmelten Leichen nicht ertragen konnten. Doch diese Leichen erfüllen einen wichtigen Zweck – sie helfen einem Jungen, der überlebt hat, eben *nicht* auf diese Weise an die Leiche seiner Mutter denken zu müssen. Ich frage mich, ob ich ihn mit dem Hinweis auf den Strumpf verletzt habe.

»Kommt in irgendeinem meiner Bücher ein Strumpf vor?« fragt er.

»Nicht in denen, die ich bis jetzt gelesen habe«, sage ich. (Tatsächlich kommt in keinem seiner Romane ein Strumpf vor.)

»Kann sein, daß es einer von *ihren* Strümpfen war«, sagt Ellroy. Er kämpft noch immer dagegen an. Er will sich nicht erinnern.

»Es *war* ihr Strumpf«, sage ich. Ich hoffe inständig, daß die Wahrheit gut für ihn sein wird. Vielleicht tut sie ihm vorübergehend weh, aber auf die Dauer wird er sich damit besser fühlen.

»Jetzt«, sagt Ellroy. »Jetzt hat es mich zum ersten Mal gepackt. Zum allerersten Mal in unserem Gespräch durchläuft mich ein Schauer. Das habe ich kein einziges Mal erlebt, als ich letzte Woche mit den Journalisten vom *Rolling Stone* an der Stelle war, wo meine Mutter ermordet wurde.«

»Aber das – mit dem Strumpf – haben Sie vergessen? Ich meine, Sie können sich nicht daran erinnern?«

»Jetzt, wo Sie es sagen, ja, jetzt erinnere ich mich. Ich weiß, daß es stimmt.«

Ellroys Abwehrmechanismus war die Verschiebung. Er hatte von Jean zu der »Dahlie« verschoben und auf diese Weise ein zentrales Detail der Erinnerung an die Ermordung seiner Mutter vergessen. Das nicht erinnerte Detail wiederholte er in jedem Roman, den er schrieb, ohne sich dessen bewußt zu sein. Es kamen zwar keine Strümpfe vor, doch ansonsten alles, was man mit einem toten Körper anstellen kann. Die Verunstaltungen seiner Romanleichen waren Verschiebungen, mit denen ein Junge sich von einem einzigen Strumpf ablenkte. Als Kind dissoziierte Ellroy nicht, und er verdrängte auch nicht in dem Maße wie der mordende Protagonist Dr. John Haviland in *In der Tiefe der Nacht*, der sich an absolut gar nichts erinnern kann, was ihm als Kind zugestoßen ist. Auch Ellroy erzählte mir, er habe nie gespalten – obgleich der Serienmörder Martin Plunkett, der Protagonist in *Stiller Schrecken*, von sich selbst sagt, er sei »einfach nur Martin« und »Shroud Shifter«, eine bösartige Comic-Figur. Ellroy sagt, daß es für Schriftsteller leicht sei zu spalten: »Das ist ein alter Kunstgriff – der Doppelgänger.«

Ellroy erzählt mir, daß er neuerdings mit dem Gedanken spielt, Romane zu schreiben, die sich mehr mit Geschichte und weniger mit Verbrechen beschäftigen. 1991 hat James Ellroy sich innerhalb eines einzigen Jahres scheiden lassen, wieder geheiratet, den Verlag gewechselt und einen Vertrag über drei weitere Romane unterschrieben. Mag sein, daß unsere Gespräche uns beiden etwas gegeben haben, das wir brauchten. Ich weiß, daß ich eine gute Geschichte über die Erinnerung eines Jungen brauchte. Und Ellroy brauchte vielleicht einen *Kick*, der ihn aus seinem alten Trott herausriß. Eine winzige Lücke in der Erinnerung eines Zehnjährigen wurde geschlossen, und Ellroy durchlief ein Schauer. Doch solche Augenblicke können auch ein Gefühl von Ganzheit herbeiführen. Durch die Reaktivierung unserer Kindheitserinnerungen können wir uns häufig von alten, festgefahrenen Mustern befreien. Wie Ellroy wenden wir uns dann vielleicht neuen Abenteuern zu.

Die Suche
nach Corky

8

In der Post finde ich einen Brief vom Moderator einer Radiotalkshow in Memphis, Tennessee. Nicht, daß er ein Interview mit mir machen will. Er möchte mir von seiner langen Suche erzählen – der Suche nach seinen Erinnerungen.

Ross Harriman ist 35 Jahre alt, so schreibt er, mit einer Frau namens Suzanna verheiratet und hat zwei Söhne – Peter, fünf Jahre, und Jonathan, anderthalb Jahre alt. Seine Talkshow wird wochentags von Memphis aus in vier Staaten ausgestrahlt.

Er hat mein Buch *Too Scared to Cry* zweimal gelesen, schreibt er. Beim ersten Mal hat er es in nur drei Tagen verschlungen. Danach war ihm klar, daß er versuchen mußte, seine Vergangenheit aufzudecken. Ihm fehlte ein Stück seiner autobiographischen Erinnerung. Er kann sich kaum an seinen Bruder erinnern.

»Als ich vier war«, so schreibt Ross weiter, »wurde mein Bruder, damals sechs Jahre alt, von einem betrunkenen Autofahrer überfahren und getötet. Ich habe den Unfall nicht gesehen, aber ich war dabei, als mein Dad meiner Mutter die Nachricht beibrachte. Ich weiß nicht mehr viel von den Tagen und Wochen nach Corkys Tod, und von Corky selbst weiß ich überhaupt nichts mehr ... aber ich habe noch immer deutlich Moms Reaktion im Ohr, wie sie sich weigerte zu glauben, daß Corky wirklich tot ist ... Corky wurde von dem Onkel eines Klassenkameraden überfahren, als Dad ihn von der Schule abholen wollte. An dem Tag war mein Vater früher nach Hause gekommen, und deshalb war er da, um Corky abzuholen. Der betrunkene Kerl wollte seinen Neffen abholen, aber er hat aufs Gas statt auf die Bremse getreten. Alle Kinder sind auseinandergelaufen, als sie das Auto kommen sahen, nur Corky nicht. Er stand mit dem Rücken zum Wagen und wurde erfaßt und getötet. Mein Dad hat sein Jackett über

Corkys Leiche gelegt und ist dann nach Hause gekommen, um es meiner Mom zu sagen.«

Kent und Lucille Harriman verarbeiteten die Tragödie, indem sie den »Frieden Gottes« fanden, schreibt Ross. »Und sie brauchten nicht lange. Sie hatten den ›Frieden Gottes‹, als sie zur Beerdigung gingen, und sie hatten den ›Frieden Gottes‹, als sie sich mit dem Onkel des Klassenkameraden trafen, um ihm zu sagen, daß sie ihm vergeben hatten. Jahre später hat mir mein Großvater erzählt, daß er geglaubt habe, meine Eltern stünden unter Drogen, weil sie auf der Beerdigung so gefaßt waren. Gott war aber nicht der einzige, der ihnen geholfen hat. Auch ich habe mein Teil dazu beigetragen.«

Nach dem Tod seines Bruders wurde Ross schnell erwachsen, schreibt er. Er war ein wildes Kind gewesen; jetzt übernahm er die Rolle des ältesten Sohnes. Er war kooperativ und verantwortungsbewußt. Und er achtete darauf, daß seinem jüngeren Bruder Scott nichts zustieß. Bei den wenigen Gelegenheiten, wenn er auf Corky zu sprechen kam, erzählte er anderen, daß er einen älteren Bruder gehabt hatte, der gestorben sei. Nie wurde er genauer. Und nie trauerte er.

Ross' Trauer – im Grunde Erinnerungen an sein längst begrabenes Gefühl – kehrte zurück, als er schließlich seine eigenen Söhne großzog, besonders den älteren der beiden. »Ich wußte gar nicht, daß ich so viel Traurigkeit in mir hatte«, schreibt er. Als Ross' Erinnerungen wiederkamen, bestanden sie nur aus einem Gefühl, das aber mit keinerlei Ereignissen verbunden war. Mitunter kehren Erinnerungen auf diese Weise wieder, meist jedoch ist es umgekehrt: Man erinnert sich an Ereignisse, ohne ein bestimmtes Gefühl dabei zu haben.

»Ich habe mich nicht direkt und bewußt mit meiner Trauer auseinandergesetzt, bis Peter, unser Ältester, kurz vor seinem vierten Geburtstag stand«, heißt es in seinem Brief. »Heute kommt es mir absurd vor, aber jahrelang habe ich geglaubt, daß ich mit vier Jahren zu klein war, um Corky gut gekannt zu haben, ihm nahe gewesen zu sein oder seinen Tod betrauern zu können. Als ich unseren vierjährigen Peter beobachtete und sah, wie eng seine Bindung an meine Frau und mich, an seinen kleinen Bruder und an seine Freunde aus der Nachbarschaft war, verloren die Vorstellungen, die ich von mir selbst in demselben Alter hatte, einfach an Glaubwürdigkeit.«

Peter würde sich an seinen Bruder Jonathan erinnern können – davon war Ross überzeugt. Durch seine eigene Amnesie im Hinblick auf Corky war in seinem Innern ein schwarzes Loch entstanden. Ross weinte nicht nur um seinen Bruder, sondern auch um einen Teil seiner selbst. Er war frustriert, weil er nicht wußte, wie er auf Corky reagiert hatte, und sich auch an kein Ereignis erinnern konnte, bei dem Corky eine Rolle gespielt hatte. Kurz gesagt, Ross war sich darüber im klaren, daß er einen Teil seiner eigenen Geschichte verloren hatte.

Am Ende seines Briefes schreibt Ross, daß er mit Nachforschungen begonnen hat. Er hat Menschen angeschrieben, die Corky kannten. Und er hat mir diesen Brief geschickt. Einmal wöchentlich geht er in eine Männergruppe. Und bei einem dieser Treffen hat er öffentlich um Corky getrauert. »Aber ich habe getrauert«, so schreibt er, »so wie die Soldaten des Pharaos sich ins Rote Meer stürzten. Ich befand mich auf trockenem, sicherem Boden; und im nächsten Moment verschlang mich ein ganzer Ozean.« Außerdem hat er vor, mit seinen Eltern zu reden. »Ich möchte die Teile von mir wieder zum Leben erwecken, die zusammen mit Corky begraben wurden«, sagt Ross. Ross Harriman möchte sich selbst wieder zum Leben erwecken.

Ross' Brief gibt mir den Anstoß, über die verlorenen Stücke autobiographischer Erinnerung nachzudenken, die durch unser Leben spuken können. Was für ein Gefühl ist es, wenn einem ein Stück des eigenen Lebens fehlt? Und wie fängt man es an, diese Erinnerungen wiederzufinden? Und was für eine Art von »Ganzheit« oder »Heilung« steht am Ende dieser Suche? Vielleicht kann ich von Ross einiges darüber erfahren. Außerdem werde ich mich mit den Arbeiten von Marigold Linton, einer Psychologin an der *University of Utah* beschäftigen. Sie hat sich ausführlich mit ihren eigenen Erinnerungen auseinandergesetzt. Und ich werde einige meiner eigenen Erinnerungen unter die Lupe nehmen – auch wenn sie nicht sonderlich traumatisch sind – um festzustellen, wie sie kommen und gehen.

Ich bin fünf, vielleicht sechs. Fotos von mir aus dieser Zeit zeigen mich mit ernstem Blick und mit Locken, die an die von Shirley Temple erinnern. Aber in meinem Geist sehe ich mich nicht. Ich schaue nach oben. Jemand hält mich an der Hand – das muß meine Mutter sein.

Und ich blicke in eine Art Käfig. Das ist die Vorstellung, die ich mit dem hell erleuchteten Raum verbinde, den ich von dem dunklen Flur aus sehen kann. Ich blicke in dieses Zimmer, so wie man in das Innere eines Zookäfigs sieht, in dem Löwen und Tiger gehalten werden.

In dem »Käfig« steht eine junge Frau. Sie hat schulterlanges, schwarzes Haar und trägt ein Kleid mit rotem Samtoberteil und tief geschnittenem Dekolleté. Das Unterteil ist weiß und besteht aus so viel Stoff, daß es von ihrem schlanken Körper absteht. Sie ist von Menschen umgeben, die ihr sagen, wie wundervoll sie gespielt hat. Ich habe gerade gehört, wie diese junge Frau mit dem *Cleveland Symphony Orchestra* das Klavierkonzert in a-Moll von Edvard Grieg gespielt hat. Und ich beschließe, während ich in diesen »Käfig« starre, daß ich auch einmal Konzertpianistin werden will.

In meinen ersten Lebensjahren sehe ich diese Art von »Käfig« noch weitere zwei Male, aber diese Gelegenheiten sind für mich weniger bedeutungsvoll. Meine Onkel heiraten, und auch ihre Bräute stehen in den hell erleuchteten Räumen – schon in Weiß gekleidet und umgeben von Gratulanten und hektischen Helferinnen (das Kleid, der Schleier – ist alles ordentlich arrangiert?). Ich betrete diese Räume nicht. Für mich sind sie nur dazu da, um hineinzuschauen, aber nicht, um hineinzugehen. Doch während ich vor diesen Schwellen stehe, fasse ich keine Vorsätze. Nur an der Tür zum »Käfig« der Pianistin nehme ich mir vor, daß ich eines Tages dort stehen werde.

Ich halte mein Versprechen und spiele bis zu meinem zwanzigsten Lebensjahr selbst bei einigen Konzerten Klavier. Auch ich trage schöne Kleider. Und hinterher kommen Freunde zu mir, um mir zu gratulieren. Aber diese Erinnerungen kommen nicht den ersten gleich, die ich mit fünf oder sechs Jahren hatte. Es sind schöne Augenblicke, vielleicht keine großen, aber keiner davon ist so bedeutsam wie der erste. Rückblickend fällt mir auf, daß ich schon zum Zeitpunkt der ersten Erinnerung an den »Käfig« Klavier gespielt haben muß; wie hätte sie mir sonst so viel bedeuten können? Ich habe mit fünf Jahren zum erstenmal Klavierunterricht bekommen, also muß ich bei dieser Erinnerung mindestens sechs sein. Aber das ist durchdenken, nicht erinnern.

Wie oft denke ich an diese Erinnerung? Manchmal fällt sie mir ein, wenn ich in Cleveland bin, und zwar besonders dann, wenn ich die Pianistin treffe, deren Name Eunice Podis ist. Als ich heranwuchs und derselben Musikvereinigung beitrat, zu der sie gehört, wurden wir Freundinnen. Eunice spielt auch heute noch gelegentlich mit dem *Cleveland Symphony Orchestra* und bei Kammermusikabenden; sie hat eine großartige Karriere als Pianistin gemacht. Manchmal, wenn ich das Klavierkonzert in a-Moll von Grieg höre, wird meine alte Erinnerung wach, aber kein Vortrag hat je wieder so schön geklungen wie der, den ich mit dem »inneren Ohr« einer Fünf- oder Sechsjährigen höre. Vielleicht ist das ja der Grund, warum ich gerade dieses Stück nie selbst gespielt habe.

Um die Jahrhundertwende entwickelte Freud seine Vorstellung von der »infantilen Amnesie«, um zu erklären, warum die Erinnerungen vieler seiner Patienten an die Zeit vor ihrem sechsten oder siebten Lebensjahr so verhüllt sind. Er stellte auch die These auf, daß manche unserer frühen Erinnerungen im Grunde »Deckerinnerungen« seien, die emotional bedeutsame Ereignisse hinter Trivialem verbergen. Hätte mir beispielsweise Ross Harriman geschrieben, daß er sich zwar deutlich daran erinnern könne, mit sieben Jahren einen Fisch aus seinem Aquarium beerdigt zu haben, aber nicht mehr, wie sein Bruder beerdigt wurde, dann wäre die Erinnerung an den Fisch eine »Deckerinnerung« gewesen, die stellvertretend für die verlorene Erinnerung an die Beerdigung seines Bruders stünde.[1]

Das war nicht der Fall. Corky Harrimans Beerdigung war eine der wenigen mit Corky in Zusammenhang stehenden Geschehnisse, an die Ross sich erinnern konnte. »Ich erinnere mich sehr gut an den toten Corky«, erzählte er mir später, als ich ihn persönlich kennenlernte. »Ich erinnere mich an die Trauerfeier. Und an die vielen Menschen. Und an den Sarg. Ein offener Sarg. Ich kann mich erinnern, daß ich einmal hineingeschaut habe. Ich kann mich erinnern, daß ich sein Gesicht im Sarg sehe, ganz weit unten. Er hat ganz hellblondes Haar. Um mich herum sind viele Menschen. Sehr viele. Ich habe irgendwie Angst. Und ich sehe Corkys Leiche da unten. Er trägt seinen Sonntagsanzug. Und er sieht aus, als ob er schläft. Und ich glaube, im Sarg sind Blumen. Sein Gesicht ist ausdruckslos ... Ich habe das schon früher im Geist gesehen. Ich weiß in meiner Erinnerung, daß er tot ist. Ich habe ein Bild von Schuhen im Kopf. Er hat dunkle Schuhe an. Das kann ich auch vor mir sehen.«

Psychologen untersuchen das Phänomen der infantilen Amnesie, indem sie ihre Studenten bitten, ihre frühesten Erinnerungen zu beschreiben, oder alles, woran sie sich vor einem bestimmten Alter erinnern können. In beiden Fällen wird deutlich, daß die Altersgrenze, ab der die frühesten Erinnerungen beginnen, bei dreieinhalb Jahren liegt. Ross war vier, als sein Bruder getötet wurde. Er müßte eigentlich Erinnerungen an den noch lebenden Corky haben.

Psychologen erleichtern die Aufgabe, frühe Erinnerungen zu reaktivieren, indem sie sich nach etwas Speziellem erkundigen, wie zum Beispiel nach der Geburt eines jüngeren Geschwisters. Die meisten Menschen können sich noch etwas weiter als bis zur Mitte des vierten Lebensjahres zurückerinnern, wenn man ihnen einen besonderen Anhaltspunkt gibt. So ergab beispielsweise eine Studie aus dem Jahre 1982, daß das früheste Alter, in dem sich Studentinnen an die Geburt eines Geschwisters erinnerten, bei drei Jahren lag. Ein anderes Psychologenteam forderte ältere Schüler und Studenten auf, eventuelle Erinnerungen an die Ermordung von John F. Kennedy zu schildern. Zum damaligen Zeitpunkt waren die Befragten zwischen ein und sieben Jahre alt, und es stellte sich heraus, daß kaum jemand, der damals jünger als drei Jahre gewesen war, irgendeine Erinnerung an das Ereignis hatte. Ungefähr ein Drittel der damals Dreijährigen und sechs von zehn der damals Fünfjährigen konnten sich an irgend etwas im Zusammenhang mit dem Ereignis erinnern. Und mehr als neun von zehn der damals Siebenjährigen konnten ausführliche Erinnerungen schildern.[2]

Persönliche Traumata wie Entführung, Mißbrauch oder der Tod eines Geschwisters sind mitunter auch dann erinnerlich, wenn die traumatischen Ereignisse vor dem vierten Lebensjahr stattgefunden haben. Ich konnte Bruchstücke verbaler Erinnerungen bei Kindern feststellen, die früher als mit 28 Monaten traumatische Erfahrungen gemacht hatten. In meiner Studie über 20 Kinder mit dokumentierten Traumata war das die Grenze für voll ausgeprägte, verbale Erinnerungen. Ein Kind, ein fünfjähriges Mädchen, erzählte seiner Mutter, daß in der Kindertagesstätte, die es mit zwei Jahren besucht hatte, »ein großer Junge mir einen Stock ins Gesicht getan hat«. Der fragliche junge Mann war, lange bevor das kleine Mädchen das erzählte, verurteilt worden, weil er eine ganzen Reihe von anderen Kindern aus dieser Tagesstätte zu Oralsex gezwungen hatte. In der Hoffnung, daß sie verschont geblieben war, hatte ihr niemand je von den Mißbrauchsfällen erzählt. Das einzige, das ein elfjähriges Mädchen von dem Tag in Erinnerung behalten hatte, an dem sie auf dem Boot ihres Vaters auf den laufenden Innenbordmotor gefallen war und sich im Gesicht verletzt hatte, war, daß man sie ins Badezimmer trug und ihr das Blut abwusch. Sie war damals 23 Monate alt gewesen.

Solche frühen Erinnerungsfragmente geben eine Geschichte nicht ausführlich genug wieder, um sie als vollständige Erinnerungen bezeichnen zu können. Sie liefern keine wirklichen Erkenntnisse darüber, was passiert ist. Tatsächlich hören sich solche scheinbar unbedeutenden Erinnerungen wie ein »Stock im Gesicht« oder das Gesichtabwaschen wie Freuds Deckerinnerungen an. Aber diese Bruchstücke sind Teile von Traumata. Es sind Erinnerungen an traumatische Ereignisse, die im Moment des Geschehens registriert wurden. Die meisten Menschen können ihre Erinnerungen an Schreckenserlebnisse vor ihrem 28. Monat, falls überhaupt verbal, nur bruchstückhaft wiedergeben – zum Beispiel in Formulierungen von zwei bis drei Worten. Und Menschen beschreiben ihre sehr frühen, visuellen Erinnerungen in Wortbildern, wobei es schwierig ist, wenn nicht gar unmöglich, daraus irgendeine Form von zusammenhängender Erzählung zustande zu bringen.

Offenbar hängt die Bildung von narrativen Erinnerungen eng mit dem Sprachvermögen zusammen. Erinnerungen an frühe traumatische Erfahrungen nehmen im Bewußtsein eine andere Form an. Die Kleinen stellen diese Erinnerungen spielerisch dar, und sie haben Angst vor traumabezogenen Stimuli. Wenn Corky getötet worden wäre, bevor Ross zweieinhalb Jahre alt war, dann hätte Ross seine Erinnerungen wahrscheinlich gänzlich durch sein Verhalten demonstriert und nicht mit Worten. Kinder reagieren aktiv auf die entsetzlichen Dinge, die sie implizit erinnern. Ein kleiner Junge, dessen Mutter ihm in den Hals geschnitten hatte, als er erst 20 Monate alt war, reagierte als Dreijähriger mit hysterischem Weinen, als eine Krankenschwester in der Notaufnahme »zum Spaß« ihren Gummihandschuh aufblies. Der Kleine war in der Notaufnahme, weil sein Bein genäht werden mußte. Seine Schreie angesichts des aufgeblasenen Handschuhs reflektierten eine zwar nonverbale, aber deutliche visuelle Erinnerung an eine andere Krankenschwester, die denselben Handschuhtrick vorgeführt hatte, als der schwerverletzte Junge noch zu klein war, um vollständige verbale Erinnerungen zu bilden. Dieser kleine Junge war drei, als er in mein Büro kam. Er suchte Stofftiere aus – einen Hasen für sich und einen Löwen für mich. Bevor wir überhaupt anfangen konnten zu spielen, kam ein Spielzeugflugzeug aus meinem Schrank gebraust und streifte mit den Flügeln den Hals meines Löwen. Das Flugzeug hatte sich an die nonverbalen Erinnerungen des Jungen »erinnert«.[3]

Höchstwahrscheinlich gibt es zwei Gedächtnissysteme beim Menschen – das eine entwickelt sich parallel zur sprachlichen Entwicklung, das andere ist bereits weit genug entwickelt, um in Funktion zu treten, wenn ein Säugling den Blick fokussiert, Bewegungen mit den Augen folgt, Empfindungen hat und auf andere menschliche Wesen reagiert. Daniel Stern, ein Psychiater, der die Psyche von Säuglingen erforscht, hat durch seine Experimente mit kleinen Puppen gezeigt, daß Babys mehrere Tage lang die Erinnerung an besonders auffällige Puppen bewahren. Sie reagieren mit spontanem Lächeln, wenn sie ihnen wieder gezeigt werden. In Experimenten mit weniger auffälligen Puppen waren solche Reaktionen nicht zu verzeichnen.[4]

Später funktionieren sowohl das verbale als auch das nonverbale Gedächtnis. Das verbale System, das ungefähr im Alter von drei Jahren einsetzt, kann man als das explizite oder bewußte System bezeichnen. Es läuft über sensorische Bahnen, die zum Hippokampus und dem mittleren Thalamus gehen und dann weiter zur Hirnrinde führen, wo Assoziationen und Langzeitverarbeitung erfolgen. Das implizite Gedächtnis tritt früher auf, ist anatomisch anders verteilt und äußerst verläßlich. Aus diesem Grund bestimmen unsere nonverbalen Erinnerungen aus dem Säuglings- und Kleinkindalter häufig im späteren Alter die Intensität unserer Bindungen an andere, auch wenn wir keine Worte für die Bindung beispielsweise an unsere Eltern haben.[5]

In vielerlei Hinsicht hatte Freud mit seiner Hypothese der infantilen

Amnesie recht. Wir haben kaum narrative Erinnerungen vor dem Alter von drei Jahren. Doch von da an werden viele Erinnerungen bewahrt, besonders wenn sie Traumata oder plötzliche Erkenntnisse reflektieren. Freud liegt also mit seiner Vorstellung von der allgemeinen Amnesie bis zum Alter von sechs Jahren falsch. Er erkannte, daß viele Erinnerungen aus der Zeit vor dem siebten Lebensjahr aufgrund des Ödipuskomplexes so konfliktbelastet sind, daß sie aus dem Bewußtsein geschoben werden – normalerweise durch Verdrängung. Dieser Aspekt der infantilen Amnesie ist von zahllosen Kinderpsychiatern und psychoanalytischen Fallgeschichten bestätigt worden. Ross Harrimans verlorene Erinnerungen an Corky entsprachen jedoch nicht der ödipalen Situation. Statt dessen waren die Erinnerungen von dem Trauma gezeichnet, das Corkys Tod für ihn darstellte. Sie hätten erinnert werden können. Sie wären nicht unter die infantile Amnesie gefallen.

Manche Erinnerungen werden »vergessen«, ganz gleich, wie alt das Kind ist, weil sie sich auf wiederholte Übergriffe beziehen, denen das Kind hilflos ausgeliefert ist. In der Studie, die ich mit 20 einmalig oder wiederholt traumatisierten Kindern im Vorschulalter durchführte – Fälle, bei denen die traumatischen Ereignisse durch Dritte bestätigt worden waren –, hatten die Kinder, die zum Zeitpunkt der wiederholten Traumatisierung sprachlich voll entwickelt waren, nur Teilerinnerungen zurückbehalten. Die einmalig traumatisierten Kinder, die ihr Trauma erlitten hatten, als sie bereits sprechen konnten, waren dagegen in der Lage, ihre Geschichten vollständig zu erzählen.

Aber Ross Harriman war kein wiederholt traumatisiertes Kind. Und aus diesem Grund war ich zuversichtlich, daß er die Erinnerung an Corky wiedererlangen würde. Ross mußte eine ganze Anzahl von expliziten Erinnerungen an Corky haben. Vielleicht hatten Erinnerungen, die bereits in Ross' Bewußtsein vorhanden waren, lediglich ihre Verbindung zu Corky verloren. Ross konnte diese Erinnerungen wiederfinden, so glaubte ich. Und wahrscheinlich wußte er ganz instinktiv, wie er das anstellen mußte.

Dr. Marigold Linton macht sich schon seit Jahren Gedanken darüber, wie sich Erinnerungen hervorlocken lassen. Sie ist Psychologin, und eines ihrer Forschungsobjekte ist ihr eigenes Gedächtnis. Sie hat es sich zur Angewohnheit gemacht, jeden Abend eine kurze Zusammenfassung der persönlichen und weltpolitischen Ereignisse dieses Tages niederzuschreiben. Dann überprüft sie in genau festgelegten Abständen ihre Erinnerung an diese Ereignisse. Außerdem versucht sie, ihre Erinnerungen aufzuschreiben, wenn sie ihr in den Sinn kommen. Sie achtet ebenso auf Gedanken, die ihr unwillkürlich kommen, wie auf Erinnerungen, die auf ein Stichwort hin auftauchen.

Dr. Linton hat ihre eigenen Erinnerungsprozesse in vielerlei Weise beobachtet. Sie hat immer einen Notizblock oder einen Kassettenrecorder bei sich, damit sie bei jeder reaktivierten Erinnerung deren spezifische Inhalte und andere Charakteristika aufzeichnen kann. Allerdings hat sie festgestellt, daß diese Art der »Gedächtnisbeobachtung« alles andere als ideal ist. Wenn sie die Themen der Erinnerungen einschränkt, die sie aufzeichnen will, erleichtert sie zwar ihre Aufgabe, aber es geht ihr Material verloren. Wenn sie beschließt, alles aufzuzeichnen, das ihr in den Sinn kommt, entgeht ihr zwar weniger, aber es kann gut sein, daß sie sich im Kreis bewegt – zum Beispiel: »Heute habe ich den Tag mit Gedächtnisbeobachtung verbracht.« Wann hat Dr. Linton Zeit für Gegenwart und Zukunft?

Allgemeine »Gedächtnisbeobachtung« funktioniert nur sehr schlecht. »Nach einer gewissen Zeit vergaß ich einfach, sie [die Erinnerungen] zu notieren«, schreibt die Psychologin. Dann beschloß sie, nur »die Gedanken zu notieren, die ungebeten kommen«. Ungebetene Erinnerungen kommen, wenn der Verstand ruht, als Nebenprodukte der inneren Suche nach anderen Informationen, oder wenn man ein Thema ausgewählt hat und sich anschließend mental »treiben läßt«, anstatt gezielt zu suchen. Dr. Lintons ungebetene Erinnerungen sind relativ einfach und in »eine Art kristallklare Emotion« eingebettet.

Hier nähert sich Dr. Linton der psychoanalytischen Technik des freien Assoziierens an. Diese Technik entwickelte Freud am Beginn seiner Laufbahn, um seinen Patienten dabei zu helfen, unzugängliche Erinnerungen und Emotionen zu reaktivieren. Die berühmte Couch, die es dem Analysanden ermöglicht, den Analytiker zu vergessen und seinen Verstand treiben zu lassen, ist für das freie Assoziieren übrigens nicht absolut unerläßlich. Das geht auch in einem Schaukelstuhl oder in der

Wüste auf einem großen Kaktus. Tatsächlich kann der Verstand auch abgleiten, während man mit den Augen dem hin und her schwenkenden Finger eines anderen Menschen folgt. Dieses Abschweifen des Geistes kann ungeheuer nützlich sein, um alte Erinnerungen zurückzuerlangen, der Bedeutung von Träumen auf den Grund zu gehen, um starke, frühe Emotionen wiederzuentdecken. Das Nachsinnen über eine eigene kreative Schöpfung – zum Beispiel ein Gedicht oder ein Bild – kann dieselbe Wirkung haben. Freies Assoziieren bringt Bruchstücke alter Gefühle und Erinnerungen zurück.

Marigold Linton verwendet darüber hinaus drei verschiedene Auslöser zur Erinnerungsreaktivierung – »zeitbezogene«, »sachbezogene« und »stichwortartige«. Bei einer zeitbezogenen Erinnerungssuche stellt sie sich beispielsweise die Frage: »Was habe ich letzten Januar gemacht?« oder »Was ist letztes Jahr alles passiert?« Dr. Linton hat auf experimentellem Wege versucht, sich nach Möglichkeit alle Ereignisse eines bestimmten Jahres oder Monats in Erinnerung zu rufen. Bei meiner Arbeit mit Kindern habe ich festgestellt, daß sie Ferien oder Feste, bestimmte Abschnitte des Schuljahrs und ihren eigenen Geburtstag als Orientierungshilfe verwenden, um sich an wichtige Ereignisse zu erinnern. Häufig wird eine frühe Erinnerung mit solchen Angaben wie »kurz vor meinem Geburtstag« oder »damals, als wir nach Kentucky gefahren sind« eingeordnet. Ungefähr ab dem Alter von fünf Jahren haben Kinder gern ihren ganz persönlichen Kalender. Das hilft ihnen, ihre Erinnerungen zu sortieren.

Dr. Linton hat festgestellt, daß bei Erwachsenen jene Erinnerungen, die älter als zwei Jahre sind, leichter durch sachbezogene als durch zeitbezogene Auslöser reaktiviert werden. Wenn sie nach ihren älteren Erinnerungen sucht, verbindet sie häufig eine Kategorie – die Arbeit beispielsweise – mit einem Datum. Wenn man also eine persönliche Erinnerung aus der Kindheit sucht, könnte man fragen: »Weißt du noch, welchen Lehrer du in der ersten Klasse hattest? Was ist in dem Jahr passiert?« Oder: »Weißt du noch, was für Nachbarn ihr in der Adams Avenue hattet?« Wenn kategorisierende Fragen mit Fragen nach der Chronologie verknüpft werden, ist die Suche leichter zu bewältigen.

Ein »Stichwort« als Auslöser für Erinnerungsreaktivierung wird von außen an das Individuum herangetragen. Wenn man an Orte zurückkehrt, an denen man einst etwas ganz Bestimmtes getan hat, fällt einem genau das wieder ein. Der Geschmack eines besonderen Gebäcks beschwört die Zeit wieder herauf, in der man dieses Gebäck zum ersten Mal gegessen hat. Auch geschickte Gesprächsführer bringen Erinnerungen zurück, indem sie die entsprechenden Stichworte liefern. »Weißt du noch, wie unheimlich steil die Hörsäle in der alten Medizinerfakultät waren?« fragt mich Charlie Davenport, ein Freund von der *University of Michigan*. Und plötzlich fällt mir wieder ein, wie einer unserer Kommilitonen, der am Aufgang saß, eingeschlafen und die ganze Treppe hinuntergerollt ist, dem Professor direkt vor die Füße. Wir müssen beide lachen.

Für Marigold Linton ist die Erinnerungsreaktivierung auf Stichwort die einfachste Methode. Wenn sie ein Foto von sich sieht, das im Vorjahr aufgenommen wurde, oder eine kurze Notiz in ihren Unterlagen liest, erinnert sie sich meist sofort an die dazugehörige Episode. Ein am Strand aufgenommener Schnappschuß oder ein Videofilm von einer Hochzeit im Kreise der Familie enthält zwar nicht alle Details einer Episode, aber sie lösen häufig eine Flut von Erinnerungen aus. Deshalb sind Menschen oft sehr traurig, wenn sie ihre alten Familienfotos oder -andenken verlieren. Wir brauchen diese Art von Wiedererkennungsreizen, um unsere alten Erinnerungen reaktivieren zu können. Ohne alte Erinnerungen sind wir irgendwie unvollständig. Hatte Ross Harriman alte Bilder von Corky? Hatte er im Haus seiner Eltern danach gesucht? Ich wollte mehr darüber wissen.[6]

Ich besuche Ross Harriman in Memphis, weil ich den Menschen kennenlernen möchte, der mir ganz unerwartet einen so bewegenden Brief geschrieben hat. Und auch deshalb, weil mich seine selbst initiierte Suche nach Corky fasziniert. Was bewegt einen Menschen, jemanden kennenlernen zu wollen, der seit 31 Jahren tot ist?

Wir treffen uns zum Mittagessen in einem ruhigen Raum in der ersten Etage eines Restaurants. Außer uns sind keine Gäste da. Ross und einige seiner Kollegen vom Radiosender gehen öfter in dieses Restaurant, wenn sie in Ruhe ein Interview führen wollen. Aber heute sind die Rollen anders verteilt. Ich bin die Fragestellerin, und Ross wird interviewt. Wir bestellen Lasagne, Eistee und Nußkuchen. Ross meint, die Küche sei empfehlenswert.

Ross sieht aus wie viele Leute vom Rundfunk, die ich im Laufe meiner Arbeit als Autorin kennengelernt habe. Die meisten sehen nicht so gut aus wie Fernsehjournalisten, aber sie wirken sympathisch und sind meist leger gekleidet – beim Rundfunk braucht man weder Anzug noch Krawatte. Außerdem sind sie intelligent und redegewandt. Auf Ross trifft all das zu. Er hat rotes Haar, Sommersprossen und ist hager. Er sieht sehr jung aus. Sein glattes Gesicht kommt gut zwei, drei Tage ohne Rasur aus. Im Laufe unseres Gesprächs füllen sich seine hellen Augen immer wieder mit so vielen Tränen, daß »Pharaos Soldaten« darin ertrinken könnten. Ross hat eine alte Wunde wieder aufgerissen. Wenn es um Corky geht, fehlen dem Talkmaster beinahe die Worte.

Ross ist im Großraum Washington, D.C., aufgewachsen, zunächst in Georgetown, dann in Silver Spring, Maryland. Sein Vater schrieb für eine große Washingtoner Zeitung. Ross erinnert sich, daß er mit 20 Jahren das erste Mal um Corky geweint hat. Während seines zweiten Jahres am Williams College war er übers Wochenende nach Hause gekommen. Dort erfuhr er, daß sich sein jüngerer Bruder Scott in Thailand einer religiösen Sekte angeschlossen hatte. Die Kirche, der seine Eltern angehörten, eine Baptistengemeinde, veranstaltete eine Gebetsstunde für Scott. »Wissen Sie«, sagte Ross, »es ist ja gut und schön, wenn man religiös ist, aber doch nicht *so*. In der Kirche beteten alle ganz intensiv dafür, daß mein Bruder zurückkam. Ich wurde von Gefühlen übermannt. Deshalb bin ich hinausgegangen, um einen Spaziergang zu machen. Aber als ich draußen war, habe ich nur noch geweint.«

Um wen weinte Ross da wirklich – Scott oder Corky? Und weinte er auch um sich selbst? Offenbar war Scott der erste Mensch, um den er trauerte. Aber Ross ließ auch seiner Trauer um Corky freien Lauf. Der Verlust des zweiten Bruders war teilweise stellvertretend für den ersten. Und er war auch stellvertretend für unbewußte Verluste, die Ross in seinem Innern erlitten hatte.

Mrs. Harriman engagierte einen Detektiv, um Scott zu finden. Sie reisten gemeinsam nach Thailand, und mit Hilfe der amerikanischen Botschaft holten sie ihn nach Hause. Ross' Erinnerungen an Corky wurden schwächer. Doch in diesem Jahr fühlte er sich zunehmend unwohl am Williams College. Er beschäftigte sich mit Buddhismus und ließ sich die Haare lang wachsen. Identitätsprobleme bewogen ihn, Hilfe bei der psychologischen Beratungsstelle für Studenten zu suchen. Nach vier Sitzungen eröffnete ihm sein Therapeut, daß er nach Hartford gehen würde und Ross sich einen anderen Therapeuten suchen müsse. Als Ross gehen wollte (nachdem er wieder einmal durch einen unerwarteten Verlust verletzt worden war), sagte der Therapeut zu ihm: »Der Tod Ihres Bruders ist von viel größerer Bedeutung für Sie, als Sie meinen.«

»Ich weiß noch, daß ich zu weinen anfing, als er das sagte«, erzählt mir Ross, während er seinen ersten Bissen Lasagne nimmt. »Und dann war es wie weggeblasen. Ich habe die Behandlung nicht fortgesetzt, und das war's. Aber ich war erstaunt, wie sehr mir doch wieder zum Heulen zumute war, wenn ich an Corky dachte.«

Ross war von einer weiteren Gefühlswelle übermannt worden – nicht nur, weil er seinen Therapeuten und seinen Bruder verloren hatte, sondern auch ein Stück von sich selbst. Gegen Ende seines zweiten Jahres am College teilte er seinen Professoren mit, daß er sein Studium unterbrechen wolle. Er machte ein Jahr frei, reiste einige Monate durch Asien, malte zu Hause seltsame Bilder und jobbte. Im Jahr darauf ging er an das kleine St. Olaf College in Minnesota, wo er Suzanna kennenlernte. 1979 machte er sein erstes Examen und studierte dann weitere zwei Jahre Kommunikationswissenschaft an der *Duke University*. Er und Suzanna heirateten 1981, und er fand in Fort Myers, Florida, eine Stelle als Discjockey beim Rundfunk. Vier Jahre später bekam er in Memphis seine eigene Talkshow. Seine Söhne wurden geboren. Und plötzlich, als Peter schon in den Kindergarten ging, wurde Ross klar, was ihm fehlte. Peter erzählte fast täglich irgendwelche Geschichten von seinen Freunden. Er plauderte über den Babysitter. Einmal lief Jonathan aus dem Garten auf die Straße, und Peter holte ihn zurück. Der ältere Junge sprach immer wieder davon. Er würde sich an den Tod seines Bruders erinnern, begriff Ross. Also mußte mit ihm selbst als Kind etwas falsch gelaufen sein.

Eigene Kinder sind ein starker Auslöser für Erinnerungen an die Kindheit. Auf einem Foto im *National Geographic* sieht man ein afghanisches Baby, das an der Brust der Mutter saugt. Die Frau wiederum saugt an einem Tuch, das sie um Kopf und Schultern geschlungen hat. Die Mutter »erinnert« sich anschaulich daran, wie sie sich als Baby gefühlt hat. Die echte Nähe zu ihrem eigenen Baby hilft ihr, sich, wenn auch nur teilweise, an die eigene ferne Kindheit zu erinnern.

Nicht lange nachdem Ross Harriman beschlossen hatte, nach seinen Erinnerungen an Corky zu suchen, fiel ihm ein Erinnerungsfragment ein, während er in seinem Arbeitszimmer in Memphis saß und versuchte nachzudenken. »Ich sah kurz das Bild vor mir, wie ich als Kind auf meinem Bett sitze«, so erzählt er. »Es war in unserem Haus in George-town. Es muß der Abend gewesen sein, nachdem Corky gestorben war, oder ein Abend später. Und ich erinnerte mich daran, daß ich rüber-schaute und ein leeres Bett sah. Und daß ich eine tiefe Traurigkeit empfand.

Ich habe vor kurzem meine Eltern in Chattanooga angerufen, wo sie sich zur Ruhe gesetzt haben. Und ich habe Mom gefragt, wie die Betten in unserem Zimmer standen. Wie es damals aussah. Und meine Mutter hat im großen und ganzen das beschrieben, was ich in meiner Erinne-rung gesehen hatte. Es waren zwei gleiche Betten, und sie standen parallel zueinander. Und sie hat gesagt: ›Ja, ein paar Nächte lang hat das leere Bett noch dort gestanden.‹ Sie hat mir erzählt, daß sie irgendwie mit einem von unseren Verwandten, die zur Beerdigung angereist waren, auf die Schlafsituation und das leere Bett zu sprechen gekommen ist. Und der war völlig entsetzt und hat gesagt: ›Wie könnt ihr denn Ross mit dem leeren Bett im Zimmer schlafen lassen?‹ Und meine Mutter, nachdem ihr das klar wurde, hat nur gesagt: ›Natürlich, natürlich.‹ Ich glaube, am selben Abend haben sie mich rüber in das Kinderzimmer gebracht, wo mein kleiner Bruder Scott schlief. Irgend-wann wurde dann Corkys Bett rausgeschafft. Und dann bin ich wieder in mein Zimmer gezogen.«

Ross wußte, daß er eine wahre Erinnerung wiedergefunden hatte. Seine Mutter hatte sie bestätigt. Die Erinnerung an das leere Bett ist keine Deckerinnerung, die für etwas steht, das mit einem inneren Konflikt in der Kindheit zusammenhängt. Sie ist vielmehr das Frag-ment einer realen traumatischen Erfahrung – Corkys Tod.

Möbelstücke, die Erinnerungen auslösen, zählen nicht zu Marigold

Lintons Strategien, um sich an die Vergangenheit zu erinnern. Aber sie sind hilfreich. Ich habe festgestellt, daß sich meine Patienten, wenn ich sie Grundrisse von ihren alten Kinderzimmern oder Gärten oder Klassenzimmern malen lasse, an vieles erinnern können. Ein Mann malte eine Szene, an die er sich immer erinnert hatte; als er noch ein Kleinkind gewesen war, hatte sein Vater gedroht, ihn vom Balkon ihrer Wohnung zu werfen. Während er die Zeichnung anfertigte, erinnerte er sich zum erstenmal daran, daß seine Mutter dabeigewesen war. Er konnte ihren entsetzten Gesichtsausdruck sehen. Sie war dagewesen! Und der Mann hatte es nicht gewußt. Er fand den Gedanken an die Reaktion seiner Mutter tröstlich. Auch Ross hatte etwas aus seiner vergessenen Vergangenheit wiedergefunden, indem er sich im Geist ein Bild von dem Zimmer gemacht hatte, in dem er als vierjähriger Junge geschlafen hatte. Eine äußerst effektive Technik.

Die Erinnerung an unsere räumliche Position zählt zu den besten Einstiegsmöglichkeiten in unsere alten Erinnerungen. Das gilt nicht nur für schockierende Erlebnisse, sondern auch für die herkömmlicheren Episoden unserer Kindheit. Die Rekonstruktion unserer alten Zimmer läßt uns das leere Bett neben uns, die offene Tür oder die stehende Gestalt »sehen«. Die Neurologen Bengt Gustaffson und Holger Wigström von der Universität von Göteborg haben nachgewiesen, daß räumliche Erinnerungen von relativ simplen präsynaptischen und postsynaptischen Verbindungen im Hippokampus verarbeitet werden. Tatsächlich wäre es möglich, daß räumliche Erinnerungen in denselben hippokampischen Zellen verarbeitet werden, die auch für die episodischen Erinnerungen zuständig sind. Wir können also detaillierte Zeichnungen anfertigen oder uns im Geiste lebhaft vorstellen, wie wir als Kinder über Gleise oder Felder gestapft, zur Schule gelaufen oder in unsere alte Küche gegangen sind. Es ist möglich, aus unseren erinnerten Positionen viele reale Erinnerungen und reale Gefühle abzuleiten.

So kann ich mir beispielsweise sagen: »Stell dir das Zimmer vor, in dem du zwischen deinem sechsten und 13. Lebensjahr geschlafen hast«, und schon sehe ich mein Bett vor mir, das an der linken Wand stand. Wenn ich von meinem Kissen aufblicke, sehe ich die rosafarbenen Möbel aus Kirschbaumholz. Zwischen dem Bett meiner Schwester

Bobby und meinem steht ein kleiner Nachttisch. Ich kann mich an das Gefühl erinnern, wenn ich meinen Fuß in den kühlen, dunklen Spalt zwischen Bett und Wand schob. Ich kann sehen, wie Bobby und ich das Bett zum Trampolin umfunktionierten. Ich kann meinen Bruder Robert sehen, wie er, noch nicht einmal ein Jahr alt, mit meiner und Bobbys »Hilfe« sogenannte »Kunststücke« über dem Bett vollführte. »Hoch in die Luft, das geht so *guuut*! *Duuu* bist ein Superbaby, *duuu* bist ein Superbaby.« Ich kann unseren Singsang noch immer hören. Und ganz nebenbei erinnere ich mich plötzlich, wie Bobby und ich uns auf dem Bett gegenseitig die Köpfe gestoßen haben, wie wir uns gegen »meine Wand« geworfen haben und uns eine Geheimsprache ausdachten, die wir schon damals selbst nicht verstanden.[7]

Meine Kinderzimmererinnerungen sind ganz normale Erinnerungen, wie sie wohl die meisten Menschen haben. Als sich jedoch Ginny, die Erzählerin und Protagonistin von Jane Smileys Roman *Tausend Morgen* in Iowa, wo sie aufgewachsen ist, für einen Moment auf ihr altes Bett legt, sind die Erinnerungen, die ihr in den Sinn kommen, alles andere als normal. Ginny befindet sich inzwischen in der Mitte ihres Lebens. Sie überrascht die Leser: »Als ich da lag, wußte ich, daß er hier bei mir gewesen war, daß mein Vater mit mir auf diesem Bett gelegen hatte, daß ich oben auf seinen Kopf gesehen hatte, auf die kahle Stelle in dem graubraunen Haar, während ich fühlte, wie er an meinen Brüsten saugte. Das war die einzige Erinnerung, die ich ertragen konnte, bevor ich mit einem Schrei aus dem Bett sprang.« Diese Erinnerungen sind sozusagen an einen Ort gebunden – in diesem Fall an ein Bett im Kinderzimmer. Viele unserer schönen und traurigen Erinnerungen sind derart ortsgebunden.

1967 schrieb der Romancier Frank Conroy ein autobiographisches Buch mit dem Titel *Stop-Time*, in dem er seine schwierige und vielleicht traumatische Jugend beschreibt. Wie Jane Smiley benutzt Conroy Räumlichkeiten als Auslöser, und er setzt Visualisierung ein, um seine Kindheit wiederzuentdecken. Es gibt eine Szene in *Stop-Time*, in der Conroy »den Jungen« (er selbst) einen Vetter besuchen läßt, der am Meer wohnt. Im Februar 1992, auf einem Kongreß zum Thema Erinnerung, der vom *American College of Psychiatrists* in San Francisco veranstaltet wurde, hörte ich Conroy die Szene beschreiben.[8] »Ich wollte den Jungen zu einem Deich bringen, wo sein Vetter spielte. Also fährt der Junge auf dem Fahrrad und kommt dort an – ich erinnere mich heute an das Haus und den Deich. Also habe ich die Szene geschrieben. Und dann wußte ich nicht, was sonst noch passieren sollte. Es war zu abrupt. Ich mußte noch das Kapitel zu Ende bringen ... Ich habe mich ganz auf die Bilder konzentriert, die visuellen, mentalen Bilder, und so habe ich die Jungen vom Deich zurück nach Hause geführt. Es war, als ginge ich mit einer Kamera hinter ihnen her. Ich sah den Jungen zu, wie sie zurück zum Haus gingen. Und dann richtete sich mein innerer Blick auf die Fliegentür – eigentlich auf die obere Hälfte der Fliegentür. Sie öffnete sich. Und niemand kam raus! Und dann schwenkte die Kamera auf den unteren Teil der Tür, wo sie gerade von einem schwarzen Cockerspaniel aufgestoßen worden war. ›Mein Gott‹, sagte ich zu mir, als ich das tat. ›Stimmt ja! Sie hatten einen Cockerspaniel. Und er war schwarz, und er hieß Shadow.‹«

Frank Conroy vervollständigt sein Kapitel mit der Tür und dem Hund. Aber die beiden Bilder vervollständigen auch ein kleines Kapitel im ganz persönlichen Buch der Erinnerungen des Autors. »Das ist eine Erinnerung, der ich trauen kann«, erzählte er uns. »Es ist, als ob man bei dem Originalereignis zuschaut.« Conroy sagte auch, daß seine Vergangenheit, bevor er *Stop-Time* schrieb, für ihn »völlig verschwommen« gewesen war. »Die Chronologie stimmte nicht. Die Erinnerungen waren wirr. Die Disziplin und die Konzentration beim Schreiben haben mir geholfen, meine Erinnerungen zu ordnen.«

Das Aufschreiben von Erinnerungen erhöht die Wahrscheinlichkeit der Reaktivierung. Marigold Linton führt genau Buch über die Geschehnisse in ihrem Leben. Wenn man schreibt oder auf Kassette spricht, entsteht eine neue Folge von Erinnerungen. Diese zweite Handlungsfolge – Schreiben, Sprechen, Durchsicht – verstärkt die ursprünglichen Wahrnehmungen (und verändert sie auch gelegentlich). Menschen, die ständig auf Tagebücher oder Zeichenblocks zurückgreifen können, haben größere Aussichten, sich zu erinnern, als Menschen, die das nicht können. Je mehr Funktionen in das eingebunden sind, was zur Erinnerung wird, desto mehr Raum nimmt diese Erinnerung im Bewußtsein ein.

Die Prärie-Indianer hatten eine traditionelle Methode – ich hoffe, sie haben sie noch immer –, ihre Erinnerungen aufzuzeichnen und zu bewahren, die sie »winter count« nennen. In jedem Winter malte ein Indianer auf eine große Büffelhaut ein Symbol für das, was er für das einprägsamste Ereignis des Jahres hielt. Je mehr Winter vergingen, desto umfangreicher wurden die »winter counts«. Auf ihrer Grundlage gab man den Jahren Namen, zum Beispiel »das Jahr der vielen Büffel« oder »das Jahr der Dürre«. Aber ein Prärie-Indianer konnte sich mit Hilfe der chronologischen und sachbezogenen Stichwörter auch an die Ereignisse seines eigenen Lebens erinnern, wenn er sein »winter count« betrachtete.[9]

Als sein Sohn Peter vier Jahre alt wurde, machte Ross eine Tour auf den Lookout Mountain bei Chattanooga, um zu wandern und einmal in Ruhe nachzudenken. Er hatte beschlossen, seine Eltern zu besuchen, die von Silver Spring aus dorthin gezogen waren, wo sie ihren Lebensabend verbringen wollten. Ross hatte sich seit mehreren Monaten mit Corky beschäftigt. Warum kannte er ihn nicht besser? Wie waren sie miteinander umgegangen? Er hatte sich viele Fotos im Familienalbum angesehen, auf denen er und Corky als Kinder zu sehen waren, aber sie hatten offenbar keine narrativen Erinnerungen in ihm ausgelöst. Diesmal, so sagte er sich, würde er reden und sich nicht irgendwelche Fotos ansehen.

»Während ich so da oben auf einem Felsen in der Sonne saß«, berichtet Ross mir bei unserem Lasagneessen, »habe ich darüber nachgedacht, was ich meinen Eltern sagen könnte. Ich hatte ihnen erzählt, daß ich ein bißchen in den Bergen wandern und auf dem Rückweg bei ihnen vorbeischauen wollte ... Im Wald kommt mein Verstand immer zur Ruhe. Ich höre das Wasser und den Wind ... Als ich vom Lookout Mountain wieder herunterkam, wußte ich, was ich tun wollte, aber meine Eltern nicht. Sie müssen sich richtig überrumpelt vorgekommen sein.«

Ross mußte die Erinnerungen seiner Eltern zu seinen eigenen machen. Er hungerte nach Erinnerungen – selbst nach denen von anderen. »Wir plauderten zunächst über dies und das«, sagt er. »Dann kamen wir ganz allgemein auf unsere Erinnerungen aus der Zeit zu sprechen, als Corky noch lebte. Und Mom erzählte auf einmal einige ihrer Erinnerungen aus der Zeit um Corkys Tod.« Ross fragte seine Mutter, was sie von seiner Beziehung zu Corky noch in Erinnerung hatte. Sie erzählte ihm, daß er sich nicht sonderlich gut mit seinem älteren Bruder verstanden habe. Ross habe immer versucht, es ihm gleichzutun, sagte sie.

»Sie haben einen großen alten Eßtisch, und Mom saß an einem Ende«, sagt er. »Dad saß am anderen Ende, und ich in der Mitte. Irgendwann sagte meine Mutter, daß ich nicht geweint habe, als Corky starb – daß sie erstaunt darüber gewesen sei, daß ich nicht weinen mußte. Und sie erinnerte sich, daß ich nur in jener ersten Nacht gesagt hatte, daß ich Corky vermisse, und danach nie wieder. Und dann sagte sie, daß ich wohl zu jung gewesen sei, um seinen Tod wirklich in mich aufzunehmen. Und da brach es aus mir heraus! Ich konnte nur noch sagen: ›Nein! Nein! Ich glaube, ich stand unter Schock, als er gestorben ist.‹ Und für mich war das wirklich ganz enorm, daß ich ihr das sagen konnte. Und wissen Sie was, Sie hat es nicht abgestritten – und wenn ihr was nicht gefällt, streitet sie es immer ab. Mom hatte nicht geglaubt, daß ich Corkys Tod richtig begriffen hatte, dabei hat sich doch mein ganzes Leben – alles – darum aufgebaut. Ich habe seinen Tod viel zu sehr verinnerlicht!«

Das waren zwei unterschiedliche Geschichten – die von Ross und die seiner Mutter. Beides wahre Erinnerungen, reale Erinnerungen. Doch bis zu diesem Augenblick hatte keiner von beiden die Perspektive und die Gefühle des anderen wahrgenommen. Als ich die Szenen aus dem Eßzimmer der Harrimans geschildert bekam, konnte ich die intensiven Emotionen förmlich spüren. Da waren drei intelligente Menschen, die nichts zu verbergen hatten – weder Inzest, noch Grausamkeiten, noch Alkoholismus –, und doch wurden durch Ross' Heimkehr und seine Frage nach ihren Erinnerungen heftige Affekte ausgelöst. Ross wußte um den emotionalen Preis, den seine Eltern möglicherweise dafür bezahlen mußten, daß er mit ihnen über Corky sprach. Doch sein Bedürfnis, mehr über Corky zu erfahren, war stärker als sein Bedürfnis, sich und seinen Eltern eine schmerzliche Szene zu ersparen.

Ross und seiner Mutter kamen die Tränen, als sie daran dachten, wieviel Corkys Tod ihnen bedeutet hatte. »Meinem Dad erging es ähnlich. Er erzählte, daß er, als Corky überfahren worden war, den unwiderstehlichen Drang empfand, sofort nach Hause zu fahren und meiner Mutter zu erzählen, was passiert war. Er sagte, daß er in den Wagen gestiegen ist, Corkys Leiche auf der Straße liegenließ und direkt nach Hause fuhr. Und ich kann mich erinnern – das ist die Erinnerung, die ich *immer* hatte –, wie ich am anderen Ende des Wohnzimmers stand und irgendwie erstarrt bin. Und ihnen zugehört habe.«

An dem Eßzimmertisch in Chattanooga, als Ross' Vater seinem Sohn erzählte, wie schmerzvoll die alte Erinnerung an den Anblick von Corkys entstellter Leiche für ihn war, spürte Ross seine eigenen Gefühle in sich aufsteigen. »Ich merkte, daß mir eine einzelne Träne über die Wange lief«, sagt er. »Und ich habe mich gefragt, wie Dad jetzt wohl darauf reagieren würde – das war nämlich völlig neu, daß ich weinte. Aber er hat einfach weitergeredet, und bald weinte ich richtig heftig. Und dann wurde das Ganze fast absurd. Er hat eine Packung Kleenex geholt. Typisch Dad – immer praktisch veranlagt. Und kurz darauf hatte ich dann auch einen kleinen Berg vollgeheulter Kleenextücher vor mir liegen.«

Ross' Vater redete immer schneller, während sein Sohn weinte. Ross' Mutter kam um den Tisch und legte ihm die Hand auf die Schulter. Doch dann gingen den Harrimans die Erinnerungen vorläufig aus. Sie waren wieder dort angekommen, wo sie gewöhnlich Trost suchten – bei den Vorstellungen, daß Corky nun in Gottes Hand sei. Als Ross schließlich unter Tränen aufblickte, stellte er fest, daß sein Vater gegangen war. »Dad hatte einfach nichts mehr zu sagen. Er konnte nicht länger in unserer Nähe bleiben.«

Eine Szene wie die an dem Eßtisch in Chattanooga ereignet sich nicht oft im Leben einer Familie. Ross hatte bei seinen alternden Eltern heftige Gefühle aufgewühlt, um deren Darstellungen zu hören und mit seinen Vorstellungen zu vergleichen. Er mußte feststellen, daß jeder von ihnen seine eigene Geschichte hatte. Doch diese Geschichten paßten gut zusammen. Sie bestätigten Ross' Erinnerungsfragmente. Ross fühlte sich allmählich in der Lage, die Versionen zu modifizieren, die seine Eltern von seiner Reaktion auf Corkys Tod hatten. Corkys Tod hatte ihn sehr wohl erschüttert, teilte er ihnen mit. Und zwar so sehr, daß er sein ganzes Leben als Kind verändert hatte. Als zäher, kleiner Konkurrent von Corky war er quasi über Nacht zum kleinen

»Vater« für Scott geworden. Für Ross hatte sich alles verändert. Nun wußten das auch seine Eltern. Und was noch besser für Ross war, er wußte, daß sie es wußten.

Obwohl ein Gespräch über Erinnerungen äußerst emotional verlaufen kann, birgt es die Möglichkeit zur Bestätigung von außen und die Gelegenheit, unsere Erinnerungen neu zu überdenken – neue Schwerpunkte und Deutungen zu entdecken. Deshalb sind manche Therapiegruppen – besonders solche, die eine spezielle Orientierung haben, wie beispielsweise Gruppen für traumatisierte Vietnamveteranen oder Inzestüberlebende – für ihre Mitglieder so hilfreich.

Während Ross in Chattanooga war, erzählte er seinen Eltern, auf welche unterschiedliche Weise er versucht hatte, seine Erinnerungen an Corky wiederzufinden. Er erzählte ihnen von seinen Briefen und seiner Männergruppe. Sie pflichteten ihm bei, daß das hilfreich sein könnte, und sie gaben ihm ein paar alte Fotos von Corky mit. Auch die würden eine Hilfe sein. Wenn die professionelle Erinnerungssucherin Marigold Linton ihren Erinnerungen nachspürt, benutzt sie eine hierarchische Struktur. Das ist ein ganz anderer Ansatz als bei Ross Harriman. Dr. Linton setzt zunächst im Geist einen Stimmungswert fest (entweder »negativ« oder »positiv«), von dort geht sie zu themenbezogenen Erinnerungen über (Arbeit, Soziales, Liebesbeziehungen), zu sogenannten Zusätzen oder »Etiketten« (»als ich in Utah arbeitete«, »als ich im Hauptstudium war«, oder »meine besten Freunde«). Linton ist der Meinung, daß das Etikettieren die beste Möglichkeit bietet, im Erwachsenenleben freie Erinnerungen zu stimulieren. Schließlich konzentriert sie sich auf die Details der bereits erinnerten Episode – Farbnuancen, Klang, Struktur und exakte Lokalisierung.[10]

Natürlich ist Marigold Linton nicht traumatischen Kindheitserinnerungen auf der Spur – sie sucht lediglich nach den Dingen, die ihr als Erwachsene widerfahren sind. Aber auch Ross suchte nicht nach traumatischen Erinnerungen. Die hatte er bereits. Das furchtbare Gespräch, das er im Wohnzimmer mit angehört hatte, seine Erinnerungen an ein leeres Bett, Corkys offener Sarg – das alles ist wirklich traumatisch. Ross suchte, wie Marigold Linton, schlicht nach ganz gewöhnlichen Erinnerungen an Corky. Um eine Suche im Stil von Linton durchzuführen, würde Ross an die schönen Dinge im Zusammenhang mit Corky denken müssen – zum Beispiel an das Thema »Spielen«, daran, wie sie beide in Georgetown immer zusammen von der *Hartwell Academy* (wo Ross in die Vorschule und Corky zur Schule ging) nach Hause gegangen sind. Dann würde er sich auf die Einzelheiten konzentrieren müssen, auf das Wer, Was, Wo und andere besondere Merkmale.

In einem Artikel aus dem Jahre 1986 erläutert Dr. Linton, wie sie sich selbst im Hinblick auf ihre autobiographischen Langzeiterinnerungen testete. Im Zeitraum von 1971 bis 1983 notierte sie täglich alles Wichtige, was sie erlebte, mit zwei bis drei Zeilen auf Karteikarten. Sie überprüfte ihre Erinnerungen einmal im Monat, indem sie die Karten mischte und dann versuchte, die Ereignisse zu datieren und genauer zu beschreiben. Einmal pro Jahr versuchte sie eine freie Reaktivierung aller Ereignisse des Jahres. Nach zwölf Jahren testete sie sich im Hinblick auf sämtliche Ereignisse während dieser Zeitspanne. Linton stellte fest, daß nur eines von zehn frei reaktivierten Ereignissen negativ war. Die übrigen waren entweder neutral oder positiv. Die Erinnerungen, die sie bei der freien Reaktivierung am ehesten ausließ, definierte sie folgendermaßen: »Ärgerlicher Alltagskram wie kleinere Streitereien mit der Familie, Meinungsverschiedenheiten mit Kollegen, die erste Enttäuschung wegen einer negativen Rezension, ein zerbrochenes Andenken.« Außerdem ließ sie die freie Reaktivierung von bestimmten negativen Ereignissen bei der Arbeit aus. Allerdings verschwanden die negativen Erinnerungen nicht völlig aus ihrem Kopf. Bei der Reaktivierung mit Hilfe der Stichworte auf den Karteikarten konnte sie Daten und typische Charakteristika von negativen Ereignissen ebenso schnell erinnern wie die der positiven. Anders ausgedrückt, irgend etwas an der freien Reaktivierung blendete viele negative Ereignisse aus dem Bewußtsein aus. Ein psychodynamischer Kliniker würde folgern, daß Dr. Lintons negative Erinnerungen durch Abwehrmechanismen blockiert wurden. In gewisser Weise liefert Linton mit ihrer Untersuchung schon fast den »Beweis« für Verdrängung.

Traumata wie das von Ross Harriman sind natürlich eng mit einer ganz besonderen Art von Erinnerung verknüpft. Es ist höchst unwahrscheinlich, daß in Marigold Lintons Liste von Erinnerungen aus den zwölf Jahren irgendwelche persönlichen Traumata enthalten waren. In ihrer zusammenfassenden Darstellung aus dem Jahr 1986 erwähnt sie jedenfalls keine. Ein Trauma – insbesondere eine isolierte, einmalige Episode – wäre Dr. Linton mit wesentlich größerer Wahrscheinlichkeit in Erinnerung geblieben als der »ärgerliche Alltagskram, wie beispielsweise kleinere Streitereien«. Ein Trauma durchbricht herkömmliche Formen der Abwehr. Bei Ross war das der Fall, aber er wollte auch alles übrige – den Alltagskram. Es war, als hätte das Trauma einen Krater hinterlassen, und zwar nicht an der Einschlagsstelle, sondern ungefähr eine Meile weit entfernt.

Würden Ross' Erinnerungen an Corky verloren bleiben, weil sie einfach zu alt waren, um erinnert zu werden? Die Arbeit von Dr. Larry Squire am *San Diego Veterans Administration Medical Center* – die bereits im vierten Kapitel vorgestellt wurde – zeigt, daß bei Menschen mit organischer Amnesie sehr alte Erinnerungen erhalten bleiben können, während jüngere Erinnerungen ausgelöscht werden. Offenbar »reorganisieren« sich alte Erinnerungen, viele Jahre nachdem sie gebildet wurden. Selbst wenn Ross' Erinnerungen an Corky nach dessen Tod verdrängt worden waren, konnten sie doch nicht unwiederbringlich verloren sein, sondern sie waren höchstens neu verarbeitet worden.

Marigold Linton hat beobachtet, daß sich ihre Erinnerungen verändern, wenn sie mehr als zwei oder drei Jahre alt sind. Es findet eine »Umformulierung« der Erinnerungen statt, »eine Verlagerung der Schwerpunkte und umfangreiche Auslassungen«. Sie haben in der Gegenwart entweder größere oder geringere Bedeutung, je nachdem, wie das weitere Leben verlaufen ist. Die besondere Bedeutung eines Ereignisses – gemessen daran, wie emotional stimulierend oder wichtig es war und wie häufig darüber geredet wurde – schlägt sich darin nieder, ob die Erinnerung frei reaktiviert wird. Negative Erinnerungen werden beiseite gedrängt. Nach ein paar Jahren lösen sich Mischungen von Ereignissen allmählich auf, wobei die weniger bedeutsamen Elemente oft völlig aus dem Bereich der freien Reaktivierung herausfallen. Einzelne Bestandteile und Details gehen verloren. Was Dr. Linton zunächst unwichtig erschien – sie lernt einen »schüchternen Forscher« kennen –, nimmt Jahre später tiefere Bedeutung an, als sie ihn heiratet.

Manchmal jedoch, so hat Marigold Linton festgestellt, drängen sich

Erinnerungen, an die man lange Zeit nicht gedacht hat, »ungebeten« ins Bewußtsein. Und darauf darf auch Ross Harriman bei seiner Suche nach Corky hoffen.

Ross erzählt mir – während die Kellnerin unsere leeren Teller abräumt und den Nußkuchen serviert –, daß ein Antwortbrief von Deanna Wood seiner Suche nach Erinnerungen an Corky zum größten Durchbruch verhalf. Sie war Corkys Lehrerin gewesen, und Ross hatte sie brieflich um Informationen gebeten. »Offenbar war Corky richtig gläubig«, sagte er. »Ich glaube, meine Eltern hatten schon gesagt, daß er gläubig war, wenn ich recht darüber nachdenke. Aber Deanna hat mir Näheres dazu erzählt. An dem Tag, als Corky starb, hatten die Kinder Bastelstunde. Sie hatte Strohhalme, Scheren und Kleber verteilt und den Kindern gesagt, sie sollten einfach irgendwas damit machen. Corky hat drei Kreuze gemacht und auf einen kleinen Hügel gestellt. Er hat gesagt, das mittlere wäre Jesus. An dem Tag ist Deanna auch durch die Reihen gegangen und hat die Kinder gefragt, was sie einmal werden wollten, wenn sie groß sind. Und Corky hat gesagt, er wolle Pastor werden. Corky wollte tatsächlich Geistlicher werden.«

Das war eine Seite von Corky, die Ross bis dahin völlig unbekannt gewesen war. Jetzt war sein großer Bruder lebendig, nicht tot, er bastelte Kreuze und dachte an Golgatha. Die Lehrerin berichtete auch, daß Mrs. Harriman in der Woche vor Corkys Tod eine Vision gehabt habe. Sie hatte Jesus auf sich zukommen sehen. Er hatte kein Wort gesagt, sondern nur ein Tor in einer Wand geöffnet.

Ross kann nicht weitersprechen. Er ist zu bewegt. Der Mann, der so gut mit Metaphern umzugehen weiß, begreift die Bedeutung eines »geöffneten Tores«. Er weint. »Das – das gehört alles dazu«, sagt er schließlich und meint damit, daß seine Familie die Religion als Ersatz für eine realistischere Erinnerung an Corky eingesetzt hat. Wenn er die Erzählung seiner Mutter mit der Erzählung der Lehrerin verbinden würde, könnte es durchaus sein, daß er eine Mischung zustande bringt, in der Corkys Tod Teil der Christusgeschichte wird. Doch er mag die Geschichten aus einem einfacheren Grund: In Deannas Erinnerung ist Corky sehr lebendig.

»Deanna hat mir auch geschrieben, daß die Klasse in der Woche vor Corkys Tod in den Washingtoner Zoo gefahren ist. Und Mom hatte in der Woche Scott zur Welt gebracht und erholte sich gerade. Deshalb konnte sie nicht dauernd auf mich aufpassen, und ich war bei dieser Klassenfahrt dabei, meinte Deanna. Und sie hat in ihrem Brief geschrieben, daß meine Mom große Angst hatte, richtig besorgt war, weil wir den Ausflug machten.«

Plötzlich bricht Ross ab. »Interessant«, sagt er. »Gerade, während ich geredet habe, hatte ich eine Erinnerung. Ich *sehe* den Zoo! Ich erinnere mich an einen Elefanten mit einem … er hat seinen Rüssel rausgestreckt. Und er hat irgendwie bei mir am Kopf gesaugt oder so. Ich weiß noch, daß ich Angst hatte. Aber ich weiß nicht, ob das derselbe Ausflug ist, von dem Deanna geschrieben hat.« Die Erinnerung platzt förmlich in den Raum, in dem wir zu Mittag essen. Und sie erschreckt uns ein wenig.

Ross ißt etwas von seinem Nußkuchen und nimmt einige Schlucke kalten Kaffee. Sein rotblondes Haar kann bestimmt die Aufmerksamkeit eines Elefanten wecken, denke ich. Er holt ein altes Schwarzweißfoto von sich und Corky hervor und zeigt es mir stumm. Beide sind süße kleine Jungs in gestreifen Polohemden mit dunklem Kragen. Beide haben Stupsnasen, kurzgeschnittenes, schimmerndes Haar und ein breites Grinsen. Sie stehen vor einem hübschen alten Haus in Georgetown. Corkys Haar ist so hell, daß es aussieht wie ein Heiligenschein.

Ross erzählt mir, daß er auch an die Fords geschrieben habe, gute Freunde der Familie aus der Zeit, in der beide Väter als Journalisten in Washington arbeiteten. »Und die Fords haben zurückgeschrieben und von einem Ausflug an den Strand erzählt. Welcher Strand war das? Vielleicht in Virginia. Sie haben geschrieben, daß Corky und ich auf den Sanddünen gespielt haben, mit Handtüchern, die wir uns wie Capes umgebunden hatten, und daß wir von den Dünen gesprungen sind. Und wieder brachte das in mir eine Saite zum Klingen.« Ross lächelt. »In gewisser Weise kann ich es sehen«, sagt er. »Aber in meinem Innern sehe ich nicht Corky. Oder die Kinder der Fords. Es ist eine Düne, und es macht Spaß. Ich springe unheimlich gerne von Dünen. Mach' ich immer noch, wenn ich Gelegenheit dazu habe. Kennen Sie die Riesendüne in Westmichigan? Wenn so ein Ding steil genug ist, kann man regelrecht fliegen.«

Jetzt erinnert sich Ross an ein harmloses Sexspiel, das er im Keller des Hauses in Georgetown mit zwei älteren Mädchen aus der Nachbarschaft gespielt hat – »sie waren vielleicht fünf oder sechs Jahre alt.«

»Wie fühlen Sie sich bei dieser Erinnerung?« frage ich.

»Schlecht«, sagt er. »Ich hatte ein schlechtes Gewissen.«

Ross hatte diese Erinnerung nie verloren, aber in diesem Moment fällt ihm wieder ein, wie er zum Abendessen die Treppe hinaufkommt, »und ich mich frage, ob ich bestraft werde, wenn sie mich erwischen, und mir vornehme, so was nie wieder zu tun. Meine Eltern sind in der Küche. Und da ist noch jemand – wie ein Kind. Es ist kein hoher Kinderstuhl da, also kann es nicht Scott sein. Ich habe eindeutig das Gefühl, daß es nur unsere Familie ist. Wissen Sie, nur die Familie.«

Ich sage Ross, daß das Corky sein muß. Der lebende Corky.

Ross blickt aufgeregt drein. Ja, das ist Corky. Reicht das schon für eine Erinnerung? Nur das *Gefühl*, daß noch jemand da ist?

Ja, natürlich. Das reicht für eine Erinnerung. Ich erläutere ihm, daß das Erinnerungsvermögen im ganzen Gehirn lokalisiert ist – nicht nur in der vorderen Hirnrinde, sondern überall. Das Gefühl, daß ein Mensch anwesend war, ist genausogut eine Erinnerung, wie ein mentales Bild eine ist.

Nicht alle Versuche, die Ross unternahm, um seine Erinnerungen wiederzufinden, waren erfolgreich. Er versuchte, seinen Verstand zu zwingen – »Konzentration, Konzentration, Konzentration«, beschwor er sich selbst. Doch je mehr er sich anstrengte, desto weiter entglitten ihm die Erinnerungen. Sie lassen sich nun mal nicht mit einem Gewaltakt hervorholen. Sie gleiten an die Oberfläche, wenn wir »abdriften«. Wenn ein Mensch sich entspannt und seine Gedanken wandern läßt, ist sehr viel eher damit zu rechnen, daß Erinnerungen in ihm aufsteigen. Entspanntes Nachdenken, Visualisierung und freies Assoziieren sind meist ebenso erfolgreiche Wege, um Erinnerungen zu reaktivieren wie die Hypnose. Frei schweifende Gedanken sind für das Erinnern ebenso hilfreich wie eine Befragung unter dem Einfluß von Barbituraten. Dies gilt jedoch nicht für Fälle von allgemeiner Amnesie.

Papier und Bleistift – oder der Computer – sind eine große Hilfe für das Gedächtnis, und zwar sowohl zum Speichern als auch zum Aktivieren von Erinnerungen. Ross' Briefe an Deanna Wood, an die Fords und an mich waren ein solches Mittel. Notizen oder Tagebücher sind ein anderes. Das Schreiben einer Autobiographie ist vielleicht der allerbeste Weg. Aber oft wird in solchen Arbeiten das Dramatische überbetont, um beim Leser Interesse zu wecken, und das modifiziert natürlich die Erinnerung. Wenn eine Autobiographie denselben Erzählrhythmus hätte wie das Leben selbst, würde niemand sie lesen. Marcel Proust greift in seinem Roman *Auf der Suche nach der verlorenen Zeit* gewisse Erinnerungen heraus und läßt sich dann seitenweise darüber aus. Proust wird eine *Madeleine* in kaum mehr als 30 Sekunden gegessen haben, doch die Erinnerung an diese *Madeleine* begleitet seinen Protagonisten Swann über Jahre hinweg. Diese variable Behandlung der Zeit und ihrer Betonung ist das Privileg des Geschichtenerzählers. Wenn wir unsere eigenen Erinnerungen erzählen, genießen wir dieselben Privilegien. Aber ich habe festgestellt, daß die Geschichte beim Akt des Erzählens an Genauigkeit verliert. Sie verliert sogar an Genauigkeit, wenn wir sie uns selbst erzählen.

Aber viele Erinnerungen bleiben für uns immer nur Stückwerk, wenn wir sie nicht durch Geschichtenerzählen ausarbeiten. Ross Harriman hatte plötzlich, als er mir ein Erinnerungsfragment von einem Ausflug in den Zoo erzählte, einen Elefanten gesehen. Er hatte die Anwesenheit seines Bruders in der Küche gespürt, als er mir von seiner frühen sexuellen Begegnung mit den kleinen Mädchen berichtete. In diesem Zusammenhang muß ich an ein Gespräch denken, daß ich vor wenigen Jahren mit Paul Wilson führte, einem Psychiater aus Washington, D.C., und ein alter Freund von mir. Wir hatten uns gegenseitig Erinnerungsfragmente aus unserer frühen Kindheit erzählt. Und dann schmückten wir die Erinnerungen aus, um deutlich zu machen, wie wichtig sie doch waren. Ich erinnerte mich daran, daß meine Großmutter mütterlicherseits mich in den Armen hielt und versuchte, mir mit sanfter Gewalt eine heiße Flüssigkeit einzuflößen. Paul erinnerte sich daran, daß er von jemandem auf dem Arm getragen wurde und dabei in den Himmel geschaut hat, während er eine Brücke überquerte. Doch dann erzählten wir uns die erweiterten Geschichten, die wir von unseren Familien gehört hatten, als wir so alt waren, daß wir erzählen konnten, woran wir uns erinnerten. Und die Erweiterungen verliehen den tatsächlichen Erinnerungen erst ihren Sinn.

Ich war elf Monate alt, als wir von New York nach Cleveland umzogen. Mein Vater, der es als Künstler während der Weltwirtschaftskrise sehr schwer hatte, konnte uns nicht mehr ernähren, und meine Mutter fuhr im Zug mit mir und ihrer Mutter nach Cleveland, wo ihre Familie uns vorübergehend aufnehmen und versorgen wollte. Man hat mir erzählt, daß ich mich während der Zugfahrt fürchterlich aufgeführt habe. Ich habe nur geweint. Meine Mutter denkt, ich habe gespürt, daß wir meinen Vater verließen, in den ich schon damals ganz vernarrt war. Um mich zu beruhigen, schob mir meine Großmutter, die russischer Abstammung war, einen Löffel Tee in den Mund – auch meine Mutter erinnert sich daran. »Liebelein, nimm Tee«, sagte sie. Verstand ich damals schon die Sprache? Ich weiß es nicht. Aber wenn mir diese Erinnerung kommt, höre ich noch immer eine Stimme jene Worte aussprechen.

Paul Wilsons Erinnerung ist wesentlich exotischer. Auch Paul war in seiner Erinnerung elf Monate alt. Doch Pauls Eltern waren Missionare, und damals flohen sie mit all ihren Habseligkeiten über eine Brücke in den sicheren Teil Chinas. Es war 1937, und die Japaner waren im Vormarsch. Pauls Familie floh in Todesangst. Doch seine eigentliche Erinnerung – das Fragment, daß er getragen wird und in den Himmel schaut – ähnelt stark meiner Erinnerung, in der mich die Arme meiner Großmutter halten. In beiden Erinnerungen geht es um Abschied von dem alten Zuhause. In beiden geht es um tiefen kindlichen Kummer. Die eine erzählt von großer Gefahr. Die andere erzählt von der vorübergehenden Trennung von einem Elternteil. Der Verstand eines Kleinkindes ist so unentwickelt und so sprachunfähig, daß diese Fragmente auf den ersten Blick beinahe trivial erscheinen – zwei Babys, die nach oben schauen, während sie jemand in den Armen hält.

Unsere frühesten Erinnerungen arbeiten wie bei Paul und mir – und auch wie bei Ross. Sie sind nur Stückwerk. Häufig müssen wir sie erst jemandem erzählen, bis wir ihre Bedeutung erkennen können. Und wir müssen uns der Erinnerung annähern – uns allmählich mental auf die Vorstellung zubewegen. Paul und ich haben mehr verstanden, nachdem wir uns unsere Geschichten erzählt und unsere Austern gegessen hatten. (Tatsächlich habe ich mich an diesem Tag entschieden, die traumatischen Erinnerungen von Kleinkindern zu untersuchen.) Während Ross Harriman mir bei Lasagne und Nußkuchen seine Geschichte erzählte, begriff er allmählich die Bedeutung von Corkys Präsenz in seinen bereits aktiven frühen Erinnerungen. Corky war im Zoo dabei gewesen. Corky hatte auch mit am Küchentisch gesessen. Ross hatte Corky nach dessen Tod ganz einfach aus seinen Erinnerungen entfernt, so wie Ramses II. die Königsringe der anderen Pharaonen von ihren Monumenten entfernen ließ.

Zum Schluß erzählt Ross mir ein Erlebnis, an das er sich, wie er bisher meinte, immer hatte erinnern können, aber in letzter Zeit ist er sich dessen nicht mehr sicher.

»Es ist eine Erinnerung an meinen Bruder und einen Freund aus der Nachbarschaft, Max Chase, wie sie mit ihren Fahrrädern einen Berg hinauffahren«, sagt er. »Und ich bin hinter ihnen – ich war, wie alt? zwei Jahre jünger? –, und ich bin auf dem Fahrrad und brülle hinter ihnen her: ›Wartet! Wartet! Wartet doch!‹ Es ist eine ganz lebendige Erinnerung. Solange ich denken kann, erinnere ich mich schon an sie. Aber neulich habe ich sie meiner Frau erzählt. Letzten Monat war das. Und ich sah gerade die Sachen durch, die ich über Corky zusammengetragen hatte. Und Suzanna guckt mich ein wenig komisch an und sagt: ›Aber die Geschichte hat uns doch deine Mutter kurz nach unserer Heirat erzählt.‹ Ich war völlig verblüfft! Ich hatte keine Ahnung mehr, daß Mom diese Geschichte erzählt hatte.«

Die Erinnerung charakterisiert zweifellos die Beziehung zwischen Corky und Ross, indem sie das Bild des drängelnden kleinen Bruders bestätigt, der versucht, es seinem älteren Bruder gleichzutun. Doch Ross ist sich seiner Erinnerung so unsicher, daß er sie fallengelassen hat. Ich sage zu ihm: »Aber durch die Geschichte Ihrer Mutter wird Ihre Erinnerung doch nicht notwendigerweise falsch. Vielleicht hat sie dasselbe gesehen, was Sie gesehen haben.«

Ross blickt skeptisch.

»Können Sie sich an Ihre genaue Position erinnern?« frage ich nach.

»Ich bin am Fuß des Berges«, sagt er. »Sie sind oben. Ich kenne die Straße. Sie ist in meiner alten Gegend, in Georgetown. Wir fahren Dreirad, wir alle drei. Es ist kein hoher Berg, aber, ja, ich kenne ihn.«

»Können Sie sehen, was sie anhaben?«

»Ja. Einer hat ein gestreiftes Hemd an.«

»Können Sie sehen, wer links und wer rechts ist?«

»Mhm, mit solchen Fragen bin ich nie an diese Erinnerungen rangegangen. Corky ist links. Das sehe ich vor mir. Und der Junge von den Chase – das ist der mit den Streifen.«

»Können Sie sehen, welche Jahreszeit es ist?« frage ich, und dabei kommt mir eine letzte Frage in den Sinn.

»Nein. Nein, kann ich nicht.« Ross zuckt die Achseln. »Ich kann auch meine Mutter nicht sehen. Und in *ihrer* Geschichte war sie dabei.«

»Sie wollen, daß zwei Jungs auf Sie warten. Wieso soll denn da Ihre Mutter in Ihrer Erinnerung vorkommen?«

Ross lacht.

Fast im selben Augenblick kann Ross an seine Erinnerung, in der Corky, Max und die Dreiräder vorkommen, glauben. Es ist etwas, das völlig von Corkys Tod losgelöst ist. Es ist eine Erinnerung an einen realen Augenblick – ja sogar an eine reale Beziehung. Und was noch wichtiger ist – diese Erinnerung zeigt, wie Ross vor seinem Trauma war, als er noch nicht so sehr darauf aus war, anderen zu gefallen, und noch nicht so traurig. Die Erinnerung von Ross' Mutter negiert seine Erinnerung keineswegs, obwohl ihr Blickpunkt ein anderer ist. Tatsächlich bestätigt sie sie. Sie war dabei. Aber das wichtigste an dieser Erinnerung ist, daß Ross sich darin wiederfindet. Er weiß, wer er ist. Und endlich erkennt er sich selbst.

Eine Woche nach unserem gemeinsamen Essen erhielt ich einen Brief von Ross. Er hat eine neue Erinnerung, teilt er mir mit – eine weitere intakte, voller Freude und brüderlicher Gemeinsamkeit. Er schreibt:

Liebe Lenore,

es ist Sonntag abend, wir haben gerade die Jungs ins Bett gebracht, und ich habe »Life in the Fast Lane« von den Eagles aufgelegt. Das Wetter hier in Memphis war Samstag und heute heiß und schwül, und in der Zeitung steht, daß es auch auf dem Lande nicht viel anders war. Es wäre ein schönes Wochenende auf dem Lookout Mountain gewesen; da oben sind nur um die 25 Grad.

Ich schreibe Ihnen, um mich für unser gemeinsames Essen und das Gespräch zu bedanken. Unsere Unterhaltung hat mir Mut gemacht, mich weiter mit dem Ganzen auseinanderzusetzen. Ich hatte zwar schon damit gerechnet, daß mir im Gespräch ein paar Tränen kommen würden, aber ich war nicht darauf gefaßt, daß ich mir damit meine Lasagne versalzen würde ...

Gestern habe ich noch mal darüber nachgedacht, wer denn nun beim Abendessen mit am Küchentisch saß, nachdem ich mit den beiden Mädchen rumgemacht hatte, und dabei kam mir noch eine Erinnerung. Sie ist nicht neu, ich hatte sie vorher schon. Aber es ist schon eine Weile her, seit ich das letzte Mal daran gedacht habe. Und die Erinnerung ist jetzt anders. Ich erinnere mich an unser Wohnzimmer in Georgetown, und Dad läßt uns auf seinem Rücken reiten. Wir haben alle einen Mordsspaß, und ich weiß noch, daß ich glücklich war.

Das Umwerfende ist, daß ich bei dieser Erinnerung immer nur an Dad und mich gedacht habe. Aber Mom ist auch da. Sie lacht ... Ich kann nicht sagen, was wir anhaben. Aber ich kann beinahe den großen roten Sessel sehen und den großen Kreis, den Dad auf allen vieren beschreibt. Und wir haben viel gelacht. Und ich habe liebevolle, fröhliche Gefühle, wenn ich an das bockende Wildpferd denke, das sich ständig darüber beschwert, wie fest wir auf ihm rumhüpfen. Meine Gefühle verändern sich fast augenblicklich und werden traurig, wenn mir klar wird, daß Corky auch dabei ist. Und dasselbe geschieht mir auch jetzt wieder, während ich vor meinem Computer sitze.

Ich habe aus dem Fenster geschaut und vor mich hingeträumt, und da ist mir plötzlich meine alte Anschrift und Telefonnummer in Georgetown wieder eingefallen. Wie leicht sie doch an die Oberfläche gekommen sind. Ich glaube fest daran, daß auch noch andere Erinnerungen kommen werden.

Herzliche Grüße

Ross

Ich rufe Eunice Podis an. Es ist tiefster Winter, und ich bin in Cleveland bei Verwandten zu Besuch. Ich schildere Eunice meine Erinnerung. Hatte sie ein Kleid mit einem roten Samtoberteil, tief geschnittenem Dekolleté und einem gebauschten weißen Rock? Hat sie Grieg gespielt? Mit dem *Cleveland Symphony Orchestra*? Ich beichte ihr, wie wichtig dieser Augenblick für mich war und daß mich diese Erinnerung stark inspiriert hat, auch wenn ich meine Berufspläne als Pianistin später nicht weiterverfolgte.

Eunice erinnert sich. »Kannst du einen Moment dran bleiben, Lenore?« sagt sie. »Ich habe über alles, was mit meiner Karriere zu tun hat, Buch geführt.«

Ich warte einen Moment, und dann ist sie wieder am Apparat. »Ich war neunzehn, als ich den Grieg gespielt habe«, sagt sie. »Das war mit den *Cleveland Pops*. In der *Public Hall*. Sommer. Mein zweites Konzert mit den *Pops*. Im Jahr davor habe ich Tschaikowski gespielt. Bist du sicher, daß es Grieg war?«

»Mit dem Grieg bin ich mir sicher. Er klingt mir noch in den Ohren. Steht da was darüber, was du getragen hast, als du den Grieg gespielt hast?« frage ich. »Es ist eine frühe Erinnerung – wahrscheinlich aus dem Sommer nach meinem sechsten Geburtstag. Erinnerst du dich an ein Kleid mit rotem Oberteil und weißem Rock?«

»Allmählich fällt es mir wieder ein«, sagte Eunice. »Als ich Bob geheiratet habe, hatte ich ein Hochzeitskleid mit einem ellenlangen Rock. Wir wollten das Kleid nach der Hochzeit¹ nicht einfach ausrangieren. Und deshalb hat meine Mutter in dem Sommer, in dem ich den Grieg gespielt habe, rote Ziermünzen um das Dekolleté herum aufgenäht. Das war übrigens wirklich weit geschnitten. Und sie hat eine Blume auf den Rock genäht. Damit mein Konzertkleid nicht wie ein Hochzeitskleid aussah.«

Sie sagt mir, in welchem Jahr sie geheiratet hat, und es ist das Jahr, in dem ich sechs wurde. In bezug auf den Samt habe ich mich geirrt. Aber mit dem Rot liege ich richtig. Um den schönen Ausschnitt, der mir so gefiel, waren rundherum rote Ziermünzen aufgenäht – ein farbliches Signal, das mir noch heute in Erinnerung ist. Plötzlich fällt mir die Blume ein. Es ist eine halb geöffnete Rose. Meine Erinnerung ist umfassender geworden. Und ich bin mir dessen, was sie mir zeigt, plötzlich ganz sicher.

»Ist die Blume auf dem Rock eine große rote Rose mit langem Stiel und ein paar Blättern?« frage ich.

»Ja«, sagt sie.

Eine Erinnerung an ein Erlebnis, das ich mit sechs Jahren hatte, ist durch einen Telefonanruf bestätigt worden. Manche Details waren falsch. Aber wie hätte eine Sechsjährige den Unterschied zwischen dem *Cleveland Symphony Orchestra* und den *Pops* kennen sollen? Und erinnert sich eine Sechsjährige an die Feinheiten eines Kleides? Das Tolle ist, daß der Kern der Kindheitserinnerung, die große Bedeutung für mich hatte, wahr und richtig ist. Und auch, daß ich eine längst vergessene, aber sehr große Rose aus roten Ziermünzen wiederentdeckt habe.

Als ich mich mit Ross Harriman in Memphis zum Mittagessen traf, hatte ich gerade damit angefangen, Material für dieses Buch zu sammeln. Nachdem das Manuskript fast fertig war, rief ich ihn an, um zu hören, wie es ihm mit seiner Erinnerungssuche in Eigenregie ergangen war.

Ross klingt gut – selbstbewußter. Seine realen Erinnerungen an den lebendigen Corky haben seine Persönlichkeit um eine weitere Dimension bereichert. Mittlerweile hat seine Talkshow den Sprung ins Fernsehen geschafft; er hat eine einstündige Sendung am Sonntagmorgen. Er führt Interviews mit allen möglichen politischen und kulturellen Köpfen aus dem Süden.

Er sagt, daß er nicht mehr um Corky weint. Tatsächlich hat er aufgehört, nach Erinnerungen zu jagen. Er fühlt sich seinen Eltern näher – »das Gespräch damals im Eßzimmer hat Wunder gewirkt«.

Scott ist von Chicago nach Birmingham, Alabama, gezogen. Er und Ross haben ein enges Verhältnis, und sie sehen sich recht häufig. Ross geht noch immer zu seiner Männergruppe, aber jetzt, um über Beziehungen in seinem Alltagsleben und bei der Arbeit zu reden und nicht mehr über Corky. Das heißt jedoch nicht, daß Ross nicht mehr an Corky denkt. Wenn er will, kann er Corky »sehen«, wie er vor ihm den Hügel in Georgetown hinauffährt oder auf dem bockenden Rücken ihres Dads reitet.

Vor seiner gezielten Suche waren Ross' Erinnerungen an Corky fast ausnahmslos traumatisch – Erinnerungen an einen toten Jungen im Sarg, an die entsetzliche Mitteilung des Vaters und an die ungläubige Weigerung der Mutter, die Wahrheit zu glauben. Die schlimmen Erinnerungen hatten die guten beiseite gedrängt. Selbst die leicht ärgerlichen waren verschwunden. Sogar die an ihn selbst. Als Ross die Anwesenheit von Corky damals in der Küche in Georgetown spürte, als er seine Erinnerung an das »Dreirad auf dem Berg« akzeptierte und das »Pferdchenspiel« mit dem Vater reaktivierte, hatte er erstmals wieder lebendige Erinnerungen an Corky. Und an sich selbst. Er konnte anfangen, den Bruder im Kontext seines eigenen fünfunddreißigjährigen Lebens zu sehen. Die meisten von uns brauchen nur zwei oder drei Bruchstücke, um die Jahre vor der Schulzeit zu erinnern und zu verstehen. Ross hat sie nun.

Hunderte von Wissenschaftlern – Zellbiologen, Drosophila-Spezialisten, Affenforscher, Chemiker, Neuropharmakologen, kognitive Psychologen, Anatomen, Neurologen, Psychiater und Psychotherapeuten – beschäftigen sich heute mit verschiedenen Aspekten des menschlichen Erinnerungssystems. Sie werden viele allgemeine »Regeln« zur Funktionsweise von Erinnerungen finden – Regeln, die wir uns heute vielleicht noch nicht einmal vorstellen können.

Doch eines steht fest: Die Suche des Einzelnen nach seinen Erinnerungen wird immer eine einzigartige Suche sein. Jeder Fall ist einmalig. Auch wenn manche Erinnerungen falsch sind, es gibt viel mehr wahre, die lediglich falsche Elemente enthalten. Und manche sind vollständig wahr. Gerade weil wir von Experten ständig Neues erfahren, sollten wir uns vor einer generellen Aussage über die Richtigkeit oder Falschheit von wiedergefundenen Kindheitserinnerungen hüten. Jeder Fall muß individuell betrachtet werden, von uns selbst und mit offenem Blick.

Wir alle brauchen wie Ross unsere Erinnerungen, und manchmal müssen wir bereit sein, nach ihnen zu suchen. Selbst wenn wir uns an vieles erinnern, es gibt doch noch mehr zu entdecken. Und wir können über unsere Erinnerungen sprechen – nicht nur, um sie weiterzuerzählen, sondern auch, um sie bestätigt zu bekommen und um sie zu vervollständigen. Wir brauchen unsere Vergangenheit, um uns selbst zu verstehen – wer wir sind und was wir glauben. Unsere Erinnerungen, das sind wir selbst.

Anmerkungen

1 Die Umstände, unter denen Eileen Franklin Lipsker sich erstmals an den Mord an Susan Nason erinnerte, werden in Eileen Franklin und William Wright: *Sins of the Father*, New York 1991, beschrieben (dt. Ausg.: *Die Sünden des Vaters*, Bergisch Gladbach 1992). Dieses Buch schildert Eileens Kindheit und ihre Entwicklung als Erwachsene. Außerdem enthält es eine Darstellung des Prozesses. Siehe auch die (nicht offiziell veröffentlichte) Stellungnahme von Richter William Newsom, Abteilung I, Berufungsgericht des Staates Kalifornien in Sachen *The People of the State of California v. George Thomas Franklin, Sr.*, 2. April 1993.

2 »Etwas Weißliches«; »Haarfetzen, die nicht mehr mit dem Körper zusammenhingen«, siehe die Stellungnahme des kalifornischen Berufungsgerichts, S. 8.

3 Von ihren Versuchen, ihre Erinnerungen »zurück in eine kleine Schublade« zu drängen, erzählte mir Eileen Lipsker in einem persönlichen Gespräch. Ich habe am 16. und 17. August 1990 zwei zweistündige Interviews mit ihr geführt; ein drittes Interview fand ein Jahr später, am 11. September 1991, statt.
Die Magen- und Herzbeschwerden, die ihre Erinnerungen bei ihr auslösten, schilderte Eileen mir in den Interviews im August 1990. Mein persönlicher Eindruck bestätigt diese Symptome.

4 Eileens Erinnerungsflut wird in *Sins of the Father*, a.a.O., S. 107–112 geschildert. Einige Details sind auch meinen persönlichen Gesprächen mit ihr entnommen.

5 Die Einzelheiten von Eileens ersten Erinnerungen an den Mord

wurden mir in Interviews berichtet, und sie finden sich auch in der Stellungnahme des kalifornischen Berufungsgerichts, a.a.O., S. 3. Eileen hat ihre Morderinnerungen auch in einer Rede auf dem Jahreskongreß des *American College of Psychiatrists* vom 12.–16. Februar 1992 in San Francisco zur Sprache gebracht.

6 Zu den Anfängen von Eileens Verdrängung in der Nacht nach dem Mord siehe die Stellungnahme des kalifornischen Berufungsgerichts, a.a.O., S. 9.

7 Freud formulierte seine Theorie der Verdrängung in: J. Breuer und S. Freud: *Studie über Hysterie*, Frankfurt/Main 1991 (Neuausg.). Schopenhauers und Herbarts Kommentare zum Verständnis verdrängter Erinnerungen werden zitiert in: G. Vaillant (Hg.): *Ego Mechanisms of Defense: A Guide for Clinicians and Researchers*, Washington, D.C. 1992.

8 Der Nachweis für die klare Erinnerung an einmalige traumatische Erfahrungen wurde erstmals in der Chowchilla-Studie von 1976/77 erbracht. L. Terr: »Children of Chowchilla: A Study of Psychic Trauma« in: *Psychoanalytic Study of the Child* 34, 1979, S. 547–623.

9 Die *Challenger*-Studie mit dem Titel »Children's Responses to the *Challenger* Spacecraft Disaster«, in der ebenfalls die klare Erinnerung an einmalige Ereignisse nachgewiesen wird, wurde auf dem Jahreskongreß der *American Psychiatric Association* am 17. Mai 1990 (New York) in der Sektion »Neuere Forschung« referiert. Auszüge sind im *New Research Program and Abstracts* (1990), S. 269 abgedruckt. Die Verfasser sind: L. Terr, D. Bloch, B. Michel, J. Reinhart und S. Matayer.

10 Zu Freuds 1896 aufgestellter Theorie der tatsächlichen Verführung siehe seine Abhandlung »Zur Ätiologie der Hysterie« in: *Gesammelte Werke*, Bd. 1 (*Werke a. d. Jahren 1892–1899*), Frankfurt/Main 1977, S. 423–459. Daß er 1897 von seiner These abrückte und den inneren Konflikt als Ursache für Verdrängung und Hysterie bei seinen Patienten annahm, wird zunächst in seinen Briefen deutlich. Siehe: M. Bonaparte, A. Freud und E. Kris (Hg.): *The Origins of Psychoanalysis, Letters to Wilhelm Fliess, Drafts and Notes by Sigmund Freud*, New York 1954, S. 215–216; und S. Freuds Brief an Wilhelm

Fließ vom 4. Mai 1896, zitiert in: J. Masson: *Was hat man dir, du armes Kind, getan? Sigmund Freuds Unterdrückung der Verführungstheorie*, Reinbek 1984.

Jeffrey Masons eigene Ansichten zu Freuds veränderter Einschätzung sind ebenfalls dort nachzulesen.

11 Pierre Janets Gedanken zu dissoziierten Erinnerungen sind zusammengefaßt in: B. van der Kolk und O. van der Hart: »Pierre Janet and the Breakdown of Adaptation in Psychological Trauma« in: *American Journal of Psychiatry* 146, 1989, S. 1530–1540.

12 Zu Phyllis Greenacres Arbeiten über wiedererlangte, verdrängte Erinnerungen zählen: »A Contribution to the Study of Screen Memories« in: *Psychoanalytic Study of the Child* 3/4, 1949, S. 73–74; »On Reconstruction« in: *Journal of the American Psychoanalytic Association* 23, 1975, S. 693–712; und »Reconstruction: Its Nature and Therapeutic Value« in: *Journal of the American Psychoanalytic Association* 29, 1982, S. 386–402.

13 David Levys grundlegende Abhandlung zum Kindheitstrauma ist: »Psychic Trauma of Operations in Children« in: *American Journal of the Diseases of Childhood* 69, 1945, S. 7–25.

14 G. Laceys Studie über die Katastrophe in Aberfan, Wales, ist nachzulesen in »Observations on Aberfan« in: *Journal of Psychosomatic Research* 16, 1972, S. 257–260. C. Janet Newmans Arbeit über die Buffalo-Creek-Überschwemmung trägt den Titel: »Children of Disaster: Clinical Observations at Buffalo Creek« und ist erschienen im *American Journal of Psychiatry* 133, 1976, S. 306–312.

15 Zu den Erkenntnissen aus der Studie über die Kinder von Chowchilla siehe: L. Terr: »Psychic Trauma in Children: Observations Following the Chowchilla School-bus Kidnapping« in: *American Journal of Psychiatry* 138, 1981, S. 14–19; und die Nachfolgestudie: L. Terr: »Chowchilla Revisited: The Effects of Psychic Trauma Four Years After the School-bus Kidnapping« in: *American Journal of Psychiatry* 140, 1983, S. 1543–1550. Die Kontrollgruppe in MacFarland und Porterville wird beschrieben in: L. Terr: »Life Attitudes, Dreams, and Psychic Trauma in a Group of ›Normal‹ Children« in: *Journal of the American Academy of Child and Adolescent Psychiatry* 22, 1983, S. 221–230.

Eine Zusammenfassung der meiner Ansicht nach wichtigsten Erkenntnisse aus meinen Studien zum Kindheitstrauma bis 1990 findet sich in: *Too Scared to Cry*, New York 1990.

Die Kindheitstraumata-Opfer des Typs I und Typs II werden beschrieben in: L. Terr: »Childhood Traumas: An Outline and Overview« in: *American Journal of Psychiatry* 148, 1991, S. 10–20.

16 Bei der Untersuchung über 20 junge Traumaopfer handelt es sich um: L. Terr: »What Happens to the Memories of Early Trauma? A Study of Twenty Children Under Age Five at the Time of Documented Traumatic Events« in: *Journal of the American Academy of Child and Adolescent Psychiatry* 27, 1988, S. 96–104.

17 Das gewalttätige Verhalten von George Franklin gegenüber seiner Familie schilderte Eileen Lipsker in ihrer Rede vor dem *American College of Psychiatrists* im Februar 1992. Siehe auch die Stellungnahme des kalifornischen Berufungsgerichts, a.a.O., S. 9.

18 Von Mrs. Franklins wiederholter stationärer Behandlung wegen psychischer Störungen erzählte mir Eileen in unseren Gesprächen. Ebenfalls erwähnt wird dieser Sachverhalt in H. MacLean: *Once Upon a Time*, New York 1993, S. 77, und in *Sins of the Father*, a.a.O., S. 31 und S. 58. Als Leah Franklin von der Staatsanwältin Elaine Tipton während des Prozesses gefragt wurde, ob sie wegen psychischer Störungen stationär behandelt worden sei, antwortete sie, daß sie sich nicht erinnern könne.

19 Der Gedanke, daß zur Reaktivierung traumatischer Erinnerungen aus der Kindheit sowohl eine Grundlage als auch ein Auslöser wichtig sind, ist, so wie er hier dargelegt wird, neu. Er basiert jedoch auf umfangreichen Forschungsarbeiten im Bereich der experimentellen Psychologie. Siehe: D. W. Goodwin, B. Powell und D. Bremer: »Alcohol and Recall: State Dependent Effects in Man« in: *Science* 163, 1968, S. 1358–1360; siehe auch: D. Godden und A. D. Baddely: »Context-dependent Memory in Two Natural Environments« in: *British Journal of Psychology* 71, 1975, S. 99–104. Zur stimmungsgebundenen Erinnerung siehe: G. H. Bower: »Mood and Memory« in: *American Psychologist* 36, 1981, S. 129–148, sowie J. M. G. Williams und H. R. Markar: »Money Hidden and Rediscovered in Subsequent Manic Phases: A Case of Action Depen-

dent Mood State?« in: *British Journal of Psychology* 159, 1991, S. 579–581.

Die verbal ausgelöste Kindheitserinnerung wird erörtert in: R. Fivush: »Developmental Perspectives on Autobiographical Recall« in: G. S. Goodman und B. L. Bottoms (Hg.): *Child Victims, Child Witnesses: Understanding and Improving Testimony*, New York 1992; siehe auch: G. S. Goodman und C. Amen: »Children's Use of Anatomically Detailed Dolls to Recount an Event« in: *Child Development* 61, 1991, S. 1859–1971.

Das Auslösen von Erinnerungen bei Erwachsenen wird in verschiedenen Beiträgen beschrieben in: D. Rubin (Hg.): *Autobiographical Memory*, Cambridge 1986.

20 Im Zusammenhang mit Eileens Äußerungen gegenüber ihrem Psychotherapeuten Kirk Barrett siehe auch die Stellungnahme des kalifornischen Berufungsgerichts, a.a.O., S. 4–5.

21 Zu Eileens Lügen gegenüber ihrer Mutter und ihrem Bruder, sie habe die Erinnerungen an den Mord unter Hypnose wiedererlangt, siehe die Stellungnahme des kalifornischen Berufungsgerichts, a.a.O., S. 10.

22 Die Information, daß Janice Franklin 1984 versucht hat, ihren Vater bei der Polizei anzuzeigen, habe ich aus einem persönlichen Interview mit Eileen. Sie findet sich auch in *Sins of the Father*, a.a.O., S. 95–97.

23 Die Informationen über Kirk Barretts Bemühungen, Eileen zu helfen, habe ich aus einem persönlichen Interview mit Eileen und aus der Stellungnahme des kalifornischen Berufungsgerichts, a.a.O., S. 4.

24 George Vaillants Erkenntnisse zur Verdrängung sind in seiner Arbeit *Adaptation to Life*, Boston 1977, zusammengefaßt.

25 Die Informationen zu Barry Lipskers Reaktion auf Eileens Eröffnung und zu George Franklins Verhalten im Umgang mit Sica stammen aus meinen persönlichen Interviews mit Eileen Franklin Lipsker.

26 Barry Lipsker hat das Büro der Staatsanwaltschaft von San Mateo County ohne Eileens Wissen oder Einverständnis angerufen. Siehe die Stellungnahme des kalifornischen Berufungsgerichts, a.a.O.,

S. 5–6. Die Darstellung ihrer ehelichen Beziehung beruht auf *Sins of the Father*, a.a.O., und auf persönlichen Interviews mit Eileen Franklin Lipsker.

27 Die Umstände des Mordes an Susan Nason im Jahr 1969 faßte Elaine Tipton in ihrer Rede zusammen, die sie beim Jahreskongreß des *American College of Psychiatrists* im Februar 1992 in San Francisco hielt.

28 Zu: »Das Recht der Nasons, endlich Klarheit zu haben« siehe die Stellungnahme des kalifornischen Berufungsgerichts, a.a.O., S. 5.

29 Zu der Bandaufnahme von der Unterhaltung zwischen Eileen Lipsker und Inspector Charles Etter: Ich habe dieses Telefongespräch aufgenommen, als es beim Jahreskongreß des *American College of Psychiatrists* im Februar 1992 abgespielt wurde. Meine Interpunktion weicht von der offiziellen Transkription des Gesprächs im Fall *Der Staat Kalifornien gegen Franklin*, a.a.O., ab.

30 Daß Eileen zu weinen anfing und nicht mehr sprechen konnte, als sie nach dem Namen des Mörders gefragt wurde, und daß Barry der Staatsanwaltschaft gegenüber geäußert hatte, daß er meine, sie könne nicht mehr »damit« leben, ist in *Sins of the Father*, a.a.O., S. 139 und S. 122, nachzulesen. Daß Eileen weinte, wird auch in der Stellungnahme des kalifornischen Berufungsgerichts erwähnt.

31 Das Erscheinungsbild von George Franklins Wohnung zum Zeitpunkt seiner Verhaftung wurde mir von Inspector Brian Cassandro und Inspector Bob Morse von der Staatsanwaltschaft von San Mateo County geschildert. Die Beschreibung findet sich auch in *Sins of the Father*, a.a.O., S. 149.

32 Zu Georges Frage bei seiner Verhaftung: »Haben Sie mit meiner Tochter gesprochen?« siehe die Stellungnahme des kalifornischen Berufungsgerichts, a.a.O., S. 34, 43–45 und *Sins of the Father*, a.a.O., S. 148.

33 Zu der Klarheit der Einzelheiten, die Kinder von schrecklichen Ereignissen in Erinnerung behalten, und zu den Fehlern, die sie machen siehe: L. Terr u.a.: »Children's Responses to the *Challenger* Spacecraft Disaster«, a.a.O.

34 Zu den Widersprüchen in den Erinnerungen der Chowchilla-Kinder

siehe: L. Terr: »Psychic Trauma in Children«, a.a.O., und L. Terr: »Chowchilla Revisited«, a.a.O.

35 Im Zusammenhang mit Barry Lipskers Sammlung von Zeitungsausschnitten siehe die Stellungnahme des kalifornischen Berufungsgerichts, a.a.O., S. 13–14.
Barrys Vorbereitungen, Eileen für die Fernsehsendung »Today« auf Video aufzunehmen, schilderte mir Eileen in einem persönlichen Interview. Siehe auch: *Sins of the Father*, a.a.O., S. 159–160.

36 Eileens Verwirrung hinsichtlich der Tageszeit des Mordes: persönliche Information von Elaine Tipton. Siehe auch den *Investigative Report* von Inspector Bob Morse, Staatsanwaltschaft von San Mateo County, 11. Mai 1990.

37 Zur Anfälligkeit des Zeitgefühls siehe: L. Terr: »Time and Trauma« in: *Psychoanalytic Study of the Child* 39, 1984, S. 333–366.

38 Judith Hermans Buch ist 1992 unter dem Titel *Trauma and Recovery* in New York erschienen.

Als Sachverständige im Zeugenstand   2

1 Eileens Inzesterinnerungen stammen aus persönlichen Interviews, die ich mit ihr am 16. und 17. August 1990 und am 11. September 1991 durchführte. Siehe auch: *Sins of the Father*, a.a.O., und Richter William Newsom in der Stellungnahme des kalifornischen Berufungsgerichts, a.a.O..

2 Zur *Challenger*-Untersuchung siehe Kapitel 1, Anm. 9.

3 Astrid Lindgrens *Pippi Langstrumpf* und *The Mummy Market* von Nancy Brelis waren Eileen Franklins Lieblingsbücher als Kind.

4 Richter Smiths Entscheidung und die Stellungnahme zu der Entscheidung siehe die Stellungnahme des kalifornischen Berufungsgerichts, a.a.O., S. 14–23.

5 Klare, detaillierte Erinnerungen über einen Zeitraum von vier bis fünf Jahren habe ich in meiner Nachfolgestudie über die Kinder von Chowchilla, siehe Kapitel 1, Anm. 15, erwähnt.

6 »Das wird ihr gefallen, was, George?« siehe *Sins of the Father*, a.a.O., S. 228.

7 Eileens verzögerte Erinnerung an die wahre Identität ihres Vergewaltigers wird ebenfalls in *Sins of the Father*, a.a.O., S. 112, 119, 171,
und S. 227–228, beschrieben; sie sprach auch in den Interviews
davon, die ich mit ihr durchführte.

8 Zu Aufbau und Funktionsweisen des Gehirns siehe u.a.: Sir John
Walton: *Brain's Diseases of the Nervous System*, Oxford [9]1985. Die
Anatomie des Gehirns ist anschaulich dargestellt bei: J. de Groot
und J. G. Chusid: *Correlative Neuroanatomy*, East Norwalk, Conn.,
[20]1988. Aufschlußreiche Informationen über den anatomischen Sitz
der Sprache enthält: A. Damasio und H. Damasio: »Brain and
Language« in: *Scientific American* 267, September 1992, S. 88–95.

9 Zum Begriff der deklarativen und nicht deklarativen Erinnerung
siehe: L. Squire: *Memory and Brain*, New York 1987. Squire verwendet den Ausdruck »procedural memory« für die nichtdeklarative
Erinnerung.

10 Mortimer Mishkins Experimente zum Gedächtnis von Primaten
sind beschrieben bei J. V. Haxby, C. L. Grady, B. Horowitz, L. G.
Ungerleider, M. Mishkin, R. E. Carson, P. Herscovitch, M. B.
Shapiro und S. I. Rapoport: »Dissociation of Object and Spatial
Vision Processing Pathways in Human Extra Striate Cortex« in:
*Proceedings of the National Academy of Sciences in the United States
of America*, 1991, S. 1621–1625, sowie in: M. Mishkin: »Cerebral
Memory Circuits« in: *1990 Yakult International Symposium: Percep-
tion, Cognition and Brain*, Yakult 1991. Eine Zusammenfassung
findet sich bei M. Mishkin und T. Appenzeller: »The Anatomy of
Memory« in: *Scientific American* 256, Juni 1987, S. 80–89.

11 H. M., der Mann ohne Hippokampi, war ein Patient der Psychologin
Brenda Milner. Zwei der besten Abhandlungen von Milner zum
Erinnerungsverlust nach Verletzungen des limbischen Systems
oder entsprechenden operativen Eingriffen sind: W. B. Scoville und
B. Milner: »Loss of Recent Memory After Bilateral Hippocampal
Lesions« in: *Journal of Neurology, Neurosurgery, and Psychiatry* 20,
1957, S. 11, sowie B. Milner: »Amnesia Following Operations on the
Temporal Lobes« in: C. W. M. Whitty und O. L. Zangwill (Hg.):
Amnesia: Clinical Psychological and Medicolegal Aspects, London
1966.

12 Dr. John Brieres Arbeit wurde auf der Tagung der *American Psychological Association* im August 1989 in New Orleans vorgetragen von J. Briere und J. Conte: »Amnesia in Adults Molested as Children«.

13 N. Draijer: *Seksuele Traumatisering in de Jeugd [Sexuelle Traumatisierung in der Kindheit]*, Amsterdam 1990.

14 Die Erkenntnisse der Soziologin Diana Russell sind nachzulesen bei D. E. H. Russell: *The Secret Trauma*, New York 1986.

15 Zur Bedeutung des wiederholten Durchspielens bei der Speicherung von expliziten Erinnerungen siehe: F. I. M. Craik und R. S. Lockhart: »Levels of Processing: A Framework for Memory Research« in: *Journal of Verbal Learning and Verbal Behavior* 11, 1972, S. 671–684, sowie A. E. Woodward, R. A. Bjork und R. H. Jongewerd: »Recall and Recognition as a Function of Primary Rehearsal« in: *Journal of Verbal Learning and Verbal Behavior* 12, 1973, S. 608–617.

16 Zu den verschiedenen Gedächtnistypen siehe: H. L. Roediger und F. I. M. Craik (Hg.): *Varieties of Memory and Consciousness: Essays in Honor of Endel Tulving*, Hillsdale, N.J., 1989. In demselben Band findet sich ein Essay von Robert Bjork zum Thema Vergessen mit dem Titel: »Retrieval Inhibition as an Adaptive Mechanism in Human Memory«.
Patricia Goldman-Rakic aus Yale ist eine führende Wissenschaftlerin im Bereich der Erforschung des Arbeitsgedächtnisses. Siehe u.a. ihre Abhandlung »Working Memory and the Mind« in: *Scientific American* 267, September 1992, S. 110–117.

17 Die Speicher- und Reaktivierungsfähigkeit werden erörtert von R. Bjork und E. Bjork: »A New Theory of Disuse and an Old Theory of Stimulus Fluctuation« in: A. F. Healy, S. M. Kosslyn und R. M. Shiffrin (Hg.): *From Learning Processes to Cognitive Processes: Essays in Honor of William K. Estes*, Bd. 2, Hillsdale, N.J., 1992. Robert Bjork hat seine Ansichten zum Ablauf von Erinnerungsprozessen in seinem Vortrag »An Experimental Psychologist Considers Six Types of Memory« beim Jahreskongreß des *American College of Psychiatrists* vom 12.–16. Februar 1992 in San Francisco dargelegt.

18 Elizabeth Loftus hat eine umfangreiche und beeindruckende Liste von Veröffentlichungen vorzuweisen, in denen sie sich mit den

»falschen Dingen« beschäftigt, an die Menschen sich erinnern. Dazu zählen: E. Loftus: *Memory*, Reading, Mass., 1980; E. Loftus und K. Ketcham: *Witness for the Defense*, New York 1991, sowie G. L. Wells und E. F. Loftus (Hg.): *Eyewitness Testimony: Psychological Perspectives*, Cambridge 1984. Dr. Loftus führt zwar nur wenige Experimente mit Kindern durch, aber sie hat, zusammen mit G. M. Davis, eine aufschlußreiche Kritik zur einschlägigen Literatur veröffentlicht: »Distortions in the Memory of Children« in: *Journal of Social Issues* 40, 1984, Nr. 2, S. 51–67.

19 zu Linda Meyer Williams' Studie siehe: »Adult Memories of Childhood Abuse: Preliminary Findings from a Longitudinal Study« in: *The Advisor* (American Professional Society on the Abuse of Children), Sommer 1992, S. 19–21.

20 Zum Fehlen von Träumen bei bestimmten Fällen von traumatischen Erfahrungen in der Kindheit siehe Kapitel 1, Anm. 8 und 16. In den Schriften »Children of Chowchilla« und »Children's Nightmares« in: C. Guilleminault (Hg.): *Sleep and Its Disorders in Children*, New York 1987, habe ich mich mit Träumen beschäftigt, an die sich Kinder erinnern konnten.

21 Stephen Kings *Danse Macabre* wurde 1981 in New York veröffentlicht. Die Geschichte von Kings traumatischer Erinnerung an das Zugunglück findet sich auf S. 84–85. Der Film *Stand by Me – Das Geheimnis eines Sommers* unter der Regie von Rob Reiner kam 1986 in die amerikanischen Kinos.
Siehe auch: L. Terr: »Terror Writing by the Formerly Terrified: The Life and Works of Stephen King« in: *Psychoanalytic Study of the Child* 44, 1989, S. 369–390.

22 Die Episode in dem Café ereignete sich – nach der Veröffentlichung meiner Abhandlung über King und kurz vor dem Franklin-Prozeß – im September 1990 im Beverly Wilshire Hotel. Ich überlegte noch, ob ich King ansprechen sollte – schließlich hätte ich dadurch die drei bei ihrem wichtigen Gespräch unterbrochen –, als King abrupt aufstand, die Debatte beendete (»Ich weiß nicht, ob wir zusammenarbeiten können oder nicht, aber ich werde Ihnen ein Drehbuch zusenden«) und ging.

23 David Spiegels Arbeit über Dissoziation ist anschaulich dargestellt

in: D. Spiegel und E. Cardena: »Disintegrated Experience: the Dissociative Disorders Revisited« in: *Journal of Abnormal Psychology* 100, 1991, S. 366–378, sowie in: D. Spiegel »Hypnosis, Dissociation, and Trauma: Hidden and Overt Observers« in: J. L. Singer (Hg.): *Repression and Dissociation*, Chicago 1990. Siehe auch den gemeinsam von Spiegel und seinem Vater, einem Psychiater, verfaßten Band: H. Spiegel und D. Spiegel: *Trance and Treatment: Clinical Uses of Hypnosis*, Washington, D.C., 1987.

24 Über die Entscheidung, mit der das oberste Gericht des Staates Kalifornien im Fall Franklin den Antrag auf Berufung ablehnte, berichtet Harriet Chiangs Artikel: »Conviction in Rape-Slaying Let Stand« im *San Francisco Chronicle* vom 16. Juli 1993, S. 20.

25 Die Umstände von Bary Lipskers Tod und die Entfremdung zwischen Eileen und ihren Geschwistern erfuhr ich in einem persönlichen Telefongespräch mit Eileen Franklin Lipsker im Herbst 1992. Zu Barrys Tod siehe auch: *Once Upon a Time*, a.a.O., S. 478, und zu der Entfremdung der Geschwister siehe auch: *Sins of the Father*, a.a.O., S. 221–223.

Die Betrunkene am Straßenrand   3

1 Pierre Janet und Sigmund Freud veröffentlichten ihre Ansichten zur hysterischen Amnesie ungefähr gleichzeitig. Beide Männer haben nie deutlich zwischen den zwei Abwehrmechanismen der Dissoziation und Verdrängung differenziert. Tatsächlich hat Freud das Wort »Dissoziation« einmal benutzt, als er offenbar über Verdrängung schrieb (siehe: »Ein Fall von Hypnotischer Heilung« in: *Gesammelte Werke* Bd. 1 (*Werke a. d. Jahren 1892–1899*), Frankfurt/Main 1977, S. 3–17. Zu Janets Erörterung von Dissoziation siehe: *L'Automatisme Psychologique: Essai de Psychologie Expérimentale sur les Formes Inférieures de L'Activité Humaine*, Paris 1889; erneut Paris 1973. Janet war der Auffassung, daß Dissoziation auf einer angeborenen psychologischen Schwäche basiere und nur bei gestörten Menschen auftrete. Freud behauptete, daß Verdrängung sowohl von emotional gesunden als auch von gestörten Individuen eingesetzt

werde. Heute werden die beiden Abwehrmechanismen gemeinhin voneinander unterschieden. Die *American Psychiatric Association* führt die beiden Abwehrmechanismen in ihrem *Diagnostic and Statistical Manual*, Washington, D.C. [4]1994 in Anhang B separat auf.

2 Darstellung der organischen Amnesien in: Sir John Walton: *Brains Diseases of the Nervous System*, Oxford [9]1985.

3 Psychische Amnesien werden in der 4. Auflage des diagnostischen Handbuchs der *American Psychiatric Association* als dissoziative Störungen eingestuft. Der Arzt John Nemiah verfaßte in: H. I. Kaplan und B. J. Sadock (Hg.): *Comprehensive Textbook of Psychiatry*, Bd. I, Baltimore [4]1985 das Kapitel »Dissociative Disorders«.

4 Empfehlenswerte Klassiker zum Thema Dissoziation bei Menschen mit multipler Persönlichkeitsstörung sind: C. Thipgen und H. Cleckley: *The Three Faces of Eve*, Augusta 1955, sowie: F. R. Schreiber: *Sybil*, Chicago 1975 (dt. Ausg.: *Sybil: Persönlichkeitsspaltung einer Frau*, München 1977). Jüngeren Datums ist: *The First Sin of Ross Michael Carlson*, New York 1992 von dem Psychiater M. Weissberg. Darin geht es um einen Mörder, der bei seinem Prozeß das Krankheitsbild der multiplen Persönlichkeitsstörung wahrscheinlich simulierte.

5 Der Roman von Milan Kundera, auf den ich mich hier beziehe, ist: *Das Buch vom Lachen und Vergessen*, Frankfurt/Main 1990. In einem weiteren Roman von Kundera denkt der Protagonist darüber nach, wie oft die Seele beim Sex den Körper verläßt und die Aufmerksamkeit sich beispielsweise einem Schachspiel, den Erinnerungen an ein Abendessen oder einem Buch zuwendet: *Der Scherz*, München 1989.

6 Zur Verbindung zwischen Hypnose und Dissoziation siehe: E. R. Hilgard: *Divided Consciousness: Multiple Controls in Human Thought and Action*, New York 1977, sowie D. Spiegel: »Hypnosis, Dissociation, and Trauma« in: J. Singer (Hg.): *Repression and Dissociation: Implications for Personality Theory, Psychopathology, and Health*, Chicago 1990.

7 In seinem Vorwort zu D. Middlebrooks Biographie *Zwischen Therapie und Tod: Das Leben der Dichterin Anne Sexton*, Zürich 1993,

schreibt Marin Orne auch, daß er Sexton dazu ermutigt hat, ihre Erfahrungen niederzuschreiben, um anderen Patienten zu helfen. Sexton war ab 1956 bei Orne in Therapie. Einige Monate später begann sie, Gedichte zu schreiben. Viele der frühen Sexton-Gedichte haben Titel, die an Therapie erinnern: »Appointment Hour«, »One Patient Released Today«, »A Foggy Adjustment«.

8 Bei dem Film *Liebesbriefe* aus dem Jahr 1945 führte William Dieterle Regie. Der klassische Amnesiefilm der vierziger Jahre ist natürlich *Ich kämpfe um dich* (1945) von Alfred Hitchcock mit Gregory Peck als Amnesieopfer. Weitere Amnesiefilme dieser Zeit sind: *I Love You Again* (1940, Regie: W. S. Van Dyke II), *Crossroads* (1942, Regie: Jack Conway), *Gefundene Jahre* (1942, Regie: Mervyn Le Roy) und *Irgendwo in der Nacht* (1946, Regie: Joseph L. Mankiewicz). In den ersten beiden Filmen spielte William Powell den unter Amnesie leidenden Protagonisten.

9 Wie Kinder mit Traumata des Typs II sich selbst beibringen zu dissoziieren, beschreibe ich in: »Childhood Trauma: An Outline and Overview« in: *American Journal of Psychiatry* 148, 1991, S. 10–20.

10 Eugene Bliss hat spontane Selbsthypnose bei erwachsenen Patienten mit multipler Persönlichkeitsstörung festgestellt. Siehe »Spontaneous Self-hypnosis in Multiple Personality Disorder« in: *Psychiatric Clinics in North America* 7, 1984, S. 135–148, sowie E. L. Bliss: *Multiple Personality, Allied Disorders, and Hypnosis*, Cambridge 1985.

Der in Philadelphia arbeitende Psychiater Richard Kluft versucht, die in der Kindheit auftretenden Symptome und Anzeichen zu definieren, die bei Erwachsenen später zur multiplen Persönlichkeitsstörung führen können. Siehe seine Abhandlungen »Childhood Multiple Personality Disorder: Predictors, Clinical Findings, and Treatment Results« sowie »The Natural History of Multiple Personality Disorder« in: R. P. Kluft (Hg.): *Childhood Antecedents of Multiple Personality*, Washington, D.C., 1985.

Zur Dissoziation in der Kindheit siehe auch: E. Putnam: »Dissociative Disorders in Children and Adolescents: A Developmental Perspective« 14, 1991, S. 519–533, sowie F. Putnam »Dissociative Phenomena« in: A. Tasman and S. M. Goldfinger (Hg.): *Review of Psychiatry* 10, Washington, D. C., 1991, S. 145–160.

11 Zum »Geheimen Beobachter« siehe die Kapitel 9 und 10 von E. R. Hilgards *Divided Consciousness* sowie E. R. Hilgard, A. H. Morgan und H. MacDonald: »Pain and Dissociation in the Cold Pressor Test: A Study of Hypnotic Analgesia with ›Hidden Reports‹ Through Automatic Key Pressing and Automatic Talking« in: *Journal of Abnormal Psychology* 84, 1975, S. 280–289. Der bedeutendste Kritiker der Theorie vom »Geheimen Beobachter« ist N. P. Spanos. Siehe dazu seinen Artikel »The Hidden Observer as an Experimental Creation« in: *Journal of Personality and Social Psychology* 44, 1983, S. 170–176.

12 Siehe Arata Osada: *Children of Hiroshima*, New York 1981.

13 Virginia Woolf beschreibt ihr Gefühl des »Nicht-Seins« in: »A Sketch of the Past« in: *Moments of Being*, hg. v. J. Schulkind, San Diego 1985, S. 70 (dt. Ausg.: »Eine Skizze der Vergangenheit« in: *Augenblicke*, Stuttgart 1981, S. 87–190). Meine biographischen Informationen zu Virgina Woolf habe ich aus: Louise DeSalvo: *Virginia Woolf*, Boston 1989 (dt. Ausg.: *Virginia Woolf – Die Auswirkungen sexuellen Mißbrauchs auf ihr Leben und Werk*, München 1990), aus: Quentin Bell: *Virginia Woolf: A Biography*, New York 1972 (dt. Ausg.: *Virginia Woolf – eine Biografie*, Frankfurt/Main 1977) sowie aus: Leon Edels Essay zu Woolf in *Stuff of Sleep and Dreams: Experiments in Literary Psychology*, New York 1982. Siehe auch: L. Terr: »Who's Afraid of Virginia Woolf? Clues to Early Sexual Abuse in Literature« in: *Psychoanalytic Study of the Child* 45, 1990, S. 533–546.

Die silbrige Wasseroberfläche   4

1 Zum Lernverhalten und Speicherungsvermögen der *Drosophila* siehe: T. Tully: »Physiology of Mutations Affecting Learning and Memory in *Drosophila* – The Missing Link Between Gene Product and Behavior« in: *Trends in Neuroscience* 14, 1991, S. 163–164; T. Tully: »Genetic Dissection of Learning and Memory in *Drosophila*

melanogaster « in: J. Madden (Hg.): *Neurobiology of Learning, Emotion and Affect*, New York 1991; R. L. Davis und B. Danwalder: »The *Drosophila Dunce* Locus: Learning and Memory Genes in the Fly« in: *Trends in Genetics* 7, 1991, S. 224–229.

Durch Tullys konditionierende Experimente sind vier Erinnerungsphasen bei den Fliegen festgestellt worden: kurzzeitige Erinnerungen (nach 60 Minuten verschwunden), mittelfristige Erinnerungen (nach sechs Stunden verschwunden), anästhesie-unempfindliche Erinnerungen (nach 2–4 Tagen verschwunden) und Erinnerungen, die empfindlich auf Protein-Synthese-Inhibitoren reagieren (bleiben länger als sieben Tage erhalten). Experimente zu den ersten drei dieser Erinnerungsphasen werden beschrieben in: T. Tully, S. Boynton, C. Brandes, J. M. Dura, R. Mihalek, T. Preat und A. Villela: »Genetic Dissection of Memory Formation in *Drosophila melanogaster*« in: *Cold Spring Harbor Symposium on Quantitative Biology* 55, 1990, S. 203–211. Forschungen zur vierten Phase sind derzeit in Arbeit.

Das Langzeitgedächtnis kann durch hemmende Proteinsynthese gestört werden. Wenn Labortieren proteinhemmende Präparate verabreicht werden, können die Tiere lernen, aber sie können ihr Wissen nicht länger als ein paar Minuten behalten. Siehe: S. H. Barondes: »Multiple Steps in the Biology of Memory« in: F. Schmitt (Hg.): *The Neurosciences: A Second Study Program*, New York 1970.

2 Zu Eric Kandels Studien über die *Aplysia* siehe u. a. E. R. Kandel und R. D. Hawkins: »The Biological Basis of Learning and Individuality« in: *Scientific American* 267, September 1992, S. 72–86; R. D. Hawkins, T. W. Abrams, T. J. Carew und E. R. Kandel: »A Cellular Mechanism of Classical Conditioning in *Aplysia*: Activity-Dependent Amplification of Presynaptic Facilitation« in: *Science* 219, 1983, S. 400-404; E. R. Kandel: »Genes, Nerve Cells, and the Remembrance of Things Past« in: *Journal of Neuropsychiatry* 1, 1989, S. 103–125.

3 Craig Bailey und Mary Chen von der *Aplysia*-Forschungsgruppe an der *Columbia University* beschreiben die anatomischen Veränderungen, die bei der *Aplysia* mit der Entwicklung des Langzeitgedächtnisses auftreten, in: »The Anatomy of Long-Term Sensitization

in *Aplysia*: Morphological Insights into Learning and Memory« in: L. R. Squire, N. M. Weinberger, G. Lynch und J. L. McGaugh (Hg.): *Memory: Organization and Locus of Change*, New York 1991.

Zu den Studien am *Texas Health Science Center* zur zellularen Reaktion auf Langzeiterinnerungen siehe: J. H. Byrne: »Cellular Analysis of Associative Learning« in: *Physiological Review* 67, 1987, S. 329–439.

Zum Erinnerungsvermögen im Verlauf der Metamorphose siehe: T. Tully, L. Kruse und V. Cambiazo: »Memory Through Metamorphosis in Normal and Mutant *Drosophila melanogaster*« in: *Journal of Neuroscience*, in Druck.

4 Zu meiner klinischen Untersuchung von 20 traumatisierten Kindern im Vorschulalter siehe Kapitel 1, Anm. 16.

5 Richard Galdstons Arbeit über »psychotische Übertragung« bei Kindesmißhandlern ist: »Observations on Children Who Have Been Physically Abused by Their Parents« in: *American Journal of Psychiatry* 122, 1965, S. 440–443. Ich selbst habe zwei Artikel über Kindesmißhandlung veröffentlicht: L. Terr und A. Watson: »The Battered Child Rebrutalized: Ten Cases of Medical Legal Confusion« in: *American Journal of Psychiatry* 124, 1968, S. 126-133, sowie L. Terr: »A Family Study of Child Abuse« in: *American Journal of Psychiatry* 127, 1970, S. 665–671. Weitere Untersuchungen zu den Ursachen der Kindesmißhandlung sind: L. Silver, C. Dubliner und R. Lurie: »Does Violence Breed Violence? Contributions from a Study of the Child Abuse Syndrome« in: *American Journal of Psychiatry* 126, 1969, S. 404–407; J. E. Oliver: »Intergenerational Transmission of Child Abuse« in: *American Journal of Psychiatry* 150, 1993, S. 1315–1324.

6 Squires Arbeiten zur Amnesie bei Menschen und Tieren sind dargestellt in: L. R. Squire: »Memory and the Hippocampus: A Synthesis from Findings with Rats, Monkeys, and Humans« in: *Psychological Review* 99, 1992, S. 195–231, und L. R. Squire, F. Haist und A. P. Shimamura: »The Neurology of Memory: Quantitative Assessment of Retrograde Amnesia in Two Groups of Amnesic Patients« in: *Journal of Neuroscience* 9, 1989, S. 828–839.

Die Vorstellung, daß der Hippokampus beim Speichern von Erinnerungen nicht über sehr lange Zeitspannen aktiv bleibt, findet sich in: S. Zola-Morgan und L. R. Squire: »The Primate Hippocampal Formation: Evidence for a Time-Limited Role in Memory Storage« in: *Science* 250, 1990, S. 288–290.

7 D. Sylvesters *Magritte*, Basel 1992, beschreibt die Folgen von Madame Magrittes Selbstmord einschließlich der Entdeckung ihrer Leiche, die etliche Tage später auf einen Schlackehaufen gespült wurde. Meine Sichtweise des Künstlers stützt sich auch auf: Suzi Gablik: *Magritte*, New York 1985; A. Hammacher: *René Magritte*, Köln 1975; H. Torczyner: *René Magritte, Zeichen und Bilder*, Köln 1977. Eine interessante psychologische Arbeit zu Magritte ist: Milton Viederman: »René Magritte« in, *Journal of the American Psychoanalytic Association* 35, 1987, S. 967–998. Ich habe über Magritte geschrieben in: »Childhood Trauma and the Creative Product: Poe, Wharton, Magritte, Hitchcock, and Bergman« in: *Psychoanalytic Study of the Child* 42, 1987, S. 545–672.

8 Mein Material zu Munch ist entnommen aus: J. P. Hodin: *Edvard Munch*, London 1972; T. Messer: *Munch*, New York 1985; R. Stang: *Edvard Munch: The Man and His Art*, New York 1977 (dt. Ausg.: *Edvard Munch – Der Mensch und der Künstler*, Königstein/Taunus 1979).

9 Hayden Herreras Biographie *Frida*, New York 1983 (dt. Ausg.: *Frida Kahlo: Malerin der Schmerzen, Rebellin gegen das Unabänderliche*, Bern 1986) enthält Abbildungen von vielen Gemälden und Zeichnungen Frida Kahlos. Sie zählt zu den besten Biographien, die ich kenne, und enthält das Material, auf das ich mich hier beziehe.

Die zwei Gesichter der »Miss America« 5

1 Das Zeitungsfoto, das ich am Anfang und am Ende dieses Kapitels beschreibe, wurde ursprünglich 1951 in der *Rocky Mountain News* abgedruckt. Ein Neuabdruck findet sich in J. R. Moehringers Artikel: »Ex-Miss America Reveals Horror« in: *Rocky Mountain News* 10. Mai 1991, S. 8.

2 Das Zitat von Bill McNichols ist entnommen aus: »Van Derburs Were Pillars of Denver Society« in: *Denver Post*, 9. Mai 1991, S. 14a.

3 Boots' Beschreibung von Van Derbur als »Adonis« und ihr Zitat über ihre Ehe findet sich in *People*, 10. Juni 1991, S. 92.

4 Francis S. Van Derburs Nachruf erschien am 17. September 1984 auf der ersten Seite der *Denver Post* und der *Rocky Mountain News*.

5 Zur Grabstätte der Van Derburs und dem Neonkreuz auf Mt. Lindo, siehe »Van Derburs Were Pillars of Society« in: *Denver Post*, 9. Mai 1991.

6 Meine Quelle für Marilyns Sammelalbum und die »Einsatzzettel« der Familie ist Gwen Van Derbur Mitchell, die ich am 9. Mai 1992 interviewt habe.

7 Zu Marilyns »Miss America«-Wahl siehe: »Miss America Crown Fits Like a Glass Slipper« in: *Denver Post*, 9. Mai 1991, S. 14a.

8 Die klassische Arbeit über Kindesmißbrauch ist: C. H. Kempe, F. N. Silverman, B. F. Steele, W. Droegmueller und H. K. Silver: »The Battered-Child Syndrome« in: *Journal of the American Medical Association* 81, 1962, S. 17–24.

9 Ich zitiere Marilyn Van Derbur Atlers Rede im *Kempe Center* aus zwei Quellen: Kevin Simpson und Carol Krecks Artikel »Beauty Queen's Ordeal: Incest« in: *Denver Post*, 9. Mai 1991, S. 1, sowie Marilyn Van Derbur Atlers schriftliche Version der Rede, von der mir eine Freundin eine Abschrift zusandte.

10 Freud beschrieb die Spaltung in »Die Ichspaltung im Abwehrvorgang« (a. d. Nachlaß) in: *Gesammelte Werke*, Bd. XVII, Frankfurt/Main 1983.

11 Zu Marilyns Mittagessen mit D. D. Harvey siehe das Interview von D. D. Harvey mit der Schriftstellerin Virginia Culver in der *Denver Post* vom 9. Juni 1991, S. 1: »Minister's ›Miracle‹ Words Unlock Atler's Dark Secret«. Der Geistliche berichtet, daß er beim Mittagessen zu Marilyn gesagt habe: »Tief in dir drin ist etwas, das herauskommen muß.« Sie erwiderte: »Da ist nichts, D. D.« Fast ohne nachzudenken sagte Harvey die Worte: »Vater. Schlafzimmer.« Und Marilyn brach in Tränen aus.

12 Zu Marilyns dreimonatiger Ehe im Jahr 1961 und ihrer wechselhaften Beziehung zu Larry Atler siehe den Artikel in *People* vom 10. Juni 1991.

13 J. Christopher Perry differenziert zwischen Spaltung des Selbst und Objektspaltung. Siehe dazu: J. C. Perry: »Defense Mechanism Rating Scale« in: G. Vaillant (Hg.): *Ego Mechanisms of Defense: A Guide for Clinicians and Researchers*, Washington, D.C. 1992.

14 Extreme Spaltung und multiple Persönlichkeitsstörung bei Kindern werden beschrieben in: R. P. Kluft (Hg.): *Childhood Antecedents of Multiple Personality*, Washington, D.C., 1985; F. Putnam: »Dissociative Disorders in Children and Adolescents« in: *Psychiatric Clinics of North America* 14, 1991, S. 519–533; N. L. Hornstein und S. Tyson: »Inpatient Treatment of Children with Multiple Personality Dissociative Disorders and Their Families« in: *Psychiatric Clinics of North America* 14, 1991, S. 631–648.

15 In ihrer Rede während der Benefizveranstaltung für das *Kempe Center* sagte Marilyn Van Derbur Atler: »Fast drei Monate lag ich [wegen Lähmungserscheinungen] im Krankenhaus.«
Dieselbe Rede dient auch als Quelle für Marilyns sonstige Symptome und für ihre wachsenden Schwierigkeiten mit Jennifer, als diese in die Pubertät kam. Die Symptome werden auch erwähnt in: M. Van Derbur Atler: »Say ›Incest‹ Out Loud« in: *MacCall's*, September 1991, S. 78.

16 Marilyn erwähnte in *MacCall's* vom September 1991, daß sie »eine Vielzahl von verschiedenen Therapien versucht« habe, darunter Einzelpsychotherapie, Hypnotherapie, Tiefenmassage und die Teilnahme an Selbsthilfegruppen für Inzestopfer. In einem Artikel in *People* vom 10. Juni 1991 schrieb Marilyn, daß sie von 1984 bis Mai 1991 »viele Stunden pro Woche mit den verschiedensten Therapien verbracht« habe. Sie erzählte Carol Kreck von der *Denver Post*, daß sie auch Akupunktur, Akupressur ausprobiert und Selbstverteidigungskurse absolviert habe. »Sie hat einfach alles versucht«, meint Kreck in: »The Decision to Speak Out« in, *Denver Post*, 10. Mai 1991, S. 1.

17 Bereits 1894 begann Freud, sich mit dem Verleugnen der äußeren Realität auseinanderzusetzen. 1915 schrieb er erneut dar-

über. Doch erst 1924 nannte er diese Abwehrform *Verleugnung*.

18 Marilyn erwähnt negative Reaktionen von Anrufern bei Radio-Talkshows in Denver in »Marilyn Van Derbur Atlers Diary« in Rocky Mountain News, 26. und 27. April 1992, S. 32 und S. 8.

19 Gwen Mitchells Bekenntnis, daß auch sie sexuell mißbraucht wurde, findet sich in: F. Germer: »Ex-Beauty Queen's Sister Acknowledges Father Molested Her, Too« in: *Rocky Mountain News*, 11. Mai 1991, S. 6.

20 Boots' Verleugnung im Jahr 1984: »Das bildest du dir ein« wird aus einer Rede zitiert, die Marilyn Atler am 23. Mai 1991 in der *Montview Boulevard Presbyterian Church* hielt. Siehe: »Incest Victims Gather« in: *Rocky Mountain News*, 24. Mai 1991, S. 6. Gwen Mitchell hat mir in einem persönlichen Interview im Mai 1992 erzählt, daß sie, nachdem ihre Mutter derart auf Marilyn reagiert hatte, die Mutter anrief und sie in Denver besuchte, um ihr zu eröffnen, daß auch sie, Gwen, von Francis S. Van Derbur mißbraucht worden war.

21 Am 12. November 1991 war Marilyn Van Derbur Atler bei der Talkshow »First Person with Maria Shriver« zu Gast. Einen zweiten Auftritt bei Maria Shriver hatte Marilyn am 26. August 1993. Im Verlauf dieses Interviews wurde deutlich, daß ihre Ambivalenz im Hinblick auf den Vater verschwunden war. Sie sagte, daß sie ihn nicht mehr liebe.

22 Meine Arbeit über Stephen King ist: »Terror Writing by the Formerly Terrified: A Look at Stephen King« in: *Psychoanalytic Study of the Child* 44, 1989, S. 369–390.

23 Ich habe von Marilyns Auftritt bei »Sally Jessy Raphaël« eine Videoaufnahme gemacht. Die Talkshow wurde einen Monat nach ihrer Rede für das *Kempe Center* gesendet (7. Juni 1991) und trug den Titel »The Beauty Queen with the Ugly Past«.
Die *Newsweek* beschäftigte sich mit der Geschichte von Marilyn Van Derbur Atler in: N. Darnton (mit K. Springen, L. Wright und S. Keene-Osborn): »The Pain of the Last Taboo«, 7. Oktober 1991, S. 70.

24 Marilyns zwanzig Auftritte pro Tag als Miss America werden in ihrem Artikel in *People*, S. 91, erwähnt.

25 Marilyns Auftritt in »Good Afternoon, Colorado« war am 9. Mai 1991.

26 Siehe Culver-Interview mit D. D. Harvey in: *Denver Post*, 9. Juni 1991.
Marilyn erzählte dem Publikum bei Sally Jessy Raphaël, sie habe stets darauf geachtet, daß zwischen ihr und D. D. Harvey greifbare Schranken waren.

27 Zu Marilyns Weigerung, ein Buch zu schreiben oder zu autorisieren, siehe: F. Germer: »Incest Revealed ›to Help Others‹« in: *Rocky Mountain News*, 11. Mai 1991. Auch J. R. Moehringer erwähnt Marilyn Atlers Mißtrauen gegenüber der Buchbranche in: »Ex-Miss America Reveals Horror« in: *Rocky Mountain News* 10. Mai 1991.

28 Zu Marilyns Besuch in ihrem Elternhaus siehe: C. Kreck: »Sister Crucial in Van Derburs Healing Process« in: *Denver Post*, 13. Mai 1991, S. 1.

29 Zu Marilyns Schüchternheit siehe auch: »Miss America Crown Fits Like a Glass Slipper« in: *Denver Post*, 9. Mai 1991. Nach ihrer Wahl zur Miss America soll Marilyn gesagt haben: »Ich habe nie damit gerechnet, den Titel zu gewinnen. Ich war untersetzt. Ich war furchtbar schüchtern, und ich habe bloß gehofft, daß ich nicht vom Laufsteg falle.« Hier ist offensichtlich, daß sie sich ihres Körpers schämt.

30 Marilyns Anspielung auf ihre sexuellen Probleme findet sich in einer Notiz in ihrem »Tagebuch« über einen Vortrag, den Larry Atler am 19. November 1991 in Fort Collins, Colorado, hielt. »Er hat über sexuelle Dysfunktionen geredet. Jede Überlebende [von Inzest] kennt dieses Phänomen. Jede zweite kennt das. Ich hatte 13 Jahre meines Lebens versucht, *nichts zu fühlen*.«

31 Die »brennende Haut« erwähnte Marilyn in ihrer Rede bei der Benefizveranstaltung.

32 Zu Marilyns Übermalen des Puppenmundes siehe: »Incest Victims Gather« in: *Rocky Mountain News*, 24. Mai 1991.

33 Marilyn beschreibt ihre Analschmerzen in dem *Rocky Mountain News*-»Tagebuch«, 26. April 1992, S. 33.

34 Die Geschichte von Sybil, die unter einer multiplen Persönlichkeits-

störung litt und Patientin der Psychiaterin Cornelia Wilbur war, wird erzählt in: F. R. Schreiber: *Sybil*, Chicago 1975 (dt. Ausg.: *Sybil: Persönlichkeitsspaltung einer Frau*, München 1977). Die berühmte Patientin Eve, die ebenfalls unter einer multiplen Persönlichkeitsstörung litt, wurde beschrieben in: C. Thigpen und H. Cleckley: *The Three Faces of Eve*, Augusta 1955. »Eve« hat ihre eigene Geschichte veröffentlicht und sich gegen einiges von dem verwahrt, was Thigpen und Cleckley über sie geschrieben haben: C. Sizemore: *I'm Eve*, Garden City, N.Y., 1977.

35 Das Zitat von Marilyn, demzufolge ihr Geist ihren Körper verließ, stammt aus: »Sister Crucial in Van Derbur's Healing Process« in: *Denver Post*, 13. Mai 1991.

36 Der Abwehrmechanismus der projektiven Identifikation wurde erstmals von der Psychoanalytikerin Melanie Klein beschrieben in: *Envy and Gratitude*, London 1957 (auf deutsch in einer verkürzten Fassung erschienen unter dem Titel »Neid und Dankbarkeit« in: *Psyche* 11, 1958). Der amerikanische Psychoanalytiker Otto Kernberg hat sich ausführlicher mit dieser Abwehrform befaßt: »Borderline Personality Organization« in: *Journal of the American Psychoanalytic Association* 15, 1967, S. 641–685, sowie *Borderline Conditions and Pathological Narcissism*, New York 1975.

37 Virginia Woolf: »Eine Skizze der Vergangenheit« in: *Augenblicke*. Stuttgart 1981, S. 87–190. Siehe auch: L. Terr: »Who's Afraid of Virginia Woolf? Clues to Early Sexual Abuse in Literature« in: *Psychoanalytic Study of the Child* 45, 1990, S. 533–546.

38 Zum Einsatz der »Verleugnung in der Phantasie« bei Kindern siehe: R. Pynoos und S. Eth: »The Child As Witness to Homicide« in: *Journal of Social Issues* 40, 1984, S. 87–108.

39 Zur *Challenger*-Studie siehe Kapitel 1, Anm. 9.

40 Zu Carol Krecks Äußerung in der *Denver Post*, daß auch die anderen Töchter von Francis S. Van Derbur mißbraucht wurden: Im Frühjahr 1993 rief ich Ms. Kreck an und fragte sie nach ihren Informationsquellen. Sie erzählte mir, daß sie die Hinweise zu den weiteren Mißbrauchsfällen von den Familienmitgliedern und Kollegen der Schwestern bekommen habe. Sie sagte auch, ihrer Meinung nach sei es bedeutsam, daß gut ein Jahr nach Bekanntwerden von Mari-

lyns und Gwens Inzestgeschichten noch keine der beiden mittleren Van-Derbur-Schwestern dementiert habe.

41 George Vaillant definiert Intellektualisierung als »thinking about instinctual wishes in formal, bland terms that leaves the associated affect unconscious« [»das unpersönliche, leidenschaftslose Nachdenken über instinktive Wünsche, das den eigentlichen Affekt unberührt läßt«] in: *Ego Mechanisms of Defense*, S. 246. J. Christopher Perry betrachtet die Intellektualisierung als einen Abwehrmechanismus, der ebenso gegen psychische Traumata eingesetzt wird wie gegen instinktive Wünsche. (»The individual deals with emotional conflicts, or internal or external stressor, by the excessive use of abstract thinking or generalizing to avoid experiencing disturbing feelings.« [»Um störende Gefühle zu vermeiden, begegnet das Indiviuum emotionalen Konflikten bzw. inneren oder äußeren Streßfaktoren durch exzessives abstraktes Denken oder durch Verallgemeinerung.«] Siehe: *Ego Mechanisms of Defense*, S. 258.

Ein Kinderstar erzählt 6

1 Näheres zu Konzentrationsstörungen, Hyperaktivität und deren Behandlung mit Methylphenidat findet sich bei L. Silver: *The Misunderstood Child: A Guide for Parents of Learning Disabled Children*, New York 1984; P. Wender: *The Hyperactive Child, Adolescent, and Adult: Attention Deficit Disorder Through the Lifespan*, New York 1987.

2 Zu Elizabeth Loftus' Arbeit über Fehlinformationen siehe v. a. *Memory*, Reading, Mass. 1980.

3 Baruch Fischhoffs Untersuchung der Auswirkungen, die nachträgliche Informationen auf das Gedächtnis haben, findet sich in B. Fischhoff und R. Beyth: »›I Knew It Would Happen‹ – Remembered Probabilities of Once-Future-Things« in: *Organizational Behavior and Human Performance* 13, 1975, S. 1–16. Eine weitere interessante Abhandlung von Fischhoff zu diesem Thema ist: »Hindsight – Foresight: The Effect of Outcome Knowledge on Judgment Under

351

Uncertainty« in: *Journal of Experimental Psychology: Human Perception and Performance* 104, 1975, S. 288–299.

4 Eine hervorragende Darstellung der Bedeutung des Stichwortgebens bei Kindern hat R. Fivush vorgelegt: »Developmental Perspectives on Autobiographical Recall« in: G. S. Goodman und B. L. Botoms (Hg.): *Child Victims, Child Witnesses: Understanding and Improving Testimony*, New York 1993.

5 Meine Ansichten über anatomisch genaue Puppen sind in Debattenform veröffentlicht worden, mit einer Kritik meiner Ansichten durch Dr. Alayne Yates, dem Leiter der Abteilung für Kinderpsychiatrie an der *University of Arizona Medical School* und einer Gegenkritik, siehe: A. Yates und L. Terr: »Anatomically Correct Dolls: Should They Be Used as the Basis for Expert Testimony?« in: *Journal of the American Academy of Child and Adolescent Psychiatry* 27, 1988, S. 187–188 sowie 254–257. Das kalifornische Berufungsgericht hat verfügt, daß keine Zeugenaussagen vor Gericht verwendet werden dürfen, die von einem Kind unter Zuhilfenahme anatomisch genauer Puppen gemacht wurden. Siehe: *In re Amber B. and Teela C.* 191 Cal. App. 3rd 682 (1987).

6 Gail Goodman ist eine führende Psychologin und Forscherin, die sich mit der Glaubwürdigkeit von Kindern als Zeugen befaßt. Siehe: K. J. Saywitz, G. S. Goodman, E. Nicholas und S. Moan: »Children's Memories of Physical Examinations Involving Genital Touch: Implications for Reports of Child Sexual Abuse« in: *Journal of Consulting and Clinical Psychology* 59, 1991, S. 682–691.

7 Bei der Studie über die Versuche von 53 Frauen, Beweise für ihre Inzesterinnerungen zu finden, handelt es sich um: J. Herman und E. Schatzow: »Recovery and Verification of Memories of Childhood Sexual Trauma« in: *Psychoanalytic Psychology* 4, 1987, S. 1–14.

8 Der Artikel von Lawrence Wright über Paul Ingrams Geständnis und Widerruf erschien am 17. und 24. Mai in *The New Yorker*. Auch der in Berkeley arbeitende Soziologe hat den Fall Ingram in einer Abhandlung diskutiert: »Inadvertent Hypnosis During Interrogation« in: *International Journal of Clinical and Experimental Hypnosis* 40, 1992, S. 125-156. Paul Ingrams Antrag, sein Schuldgeständnis zurückzunehmen, wurde im Januar 1992 vom Berufungsgericht des

Staates Washington und im September 1992 von der höchsten Gerichtsinstanz, dem State Supreme Court, abgewiesen.

9 Jean Piaget erzählt die Geschichte seiner falschen Erinnerung in *Play, Dreams, and Imitation in Childhood*, New York 1951 (dt. Ausg.: *Nachahmung, Spiel und Traum*, in: *Gesammelte Werke*, Bd. 5, Stuttgart 1993). Mein Freund Peter Tanguay, Psychiater und Forscher an der *University of Southern California, Los Angeles*, war dabei, als Piaget diese Episode einem kleinen Kreis von Psychiatern und Psychologen in der Schweiz erzählte. Damals hat er nichts darüber gesagt, ob er unter irgendwelchen Symptomen litt, aber Peter hat mir versichert, daß Piaget ausgesprochen verschlossen war, wenn es um ihn selbst ging.

10 Zu den Arbeiten von Elizabeth Loftus siehe Kapitel 2, Anm. 18, und E. Loftus: »Reconstructing Memory: The Incredible Eyewitness« in: *Psychology Today* 8, 1974, S. 116–118; E. Loftus und J. Palmer: »Reconstruction of Automobile Destruction: An Example of the Interaction Between Language and Memory« in: *Journal of Verbal Learning and Verbal Behavior* 13, 1974, S. 585–589.

11 Zu unrichtig erinnerten Details bei den Chowchilla-Kindern siehe Kapitel 1, Anm. 8.

12 Zur *Challenger*-Studie siehe Kapitel 1, Anm. 8.

13 Bei der Studie zu 18 Kindern, die in Sorgerechtsstreitigkeiten verwickelt waren, handelt es sich um: E. P. Benedek und D. H. Schetky: »Allegations of Sexual Abuse in Child Custody and Visitation Disputes« in: D. H. Schetky und E. P. Benedek (Hg.): *Emerging Issues in Child Psychiatry and the Law*, New York 1985.

1989 führten die Psychologen Mark Everson und Barbara Boat eine Erhebung unter Mitarbeitern von Kinderschutzstellen in North Carolina durch, um den Prozentsatz von falschen Meldungen sexuellen Mißbrauchs bei Kindern und Jugendlichen zu berechnen. Bei Kindern im Kindergarten- oder Vorschulalter lag der Prozentsatz von falschen Beschuldigungen offenbar zwischen 1,7% und 2,7%. Bei Jugendlichen lag der Prozentsatz wesentlich höher – zwischen 8,0% und 12,7%. Die Durchschnittsrate von falschen Anschuldigungen lag zwischen 4,7% und 7,6%. Siehe: M. Everson und B. Boat: »False Allegations of Sexual Abuse« in: *Journal of the*

American Academy of Child and Adolescent Psychiatry 28, 1989, S. 239-235.

14 Die *False Memory Syndrome Foundation* gibt eine landesweite Mitgliederzahl von einigen tausend Menschen an. Sie wurde im März 1992 gegründet und hat ihren Sitz in Philadelphia.

15 Stephen Cecis Experimente in den achtziger Jahren sind zusammengefaßt in: S. J. Ceci, D. Ross und M. P. Toglia: *Children's Eyewitness Memory*, New York 1987, sowie in: S. J. Ceci, M. P. Toglia und R. Ross: *Perspectives on Children's Testimony*, New York 1989. Das Experiment mit »Sam Stone« wird beschrieben in: S. J. Ceci, M. Leichtman und T. White: »Interviewing Preschoolers: Remembrance of Things Planted« in: D. P. Peters (Hg): *The Child Witness in Context: Cognitive, Social, and Legal Perspectives*, Holland, in Druck.

16 Siehe: E. Bass und L. Davis: *The Courage to Heal*, New York 1988 (dt. Ausg.: *Trotz allem – Wege zur Selbstheilung für sexuell mißbrauchte Frauen*, Berlin 1990). Trotz seiner extremen Subjektivität enthält das Buch einige positive Anregungen wie beispielsweise das Niederschreiben schmerzlicher Erfahrungen in Form von Tagebucheintragungen, Gedichten und persönlichen Erzählungen.

17 Zu den Symptomen bei Überlebenden von sexuellem Mißbrauch in der Kindheit siehe: J. L. Herman: *Father-Daughter Incest*, Cambridge 1981, sowie: Dies.: *Trauma and Recovery*, New York 1992.
Eine weitere hervorragende Untersuchung zum besseren Verständnis der Symptome und Anzeichen bei Erwachsenen, die in der Kindheit sexuell mißbraucht wurden, ist: John Briere: *Child Abuse Trauma*, Newberry Park, Calif. 1992. Meine Arbeit: »Childhood Traumas: An Outline and Overview« in: *American Journal of Psychiatry* 148, 1991, S. 10–20, verknüpft diese Symptome mit den Erkenntnissen über andere Formen von Kindheitstraumata.

18 Zum »Münchhausen-Syndrom« siehe: »Münchhausen by Proxy: The Hinterland of Child Abuse« in: *Lancet* 2 (1977), S. 343–345; D. Roger. J. Tripp, A. Bentovim u. a.: »Non-Accidental Poisoning: An Extented Syndrome of Child Abuse« in: *British Journal of Medi-*

cine 2 (1976), S. 793–796; H. A. Schreier und J. A. Libow: *Hurting for Love: Münchhausen Syndrome by Proxy*. New York 1993 (Guilford).

Der Sohn der Schwarzen Dahlie 7

1 Bei den ersten 9 Kriminalromanen von J. Ellroy handelt es sich um: *Brown's Requiem*, New York 1981 (dt. Ausg.: *Browns Grabgesang*, Frankfurt/Main 1986); *Clandestine*, New York 1982 (dt. Ausg.: *Heimlich* , Frankfurt/Main 1986); *Blood on the Moon*, New York 1984 (dt. Ausg.: *Blut auf dem Mond*, Frankfurt/Main 1986); *Because the Night*, New York 1984 (dt. Ausg.: *In der Tiefe der Nacht*, Frankfurt/Main 1987); *Suicide Hill*, New York 1986 (dt. Ausg.: *Hügel der Selbstmörder*, Frankfurt/Main 1987); *Killer on the Road* (ursprünglich veröffentlicht unter dem Titel *Silent Terror*), New York 1986 (dt. Ausg.: *Stiller Schrecken*, Frankfurt/Main 1989); *The Black Dahlia*, New York 1987 (dt. Ausg.: *Die Schwarze Dahlie*, Frankfurt/Main 1990); *The Big Nowhere*, New York 1988 (dt. Ausg.: *Blutschatten*, Frankfurt/Main 1992); *L.A. Confidential*, New York 1990 (dt. Ausg.: *Stadt der Teufel*, Frankfurt/Main 1993); ein Jahr nach meinen Interviews mit Ellroy erschien: *White Jazz*, New York 1992 (dt. Ausg.: *White Jazz*, Hamburg 1992).

2 Donald Spences Buch über therapeutische Einflüsse auf das Gedächtnis – *Narrative Truth and Historical Truth*, New York 1982 – ist ein psychoanalytischer Klassiker. Es setzt sich mit Freuds Metapher des Analytikers als Archäologen auseinander und kommt zu dem Schluß, daß das, was »wirklich« in der Kindheit eines Menschen geschah, im Rahmen der herkömmlichen psychoanalytischen Situation wahrscheinlich nicht aufgedeckt werden kann.

3 Studien zu Umfang, Genauigkeit und Folgerichtigkeit der Erinnerungen von Kindern werden kritisch untersucht in: R. Fivush: »Developmental Perspectives on Autobiographical Recall« in: G. S. Goodman und B. L. Bottoms (Hg.): *Child Victims, Child Witnesses: Understanding and Improving Testimony*, New York 1993. Zwei von Fivushs eigenen Studien zur Erinnerung von Kindern sind: N. R.

Hamond und R. Fivush: »Memories of Mickey Mouse: Young Children Recount Their Trip to Disneyworld« in: *Cognitive Development* 6, 1990, S. 433–448, sowie: »As Time Goes By: Sixth Graders Remember a Kindergarten Experience« in: *Emory Cognition Project Report No. 135*, Atlanta 1987.

4 Zu Omen siehe: L. Terr: »Children of Chowchilla: A Study of Psychic Trauma« in: *Psychoanalytic Study of the Child* 34, 1979, S. 547–623.

5 Eine Darstellung von Robert Pynoos' Gedanken zum Kindheitstrauma einschließlich der Vorstellung von kognitiver Bewertung und Neubewertung findet sich in: R. Pynoos: »Traumatic Stress and Developmental Psychopathology in Children« in: J. M. Oldham, M. B. Riba und A. Tasman (Hg.): *Review of Psychiatry* 12, Washington, D. C. 1993.

6 Der Psychoanalytiker Ernst Kries berichtet in seinem Aufsatz »The Recovery of Childhood Memories in Psychoanalysis« in: *Psychoanalytic Study of the Child* 11, 1956, S. 54–88, von einem vielbeachteten Beispiel für Verdichtung in der Erinnerung eines Vorschülers. In dem Aufsatz vertritt er die Position, daß der Therapeut nicht erwarten sollte, in einer frühen Kindheitserinnerung das tatsächliche Geschehen zu entdecken.

7 Übersinnliche Erfahrungen im Zusammenhang mit der *Challenger* - Explosion werden beschrieben in dem noch unveröffentlichten Teil von: L. Terr, D. Bloch, B. Michel, J. Reinhart und S. Matayer: »Children's Responses to the *Challenger* Spacecraft Disaster«.
Das Auftreten von paranormalen Erfahrungen in Verbindung mit Traumata wird erörtert und anhand von Beispielen erläutert in: L. Terr: »Remembered Images in Psychic Trauma: One Explanation for the Supernatural« in: *Psychoanalytic Study of the Child* 40, 1985, S. 493–633, sowie in: L. Terr: »Time and Trauma« in: *Psychoanalytic Study of the Child* 39, 1984, S. 333–366.

8 Zum Zeitgefühl in Verbindung mit traumatischen Ereignissen siehe Kapitel 8 in: L. Terr: *Too Scared to Cry*, New York 1990.

9 Die Probleme der zeitlichen Einordnung der Ereignisse, die Kinder vier bis fünf Jahre nach der Chowchilla-Entführung erkennen ließen, sind nachzulesen in: L. Terr: »Chowchilla Revisited« in: *American Journal of Psychiatry* 140, 1983, S. 1543–1550, sowie in: L. Terr:

»Time Sense Following Psychic Trauma: A Clinical Study of Ten Adults and Twenty Children« in: *American Journal of Orthopsychiatry* 53, 1983, S. 244–261.

10 Zu der These, daß der Kern einer realen Erinnerung wahr bleibt, während einzelne Details verlorengehen, siehe: L. Terr: »What Happens to the Memories of Early Trauma? A Study of Twenty Children Under Age Five at the Time of Documented Traumatic Events« in: *Journal of the American Academy of Child and Adolescent Psychiatry* 27, 1988, S. 96–104, sowie auch: L. Terr: »Childhood Traumas: An Outline and Overview« in: *American Journal of Psychiatry* 148, 1991, S. 10–20. Auch in den Chowchilla-Studien finden sich wichtige Anhaltspunkte für diese Behauptung.

11 Zu dem Zugunglück in Stephen Kings Kindheit siehe: Ders.: *Danse Macabre*, New York 1981, S. 84–85.

12 Bei der Studie, die einen Bezug herstellt zwischen der Nähe von Kindern zu Gewalt und ihren freien Erinnerungen an Gewalt, handelt es sich um: R. Pynoos und K. Nader: »Children's Memory and Proximity to Violence« in: *Journal of the American Academy of Child and Adolescent Psychiatry* 28, 1989, S. 236–241.

13 James Ellroy schilderte mir seine kriminelle Laufbahn als Jugendlicher ausführlich in dem zweiten Interview, das ich im August 1991 mit ihm geführt habe.

14 Zu sämtlichen Abwehrmechanismen als Mittel des Vergessens siehe: G. Vaillant (Hg.): *Ego Mechanisms of Defense: A Guide for Clinicians and Researchers*, Washington, D.C., 1992.

15 Zu dem Besuch von James Ellroy und den Journalisten von *Rolling Stone* an der Fundstelle der Leiche seiner Mutter: Der Artikel von M. Gilmore über Ellroy wurde im Herbst 1992 im *Men's Journal*, einer dem *Rolling Stone* angeschlossenen Zeitschrift, veröffentlicht.

16 Von der passiven zur aktiven Abwehr siehe: S. Freud: »Jenseits des Lustprinzips« in: *Gesammelte Werke*, Bd. XIII, Franfurt/Main 1976; ebenso: Anna Freud: *Das Ich und die Abwehrmechanismen*, München [8]1973.

17 Das Zitat lautet im Original: »The recall of the past is hostage to the transference«, siehe: Donald Spence: *Narrative Truth and Historical Truth*, S. 95.

18 Das Zitat von Jonathan Kellerman ist dem Klappentext der Avon-Taschenbuchausgabe von *Because the Night* (dt. Ausg.: *In der Tiefe der Nacht*) entnommen.

Die Suche nach Corky 8

1 Freud hat seine Theorie der infantilen Amnesie formuliert in: »Zur Psychopathologie des Alltagslebens« in: *Gesammelte Werke*, Bd. IV, Franfurt/Main 1978 und in: »Drei Abhandlungen zur Sexualtheorie«, ebda., Bd. V. Die Theorie der infantilen Amnesie wird erneut formuliert in: »Vorlesungen zur Einführung in die Psychoanalyse«, ebda., Bd. XI.

Freuds Vorstellung von den Deckerinnerungen findet sich in seiner Abhandlung: »Über Deckerinnerungen«, ebda., Bd. I, S. 529–554, sowie in: »Eine Kindheitserinnerung des Leonardo Da Vinci«, ebda., Bd. VIII, S. 127–211.

2 Die Ergebnisse einer Umfrage unter Studenten nach ihren frühesten Erinnerungen sind nachzulesen in: G. J. Dudycha und M. M. Dudycha: »Adolescents' Memories of Preschool Experiences« in: *Journal of Genetic Psychology* 42, 1933, S. 468–480. Die Ergebnisse der Umfrage nach sämtlichen Erinnerungen an Ereignisse, die vor dem Alter von acht Jahren gebildet wurden, sind nachzulesen bei S. Waldfogel: »The Frequency and Affective Character of Childhood Memories« in: *Psychological Monographs* 62, No. 291, 1948.

Bei der Studie von Erinnerungen an die Geburt von Geschwistern handelt es sich um: K. Sheingold und Y. J. Tenney: »Memory for a Salient Childhood Event« in: U. Neisser (Hg.): *Memory Observed*, San Francisco 1982.

Bei der Studie der Erinnerungen an die Ermordung J. F. Kennedys handelt es sich um: G. Winograd und W. A. Killinger, Jr.: »Relating Age at Encoding in Early Childhood to Adult Recall: Development of Flashbulb Memories« in: *Journal of Experimental Psychology: General* 112, 1983, S. 413–422.

3 Meine Studie zu nachgewiesenen Traumata im Vorschulalter ist: L. Terr: »What Happens to the Memories of Early Trauma? A Study of

Twenty Children Under Age Five at the Time of Documented Traumatic Events« in: *Journal of the American Academy of Child and Adolescent Psychiatry* 27, 1988, S. 96–104. Eine gute Übersicht über die kognitive und entwicklungspsychologische Literatur zu frühen Kindheitserinnerungen liefern D. Pillemer und S. White: »Childhood Events Recalled by Children and Adults« in: *Advances in Child Development and Behavior* 21, 1989, S. 297–340.

4 Daniel Sterns Puppenexperimente sind beschrieben in: P. A. Nachman und D. N. Stern: »Affective Reactions to Stimuli and Infants' Preferences for Novelty and Familiarity« in: *Journal of the American Academy of Child Psychiatry* 25, 1986, S. 801–804, sowie in D. N. Stern: *The Interpersonal World of the Infant: A View from Psychoanalysis and Developmental Psychology*, New York 1985.

5 Zu den Erinnerungsbahnen: Mortimer Mishkins Team im *National Institute of Mental Health* hat gewisse anatomische Zuordnungen für die Gewohnheitserinnerungen im Gegensatz zu expliziten Erinnerungen bei Affen vorgenommen. Siehe: M. Mishkin und T. Appenzeller: »The Anatomy of Memory« in: *Scientific American* 256, Juni 1987, S. 80–89. Diese Zuordnungen sind wichtig für die Beantwortung der Frage, warum von Säuglingen nonverbal Gelerntes zwar nonverbal bleibt, aber dennoch von Bedeutung ist.

6 Die Untersuchungen, die Dr. Marigold Linton zu ihren eigenen Erinnerungen an weltpolitische Ereignisse angestellt hat, stellte sie in zwei Abhandlungen und einem Zeitschriftenartikel vor: »Memory for Real-World Events« in: D. A. Norman und D. E. Runelhart (Hg.): *Exploration in Cognition*, San Francisco 1975 (dt. Ausg.: »Gedächtnis für Ereignisse der Realwelt« in: D. A. Norman und D. E. Runelhart (Hg.): *Strukturen des Wissens*, Stuttgart 1978, S. 371–395); »Real-World Memory After Six Years: An In-Vivo Study of Very Long-Term Memory« in: M. M. Gruneberg, P. E. Morris und R. N. Sykes (Hg.): *Practical Aspects of Memory*, London 1979; »I Remember It Well« in: *Psychology Today*, Juli 1979. Sie erörtert ihre Reaktivierungen von persönlichen Erinnerungen in: »Transformations of Memory in Everyday Life« in: U. Neisser (Hg.): *Memory Observed: Remembering in Natural Contexts*, San Francisco 1982; und in: »Ways of Searching and the Contents of

Memory« in: D. C. Rubin (Hg.): *Autobiographical Memory*, New York 1986.

7 Zur Verarbeitung von räumlichen Erinnerungen: B. Gustafsson und H. Wigström haben die Behauptung aufgestellt, daß das Zusammentreffen von prä- und postsynaptischer Aktivität wesentlich für die Langzeitpotenzierung im Hippokampus ist. Siehe: »Physiological Mechanisms Underlying Long-Term Potentiation« in: *Trends in Neuroscience* 11, 1988, S. 156–162. Eine jüngere Zusammenfassung ihrer Arbeit und der Arbeiten anderer über den Hippokampus und die Erinnerung liefern: B. Gustafsson und H. Wigström: »Long-term Potentiation in the Hippocampal CA1 Region« in: *Progress in Brain Research*. 83, 1990, S. 223–232.

8 Frank Conroy hat – wie auch die Autoren Diane Middlebrook, Linda Sexton, Robert Hass und Tobias Wolff – in San Francisco auf dem Jahreskongreß des *American College of Psychiatrists* vom 12.–16. Februar 1992 eine Rede gehalten. Sie erzählten, wie ihre eigenen Erinnerungen ihre schriftstellerische Arbeit beeinflussen und davon beeinflußt werden. Beispiele für ihre Werke sind: Conroys *Stop-Time*, New York 1977; Middlebrooks *Anne Sexton*, Boston 1991 (dt. Ausg.: *Zwischen Therapie und Tod: Das Leben der Dichterin Anne Sexton*, Zürich 1993); L. Sextons *Mirror Images*, New York 1985; Hass' *Human Wishes*, New York 1990 und *20th Century Pleasures*, New York 1984; Wolffs *This Boy's Life: A Memoir*, New York 1990 (dt. Ausg.: *Das Herz ist ein dunkler Wald*, München 1990).

9 Zu den *winter counts* der Prärie-Indianer siehe: W. E. Farr: *The Reservation Blackfeet, 1882–1945: A Photographic History of Cultural Survival*, Seattle 1984, S. ix. Siehe auch die Kalender der Kiowa und Sioux in: O. La Farge: *A Pictorial History of the American Indian*, New York 1906, S. 152 und S. 164 (dt. Ausg.: *Die große Jagd. Geschichte der nordamerikanischen Indianer*, Freiburg i. Br. 1961).

10 Die in Marigold Lintons Experimenten zur Erinnerungsreaktivierung angewandten Techniken werden erörtert in: M. Linton: »Ways of Searching und the Contents of Memory«, a.a.O.

Register